学科核心素养导向的教学与评价

喻 平 著

科 学 出 版 社

北 京

内 容 简 介

本书讨论在核心素养大背景下教学与评价应当如何转型的问题，内容契合当前的课程改革的走向，研究的是当下课程改革中需要思考和解决的一些热点问题。本书内容包括核心素养与学科核心素养，指向学科核心素养的学习理论变革，指向学科核心素养的教学设计，指向学科核心素养的学习质量评价，指向学科核心素养的教学评价，给教师的三点建议。

本书可作为高等师范院校课程与教学论、学科教育方向的本科和研究生的教学参考书，也可供中小学教师、教研人员阅读。

图书在版编目（CIP）数据

学科核心素养导向的教学与评价 / 喻平著. —北京：科学出版社，2024.1
ISBN 978-7-03-077844-4

Ⅰ. ①学…　Ⅱ. ①喻…　Ⅲ. ①课程-教学研究-中小学　Ⅳ. ①G632.3

中国国家版本馆 CIP 数据核字（2024）第 004093 号

责任编辑：胡海霞　赵　洁 / 责任校对：杨聪敏
责任印制：张　伟 / 封面设计：无极书装

科 学 出 版 社 出版
北京东黄城根北街 16 号
邮政编码：100717
http：//www.sciencep.com
北京市金木堂数码科技有限公司印刷
科学出版社发行　各地新华书店经销
*
2024 年 1 月第　一　版　开本：720×1000　B5
2026 年 1 月第六次印刷　印张：20 1/4
字数：408 000
定价：98.00 元

（如有印装质量问题，我社负责调换）

前　言

《普通高中课程方案（2017 年版）》以及各学科的高中课程标准与之配套的各科教科书相继出版，义务教育阶段的课程标准也将公布，表明新一轮课程改革已经全面启动。

这一次课程改革的突出亮点是提出发展学生核心素养的教育理念，与历史上“形式教育”倡导的通过教育培养学生能力的指导思想有质的区别。因为较之“能力”而言，“素养”的含义更加深邃，更加宽广，更加适合描述人的本质属性。作为一个当代社会的公民，拥有知识只是有了基本的生存底线，具有素养特别是高品质素养才可能适应这个科学技术日新、多元文化交织的现实社会。

《普通高中课程方案（2017 年版）》提出：“我国普通高中教育是在义务教育基础上进一步提高国民素质、面向大众的基础教育，任务是促进学生全面而有个性的发展，为学生适应社会生活、高等教育和职业发展作准备，为学生的终身发展奠定基础。普通高中的培养目标是进一步提升学生综合素质，着力发展核心素养，使学生具有理想信念和社会责任感，具有科学文化素养和终身学习能力，具有自主发展能力和沟通合作能力。”目标很清楚，任务很明确，要通过教育来发展学生的核心素养，落实立德树人的根本任务。

中小学校教学的基本形式是学科教学，培养学生的核心素养，一个主要渠道是由学科教学来实现，即要通过学科知识的教学来培养学生的学科核心素养。于是，在课程改革的实施中，就会面临一系列问题：教师如何转变教育理念？如何认识核心素养和学科核心素养的内核？发展学生学科核心素养的教学是一种什么形态？如何从对知识学习的评价转向对核心素养的评价？如何评价新课程教学下教师的教学行为？教师如何发展自身的核心素养？等等。本书就想回应这些问题，当然是力所能及地回应。

先谈谈撰写本书的四点基本想法，这些想法也是写作的指导思想和研究逻辑。

（1）注重问题研究的学理性。本书的重点是探究核心素养背景下的教学与评价问题，要回答在新的教学目标下应当如何开展教学和如何实施评价。由回答应该如何教和应该如何评，自然又会追问，为什么应该这样教？为什么应该这样评价？

不能只给出做法而不讲道理，需要厘清两者的关系。为此，想从三个方面来思考。

首先，从宏观层面分析。教与学的关系，不是以教定学，而应当是以学定教。它们的逻辑关系是教学目标影响学习行为，而学习行为制约教学行为。进一步地看，教学目标的重新定位会引发对学习本质认识的变迁，由此导致教学范式再到教学评价的转型。因此，问题研究的逻辑起点应始于学习理论的辨析，之后到教学模型的建立，再到教学评价的重构，这是本书的一条研究理路。其次，从微观层面分析。提出一种新的教学或评价模型，它不可能是无源之水，它必然与已经存在的某些理论模型有千丝万缕的联系。正本清源、厘清关系，从源头出发顺流而下探索思路是本书遵循的又一逻辑。最后，辩证地看待传统与现代的关系。传统的教育理论之所以有生命力，是因为它的存在符合特定的历史文化，它反映了一个特定阶段的教育现象和教育理念，历史虽然过去，但文化却是长存的。每一种教育理论都有它特殊的价值，都有合理的“基因”。本书的做法是辩证析取、扬长避短，将现代与传统有机结合。这可能有中庸之道之嫌，但这样的做法不失为一种辩证思维。基于上面三种想法，为了说明道理，本书理论阐述的内容占了较多篇幅。

（2）观照不同学科的共同性。书名是“学科核心素养导向的教学与评价”，这个主题就带来了研究的难度和论述的尴尬。如果去掉“学科”二字，自然上升到教学论层面，就可以在相对宏观的层面上讨论问题。由于与“学科教学论”相比较，“教学论”有更加丰富的理论体系和思辨方法，因此研究“核心素养导向的教学与评价”其难度反而会降低，因为不需要兼顾各个学科自身的特性。如果把“学科”具体化，例如主题为“语文核心素养导向的教学与评价”或“数学核心素养导向的教学与评价”，那么研究的难度也会降低，因为整个讨论完全可以依据该学科的特性再结合一般教学理论来进行阐述。然而，现在选择的是一条中间道路。

既然选择了这样一个主题，只能知难而上或者说硬着头皮上。鉴于学术背景，笔者虽然是课程与教学论博士毕业，但以数学教育研究为主业，深感做这事力不从心，只能尽力而为。内容力求兼顾各学科，但书中的论述难免会偏重理科特别是数学学科，这种职业惯习无疑会给全书带来显而易见的瑕疵。好在所讲的道理是从“学科教学论”层面来思考的，对各学科来说都有共通性质。当然，不同学科的教师在阅读中可以求同存异。

（3）突出教学与评价的可操作性。本书在注重学理分析的同时，更想突出在实践层面的操作性。为了改变中小学教师总是感觉理论离他们较远的现状，增强教学实践的方法介绍是一种有效做法。本书在这方面作了努力。具体地说，在教学方面，提出了四种模型的教学过程分析，阐明了如何通过知识的学习来发展学生的学科核心素养，给出具体的教学操作程序。在评价方面，分为对学生的学习评价和对教师的教学评价两个部分。学习评价分为学科关键能力的测量、品格与价值观的评价，本书给出了学科关键能力的一个评价框架以及测量关键能力的试题编制策略，给出了品格与价值观的一个评价指标体系。教学评价方面，给出外显行为评价和内在原因评价的两个指标体系。这些在方法和策略维度的做法，均有较好的操作性特征。

（4）提升教师的职业适应与专业发展。第一个想法，是让广大教师能够清晰地认识和理解课程改革的历史使然，明白当前的教育理念和教学任务，在思想和行为方面适应当前教育形态和改革浪潮，明确自身的教学使命。第二个想法，是力图在提升教师专业发展方面做一些工作。本书中“教学设计的三种水平”“教学中的求同存异”“给教师的三点建议”等内容，就是对教师自身专业发展提出的策略与建议。

全书分为六章。

第一章对核心素养提出的背景及学科核心素养的概念作分析。核心素养的提出背景是什么？为什么核心素养要与课程相融合？核心素养的教学与评价研究是一种什么走向？同时，还要了解中国学生发展核心素养的体系，理解学科核心素养的内涵。本章对这些问题作了解析，作为全书展开的起点。

第二章讨论指向学科核心素养的学习理论变革。既然教育理念发生了变化，教育目标有了新的定位，当然对学习理论的认识会相应地产生“位移”。本章讨论学习理论的四种转变：从客观主义到建构主义、从接受学习到探究学习、从知识理解到知识创生、从浅层学习到深度学习。论述方式从单纯偏向对理论的反思，走向理论之间的适度融合。

第三章研究指向学科核心素养的教学设计。考虑到用教学模式的提法容易造成教学的刻板化印象，所以采用教学过程设计来替代教学模式，这样会使教学设计更加宽容和灵活，还能体现不同模式的融合。在内容安排上，首先，分析行为主义、认知主义、人本主义、建构主义和情境认知理论等五种倾向的若干教学模式，并作出适当反思。其次，提出四种教学范型：知识建构立意的教学、单元结构组织的教学、问题探究方式的教学、深度学习倾向的教学，并分别对四种教学过程设计作了深入分析。最后，讨论教学设计的三种水平及教学过程中的“求同”和“存异”问题，目的是为提高教师的教学设计能力提出策略与建议。

第四章研究指向学科核心素养的学习质量评价。在对历史上几种著名的评价理论的评述和反思的基础上，建构一个发展学科核心素养的学习评价理论框架，包括学科关键能力评价的框架和品格与价值观评价的框架。评价框架是在知识学习评价传统做法上的发展，体现了评价核心素养的目标。本章插入品格与价值观评价的两个实证研究，最后提出测量关键能力的试题编制的方案与策略，为中小学教学提供可操作的具体方法。

第五章研究指向学科核心素养的教学评价。教学评价特指对教师“教”的评价，考虑到发展学生核心素养的教学特殊性，提出一个有别于过去只考虑对教师教学行为的评价模型，将对教师的教学评价分为两个部分，一是课堂教学外显行为评价维度；二是课堂教学内在原因评价维度，并给出两个评价维度的指标体系。

第六章是给教师的三点建议。为了使教师能适应新的课程改革，正确把握新课程的教学与评价思想，提升自我的专业水平，该章提出几点意见：一是培育自身的核心素养，二是发展自我反思能力，三是提升自己的理论思维。

书稿完成，当表达感谢之情。感谢国家社科基金教育学一般课题（中学生学科核心素养的评价研究，批准号 BHA170150）资助；感谢科学出版社胡海霞编辑从策划到成书所付出的智慧和心血；感谢书中所引用文献的作者，我的许多观点是受到你们的启发而来；感谢读者阅读本书。

本文实乃抛砖引玉，不足之处在所难免，企盼读者斧正。

喻　平

2021 年 8 月于南京师范大学

目　录

第一章 核心素养与学科核心素养

概括地说，核心素养的提出是国际教育发展的大趋势，是信息时代社会对公民教育要求的一种应然呼应。

第一节　核心素养提出的背景分析

一、各国/地区/组织教育政策的变革

教育改革有两个基本现象，一是教育改革一般都是从顶层开始的。单凭一些学者的绵薄之力无法掀起教育改革的浪潮。教育改革的基本理路是，提出理念，明确改革路向，然后进行课程革新，教科书重新编写，再到教学改革，课程与教学的评价重构。这个过程是自上而下进行的，从顶层到基层进行开展，历史上的教育改革基本如此。二是教育改革往往有一种联动效应。特别到了科技、文化、通信高度发达的今天，这种联动效应更加强烈。教育改革不再是个别行为，而是一种全球化的行动。即教育改革一旦发端便可能波及全球，这一轮教育改革尤其彰显这个特性。

"核心素养"的提出起源于 21 世纪初。经济合作与发展组织（Organization for Economic Co-operation and Development，OECD）于 1997 年开始启动 21 世纪核心素养框架的研制工作。研制工作是严肃的、慎重的，其报告《素养的界定与遴选：理论与概念基础》（Definition and Selection of Competencies: Theoretical and Conceptual Foundations，DeSeCo）是经多方研讨和论证，于 2003 年才形成最终版的，并于 2005 年公布在其官方网站上。这个参照框架，将核心素养划分为"互动地使用工具、在社会异质群体中互动和自主行动"三个类别，这三个类别关注不同方面的关键素养，但彼此间相互联系，共同构成核心素养的基本框架（表 1-1）（师曼等，2016）。

表 1-1　OECD（2005）核心素养框架

素养分类	关键素养
互动地使用工具	1. 互动地使用语言、符号与文本 2. 互动地使用知识与信息 3. 互动地使用技术
在社会异质群体中互动	1. 与他人建立良好的关系 2. 团队合作 3. 管理与解决冲突
自主行动	1. 在复杂的大环境中行动 2. 形成并执行个人计划或生活规划 3. 保护及维护权利、利益、限制与需求

OECD 开展了针对核心素养发展状况的后续研究。虽然这些研究的侧重点各有不同，但是都紧随时代变化，关注社会中的热点问题，强调 21 世纪的教育系统应帮助学生发展与社会进步相适应的技能和素养，强调信息与通信技术（information and communications technologies）的发展对于社会及个人的影响，关注劳动力市场需求的各项素养。

OECD 的各成员国，不同的国家对这个统一纲领的理解是灵活的，或者将其细化，或者对其进行改造，不一定按照这个统一的框架来制定本国的课程纲要，甚至对核心素养本身的理解也会找到适合本国国情的解读。例如，新西兰认为核心素养是为适应当前以及未来生活和学习的素养，在这个观念下，该国确定了五条核心素养：思考，与他人互动，使用语言、符号和文本，自我管理，参与和贡献。这些素养比之前规定的主要技能更复杂，尤其关注到那些指导行动的观念、态度和价值观。素养之间不是相互独立的，在每一个学习的关键区域都能相互作用，共同发挥功能。表 1-2 呈现了新西兰核心素养体系内容与 OECD 的核心素养内容的联系以及表述差异（陈凯等，2017）。

表 1-2　新西兰和 OECD 的核心素养内容的对应联系及表述差异

新西兰核心素养版本	OCED 核心素养版本
使用语言、符号和文本	互动地使用工具
自我管理	自主行动
与他人互动，参与和贡献	在社会异质群体中互动
思考	（思考作为一种跨学科素养，并未在 OECD 的框架中出现）

2002 年，美国正式启动 21 世纪核心技能研究项目，创建美国 21 世纪技能联

盟，提出核心素养主要包括：①学习与创新技能。包括创造力与创新、批判性思维与问题解决、交流沟通与合作。②信息、媒体与技术技能。包括信息素养、媒体素养、ICT[①]素养。③生活与职业技能。包括灵活性与适应性、主动性与自我导向、社会与跨文化素养、效率与责任、领导与负责。可以看到，美国对核心素养的描述主要强调学生在未来工作和生活中必须掌握的知识、技能和专业技能，是内容知识、具体技能、专业智能与素养的融合，特别是把创造力与批判性思维纳入其中，显示出对创新型人才培养的高度关注。在这三项核心素养范畴中，每一项的落实都要依赖于素养的核心科目学习与21世纪主题的学习，同时组合了标准与评价、课程与教学、教师专业发展以及学习环境等四个要素，构成保证核心素养实施的基础。

欧洲也在做同样的工作。21世纪之初，欧盟理事会（Council of the European Union）为应对知识经济的全球化浪潮挑战，在教育领域大力推进终身学习战略，并提出以“核心素养”（key competencies）取代传统“读、写、算”的基本能力，提出教育总体目标与教育政策的参照框架，促成各成员国的课程变革。作为教育变革的指导体系，“核心素养”已成为近年来欧盟教育发展的基本理念，为欧盟多数国家的课程改革提供了政策框架，引发了一系列教学创新实践，并带动了相应的学习评价工具的开发和评价项目的实施（裴新宁等，2013）。

欧盟理事会下属的“教育青年文化总司”制定了教育发展目标，并于2001年2月向欧盟理事会提交题为《教育与培训发展的具体目标》的报告。该报告提出了三项战略目标：提高教育和培训系统的质量和有效性；为全民提供更加便捷的教育与培训机会；增进各国教育和培训系统对其他国家的开放性。三项目标包括13个具体目标，其中与核心素养相关的就有3个目标。这一报告凸显了欧盟教育政策中对终身学习的强调和对核心素养的重视。2002年6月，欧洲理事会（European Council）审议通过了《实现欧盟教育与培训发展目标的具体工作计划》，进一步细化了目标并提出了具体的实施时间表。

欧盟从提出核心素养概念到最终文本表述的确定，经历了一个发展过程。第一阶段是提出传统的基本能力，包括使用母语交流的能力、数学素养、科学素养。第二阶段提出“新基本能力”，包括IT技能、外语能力、技术文化、创业精神和社会技能。第三阶段，欧盟于2005年发布了核心素养的研究报告《终身学习核心素养：欧洲参考框架》（Key competencies for Lifelong Learning: A European Reference Framework），该框架指出的核心素养主要包括：母语沟通能力与外语沟通能力、数学和科技基本素养、数字（信息）素养、学会学习、社会与公民素养、创新与企业家精神、文化意识和表现等7个要素，并且对每一素养又从知识、

① ICT是信息（information）、通信（communications）和技术（technology）三个英文单词的词头组合。

技能、态度三个维度进行了具体描述。此后，欧盟的一些国家和地区陆续启动制定支持或指导核心素养培养的国家层面的政策。由于欧盟成员国在教育与培训领域享有自主权，在甄选核心素养时可以依据本国教育愿景、教育体系、教育资源及文化历史特色对欧盟的建议进行调整。有些国家的政策针对全部核心素养，有些国家的政策针对某几项素养成分。大多数国家都制定了至少针对三项素养成分的政策，几乎全部国家都制定了针对数字素养和创业素养的相关政策，可见，许多国家对把数字素养和创业素养作为核心素养已形成共识。

西班牙教育部规定本国学生应具备以下核心素养：语言交流素养、数学素养、了解物质世界并与之互动的素养、信息处理和数字素养、社会和公民素养、文化和艺术素养、学会学习、自主和个人主动性。西班牙属于第一批将核心素养写入教育法令的国家，2006 年颁布的《普通教育法》确立了国家层面指导核心素养培养体系的政策，其中最关键的就是制定义务教育各学段的教育目标。西班牙的教育目标体系有以下特点：第一，多数教育目标都有横跨多种素养、多个科目、多元社会场域的广度，打破学科课程的统治地位，体现了多样性、个性化、面向未来和全纳教育的原则。第二，教育目标是核心素养体系的有机展开，不同学段的目标衔接紧密、垂直贯通，对学生的要求是螺旋增长的。第三，教育目标涵盖了学生的知识、技能以及情感、态度、价值观等多维度内容，彰显了素养教育理念。第四，教育目标具有适度抽象性，有转化为实践的可能性。过于笼统的教育目标不适合指导课程建设和日常教学，也会给教育质量评估带来不必要的困难（尹小霞等，2016）。

英国各类校本课程开发主要参考框架是英国皇家艺术制造与商业协会（Royal Society for the Encouragement of Arts，Manufactures and Commerce，RSA）的开放思维能力框架（opening minds competence framework），该框架具体包含了五个维度的素养结构，分别是：①公民品格素养。包括道德和伦理、能够区别差异、理解社会的多样性、理解技术对社会的影响、理解如何管理自己的生活。②学会学习的素养。包括了解不同的学习方法、推理、创新、积极的动机、关键技能、ICT 技能。③信息运用素养。包括能够应用信息技术、学会反思。④人际交往素养。包括领导、团队合作、充当教练、沟通、情商、压力管理。⑤形势管理素养。包括时间管理、应对变化、感知与反应、创新思维、承担风险（张紫屏，2016）。框架的目标旨在为应对不断变化的社会与科技发展，对学生应该学什么、怎么学等问题进行重新思考和探索，并着手探讨如何教学才能更好地使年轻人适应 21 世纪的挑战。截止到 2016 年，英国已经有 200 多所学校以开放思维能力框架作为素养课程实施的基本参考准则。

2001 年，俄罗斯联邦教育与科学部普通教育内容更新战略委员会组织编制了《普通教育内容现代化战略》，发展与改革教育，代替传统的知识传授。其核心素养包括认知素养、日常生活素养、文化休闲素养、公民团体素养和社会劳动素养等五个方面。①认知素养。主要是指获取信息和知识的能力。②日常生活素养。涉及个人健康、家庭生活等。③文化休闲素养。指公民能够利用闲暇时间丰富个人文化精神生活。④公民团体素养。帮助学生适应公民、选举人、消费者等角色。⑤社会劳动素养。指教会学生分析劳动市场情况、评估自己的职业机会、处理劳动关系的伦理与道德、自我管理能力等。俄罗斯 21 世纪核心素养框架最具特色的部分，在于它将日常生活与文化休闲领域纳入核心素养发展领域，重视公民的个人健康、家庭生活，以及选择合适的途径和方法利用空闲时间，丰富个人文化和精神生活。俄罗斯良好的艺术文化氛围和发达的补充教育体系为全面人才的培养提供了条件（师曼等，2016）。

韩国于 2015 年发布了“核心素养”体系，包括 6 个重要素养：①自我管理素养。指具有明确的自我认同和自信心，具备个人生活和发展所需要的基础能力、能够自主生活的素养。②知识信息处理素养。指懂得处理和运用多领域知识和信息，从而合理解决问题的能力。③创造性思维素养。以广博的知识为基础，融合多领域知识、技术、经验来创造新知识的素养。④审美感性素养。以同情、理解能力及文化感受能力为基础，发现并享有生命的意义和价值的素养。⑤沟通素养。能在各种情形下有效表达自己的想法和情绪，并尊重和倾听他人想法的素养。⑥共同体素养。具有作为地区、国家、世界共同体成员所应具备的价值和态度，积极参与共同体发展的素养。可以看到，韩国核心素养体系从价值特征可归纳为几个特点。第一，6 个核心素养的价值内核可从 3 个维度来理解：生存技能的习得，指向“创造性思维素养”和“知识信息处理素养”；个人与外部世界的关系，指向“共同体素养”和“沟通素养”；自身的内涵发展，指向“自我管理素养”和“审美感性素养”。第二，核心素养体系在基础教育课程框架内提出，成为贯穿教育课程的设计理念，被视为实现“全人”培养目标和“弘益人间”教育目的的途径和手段。第三，6 个核心素养的选择，反映出韩国对当今社会教育问题的认识和对未来人才期待的价值选择（姜英敏，2016）。

我国教育部于 2014 年印发了《教育部关于全面深化课程改革 落实立德树人根本任务的意见》文件，对国家全面深化课程改革作了明确的部署。在“着力推进关键领域和主要环节改革”部分，文件中提出几点要求，其中包括：①研究制订学生发展核心素养体系和学业质量标准。教育部将组织研究提出各学段学生发展核心素养体系，明确学生应具备的适应终身发展和社会发展需要的必备品格和关键能力，突出强调个人修养、社会关爱、家国情怀，更加注重自主发展、合作参与、创新实践。研究制订中小学各学科学业质量标准和高等学校相关学科专业类教学质量国家标准，根据核心素养体系，明确学生完成不同学段、不同年级、不同学科学习内容后应该达到的程度要求，指导教师准确把握教学的深度和广度，使考试评价更加准确反映人才培养要求。各级各类学校要从实际情况和学生特点出发，把核心素养和学业质量要求落实到各学科教学中。②修订课程方案和课程标准。依据学生发展核心素养体系，进一步明确各学段、各学科具体的育人目标和任务，完善高校和中小学课程教学有关标准。③编写、修订高校和中小学相关学科教材。教材编写、修订要依据课程标准和教学大纲等要求，加强各学段教材上下衔接、横向配合。要优化教材内容。将社会主义核心价值观的基本内容写入德育等相关学科教材中，渗透到其他学科教材中。进一步提炼和精选学生全面发展和终身发展必备的、最基本的知识内容，做到容量适当，难易适度，避免内容偏多、偏深。要创新呈现形式，根据学生年龄特点，密切联系学生生活经验，设计教材内容的呈现和编排方式，使之更加生动、新颖、活泼，增强对学生的吸引力。④改进学科教学的育人功能。全面落实以学生为本的教育理念。各地要组织开展育人思想和方法研讨活动，将教育教学的行为统一到育人目标上来。⑤加强考试招生和评价的育人导向。加快推进考试招生制度改革，注重综合考查学生发展情况，引导学校实施素质教育，科学选拔人才。各级考试命题机构要严格以国家课程标准和国家人才选拔要求为依据组织中、高考命题，评估命题质量，保证考试的导向性、科学性和规范性。

《教育部关于全面深化课程改革 落实立德树人根本任务的意见》不仅明确了核心素养的内涵，还在课程目标、课程标准编制、教科书编写、教学方式改革，学习质量评价等方面作出明确要求，昭示着中国的新一轮课程改革正式拉开帷幕。

综上所述，首先，以发展学生核心素养为纲领的教育改革已经形成一个国际潮流，并且，主要国际组织、国家和地区关于核心素养指标体系的建构呈现出国际化同步的趋势，以面向未来、终身学习与学生发展作为制订标准的主旋律。更具体地说，“沟通与交流能力”是大家都重视的核心素养。团队合作，信息技术素养，语言能力（包括母语能力和外语能力），数学素养，自主发展（如独立自主、自我管理、学会学习），问题解决与实践探索能力（如计划、组织与实施能力、创新与创造力、问题解决能力、主动探究能力）等也是多数国家和地区都强调的核心素养，说明诸多国家在对核心素养内涵和外延方面的认识是一致的。

其次，各国际组织、各国及各地区在核心素养的选取上反映了社会经济与科技信息发展的时代要求。事实上，对一些传统能力要素的提法已经不能适应高速发展的社会需求，从逻辑上讲，与社会发展相比较，教育反而应当有一定的超前性而不只是适应性。诸如信息技术素养、团队合作、学会学习、外语能力、社会参与和贡献、可持续发展意识、环境意识等既有适应性质也有超前性质，因而这些因素在选择核心素养要素时为各国所关注和采纳。

最后，无论是各国际组织还是各国及各地区，大家都兼顾跨学科与学科指向的核心素养，不仅重视沟通交流、团队合作、学会学习、独立自主等涉及能力、知识技能、态度和价值观等跨学科的综合表现，而且也重视母语素养、外语语言、数学素养和科学素养等与具体课程密切相关的核心素养（黄四林等，2016）。事实上，学校教育都是以学科教学开展的，学科核心素养是一个无法回避的话题，如何通过学科核心素养的培养来发展一般的核心素养，这可能才是值得大家关注和研究的课题。

二、将核心素养融入课程设计

核心素养是一种理念，空谈这种理念是毫无意义的，必须要将其落实到课程的设计和课程的实施中，由于课程方案都是要以学科课程方案来落实的，因此，在提出核心素养框架之后，许多国家都在尝试将核心素养框架融入各学段、各学科的课程目标中，以形成指向核心素养框架的课程目标体系，从而通过学科教学来实现对学生核心素养的培养。

加拿大大西洋区的做法是，将一系列素养作为毕业生必要的学习成就，将这些素养分别融入 1～12 年级的课程目标中，最终构建出了一套大西洋区的课程学习目标框架。在这一框架的指导下，学生可在各年级不同主题的学习过程中有针对性地形成相应的技能素养。其中也有一些共通的能力，需要在各科教学中共同来培养，如在数学、语言艺术、科学课程的相关内容主题中都涉及对沟通能力的培养（刘晟等，2016）。

要事先厘清跨学科的核心素养与学科核心素养，并规定各自的培养目标，才能做到各个学科的协同培养。2004 年，英国在其国家课程的各个学段中，要求学生学习、实践、发展并提升一系列技能。这些技能中，有些是与学科主题高度相关的（如艺术、绘画和设计），也有些是在多个学科主题中都有涉及的（如在科学、历史等学科中都需要有相应的探究技能）。此外，还有一些技能是跨学科的，如交流、创造性思维等，而这些跨学科的技能也都被融入其国家课程的各个学科中。2010 年，苏格兰提出卓越课程框架，在艺术、健康与幸福、语言、数学、宗教与道德、科学、社会学、技术这八大课程领域，选取了可持续发展、世界公民以及企业与创业教育三大主题作为跨学科学习主题。2013 年，澳大利亚课程、评估与报告管理局提出致力于培养学生的 7 项通用能力，并发布了一系列课程文件将这些通用能力融入其各学科课程中。这些国家和地区就是在考虑如何处理跨学科素养与专门学科素养的关系以及相应的教学问题。

目前，国际上将发展学生核心素养的研究成果应用于课程改革的途径主要有两种：直接指导型与互补融通型。所谓直接指导型，就是将核心素养指标体系直接作为课程改革的基础框架，指导国家的课程改革。如法国在 2006 年正式通过并颁布了《共同基础法令》，以教育法的形式将核心素养指标融入课程目标之中；匈牙利教育与文化部于2007年发布了《国家核心课程》；新西兰在2007年发布了《新西兰课程》，正式提出了五种核心素养，并建构了相应的发展核心素养的网络；日本做得更加具体，提出了核心素养分化到各个年龄阶段的具体化课程目标方案（左璜，2016）。在我国，不仅有一个宏观的核心素养体系（中国学生核心素养），而且各个学科提出了自己的学科核心素养，并将其作为主线贯通课程标准，是将核心素养融入课程体系最彻底的一种做法。另一种做法是互补融通型，指在实施核心素养为本的基础教育课程改革时，主要以互补的形式将核心素养指标逐渐渗透进课程标准中，进而使二者达到融通的状态。例如，为了更好地将核心素养融入学校教育系统之中，美国的21世纪核心素养联盟就努力沟通核心素养指标与共同核心州立标准，建构了各核心学科的核心素养课程目标。

韩国于2015年发布新的初等教育、中等教育课程标准，计划分阶段适用新标准，直到2020年3月覆盖至所有学段。核心素养理念下的新课程将在课程设置、课程内容和评价方式、教学方式等方面发生巨大变化。全方位改革课程设置模式，尽可能打破学科界限，增加“融合课程”比例。取消高中文理分科制度，新设“统合科学”替代原有的物理、化学等学科。大量增加高中阶段的职业选修类课程，使高中生在自主建立未来职业计划基础上选修课程（姜英敏，2016）。

从课程改革的实践路径来说，课程目标的落实必须通过课程结构与分布才得以完成。因此，在更新了课程目标之后，如何将其以更加合理的方式分布在各学科课程之中，是所有改革者都必须思考的问题。

比较典型的做法有两种：整体分布与局部分布。澳大利亚采用的是整体分布方法，将核心素养分为三个层次落实，要求所有课程都要实现核心素养的课程目标，只不过存在程度水平差异（表1-3）。

表1-3 澳大利亚学科课程核心素养落实到年级的分布

关联性基本学习领域	深层	重要	微弱
英语	2，7	1，3，4	5，6
数学	1，2，5，6，7		3，4
科学	1，2，4，5，6，7		3

注：表中数字表示7种核心素养。其中，1表示收集、分析与组织信息的素养；2表示沟通观念与信息的素养；3表示计划及组织活动的素养；4表示与他人合作及在团队中工作的素养；5表示运用数学概念及技术的素养；6表示运用科技的素养；7表示解决问题的素养。

课程的结构方面，西班牙采用灵活的课程组合保障学生的多样化选择，既有广域课程也有学科课程，既设置必修课也给予选修课充足空间，工具类、知识类和技艺类课程比较平衡。小学主要开展广域课程，初中以学科课程为主。在组织学习经验时符合连续性、顺序性、整合性三大标准，在选择课程内容时从多元而不是单一素养出发，尊重学生的兴趣，贴近人们热切关注的社会问题，兼顾知识、技能、态度三个维度的发展，培养学生的终身学习能力。例如，初中自然科学课程以公民教育和小学科学训练为基础，横向整合了物理学、化学、生物学、地理学、天文学、气象学和生态学等学科，纵向贯穿了四大内容板块（科学常识、地球和宇宙、物质和能量、生物多样性）。期望学生通过这个阶段的学习，走出贫乏的纯科学视野，为今后能够评价和整合自然界的知识和信息打下坚实基础（尹小霞等，2016）。

将核心素养融入课程设计，这是一大前提，否则“核心素养”只是一座空中楼阁。不管采用什么方法、什么思路将核心素养融入课程设计，其目标都是一致的，只是路径不同，殊途同归。当然，不同的探索产生的效果可能会有差异，一些国家好的经验、好的做法势必会对他国带来启发，甚至使他国效仿，这是无可厚非也是顺理成章的。

三、课程内容的整合设计

人们越来越认识到，学科之间相对封闭的状况不符合新时代人才培养的要求，不利于学生综合素养的提升，于是课程整合的概念被提出。STEM 教育就是在这个背景下产生的。STEM 教育是科学（science）、技术（technology）、工程（engineering）、数学（mathematics）四门学科的首字母缩写，将科学、技术、工程和数学整合成一门课程（STEM）成为大家的共识，这可以为学生在学校内学习相关学科领域内容时，创造跨学科的学习机会和体验。目前，STEM 理念正在为大家所接受，许多国家也在推行 STEM 教育。

以美国为例，其教育部门成立了 STEM 教育委员会，并于 2013 年公布了科学、技术、工程和数学教育的五年联邦规划，从联邦政府层面大力引导并推行 STEM 教育。STEAM（科学、技术、工程、艺术与数学）是在 STEM 的基础上，进一步融合了艺术类的学科内容，也已得到越来越多的重视。例如，韩国科学进步与创造基金会创意财团与韩国教育科学技术部等都认为 STEAM 是重构学校教育的一个关键要素，在其 2009 年修订的国家科学课程中就已开始呈现通过跨学科整合开展 STEAM 教育的意图，并提出在韩国实行 STEAM 教育可能会对原有的科学、技术、工程、艺术和数学教育起到推动和加强的作用。

在我国，教育部在 2015 年发布的《关于“十三五”期间全面深入推进教育信息化工作的指导意见（征求意见稿）》中提出，“有效利用信息技术推进‘众创空间’建设，探索 STEAM 教育、创客教育等新教育模式，使学生具有较强的信息意识与创新意识”。这标志着 STEAM 教育被正式列入我国政府的工作议事日程。2017 年 2 月，教育部印发的《义务教育小学科学课程标准》也指出，STEM 是一种以项目学习、问题解决为导向的课程组织形式，旨在通过科学、技术、工程和数学四门学科的有机融合，培养学生的创新意识和创新能力。同年 9 月，教育部印发的《中小学综合实践活动课程指导纲要》提出，综合实践课程与其他学科课程并列作为义务教育阶段的必修课程，自小学一年级起全面开设。

STEAM 教育的教学目标可以分为三个层次：使学生掌握跨学科知识是 STEAM 教育的低层次目标，中层次目标是获得问题解决能力、自主探究能力和合作学习能力等综合能力，高层次目标是培养学生的计算思维、设计思维等高阶思维。STEAM 教育的教学环境不局限于教室，在博物馆、科技馆、社区都可以开展 STEAM 教育。在教学评价方面，STEAM 教育结合了形成性评价、总结性评价、学生自评和同伴互评等多种评价方式。同时，它在培养全面发展的社会合格公民，实现新时代的教育创新等方面也有重要作用（袁磊等，2020）。

未来的 STEM 教育重在创新，将打破传统的教育模式，学生面对的是创新的教育结构，以自主学习、知识重构为主。此外，非正式教育也逐步占据主位，学生在科技展览会、博物馆等非正式学习环境中会不断地自我发现、自我重构，主动从学习者转化为创造者，他们的学习不再仅限于“知道”，更重要的是运用知识解决问题，以促进培养适应未来生活的能力（宋怡等，2017）。

四、核心素养纳入评价体系

课程改革能否完全成功，评价的影响是非常大的。即使从课程理念更新到课程标准的制定再到课堂教学改革搞得轰轰烈烈，而对课程实施的评价、学生学业质量评价并没有同步进行，还是用课程改革之前的方式来作为评价指导思想或评价工具，那么这样的改革必然是无果的。事实上，作为中小学教师，他们的教学主要受到考试评价的左右，用评价指挥教学的做法已经根深蒂固，尽管这是本末倒置的逻辑。既然是以发展学生核心素养为教学的目标，那么就得将核心素养纳入评价，而且将其作为主要的评价对象。要研究这个问题，就要对核心素养作评价层面的进一步解读。

从国外对素养的界定看，理解素养的内涵需要注意以下几点：①素养是一种高度复杂而综合的问题解决能力，具有整合性；②包括情感态度价值观维度，强调知识、技能运用和问题解决的道德伦理影响；③它同特定的情境相关，但又能迁移到广泛的情境中；④具有前瞻性，具有 21 世纪知识社会和信息时代的基本特征；⑤是在有利的环境中习得的，素养的获得是一个持续终身的学习过程；⑥核心素养是个人公民生活、职业发展和社会发展所需的最根本和关键的素养，由跨学科核心素养和学科核心素养构成（郭宝仙，2017）。基于这种认识，评价中的关键词就应该是关键能力、品格与价值观、知识迁移、现实生活的问题等。

将核心素养转化为具体的学习结果，并在此基础上开发出相应的测量工具，是国外开展核心素养评价的一种重要策略，欧盟国家开展了此类探索。例如，奥地利、立陶宛、爱尔兰、克罗地亚等国分别通过该策略对数学素养、学会学习素养、社会与公民素养、创新精神和数字化素养进行评价。一些组织、国家和地区的核心素养框架中包括一些传统的技能、能力，如 OECD、欧盟以及英国、匈牙利、芬兰等的核心素养框架中都有语言、数学、科学、外语等，将它们纳入核心素养框架体系后，这些组织、国家和地区都对已有的评价指标体系做出了相应的调整。

立陶宛开展学会学习素养的评价时，将其分解为学习态度与意愿、确定目标与计划活动、有组织和有针对性地活动、反思学习的活动和结果开展自我评估四个构成要素，并围绕这四个要素开发了 5，6 年级学会学习素养评价工具，7，8 年级评价工具则进一步细化了第一和第三要素，更强调了素养的技能和态度层面。澳大利亚也致力于通过国家考试项目探查特定学段的学生在读写、计算能力、信息交流技术等方面的通用能力。这主要包括两大测试项目：一是针对 3，5，7，9 年级学生读写与计算能力的评估项目；二是针对 6，10 年级开展的信息交流技术素养测验。新西兰将核心素养的监测融入每年一次的学生学业成就国家监测研究中，并将其渗透到现有各学科的不同类型题目中，实现对核心素养的测评，测评结果与年度学业成就监测结果一起公布。

美国开发了针对核心学科的素养评价指标体系和水平描述。美国 21 世纪核心素养体系包括学习与创新素养、信息媒介与技术素养、生活与职业素养三大素养及全球意识、理财素养、公民素养、健康素养和环保素养等 5 个议题，每个核心素养又分别由若干指标构成。为了推动核心素养的落实，美国 21 世纪技能合作组织依据美国各地教育工作者和企业雇主的反馈意见，结合跨学科主题，研制并发布了数学、外语、艺术、英语、地理、科学、社会、项目管理学习等 8 个学科的核心素养指标体系和表现样例。

OECD 的国际学生评估项目（Programme for International Student Assessment，PISA）就是针对核心素养的测试。为确定 PISA 所评价的核心素养内容，OECD 曾专门成立了“素养的界定与遴选”工作组，建立核心素养的理论框架，然后收集大量的内外部效度证据，进行实证研究，形成框架和共识（OECD，2005）。在 OECD 定义的核心素养中，“问题解决”是不同于传统的数学、阅读、科学的一个创新的领域，主要关注问题的现实背景和跨学科的问题解决。PISA 2003 给出的操作性定义是：个体利用认知能力去处理和解决真实的、跨学科的情境和问题，这时，解决方案不是显而易见的，所涉及的内容或学科知识也未必限制在一个单一学科领域内（OECD，2004）。但仅仅三年后，PISA 在其基础上推出一个更新的评价领域，称作“协作问题解决”，其定义为：个体有效介入有两个或更多其他个体同时尝试的，通过分享对问题的理解，努力达成一种解决方案的能力，这种解决方案融合了他们共同的知识、技能和努力。以上的概念界定随即在 PISA 2015 测试中加以实施（王蕾，2016）。

核心素养的评价是各国共同关心的主题，一些国家针对特定的素养开发了形成性评价工具。2012 年，欧洲委员会教育视听文化执行署为 7～9 年级的学生开发了一系列的测试，用形成性评价的方式评价学生的核心素养。

西班牙有一套较为完善的教育质量管控和评价体系。2006 年《普通教育法》第 18 条规定用国家考试的方法诊断学生的素养习得状况，从而对核心素养课程进行结果评价。西班牙教育部下属的教育评估研究所通过全国规模的诊断性评价，来评估学生核心素养习得和学校教育实施状况，这是一项对于整个教育系统的形成性评价（OECD，2005）。诊断性评价的框架由 7 部分构成：①基本方面，包括法律基础、人口调查情况以及实施进度表；②样本采集标准；③学生和学校的社会经济文化背景，这是解读评价结果的必要条件；④评价的技术指标，包括测试的时间、类型、题量、开放性问题的编制原则等；⑤对核心素养及组织向度的描述；⑥结果分析的要素，包括分析的标准、数据的解读及评价表现的层次；⑦最终报告的类型。

法国通过《个人能力手册》对学生的表现进行完整的记录。手册考察的内容包括三个阶段：第一阶段（小学 1～2 年级），只考察法语、数学、社会及公民素养；第二阶段（小学 3～5 年级）和第三阶段（小学 6 年级至初中毕业），对 7 大素养全部考察。除形成性评价外，一些国家也尝试通过在国家或地区层面的统一考试，监测学生核心素养的发展，为课程与教学提供反馈与建议。意大利、立陶宛、罗马尼亚和英国英格兰地区的教育部门都在计划增加新的国家测试学段，以督促和检验这些素养的相关教育状况。一些国家选用真实情景考察跨学科的问题解决能力，例如 PISA 就是具有全球影响力的素养测试。法国自 2001 年以来，一直关注和考察学生是否能熟练使用多媒体工具和互联网，并将其纳入相应的考查评估框架中。匈牙利在国家基本能力评估中，聚焦于学生能否将与阅读和数学素养有关的知识和技能用于现实生活情境之中。波兰在初等教育阶段的测试则是完全基于跨学科材料的，重点关注与评估学生在阅读、写作、推理、利用信息和知识的实际应用中的表现。

我国《普通高中课程方案（2017 年版 2020 年修订）》中明确规定：“完善综合素质评价制度。学校应制订学生综合素质评价实施方案，建立学生综合素质档案，指导学生客观记录成长过程，记录集中反映综合素质主要内容的具体活动。……规范考试评价要求。校内评价或考试、学业水平考试、普通高等学校招生全国统一考试均应以本课程方案、课程标准和国家相关教学文件为依据。学业水平合格性考试以必修课程要求为准，考试成绩合格是毕业的重要依据。普通高等学校招生全国统一考试和计入高校招生录取总成绩的学业水平等级性考试以必修课程和选择性必修课程的综合要求为准。考试命题应注重紧密联系社会实际与学生生活经验，强调综合运用知识分析解决实际问题能力的考查，要有利于促进学生核心素养的发展。”（中华人民共和国教育部，2018a）文件中规定了评价的范围、要求和方式，特别强调对解决实际问题能力的考查，突出对核心素养的考查。因此，该文件为这一轮课程改革的学业质量评价指明了方向。

第二节　中国学生的核心素养框架建构

一、研究过程

教育部哲学社会科学重大攻关项目“义务教育阶段学生学业质量标准体系研究”课题组，首次提出基于学生核心素养的课程体系建构设想，认为构建基于核心素养的课程体系应至少包含具体化的教学目标、内容标准、教学建议和质量标准四部分。其中，教学目标和质量标准要体现学生的核心素养，内容标准和教学建议要促进学生形成核心素养（辛涛等，2014）。辛涛等提出我国基础教育阶段学生核心素养概念的内涵，在核心素养的遴选中要遵守素养可教可学、对个体和社会都有积极意义、面向未来且注重本国文化这三个原则（辛涛等，2013）。

2014 年 3 月，教育部印发了《教育部关于全面深化课程改革落实立德树人根本任务的意见》，文件明确指出：“深化课程改革、落实立德树人根本任务具有重大意义。立德树人是发展中国特色社会主义教育事业的核心所在，是培养德智体美全面发展的社会主义建设者和接班人的本质要求。”文件提出了核心素养概念，要求研究制订学生发展核心素养体系和学业质量标准。要根据学生的成长规律和社会对人才的需求，把对学生德智体美全面发展总体要求和社会主义核心价值观的有关内容具体化、细化，深入回答“培养什么人、怎样培养人”的问题。教育部将组织研究提出各学段学生发展核心素养体系，明确学生适应终身发展和社会发展需要的必备品格和关键能力，突出强调个人修养、社会关爱、家国情怀，更加注重自主发展、合作参与、创新实践。研究制订中小学各学科学业质量标准和高等学校相关学科专业类教学质量国家标准，根据核心素养体系，明确学生完成不同学段、不同年级、不同学科学习内容后应该达到的程度要求，指导教师准确把握教学的深度和广度，使考试评价更加准确反映人才培养要求。各级各类学校要从实际情况和学生特点出发，把核心素养和学业质量要求落实到各学科教学中。

这个文件的发布，拉开了以培养学生核心素养为目标的新一轮课程改革的序幕。接下来分成两条主线开展相关研究。一条线是由北京师范大学林崇德先生领衔的团队研究中国学生核心素养体系，构建一个统领各个学科核心素养的框架；另一条线是由各学科组织专家组，开展高中学段学科核心素养的研究。具体地说，第一步，各专家组要凝练本学科的核心素养；第二步，依据提出的核心素养要素并以其为主线，编制各学科课程标准；第三步，在课程标准基础上编写各科教科书。到 2017 年底，两条线的工作都已完成，2018 年初，《普通高中课程方案（2017 年版）》以及各科课程标准印发，全国各省（自治区、直辖市）逐步进入高中新一轮课程改革的实施阶段。

2016 年 9 月 13 日，中国学生发展核心素养研究成果发布会在北京师范大学举行，会上公布了中国学生发展核心素养总体框架及基本内涵。课题组汇聚国内多所高校近百名研究人员，在总体设计、统筹谋划的基础上，综合开展基础理论研究、国际比较研究、教育政策研究、传统文化分析、现行课标分析、实证调查研究，全方位、多层次征求各方面意见、建议，反复修改完善，历时三年集中攻关，并经教育部基础教育课程教材专家工作委员会审议，最终形成研究成果。

二、基本框架

中国学生发展核心素养，以“全面发展的人”为核心，分为文化基础、自主发展、社会参与三个方面，综合表现为人文底蕴、科学精神、学会学习、健康生活、责任担当、实践创新六大素养。根据这一总体框架，可针对学生年龄特点进一步提出各学段学生的具体表现要求（核心素养研究课题组，2016）。结构如图 1-1。

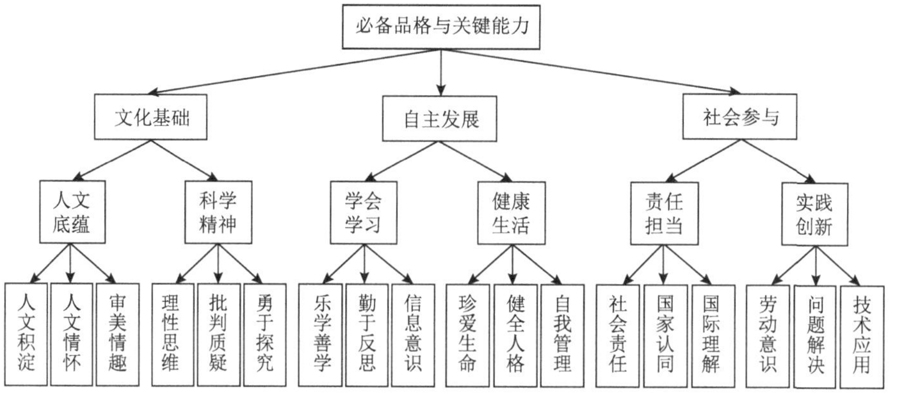

图 1-1　中国学生核心素养结构

这个框架中，3 个一级指标，6 个二级指标，18 个三级指标。可以看到，必备品格与正确价值观被分解到了各个维度中，6 个二级指标都涉及品格与价值观。在 18 个三级指标中，涉及品格与价值观的要素有人文情怀、审美情趣、理性思维、批判质疑、勇于探究、乐学善学、勤于反思、珍爱生命、健全人格、社会责任、国家认同、国际理解、劳动意识等，具体到学科教学来看，这些素养与各学科教学内容的联系紧密程度是不一样的，各学科应当厘清与本学科教学最为相关的素养，将其作为评价学科核心素养的指标依据。

下面是林崇德先生对框架的解读（林崇德，2017）。

文化基础：文化是人存在的根和魂。文化基础，重在强调能习得人文、科学等各领域的知识和技能，掌握和运用人类优秀智慧成果，涵养内在精神，追求真善美的统一，发展成为有宽厚文化基础、有更高精神追求的人。

人文底蕴：主要是学生在学习、理解、运用人文领域知识和技能等方面所形成的基本能力、情感态度和价值取向。具体包括人文积淀、人文情怀和审美情趣等基本要点。

科学精神：主要是学生在学习、理解、运用科学知识和技能等方面所形成的价值标准、思维方式和行为表现。具体包括理性思维、批判质疑、勇于探究等基本要点。

自主发展：自主性是人作为主体的根本属性。自主发展，重在强调能有效管理自己的学习和生活，认识和发现自我价值，发掘自身潜力，有效应对复杂多变的环境，成就出彩人生，发展成为有明确人生方向、有生活品质的人。

学会学习：主要是学生在学习意识形成、学习方式方法选择、学习进程评估调控等方面的综合表现。具体包括乐学善学、勤于反思、信息意识等基本要点。

健康生活：主要是学生在认识自我、发展身心、规划人生等方面的综合表现。具体包括珍爱生命、健全人格、自我管理等基本要点。

社会参与：社会性是人的本质属性。社会参与，重在强调能处理好自我与社会的关系，养成现代公民所必须遵守和履行的道德准则和行为规范，增强社会责任感，提升创新精神和实践能力，促进个人价值实现，推动社会发展进步，发展成为有理想信念、敢于担当的人。

责任担当：主要是学生在处理与社会、国家、国际等关系方面所形成的情感态度、价值取向和行为方式。具体包括社会责任、国家认同、国际理解等基本要点。

实践创新：主要是学生在日常活动、问题解决、适应挑战等方面所形成的实践能力、创新意识和行为表现。具体包括劳动意识、问题解决、技术应用等基本要点。

在《中国学生核心素养研究》中，林崇德先生具体地给出了核心素养基本要点和主要表现（表 1-4）。

表 1-4　中国学生发展核心素养基本要点和主要表现

	核心素养	基本要点	主要表现描述
文化基础	人文底蕴	人文积淀	重点：具有古今中外人文领域基本知识和成果的积累；能理解和掌握人文思想中所蕴含的认识方法和实践方法等
		人文情怀	重点：具有以人为本的意识，尊重、维护人的尊严和价值；能关切人的生存、发展和幸福等
		审美情趣	重点：具有艺术知识、技能与方法的积累；能理解和尊重文化艺术的多样性，具有发现、感知、欣赏、评价美的意识和基本能力；具有健康的审美价值取向；具有艺术表达和创意表现的兴趣和意识，能在生活中拓展和升华美等
	科学精神	理性思维	重点：崇尚真知，能理解和掌握基本的科学原理和方法；尊重事实和证据，有实证意识和严谨的求知态度；逻辑清晰，能运用科学的思维方式认识事物、解决问题、指导行为等
		批判质疑	重点：具有问题意识；能独立思考、独立判断；思维缜密，能多角度、辩证地分析问题，作出选择和决定等
		勇于探究	重点：具有好奇心和想象力；能不畏困难，有坚持不懈的探索精神；能大胆尝试，积极寻求有效的问题解决方法等
自主发展	学会学习	乐学善学	重点：能正确认识和理解学习的价值，具有积极的学习态度和浓厚的学习兴趣；能养成良好的学习习惯，掌握适合自身的学习方法；能自主学习，具有终身学习的意识和能力等
		勤于反思	重点：具有对自己的学习状态进行审视的意识和习惯，善于总结经验；能够根据不同情境和自身实际，选择或调整学习策略和方法等
		信息意识	重点：能自觉、有效地获取、评估、鉴别、使用信息；具有数字化生存能力，主动适应"互联网+"等社会信息化发展趋势；具有网络伦理道德与信息安全意识等
	健康生活	珍爱生命	重点：理解生命意义和人生价值；具有安全意识与自我保护能力；掌握适合自身的运动方法和技能，养成健康文明的行为习惯和生活方式等
		健全人格	重点：具有积极的心理品质，自信自爱，坚韧乐观；有自制力，能调节和管理自己的情绪，具有抗挫折能力等
		自我管理	重点：能正确认识与评估自我；依据自身个性和潜质选择适合的发展方向；合理分配和使用时间与精力；具有达成目标的持续行动力等
社会参与	责任担当	社会责任	重点：自尊自律，文明礼貌，诚信友善，宽和待人；孝亲敬长，有感恩之心；热心公益和志愿服务，敬业奉献，具有团队意识和互助精神；能主动作为，履职尽责，对自我和他人负责；能明辨是非，具有规则与法治意识，积极履行公民义务，理性行使公民权利；崇尚自由平等，能维护社会公平正义；热爱并尊重自然，具有绿色生活方式和可持续发展理念及行动等
		国家认同	重点：具有国家意识，了解国情历史，认同国民身份，能自觉捍卫国家主权、尊严和利益；具有文化自信，尊重中华民族的优秀文明成果，能传播弘扬中华优秀传统文化和社会主义先进文化；了解中国共产党的历史和光荣传统，具有热爱党、拥护党的意识和行动；理解、接受并自觉践行社会主义核心价值观，具有中国特色社会主义共同理想，有为实现中华民族伟大复兴的中国梦而不懈奋斗的信念和行动
		国际理解	重点：具有全球意识和开放的心态，了解人类文明进程和世界发展动态；能尊重世界多元文化的多样性和差异性，积极参与跨文化交流；关注人类面临的全球性挑战，理解人类命运共同体的内涵与价值等

续表

	核心素养	基本要点	主要表现描述
社会参与	实践创新	劳动意识	重点：尊重劳动，具有积极的劳动态度和良好的劳动习惯；具有动手操作能力，掌握一定的劳动技能；在主动参加的家务劳动、生产劳动、公益活动和社会实践中，具有改进和创新劳动方式、提高劳动效率的意识；具有通过诚实合法劳动创造成功生活的意识和行动等
		问题解决	重点：善于发现和提出问题，有解决问题的兴趣和热情；能依据特定情境和具体条件，选择制订合理的解决方案；具有在复杂环境中行动的能力等
		技术应用	重点：理解技术与人类文明的有机联系，具有学习掌握技术的兴趣和意愿；具有工程思维，能将创意和方案转化为有形物品或对已有物品进行改进与优化等

第三节　学科核心素养

2018 年初，高中各科课程标准发布，学科核心素养作为一条主线贯穿课程理念、课程目标、教学评价，体现出各学科的特色以及学科核心素养特殊的价值。

一、学科核心素养的含义

邵朝友等将学科核心素养定义为：通过学习某学科的知识与技能、思想与方法而习得的重要观念、关键能力与必备品格（邵朝友等，2015）。曹培英认为所谓学科核心素养，粗略地说指凸显学科本质，具有独特的重要育人价值的素养（曹培英，2015）。钟启泉认为核心素养与学科核心素养之间的关系是全局与局部、共性与个性、抽象与具象的关系（钟启泉，2016）。李艺等指出，一般核心素养是由学科核心素养推演而来的（李艺等，2015）。可以简单地说，学科核心素养是与学科相关的素养，是通过学科的学习形成和发展起来的素养。

梁砾文等认为学科核心素养的内涵包含两个方面：核心素养关照下对学科教育本质的理解及学科素养的结构系统（梁砾文等，2017）。一方面，对学科教育本质的思考，需要广泛的社会参与，使其走出囿于学科和教育内部自我封闭的话语体系，赋予其新的时代内涵。另一方面，由于人的发展是由各阶段构成的整体，学科核心素养具有基础性、发展性的特点。因此学科核心素养的拟定需要结合社会需求，整体规划大学、中学、小学教育，为学生的终身学习和终身发展奠定基础。学科核心素养的结构如图 1-2 所示。

图 1-2 学科核心素养的结构

对于这个结构的理解，第一，学科核心素养体系内的学科基础知识和学科基本技能不是“知识本位”学科教学观下，脱离具体情境的，依靠学生死记硬背和机械操练的应试内容，而是“知识构建”教学观指导下，来源于生活，最终回归生活的学科学力基本构成要素。第二，学科核心素养结构系统中的“情感态度”，既包含了一般意义上的动机、态度、策略等因素，也包含对学科特有的归属感、价值观、学科观念等认识信念。第三，学科核心素养体系内各要素并非相互割裂的层级结构，而是有机相连的，共同构成学习者的学习体验，任何一个要素的发展都会连带其他要素的共同发展。例如，知识的积累和运用会带来能力的提升；将知识与能力用于实际问题的解决会促进学科思维能力和学科基本方法的形成等。第四，学科核心素养的培养，最终体现在具有学科特点的，可以迁移的必备能力和关键品格上。

教育部组织专家对高中课程标准进行修订时，要求把学科核心素养作为修订课程标准的主线，围绕学科核心素养制订教学内容、评价标准并进行教材编制。因此，各科都凝练出自己学科的核心素养，表 1-5 列出了各个学科的核心素养。可以看到，这些学科核心素养表述不一、风格各异，反映了各学科的学科性质和特征。

表 1-5 各学科核心素养

学科	核心素养
语文	语言建构与运用、思维发展与提升、审美鉴赏与创造、文化传承与理解
数学	数学抽象、逻辑推理、数学建模、直观想象、数学运算、数据分析
历史	唯物史观、时空观念、史料实证、历史解释、家国情怀
地理	人地协调观、综合思维、区域认知、地理实践力
物理	物理观念、科学思维、科学探究、科学态度与责任
化学	宏观辨识与微观探析、变化观念与平衡思想、论据推理与模型认知、科学探究与创新意识、科学态度与社会责任
生物	生物观念、科学思维、科学探究、社会责任

续表

学科	核心素养
英语	语言能力、文化意识、思维品质、学习能力
体育与健康	运动能力、健康行为、体育品德
思想政治	政治认同、科学精神、法治意识、公共参与
艺术	艺术感知、创意表达、审美情趣、文化理解
美术	图像识读、美术表现、审美判断、创意实践、文化理解
音乐	审美感知、艺术表现、文化理解
信息技术	信息意识、计算思维、数字化学习与创新、信息社会责任
通用技术	技术意识、工程思维、创新设计、图样表达、物化能力
德语	语言能力、文化意识、思维品质、学习能力
日语	语言能力、文化意识、思维品质、学习能力
俄语	语言能力、文化意识、思维品质、学习能力
法语	语言能力、文化意识、思维品质、学习能力
西班牙语	语言能力、文化意识、思维品质、学习能力

观察表1-5，可以看到一些现象。其一，各学科都在努力彰显本学科的学科特性，但有的要素是各学科共有的，最突出的表现是“思维”，无论理科还是文科都对它情有独钟。其实这并不是偶然的，也不是巧合的，这是说明在中小学阶段，发展学生的思维是所有学科的共同任务，也说明思维是核心素养中最核心的成分。其二，文化教育成为贯穿文科的主线。如语文学科的“文化传承与理解”，外语类的“文化意识”，艺术、美术、音乐类的“文化理解”等，实际上，文科教育本身就是文化的教育，各人文学科的核心素养体现出了文科教育的精髓。其三，除极少数学科外，绝大多数学科都将学生的必备品格与正确价值观纳入核心素养范畴。如语文学科的“审美鉴赏与创造”与“文化传承与理解”，外语类的“文化意识”与“思维品质”，物理、化学、生物、信息技术学科的“社会责任”，历史学科的“唯物史观”，思想政治学科的“政治认同”与“法治意识”，体育与健康学科的“体育品德”等。这样的处理，能够反映出核心素养的内涵与本质。

二、几个学科的核心素养简要分析

下面对语文、数学、英语、物理、历史五个学科的核心素养作一个简要的分析。

（一）语文学科核心素养

语文学科核心素养包括：语言建构与运用、思维发展与提升、审美鉴赏与创造、文化传承与理解。这 4 个核心素养体现了语文学科的特征，它们的内容不是相互独立的，而是具有内在的相互关联性。

1. 语言建构与运用

语言建构与运用是指学生在丰富的语言实践中，通过主动地积累、梳理和整合，逐步掌握祖国语言文字特点及其运用规律，形成个体言语经验，发展为在具体语言情境中正确有效地运用祖国语言文字进行交流沟通的能力（中华人民共和国教育部，2018f）。

语言建构与运用，是语文学科的基础知识和基本技能的基本素养，它是使学生在学习语言文字运用的过程中，增进语文学养，努力学会正确、熟练、有效地运用文字。在语文教学中，为了体现语言建构与运用，就不是仅仅传授给学生一些语法与修辞的知识，而是要在文本解读中建构学生的语言知觉与修辞图式。“语文教学是通过言语作品来进行语言能力的培养的，要通过他人的言语作品培养出自己的语言能力，必须经历语义与文意的相互联系和相互转化的双向过程。”（王宁，2000）

2. 思维发展与提升

思维发展与提升是指学生在语文学习过程中，通过语言运用，获得直觉思维、形象思维、逻辑思维、辩证思维及创造思维的发展，促进深刻性、敏捷性、灵活性、批判性和独创性等思维品质的提升（中华人民共和国教育部，2018f）。

“思维发展与提升”是从思维角度来定义素养的，包括思维的类型和思维的品质。直觉思维也称非逻辑思维，它是一种没有完整的分析过程与逻辑程序，依靠灵感或顿悟迅速理解并作出判断和结论的思维。这是一种直接的领悟性的思维，具有直接性、敏捷性、简缩性、跳跃性等特点。形象思维是用直观形象和表象解决问题的思维。逻辑思维是人们在认识过程中借助于概念、判断、推理等思维形式能动地反映客观现实的思维形式。辩证思维是反映和符合客观事物辩证发展过程及其规律性的思维。辩证思维的特点是从对象的内在矛盾的运动变化中，从其各个方面的相互联系中进行考察，以便从整体上、本质上完整地认识对象。创造思维是一种新颖而有价值的、非结论的，具有高度机动性和坚持性，且能清楚地勾画和解决问题的思维活动，表现为打破惯常解决问题的程式，重新组合既定的感觉体验，探索规律，得出新思维成果的思维过程。

“思维发展与提升”提到要使学生的思维发展为多方面的、多层次的，不仅如此，还将思维品质的培养也纳入其中。这就给教师提出了新的教学任务和学习任务。事实上，要完成这个任务，语文老师就要学习有关思维的相关理论，研究如何通过语文知识的学习来促进思维能力的发展，如何通过语文知识的学习来优化学生的思维品质。

3. 审美鉴赏与创造

审美鉴赏与创造是指学生在语文学习中，通过审美体验、评价等活动形成正确的审美意识、健康向上的审美情趣和鉴赏品位，并在此过程中逐步掌握表现美、创新造美的方法（中华人民共和国教育部，2018f）。理解美、欣赏美、表现美、创造美是这个核心素养的本质。关于对真善美的理解，我们在本节后面再专门讨论。

4. 文化传承与理解

文化传承与理解是指学生在语文学习中，继承和弘扬中华优秀传统文化、革命文化、社会主义先进文化，理解和借鉴不同民族和地区的文化，拓展文化视野，增强文化自觉，提升中国特色社会主义文化自信，热爱祖国语言文字，热爱中华文化，防止文化上的民族虚无主义（中华人民共和国教育部，2018f）。要使学生在语文课程中进一步理解和尊重文化多样性，关注当代文化，学习对文化现象的剖析，积极参与先进文化的传播。

2017 年对普通高中语文课程标准的修订，提出了一个“学习任务群”的概念。所谓“学习任务群”，是指在真实情境下，确定与语文核心素养生成、发展、提升相关的人文主题，组织学习资源，设计多样的学习任务，让学生通过阅读与鉴赏、表达与交流、梳理与探究的自主活动，自己去体验环境和完成任务，通过“任务群”的学习方式，发展学生的个性，促进思维能力的增长。这种学习任务群的特点是涵盖学生生活、学习和日后工作需要的各种语言活动类型，在培养学生语言运用能力的基础上，还充分关注跨文化、跨媒介等语言文字的运用，提出自主、合作、探究等学习方式。学习任务群分布在高中三个年级的三类课程（必修、选择性必修、选修）中，最大限度地达到核心素养的养成和增强的目的。学习任务群强化了学生的自主学习，体现了语文课程的实践性，改变了传统的单元课文呈现方式和大量讲解分析的教学模式，鼓励学生根据个人兴趣和特长选择学习内容和学习方式，对体现语文核心素养、提高实践能力和创新能力会有很大的作用。

（二）数学学科核心素养

数学学科核心素养包括：数学抽象、逻辑推理、数学建模、直观想象、数学运算和数据分析。

1. 数学抽象

数学抽象是指通过对数量关系和空间形式的抽象，得到数学研究对象的素养。主要包括：从数量与数量关系、图形与图形关系中抽象出数学概念及概念之间的关系，从事物的具体背景中抽象出一般规律和结构，并且用数学语言予以表征。数学抽象主要表现为：获得数学概念和规则，提出数学命题和模型，形成数学思想与方法，认识数学结构与体系（中华人民共和国教育部，2018c）。可以理解为数学抽象的四种类型：①抽象出数学概念和规则；②抽象出数学命题和模型；③抽象出数学思想与方法；④抽象出数学结构与体系。

为了对抽象来源作出更细致的分析，可以将数学抽象分为两种类型。第Ⅰ类抽象：对现实事物的抽象。这种抽象主要是从现实背景中抽象出数学概念、规则、模型。第Ⅱ类抽象，对数学对象的抽象，即在已有数学概念、命题基础上抽象出新的概念、命题、模型，也可以抽象出数学思想方法和数学结构体系。将数学抽象的类型和数学抽象的来源组合考虑，可得表 1-6。

表 1-6　数学抽象类型与数学抽象来源的对应关系

分类	数学概念和规则	数学命题和模型	数学思想与方法	数学结构与体系
第Ⅰ类抽象	√	√		
第Ⅱ类抽象	√	√	√	√

数学抽象的教育价值表现在，第一，通过数学抽象的训练，可以培养学生概括问题的能力。数学抽象是从一些具体的事物中找出它们共性的东西，这是需要概括的。当你面对一类事物，通过观察它们的共同特征，概括出它们的属性，但是，有的共同属性并不一定是它们的本质属性，因为这些共同属性可能是表面而非深刻的，换句话说，你找到的共同属性可能不是我们关心的研究问题，而更加深层的共同属性才是有价值的研究属性。第二，通过数学抽象的训练，可以培养学生量化思维的能力。观察一个事物时，能从数量的角度思考问题，能够用量的方法把事物的属性抽象出来，这就是量化思维方式。第三，通过数学抽象的训练，可以培养学生思维的深刻性。数学思维的深刻性，是学生对数学材料进行概括，对具体的数量关系和空间形式进行抽象，以及在推理过程中思考的广度、深度、难度和严谨性水平的集中反映（林崇德，1999）。显然，无论是从一般到特殊的强抽象方式，还是从特殊到一般的弱抽象方式，这些方式都能体现思维的深刻性，不过强抽象与辐合思维更加接近，更能体现思维的深度；弱抽象与发散思维比较接近，更能体现思维的广度。从第Ⅰ类数学抽象来看，能够将现实问题的数学元素抽象出来，用数学语言去描述它，由表及里地透过现象看本质，这就是思维深

刻性的体现。第Ⅱ类数学抽象，由数学概念为基础生成新的概念，需要对原来概念的内涵进行收缩或放大，或者需要以原来的概念为基础，增加新的元素构建概念，这也是思维深刻性的体现。因此，在教学中对学生数学抽象进行训练，事实上就是在培养思维的深刻性。

2. 逻辑推理

逻辑推理是指从一些事实或命题出发，依据规则推出其他命题的素养。主要包括两类：一类是从特殊到一般的推理，推理形式主要有归纳、类比；另一类是从一般到特殊的推理，推理形式主要有演绎。逻辑推理主要表现为：掌握推理基本形式和规则，发现问题和提出命题，探索和表述论证过程，理解命题体系，有逻辑地表达与交流（中华人民共和国教育部，2018c）。

波利亚（Polya）把归纳推理与类比推理统称为合情推理，因此《普通高中数学课程标准（2017 年版）》中的逻辑推理实际上包括了演绎推理和合情推理。

逻辑推理的教育价值表现在，第一，通过逻辑推理的训练，可以培养学生思维的严谨性。演绎推理必须要依据已有的命题，严格遵循逻辑的规则来进行推理，因此，这种思维是严谨的。通过数学学习具有培养思维严谨性的功能，是其他学科无法替代的。而且，公理化思想渗透到逻辑推理之中，公理作为逻辑推理的起点，其体系具有独立性、相容性和完备性，保证了一套理论的严谨性，因而，公理化方法更加体现了逻辑推理的严谨性特点。第二，通过逻辑推理的训练，可以培养学生提出问题的能力。归纳与类比不是依据逻辑规则来进行推理的，它们属于非逻辑思维，因而波利亚把归纳推理和类比推理称为合情推理，是合乎情理的推理而不是完全符合逻辑的推理。“合情推理是一种可能性推理，是根据人们的经验、知识、直观与感觉得到一种可能性结论的推理。”（郭思乐等，1997）第三，通过逻辑推理的训练，可以培养学生思维的批判性和独创性。数学思维的批判性，是学生在思维活动中，严格估计思维材料、精细检查思维过程、自我控制或调节思维方向与过程的能力水平的集中反映。数学思维的独创性，是学生在思维活动中，发现矛盾、提出假设并给予论证、充分体现个体特征的创造性活动能力水平的集中反映（林崇德，1999）。思维的批判性反映了思维活动中独立分析和批判的程度，表现为善于独立思考、质疑并能及时发现和纠正错误，能对自我解决问题过程进行评价。思维的独创性主要表现为思维结果的新颖和独特。

3. 数学建模

数学建模是对现实问题进行数学抽象，用数学语言表达问题、用数学方法构建模型解决问题的素养。数学建模过程主要包括：在实际情境中从数学的视角发现问题、提出问题，分析问题、建立模型，确定参数、计算求解，检验结果、改进模型，最终解决实际问题。数学模型搭建了数学与外部世界联系的桥梁，是数学应用的重要形式。数学建模是应用数学解决实际问题的基本手段，也是推动数学发展的动力（中华人民共和国教育部，2018c）。

由上面“数学建模是对现实问题进行数学抽象”的叙述，可见数学建模本质上属于数学抽象的一种类型，它主要偏重对现实问题的数学抽象。

《普通高中数学课程标准（2017 年版）》关于数学建模的定义，不是从方法的角度来论述，而是从人的能力角度切入的，即把数学建模作为一种数学素养看待，本质就是一种数学能力，即通过数学学习，学生要达到掌握一定的数学建模方法去解决问题的能力，这也是区别于其他学科，数学特有的一种能力。

数学建模的价值主要体现在如下几个方面。第一，通过数学建模训练，能提高学生的数学抽象能力。数学建模的环节中，最核心的部分是能够从数学的角度观察问题，从现实情境中抽象出数学模型，本质就是数学抽象。因此，数学建模是数学抽象的一种表现形式，属于数学抽象范畴。第二，通过数学建模训练，能提升学生综合实践能力。综合实践能力是指通过学习，学生能将学到的数学知识用于解决一些现实问题，能用数学的眼光观察事物，用数学的思维分析事物，这是一种数学应用能力，是数学综合素养的表现形式。第三，通过数学建模训练，能培养学生的数学交流能力。交流包括书面语言表达和口头语言表达，书面语言表达是指学习者能够把自己对知识的理解、学习的体会、探究知识和解决问题的过程用数学作文方法展现出来；口头语言表达指学习者能够把自己对知识的理解、学习的体会、探究知识和解决问题的过程用口头语言表述出来。

4. 直观想象

直观想象是指借助几何直观和空间想象感知事物的形态与变化，利用空间形式特别是图形，理解和解决数学问题的素养。主要包括：借助空间形式认识事物的位置关系、形态变化与运动规律；利用图形描述、分析数学问题；建立形与数的联系，构建数学问题的直观模型，探索解决问题的思路。直观想象主要表现为：建立形与数的联系，利用几何图形描述问题，借助几何直观理解问题，运用空间想象认识事物（中华人民共和国教育部，2018c）。

在《义务教育数学课程标准（2011 年版）》中，有两个概念：空间观念和几何直观（中华人民共和国教育部，2012）。空间观念主要是指根据物体特征抽象出几何图形；根据几何图形想象出所描述的实际物体；想象出物体的方位和相互之间的位置关系；描述图形的运动和变化；依据语言的描述画出图形等。几何直观主要是指利用图形描述和分析问题。借助几何直观可以把复杂的数学问题变得简明、形象，有助于探索解决问题的思路，预测结果。几何直观可以帮助学生直观地理解数学，在整个数学学习过程中都发挥着重要作用。

显然，“直观想象”是整合了“空间观念”和“几何直观”两个概念，而空间观念就是空间想象，指具体事物和几何图形之间的“互译”；几何直观主要指用图形描述和分析数学问题，体现的主要是数形结合思想。

直观想象的教育价值表现为：第一，通过直观想象的训练，可以培养学生数学应用的意识和能力。随着社会的发展和科技的进步，数学在现实生活和各学科领域的应用越来越广泛和深入，作为这个时代的公民，我们必须具备数学应用的意识，具备数学应用的基本能力。可以说，数学应用意识的培养也是数学教育的一个价值取向，与正确价值观的形成相关。数学建模中的许多问题都与直观想象相关，通过对图形的数量抽象建立模型，我们的现实世界是直观的、形象的、三维的，数学建模多是对现实问题的抽象，当然得依附直观想象。第二，通过直观想象的训练，可以提高学生的数学化归能力。所谓化归，就是对问题的转化，化复杂问题为简单问题，化不熟悉的问题为熟悉的问题，化未解过的问题为解决过的问题。第三，通过直观想象训练，可以培养学生思维的深刻性和灵活性。对几何图形的观察，需要抽象出它背后的数量关系，对代数表达式的观察，需要分析隐含的几何模型，这些都是数学抽象过程，需要智力的深度参与，也是思维深刻性的具体表现形式。一旦建立了图形与数集的关系，解决问题的方法就会呈现多样性，比如如何选择方法，如何权衡利弊，如何选择最优，等等，这些都会起到训练思维灵活性的作用。

5. 数学运算

数学运算是指在明晰运算对象的基础上，依据运算法则解决数学问题的素养。主要包括：理解运算对象，掌握运算法则，探究运算思路，选择运算方法，设计运算程序，求得运算结果等。数学运算主要表现为：理解运算对象，掌握运算法则，探究运算思路，求得运算结果（中华人民共和国教育部，2018c）。

数学运算是演绎推理。运算的前提是规则，依据规则办事就是演绎推理。数学运算的交换律、结合律、分配律等，就是具有普遍意义的规则，运算必须遵循这些规则，具体的数字运算就是一般规则的具体运用，是演绎推理的过程。从这个意义上讲，数学运算属于演绎推理范畴，是演绎推理的一种基本样态。

数学运算的价值主要表现在两个方面。第一，通过数学运算的训练，可以提高学生处理程序性知识的能力。为了在社会中生存，学会基本的计算是人人都必须具备的基本素质，这是不容怀疑的，这也是数学运算对于人的发展表现出来的基本功能。但是，数学运算更特别的价值还在于可以提升人们处理程序性知识的能力。第二，通过数学运算的训练，可以发展学生思维的敏捷性和灵活性。思维的敏捷性指活动的速度。有了思维敏捷性，人在处理问题和解决问题的过程中，能够适应变化的情况来积极地思维，周密地考虑，正确地判断和迅速地作出结论。思维的灵活性指思维活动的灵活程度。灵活性强的人，善于从不同的角度与方面出发思考问题，能较全面地分析、思考问题，解决问题。

6. 数据分析

数据分析是指针对研究对象获得数据，运用数学方法对数据进行整理、分析和推断，形成关于研究对象知识的素养。数据分析过程主要包括：收集数据，整理数据，提取信息，构建模型，进行推断，获得结论。数据分析主要表现为：收集和整理数据，理解和处理数据，获得和解释结论，概括和形成知识（中华人民共和国教育部，2018c）。

数据分析主要属于《普通高中数学课程标准（2017年版）》界定的“概率与统计”模块，在高中阶段，统计的内容是在概率论的基础上建立的，因此研究对象多是随机性数据。内容包括：获取数据的基本途径及相关概念、抽象、统计图表、用样本估计总体。

数据分析的教育价值主要体现在两个方面。其一，通过数据分析的训练，可以提高学生的数学应用意识和数学应用能力。数据分析的本质是一种数学建模活动，数学建模就是一种数学应用，当然数据分析也是数学应用的过程。数据分析的研究对象是数据，而数据往往来自现实的生产和生活场景，来自科学实验，数据分析的工具并不复杂，关键是有没有敏锐的数据意识，能否从一组直观的数据中观察和分析出里面的信息，这能体现出学生是否具备直观想象和数据分析的素养。其二，通过数据分析的训练，可以提高学生多元表征问题的能力。在数据分析过程中，对数据的表达可以采用不同的方式，可以列出表格，可以用各种类型的图形描述，可以用解析式刻画，等等，这就是对同一对象的多元表征。多元表征是一种重要的思维形式，从多个角度、多个方向考察一个事物，能够达到对事物全方位的认识，加深对事物本质的理解。

（三）英语学科核心素养

英语学科核心素养包括：语言能力、文化意识、思维品质、学习能力。

1. 语言能力

语言能力指在社会情境中，以听、说、读、看、写等方式理解和表达意义的能力，以及在学习和使用语言的过程中形成语言意识和语感。英语语言能力构成英语学科核心素养的基础要素。英语语言能力的提高蕴含文化意识、思维品质和学习能力的提升，有助于学生拓展国际视野和思维方式，开展跨文化交流（中华人民共和国教育部，2018e）。

具体地讲，语言能力包括以下几个方面：①关于英语和英语学习的一些意识和认识，例如，对英语作为一种国际通用语言的重要性的认识，对学习英语的意义与价值的认识，对英语与文化、英语与思维之间的关系的认识；②对英语语言知识的掌握情况，特别是运用英语语言知识建构和表达意义的能力；③理解各种题材和体裁的英语口语和书面语篇的能力；④使用英语口语和书面语进行表达的能力；⑤通过语言建构交际角色和人际关系的能力（程晓堂等，2016）。

语言能力的一个重要组成部分是语言知识。语言知识不局限于语音、词汇和语法层面的知识，还包括语篇知识和语用知识。语篇指的是实际使用的语言单位，是交流过程中的一系列连续的语段或句子所构成的语言整体。总的说来，语篇由一个以上的语段或句子组成，其中各成分之间，在形式上是衔接的，在语义上是连贯的。语用知识指运用语言、从事言语实践的知识。只有具备了这些知识，才可能发展语言能力。语言能力的界定不仅强调了语言知识的学习，而且特别注重语言知识在建构和表达意义的过程中所起的作用，也就是说，语言使用者究竟是如何利用语音、词汇、语法、语篇、语用等方面的知识来表达意义的。

2. 文化意识

文化意识指对中外文化的理解和对优秀文化的认同，是学生在全球化背景下表现出的跨文化认知、态度和行为取向。文化意识的培育有助于学生增强国家认同和家国情怀，坚定文化自信，树立人类命运共同体意识，学会做人做事，成长为有文明素养和社会责任感的人（中华人民共和国教育部，2018e）。

文化是一种社会现象，同时也是一种历史现象；文化是能够被后人所传承的民族或国家的地理、历史、传统风俗、风土人情、生活方式、行为规范、文学艺术、思维方式、价值观念等。国际理解能力和跨文化交流能力是21世纪公民的必备素养，学习外语，特别是英语，是实现国际理解和跨文化交流的重要途径。应当清醒地认识到，英语是国际理解和跨文化交流的语言工具，但学习英语的过程又是增进国际理解和形成跨文化意识和能力的过程。程晓堂等认为，文化品格核心素养不仅仅指了解一些文化现象和情感态度与价值观，还包括评价语篇反映的文化传统和社会文化现象，解释语篇反映的文化传统和社会文化现象，比较和归纳语篇反映的文化，形成自己的文化立场与态度、文化认同感和文化鉴别能力。从这个角度来看，文化品格的内涵超越了跨文化意识和跨文化交际能力（程晓堂等，2016）。

3. 思维品质

思维品质指思维在逻辑性、批判性、创新性等方面所表现出来的能力和水平。思维品质体现英语学科核心素养的心智特征。思维品质的发展有助于提高学生分析和解决问题的能力，使他们能够从跨文化视角观察和认识世界，对事物作出正确的价值判断。

思维品质是衡量思维质量高低的指标，主要包括思维的敏捷性、灵活性、深刻性、批判性、独创性。例如，以语文阅读为例，思维的敏捷性主要以在正确理解的基础上速度快慢为指标。思维的灵活性主要以阅读时能否根据不同的任务和材料内容而主动、灵活、有效地采用相应的阅读策略为指标。思维的深刻性以全面、准确理解所读内容的要点，把握作者的意图，深入思考所读内容，从中发现规律和本质的东西为指标。思维的批判性主要以是否善于对阅读内容进行辩证分析，善于汲取精华、去除糟粕，从正反两方面对文章作出合理的评价为指标。思维的独创性主要以善于对所读内容提出合理的独到见解，给出创造性的评价和修改建议为指标。

英语课程标准没有把思维的敏捷性、灵活性和深刻性纳入，而是以思维的逻辑性代之。在英语学科中，思维的逻辑性主要指人们在表述一件事情或论述一种观点的时候，前后是否相关联，是否有矛盾，段落之间是否顺序得当、条理清楚，所用论据是否能有效支撑论点，所得结论是否顺理成章等（陈则航，2019）。显然，思维的逻辑性在于强调思维最基本的性质。但从心理学领域来看，一般都不把思维的逻辑性作为一种思维品质看待，因为，逻辑思维只是思维的一种形式。

4. 学习能力

学习能力指学生积极运用和主动调适英语学习策略、拓宽英语学习渠道、努力提升英语学习效率的意识和能力。学习能力构成英语学科核心素养的发展条件。学习能力的培养有助于学生做好英语学习的自我管理，养成良好的学习习惯，拓宽学习渠道，提高学习效率（中华人民共和国教育部，2018e）。

作为核心素养的学习能力，并不局限于学习方法和策略，也包括对英语学习的认识和态度，与一般核心素养中的“学会学习”紧密相关，如包括学生在学习意识形成、学习方式方法选择、学习进程评估调控等方面的综合表现，乐学善学，勤于反思。例如，对英语学习有正确的认识和持续的兴趣，有积极主动的学习态度和成就动机，能够确立明确的学习目标，有主动参与语言实践的意识和习惯。另外，除了使用学习方法和策略以外，还要能够监控方法和策略的使用情况，评估使用效果，并根据需要调整学习方法和策略。

（四）物理学科核心素养

物理学科核心素养包括物理观念、科学思维、科学探究、科学态度与责任。

1. 物理观念

物理观念是从物理学视角形成的关于物质、运动与相互作用、能量等的基本认识；是物理概念和规律在头脑中的提炼与升华；是从物理学视角解释自然现象和解决实际问题的基础，主要包括物质观念、运动与相互作用观念、能量观念等要素（中华人民共和国教育部，2018d）。

观念是客观与主观的统一体，即外界客观存在与主体主观经验共同作用的结果。由于主体主观经验存在差异，不同的主体对同一事物就可能会形成不同的观念。

物理观念的含义是，通过学习，学生能够用相关知识去解释自然现象和解决实际问题（廖伯琴等，2019）。例如，人们很早就能描述一些天体的运行规律、大海潮起潮落的规律等，但却不能从物理学视角解释其原因，直到万有引力定律出现后，人们才能从物理学视角解释天体运行及大海潮起潮落的规律。若学生学习了万有引力定律，能背公式、解答公理性的题目，但却不会用此定律解释大自然的相关现象，那么并不能认为他拥有物理观念。当学生能用学过的物理知识去解释身边的现象，去解决生活中的问题，他便逐渐形成了物理观念，即具备了物理的自然观。

2. 科学思维

科学思维是指从物理学视角对客观事物的本质属性、内在规律及相互关系的认识方式；是基于经验事实建构物理模型的抽象概括过程；是分析综合、推理论证等方法在科学领域中的具体运用；是基于事实证据和科学推理对不同观点和结论质疑和批判，进行检验和修正，进而提出创造性见解的能力与品格。科学思维主要包括模型建构、科学推理、科学论证、质疑创新等要素（中华人民共和国教育部，2018d）。

物理学科提出的科学思维，既包含了严格的逻辑推理也包含了合情推理要素，将科学思维描述为“能力与品格”，也就是说，把关键能力与必备品格融为一体，这是一种很好的处理方式。科学推理是科学思维的重要体现，不仅包括逻辑上的归纳推理、演绎推理和类比推理，而且包括分析与综合、抽象与概括、比较与分类等思维方式；科学论证是以科学知识为依据，积极面对问题，对所获得的数据资料进行解释说明，提出自己的论点，反思自己和别人论点的不足并提出反论点，同时能反驳他人的质疑和批判的高级思维能力，是与科学推理关系密切的思维过程。质疑创新是科学思维的高级阶段，是批判性思维与创造性思维的体现。批判性思维与创造性思维是学生发展核心素养的重要成分（廖伯琴，2018）。

3. 科学探究

科学探究是指基于观察和实验提出物理问题、形成猜想和假设、设计实验和制订方案、获取和处理信息、基于证据得出结论并作出解释，以及对科学探究过程和结果进行交流、评估、反思的能力，主要包括问题、证据、解释、交流等要素（中华人民共和国教育部，2018d）。

在这个定义中，对科学探究的过程作了描述。科学探究首先是提出问题，形成猜想与假设，逐渐形成研究方案并获取证据，然后基于证据得到结论，最后对这一问题作出解释，在这一过程中还包括对科学探究过程和探究结果的交流、反思等。如果说科学思维是个体内在的心理活动，那么科学探究更多地表现为个体的外部行为。同时，这个定义还明确了科学探究是一种能力，即学科核心素养中的关键能力要素，这就对教师对教材的分析和教学的设计都有了明确的指向。

4. 科学态度与责任

科学态度与责任是指在认识科学本质、认识科学·技术·社会·环境关系的基础上，逐渐形成的探索自然的内在动力，严谨认真、实事求是和持之以恒的科学态度，以及遵守道德规范、保护环境并推动可持续发展的责任感，主要包含以下三个要素：科学本质、科学态度、社会责任（中华人民共和国教育部，2018d）。

显然，一方面科学态度与责任强调的是培养学生的品格与价值观，即如何通过物理学的学习来发展学生的必备品格与正确价值观，与一般核心素养体系中的科学精神、责任担当密切相关。科学服务于人类，整个社会的进步离不开科学，离不开作为科学基础学科的物理学的支持和发展。但另一方面，物理学的技术应用也带来一些问题，如核能缓解了能源危机，但也正是由于核能的利用，人类面临了核危机、核泄漏、核战争的危险。因此，引导学生形成正确的科学态度、科学价值观，理解物理学的人文关怀与社会责任是极其必要的。

（五）历史学科核心素养

历史学科核心素养包括唯物史观、时空观念、史料实证、历史解释、家国情怀。

1. 唯物史观

唯物史观是揭示人类社会历史客观基础及发展规律的科学历史观和方法论。人类对历史的认识是由表及里逐渐深化的，要透过历史的纷杂表象认识历史的本质，科学的历史观和方法论是非常重要的。唯物史观使历史学成为一门科学，只有运用唯物史观的立场、观点和方法，才能对历史有全面、客观的认识。

课程目标：通过历史课程的学习，学生能够了解唯物史观的基本观点和方法，包括人类社会形态从低级到高级的发展、生产力和生产关系之间的辩证关系、经济基础和上层建筑之间的相互作用、人民群众在社会发展中的重要作用等，理解唯物史观是科学的历史观；能够正确认识人类历史发展的总趋势；能够将唯物史观运用于历史的学习与探究中，并将唯物史观作为认识和解决现实问题的指导思想（中华人民共和国教育部，2018b）。

2. 时空观念

时空观念是在特定的时间联系和空间联系中对事物进行观察、分析的意识和思维方式。任何历史事物都是在特定的、具体的时间和空间条件下发生的，只有在特定的时空框架当中，才可能对史事有准确的理解。

课程目标：通过历史课程的学习，学生能够知道特定的史事是与特定的时间和空间相联系的；能够知道划分历史时间与空间的多种方式，并能够运用这些方式叙述过去；能够按照时间顺序和空间要素，建构历史事件、历史人物、历史现象之间的相互关联；能够在不同的时空框架下对史事作出合理解释；在认识现实社会时，能够将认识的对象置于具体的时空条件下进行考察（中华人民共和国教育部，2018b）。

时空观念包括时序观念和地理观念。时序观念指要将历史事物放在历史的发展中进行考察和理解，辨明它在每个发展阶段有什么新特点，寻找前一过程转变为后一过程的原因；地理观念指要了解史事发生的地点、区域、范围等，通过具体的空间定位来观察历史发展过程，能够在不同的时空框架下，理解和解释历史的变化与延续（徐蓝，2018）。

3. 史料实证

史料实证是指对获取的史料进行辨析，并运用可信的史料努力重现历史真实的态度与方法。历史过程是不可逆的，认识历史只能通过现存的史料。要形成对历史的正确、客观的认识，必须重视史料的搜集、整理和辨析，去伪存真。

培养目标：通过本课程的学习，学生能够知道史料是通向历史认识的桥梁，了解史料的多种类型，掌握搜集史料的途径与方法；能够通过对史料的辨析和对史料作者意图的认知，判断史料的真伪和价值，并在此过程中增强实证意识；能够从史料中提取有效信息作为历史叙述的可靠证据，并据此提出自己的历史认识；能够以实证精神对待历史与现实问题（中华人民共和国教育部，2018b）。

对历史的研究需要建立在史料证据的基础上，依托史料的考证就是实证的过程，这是历史思维方式，也是史学家研究历史问题的基本方法之一。在实证过程中需要采用归纳与演绎、分析与综合等方法，做到史与论的高度统一与结合。

4. 历史解释

历史解释是指以史料为依据，对历史事物进行理性分析和客观评判的态度、能力与方法。所有历史叙述在本质上都是对历史的解释，即便是对基本事实的陈述也包含了陈述者的主观认识。人们通过多种不同的方式描述和解释过去，通过对史料的搜集、整理和辨析，辩证、客观地理解历史事物，不仅要将其描述出来，还要揭示其表象背后的深层因果关系。通过对历史的解释，不断接近历史真实。

课程目标：通过历史学习，学生能够区分历史叙述中的史实与解释，知道对同一历史事物会有不同解释，并能对各种历史解释加以辨析和价值判断；能够客观论述历史事件、历史人物和历史现象，有理有据地表达自己的看法；能够认识历史解释的重要性，学会从历史表象中发现问题，对历史事物之间的因果关系作出解释；能够客观评判现实社会生活中的问题（中华人民共和国教育部，2018b）。

历史解释是以时空观念、史料证据为支撑的，是唯物史观的体现，是学生形成历史观念的关键能力。历史解释与历史理解密切关联，只有在理解的基础上方能作出解释。历史理解是指将史事的叙述提升为理解其意义的理性认识和情感取向，是历史解释的前提。

5. 家国情怀

家国情怀是学习和探究历史应具有的人文追求，体现了对国家富强、人民幸福的情感，以及对国家的高度认同感、归属感、责任感和使命感。学习和探究历史应具有价值关怀，要充满人文情怀并关注现实问题，以服务于国家强盛、民族自强和人类社会的进步为使命（中华人民共和国教育部，2018b）。

课程目标：通过本课程的学习，学生能够在树立正确历史观基础上，从历史的角度认识中国的国情，形成对祖国的认同感和正确的国家观；能够认识中华民族多元一体的历史发展趋势，形成对中华民族的认同感和正确的民族观，具有民族自信心和自豪感；了解并认同中华优秀传统文化、革命文化、社会主义先进文化，认识中华文明的历史价值和现实意义；了解世界历史发展的多样性，理解和尊重世界各国、各民族的文化传统，具有广阔的国际视野，树立正确的文化观；认同社会主义核心价值观，认同走中国特色社会主义道路是历史的必然，树立中国特色社会主义道路自信、理论自信、制度自信和文化自信；能够确立积极进取的人生态度，塑造健全的人格，树立正确的世界观、人生观和价值观（中华人民共和国教育部，2018b）。

家国情怀指的是一个人对自己国家和民族，乃至整个人类前途和命运所表现出来的深情大爱。在不同的时空条件下，家国情怀的内涵是有区别的。在中国已经与世界密切联系成为一个息息相关的整体的 21 世纪，具有强烈的世界意识和国际视野，具有构建人类命运共同体的抱负，应该是家国情怀的应有之义。

徐蓝对教学实施提出了几条建议：①树立发展学生核心素养的新教学理念、新的认知观、教学观和评价观，从知识本位转变为素养本位，努力将学生对知识的学习过程转化为发展学生核心素养的过程。教师要全面理解历史学科核心素养的内涵及其具体表现，认识核心素养五个方面是一个相互联系的整体，既要注重对某一核心素养的培养，更要注重对学生核心素养的综合培养。②进行以发展学生核心素养为目标的历史教学，将教、学、评、考各个环节聚焦于发展学生核心素养。③以新情境下的问题解决为重心进行教学。新情境包括学习情境、生活情境和社会情境。④开展基于史料研习的教学活动。教师在进行教学设计时，要认真考虑如何构建基于史料研习的教学方式。不仅要求教师在教学中运用史料阐释历史，更重要的是要设计以史料研习为基础的学生探究活动，通过这些活动，引导学生学会搜集、整理、辨析、运用历史材料解释历史。⑤根据学业质量水平，评价学生历史学科核心素养的达成度。教师要全面深刻地学习、理解历史学科核心素养的内涵，准确把握学业质量不同水平所描述的学生核心素养的表现特征，切实用好学业质量的评价标准，依据学业质量水平的细化评价目标指导教学与评价（徐蓝，2018）。

三、理解学科核心素养的几点思考

（一）如何把握一般核心素养与学科核心素养的关系

应当从三个层面来认识。

第一个层面：对核心素养的基本定义的认识。《教育部关于全面深化课程改革 落实立德树人根本任务的意见》中明确界定，核心素养是“学生应具备的适应终身发展和社会发展需要的必备品格和关键能力”。这个定义中有四个关键词，其一，“适应终身发展”。这是从人的个体性角度描述的，是核心素养培养的个人价值体现。通过教育，学生所具备的素养要为升学打基础，为终身学习做准备。因而需要在中小学阶段掌握必备的基础知识，形成扎实的基本技能。其二，“适应社会发展”。这是从人的社会性角度描述的，是核心素养培养的社会价值体现。通过教育，学生所具备的素养要为今后踏入社会、从事职业做准备。因而在教学内容、教学方法方面要加强与现实的联系，培养学生的实践性能力。其三，“必备品格”。是强调学生应有个人修养、社会关爱、家国情怀，具备自主发展、合作参与、创新实践的秉性。“必备品格”具有跨学科培养的特性。其四，“关键能力”。关键能力与学科教学的内容密切相关，除了像“思维”这些具有通性的能力之外，更多的关键能力与学科性质联系更加紧密，如数学抽象、数学建模等，突出的是数学学科的关键能力。因此，“关键能力”更多地依赖于在学科教学中培养。

第二个层面：对中国学生发展核心素养的认识。中国学生发展核心素养，以“全面发展的人”为核心，包括自主发展、社会参与和文化基础三个领域、六项核心素养指标，综合表现为学会学习、健康生活、责任担当、实践创新、人文底蕴、科学精神。显然，这是一个非常宏观的框架，采用因子分解的方式对核心素养的定义作了外延的精细划分。但是，这个框架的具体落实后续还需做很多工作，正如林崇德先生所说：下一步需要在核心素养体系总框架研究的基础上进一步深入各个学段，从素养发展的角度提出各学段学生在不同核心素养指标上的表现特点和水平，把核心素养体系总框架具体化到各学段，确定核心素养在不同学段的关键内涵。具体而言，将分别研究小学、初中、高中和大学四个学段核心素养具体指标的主要表现特点和水平，实现核心素养体系总框架在各学段的垂直贯通，为核心素养与各学科课程的有机结合搭建桥梁（林崇德，2017）。另外，林崇德先生的《中国学生核心素养研究》是一份科研成果报告，并不是教育部下发的文件，因此，中国学生发展核心素养的框架，可以作为一份研究核心素养的重要文献，在具体的核心素养教育中也可作为一种政策性参照。

第三个层面：对学科核心素养的认识。学科核心素养是核心素养的子集，是指通过学科知识的学习发展起来的与学科特性密切相关的素养。要注意的是，它与平常我们所说的“学科素养”含义是不完全相同的。如果我们将其对照，可以这样来理解：说一个人的学科素养很高，是指这个人对该学科知识有精深理解，学科能力强，对该学科有深入研究并有相关成果产出。这是对“学科素养”的理解。说一个人的学科核心素养很好，是指这个人对教科书上的学科知识有深入理解，学科能力强，能解决与所学的学科知识相关的问题。这是对“学科核心素养”的理解。也就是说，“学科核心素养”是一个专门的词汇，是指通过某学科的学习而发展起来的学科能力。具备学科素养的人一定具备学科核心素养，但是，具备学科核心素养的人不一定具备学科素养。例如，一个数学家的数学素养一定很好，当然他具备优良的数学核心素养；一个具有很好的数学核心素养的学生，但他不是数学家，至少目前不是数学家。

培养学生的学科核心素养从而整体推进一般核心素养的提升，是中小学的教育目标。这并不是说就不要谈知识的学习，学科核心素养生成的本源是学科知识，没有学科知识的习得就无所谓学科核心素养。问题的关键在于，如何通过知识的学习来发展学科核心素养，这才是要研究并需要解决的问题。

（二）如何从核心素养中剥离出关键能力

如前所述，许多学科在凝练学科核心素养时，都是依据核心素养的基本定义来思考的，即是围绕关键能力、必备品格和正确价值观来设计学科核心素养的。

于是就出现了关键能力与品格、价值观相互缠绕、合为一体的状况。

那么能力与品格、价值观需要剥离吗？我们认为，将两者作恰当的剥离是应当的也是必要的。

其一，从学理上看，能力属于认知范畴，品格与价值观属于非认知范畴，两者的心理成分各为其主，有其自身生长和发展的规律。其二，从教学上看，一堂课必须要有明确的能力培养目标，而品格与价值观教育可贯穿所有的课堂教学，如果不能明确关键能力，那么这堂课的能力目标就无法确定。其三，从学习评价来看，能力的评价一般通过测量、考试来完成，品格与价值观得采用过程性评价来完成，两者的评价理路大相径庭。

如何从学科核心素养中析取关键能力？基本的思路是，应当对“能力”这个概念的内涵作剖析以确定依据。在心理学中，能力的定义是：符合活动要求，影响活动效率的个性心理特征综合，即能力对活动效率有直接影响，是一种相对稳定的个性心理特征，是在活动中形成、体现和发展的。林崇德先生没有把智力和能力分开看待，他指出，思维是智力与能力的核心，概括是思维的基础（林崇德，1999）。

如此看来，能力有几个关键要素：活动、活动效率、思维、相对稳定性。①活动。能力只能在活动中反映出来，离开活动谈不上能力的概念。针对教学而言，活动就是指学习活动，既有智力的活动也有身体的活动。其中，问题解决是学习活动中表现最为突出的一种活动。②活动效率。既然是效率，就有高与低、强与弱之分，因而能力是一个等级概念，表现出个体之间存在差异。③思维。思维是能力的核心，也就是说，能力的高低与思维水平的高低直接相关，而思维水平的高低一般由思维品质刻画，因此能力的高低与个体思维品质是相关的。④相对稳定性。能力一旦形成，它就有一个相对稳定期，这里面可能有一定的先天因素，但更多与教育有关。也就是说，能力的稳定性是相对的，它是可以通过教育而改变的，否则所谓的发展学生能力便成了一个伪命题。

基于这种认识，要在学科核心素养中找到关键能力，就应当符合能力的上述特征。其实各个学科的专家在设计本学科核心素养的时候，一定考虑到了关键能力因素，并将其融入学科核心素养之中。但是，各学科课程标准中并没有对这个问题有明确表述，即并没有指出本学科的关键能力究竟是什么，因而还是需要考虑如何从学科核心素养体系中剥离关键能力的问题。

可以采用“排除—提炼”的思路来析取学科关键能力。首先，在本学科核心素养要素中排除品格与价值观的要素。其次，在余下的因素中提取关键能力。例如，对物理学科而言，核心素养为物理观念、科学思维、科学探究、科学态度与责任，显然，“科学态度与责任”属于品格与价值观范畴，先将其排除。“科学思维”是一个比较宏观的概念，直接作为关键能力显得过于笼统，而且其中也含有品格与价值观成分，应当对其进行进一步提炼。根据《普通高中物理课程标准（2017 年版）》的解读，科学思维主要包括模型建构、科学推理、科学论证、质疑创新等要素，是否可以考虑将模型建构与论证、质疑与创新作为关键能力的要素。注意，这里只是举例说明剥离关键能力的一种想法，至于物理学科及其他学科的关键能力提取，需要业内专家和教师来完成。

但是，数学学科中有例外情形。数学学科提出的 6 个核心素养——数学抽象、逻辑推理、数学建模、直观想象、数学运算、数据分析，都没有和品格与价值观相关，而这 6 个要素都与数学学习活动相关，都与思维紧密相连，表现出来的均为能力的特征，因而可以直接称之为 6 个数学关键能力。

（三）如何理解真善美

几乎所有的学科都关注如何通过学科教育来培养学生追求真善美的意念和行为。理科偏重真与美，文科偏重美与善。

真善美的本义是真实、善良和美丽。对真善美的认识可以从两个角度切入，从主体角度理解，它是指一个人具备真实的、真诚的、利他的良好品行和美好的言行举止，即一个人具备良好的德操和品性。从客体角度理解，真善美是指事物的真实、事物的善性、事物的美丽。教育，就是要教师引领学生去追求客体的真善美，进而转化为主体的真善美，使学生形成必备的品格、正确的价值观和优良的关键能力。这是我们教育的基本目标，也是我们的教育使命。

走进课堂，可以看到我们的老师都在这样做。语文老师在讲解人物描写的课文时，会对正面人物的外在行为作深度地刻画，会对这些人物的内心世界作深情地解读，目的是要引导学生感悟人物的善行与美德；在讲解景物描写的课文时，会用优美华丽的辞藻极力渲染景物的实体之美，会用声情并茂的朗读引发学生情绪的共鸣，从而领略景物的内在之秀。数学老师在命题的教学中，会把数学结论直接呈现给学生，而面对学生表现出来的怀疑眼神又会把证明过程准确无误地展现出来，目的是让学生相信数学的真、接受数学的美。理科老师会用实验的方法对一种现象或规律进行验证，实验或者由教师自己完成，或者由学生按照规定的程序自己完成，目的很明确：让学生信奉真理、接纳真理。

毫无疑问，老师们的这些做法确实是在引领学生追求真善美，方式不同，殊途同归。

但是我们仔细想想，会发现这里面存在着问题：老师对文章进行赏析，然后把自己对美的理解、对善的认识传达给学生，这里面是否有“意愿强加”的嫌疑？学生对真善美的体会是一种被动行为，而非发自内心的认可。老师把数学结论向学生展现并作天衣无缝的证明，把科学实验的程序告诉学生并作滴水不漏的演示，学生在教学中的角色就完全变成了“旁观者”（杜威语），自己的观点、意见不可能介入教学之中，对真理的认识限于接受，毫无对知识怀疑与争辩的话语权。显然，这样的教学是有缺失的。

真与假、善与恶、美与丑分别是对立的两个方面，要认识一方必然依附另一方。老师在讲授美好的事物的同时，借助于丑陋事物的对比；在讲授善举事件的同时，展现恶劣事件以烘托；在证实真理的同时，剖析真理来之不易、去伪存真的经历。这样的教学，方能使学生真正感知美的含义，体悟善的真谛，领略真的精神。

“真善美”与“假恶丑”共生，离开对方，无所谓自己。因此，培养学生追求真善美的意识与行为，必须与培养学生识别假、恶、丑的能力共存，这样的教学才是完整的。这，也就是追求真善美的全义。

第二章

指向学科核心素养的学习理论变革

新的一轮课程改革，其教育理念发生了本质性的转变，从知识为本转向素养为本，这无疑会对以往的教学思想、教学目标、教学模式、教学评价带来重构性的改造。追根溯源，学习理论也会悄然发生位移，一些固守传统以知识传递为重心的学习理论必然让位于以素养发展为核心的学习理论。

第一节　从客观主义到建构主义

一、客观主义理论的价值取向（喻平，2020b）

17 世纪之后，西方宗教神学或形而上学的知识观逐渐被经验主义和理性主义的知识观取代。经验主义和理性主义知识观的共同追求是知识的客观性，从而建立了客观主义认识论。客观主义认为“现代科学的目的就是建立一套严格客观的知识体系，任何达不到这一标准的知识都只能被当作暂时的、有缺陷的知识，并且这种知识的缺陷迟早应加以剔除，否则就应该被淘汰”（石中英，2001）。

客观主义知识观可分为理性主义知识观和经验主义知识观。理性主义的基本假设是，一切知识均源于理性所显示的公理。理性主义的知识观把知识当作外在于主体的客观存在，学生学习的目的就是要获得这些客观知识。经验主义则认为，一切知识均起源于经验，人们是在对个别现象感知的基础上再由归纳的方式获得一般原理。知识的来源是现实的生活，而不是间接经验和书本知识，知识获得的方式是从个别到一般，而且只有以这种方式获得的知识才是可靠的。它反对由一般演绎为特殊，也就是说，认为知识是纯粹经验的产物而不是理性的产物。尽管经验主义和理性主义知识观在知识获得的途径和方法上有明显差异，但两者对知识本质的看法却是一致的，它们都把寻找普遍的、确定的、客观的、绝对的知识作为认识的根本。总之，客观主义知识观认为，知识是客观事物的属性与联系的反映，是客观事物在人脑中的主观映象。知识是人类认识的结果，是在实践的基础上产生，又经过实践检验的对客观世界的反映。

客观主义哲学相信有独立于精神的现实存在，个体依靠感觉、知觉和思维建立与这种现实的联系，利用理性或非矛盾识别处理所感觉的信息。由此推论，知识是客观的，知识是不依赖认识者而独立存在的客观实体；知识是普遍的，客观世界存在着永恒不变的本质，知识即是这种事物本质的反映，它不因时、因地、因人而异，认识的目的在于发现事物这种客观存在的本质；知识是中立的，知识不受知识者的信念、情感、态度、价值观等因素的影响。

客观主义的知识观可以概括为：①知识的客观性。知识是客观存在的，科学研究的任务是发现这些客观规律，研究者不能带有自身的价值观，发现的结果只能是对现实存在的真实写照，不能带有代表社会群体及个人的意识和利益价值意向。②知识的确定性。数学、科学知识是人类探求自然得到的真理，其不会因为时间的变化、地域的不同而改变其确定性，是放之四海而皆准的绝对真理。③知识的静态性。知识一旦被发现，就变成了一种产品，一种科学家制造的产品，被放入人类的知识宝库中贮存起来，作为人类的文化代代传承，教学的过程是由教师把这些知识传递给学生，探究、发现知识的活性成分荡然无存，体现出作为结果知识的静态性特征。④二元认识论。在认识信念上持二元论，二元论是一种绝对主义知识观，认为知识依赖权威的仲裁，被分为真与假两类；在道德信念上，二元论指一切行为都只有对与错之分，是一种二歧性结构观。

基于这种认识论，学习的基本形态表现为：第一，将学习看作是人脑对知识的复制。人的学习过程是个体去认识这些客观事物，将客观知识转化为主观知识的过程。学习的本质就是通过建立客观现实与个体头脑的映射，将客观知识复制到头脑中，这种复制应当是准确无误的。第二，学习是一种无条件的接受。经过一批人发现的知识，还要通过另一批人去精心打磨最终以真理的形态表征出来，学生要学习的东西是这些最终的结果，教师的任务就是为学生构建一个知识复制的场域，提供一种知识传递的情境，并是用证实的思维解读教材，目的是要学生相信这些事实并接受它。显然，这种教学逻辑封闭了学生的个人见解，扼杀了他们对知识的怀疑态度，学习就成为一种无条件的接受过程。第三，学习内容表现出“冰冷的”形态。其实，知识产生的过程充满了发现者火热的思考，潜藏着科学家追求真理的坚定信念和执着、艰辛的探究历程，这些思维的精华才是最有教育价值的元素，但是其被最终形成的“冰冷的”结果性知识所掩盖而荡然无存。

反映到教学上，特别是在数学教学和科学教学中，基于客观主义知识观的数学和科学教学是一种“知识授受式”教学范式，这种教学范式具有以下特征：①教学目标的单一性和工具性。把科学教学目标定位于单一的认知领域，认为科学教学就是掌握人类积累下来的精确的科学文化知识；科学教育是为受教育者的未来生活做准备的，是为社会培养科技人才服务的工具。②教学内容的绝对性和封闭性。科学教学内容是一种确定的、封闭的知识系统，是存在于教科书中的科学知识的集合体。③教学方式的机械性和被动性。在教学实施中，教师的职责是忠实地传递知识，学生则是被动地接受知识，而不能参与知识的发现与建构。④教学评价的片面性和终结性。把教学标准定位于单一的认知领域，强调教师的外部终结性评价，忽视学生的自我评价（袁维新，2005）。

客观主义知识观的局限性体现在，它忽视了世界的无限复杂性，无视作为认识主体的人所具有的巨大能动性。

二、建构主义理论的价值取向

行为主义、认知主义均持客观主义认识论，这种由工业革命带来的对知识的膜拜而产生的认识论无疑是历史的产物，也有必然的合理性。然而，随着信息社会的出现，“知识爆炸”时代的人才培养目标不能定位在只塑造有知识的人，而要更关注培养会学习的人，知识更新的速度太快，指望在学校习得的知识能够提供一个人毕生的应用储备将成为历史。显然，单纯用知识复制的方式习得知识已经不能适应社会对人才培养的要求。在这种背景下，人们开始对学习理论进行反思，20 世纪 80 年代，杜威（Dewey）、皮亚杰（Piaget）和维果茨基（Vygotsky）关于认知的理论又重新凸显出来，出现了建构主义认识论。

与客观主义不同，建构主义认为知识是发展的，是个体内在建构的，同时也是以社会和文化为中介的社会建构过程。学习者在认知、解释、理解世界的过程中建构自己的知识，学习者在人际互动中通过社会性的协商进行知识的社会建构。

建构主义的基本要义是：①知识的建构性。不把知识看作是有关绝对现实的知识，而是个人对知识的建构，是个人创造有关世界的意义而不是发现源于现实的意义。建构通过新旧知识的相互作用来实现，认知的功能是适应。②知识的社会性。除了个体对知识的建构外，知识的建构离不开共同体，知识的建构更多的是共同体协商、互动、交流的结果。③知识的情境性。人的思维不能脱离情境，在适当的情境和实践共同体中，知识的建构才能达成。④知识的复杂性。知识是复杂的，其复杂性表现为结构的开放性、不良性、建构性、协商性和情境性。⑤知识的默会性。知识由明确知识和默会知识共同构成，两者形成知识完整的统一体（莱斯利・P. 斯特弗等，2002）。

建构主义的兴起，使人们对知识、学习和教学的认识都产生了根本性的转变。

在对知识的理解方面，建构主义认为知识并不是对现实的准确表征，而只是一种解释和假设。知识的机能是适应个体自己的经验世界，帮助组织自己的经验世界，而不是去发现本体论意义上的现实。知识不是对客观事物本来面目的反映，而是适应和体现主体的经验。学习者根据自己的经验背景，以自己的方式建构对知识的理解，不同的人看到的是事物的不同方面，因此对于世界的理解和赋予意义由每个人自己决定，而不存在唯一标准的理解。因而，知识不能灌输、强加，要靠学生以自己的经验、信念，在对新知识分析、检验和批判的基础上实现建构。

在对学习活动的理解方面，建构主义认为知识不是个体通过感觉或接受建构起来的，而是认知主体主动建构起来的，建构通过新旧经验的相互作用实现。因而，学习活动不是由教师向学生传递知识，而是由学生自己建构知识的过程，学习者不是被动地接受信息，而是主动地建构信息的意义，同时把社会性的互动作用看作促进学习的源泉。在新的学习中，学生往往基于以往的经验去推出合乎逻辑的假设，新知识是以已有的知识经验为生长点而“生长”起来的。建构包含两方面的含义：①对新信息的理解是通过运用已有经验，超越所提供的新信息而主动建构的过程。②从记忆系统中所提取的信息本身也要按具体情况进行建构，而不仅仅是提取。建构一方面是对新信息意义的建构，另一方面又包含对原有经验的改造和重组。

建构主义学习特征可以归结为五个方面（张建伟等，1999）：①学习的目标：深层理解。学习目标是定向的，但不是从外部由他人设定的，而是形成于学习过程的内部，由学习者自己设定，其深刻程度可以用几个指标刻画：能否用自己的语言解释、表述所学的知识；能否基于这一知识作出推论和预测，从而解释相关的现象；能否用这一知识解决变式问题和综合性问题；能否将所学知识迁移到新问题中去。②学习的内部过程：通过思维构造实现意义建构。要求学习者在建构自己的知识和理解过程中，要不断思考，不断对各种信息进行加工转换，形成假设、推论和检验。学习是累积性的，不是简单叠加或量变，而是深化、突破、超越或质变。③学习的控制：自我监控与反思性学习。学习者要不断监视和判断自己的进展以及与目标的差距，采用各种增进理解和帮助思考的策略，并对学习活动进行阶段反思和整体反思，修正学习策略。④学习的社会性：充分的沟通、合作和支持。⑤学习的物理情境：学习应发生于真实的学习任务之中，强调多样的、情境性的信息与有力的建构工具。

较之客观主义的观点，建构主义对学习本质的解释产生颠覆性的认知。人的学习过程不是简单的刺激与反应的连接，不是对客观知识的直接写照，而是使人的经验、理解、交流、协商都介入学习之中，其根本的教育价值在于个人在学习过程中有了自己话语权的解放，个人的热情、主张、观点、意见都能参与到学习之中，学习不再是一种对知识的顶礼膜拜从而无条件地接受和信仰（喻平，2020b）。

三、客观主义与建构主义的融合

尽管客观主义与建构主义在认识论上表现出对立性，但梳理两者的逻辑起点，可以看到它们具有内在的一致性，具体表现在对知识本身客观性的认识方面。

哲学上对知识的研究由来已久，尽管观点繁多、各家立说，但对知识兼有客观性与经验性却是一种基本的共识。休谟（Hume）提出了“两种知识”的理论。他认为：人类理性的一切对象可以自然分为两种，就是观念的关系和实际的事实（休谟，1972）。第一种知识是指几何、代数、三角等科学，这种知识奠基于直觉的确定性和论证的确定性，是不依赖于经验的，因而是普遍必然的、明晰的。第二种知识是依赖于经验的，因而是偶然的、不确定的。康德（Kant）也持类似的观点，他把人类的知识概括为两种：一种是“经验知识”，是后天通过经验才可能得到的知识；另一种是“纯粹知识”，这种知识是绝对不依赖于一切经验而发生的知识（俞吾金，2012）。休谟和康德的表述尽管不同，但休谟的“第一种知识”与康德的“纯粹知识”都是对客观知识的认同。杜威对此有更直接的描述，“真的知识和实在是完全相符的。被认知为真的东西在存在中便是实有的。知识的对象构成了一切其他经验对象的真实性的标准和度量。……总之，所有这一切理论的共同实质就是说，被知的东西是先要于观察与探究的心理动作而存在的，而且它们完全不受这些动作的影响。”（约翰·杜威，2004）应当说，对知识的客观性的认同并不等于客观主义，但是知识客观性的认识又是客观主义观念建立的必要条件。事实上，建构主义对知识客观性也不是完全排斥的，建构主义的分支如信息加工建构主义、弱建构主义和社会文化认知等，所坚守的完全是牛顿的绝对时空观，都承认知识的客观性。即使是激进建构主义的代表人物格拉塞斯费尔德（Glasersfeld）也承认知识的客观性：“我从没有否认过绝对真实的存在，我只是如同怀疑论者所做的那样，想说明我们没有一种认识真实的适当方式。”（莱斯利·P. 斯特弗等，2002）从学习的角度看，客观知识是学习者认知的对象，离开客观知识就无所谓建构，这是前提。因此，在对知识客观性的认识上，客观主义与建构主义并非大相径庭。

客观主义与建构主义两者的根本分歧不在于是否对客观知识的认同，而是对知识学习过程的不同解释。学习的过程就是个体将客观知识转化为个体知识的过程，对这个过程，客观主义的解释是学习者对知识的复制，建构主义的解释是学习者对外部世界的适应。问题的关键是，这种认识论的分歧导致了教学思路完全不同的路向，不同路向达成的是不同的教学目标，培养的是不同规格的人才。

从教育目标的定位看，客观主义教学观把教材和教师作为教学成败的决定因素，既然要准确无误地掌握客观知识，教师就会在忠实于教材的前提下将知识完整无误地传递给学生，学生的学习任务就是一种无条件的接受，教学的目标是使学生理解和掌握教材中规定的知识、形成以这些知识为核心去解决学科和现实生活问题的技能，这是一种工业社会培养人才的模式，人才培养目标定位在适应工业机器生产时代的社会需求，19 世纪科技的发达程度和人类知识的总量的限制是客观主义存在性与合理性的前提。然而，到了今天的信息时代，这种人才培养模式显然难以适应发展学生核心素养背景下的教育改革。与客观主义不同，建构主义把知识的理解解释为自我和社会的建构，学习者需要通过互动、交流、沟通和对话来建构知识，教学变为以学生为中心，这样就摒弃了知识的单纯接受行为而将知识的创生成分纳入教学之中，教学目标是通过知识的学习发展学生的能力，包括学科能力和实践能力，变“学会”为“会学”，这与我们当下强调培养学生的关键能力是高度一致的。

还有，客观主义教学观对真理传承的过分渲染，会塑造学生膜拜真理的信念，书本上的知识都是真理，只能敬畏和接受，个人不能对知识的真理性持怀疑态度和批判精神，在这样的情境下，学生何来主见，更无创新思维可言。现实的教学确实如此，例如，不少数学教材从头到尾都是真理，为了使学生相信，书本上对数学命题作了严格的推理证明，你不相信就用证明来使你相信，至于定理从何而来又从何而去从不涉及，使伴随着数学家经过艰辛的探究和无数次证伪的思维过程被消解得无影无踪。长此以往，学生形成二元认识论的价值判断，不对即错、不好即坏，多元化的思维碰撞在当下的课堂教学中难以寻觅，学生本该有的话语权遭到剥夺，从而造成他们价值观形成的偏失和品格发展的缺陷。建构主义倡导知识的个人建构与社会建构，学生在学习共同体中有充分的发言权；倡导探究式的教学方式，做到知识形成过程与知识形成结果在教学中的相互关照，学生的怀疑、批判、证伪等思维形式都能够融入学习中，不仅促进了个人学科能力的发展，还能使学生形成正确的价值观和完善必备的品格。

一方面，从结果形式看，知识表现出客观性品质，人们对客观世界认识而凝练的客观性知识必须得到尊重和传承，它们是人类智慧的结晶，教学的目标不能缺少对结果性知识的理解和掌握；另一方面，从发展过程看，知识显现出建构性秉性，教学中又不应当僵死地看待知识，而要催化知识的活性成分，摒弃传统教学只重结果而忽视过程的做法，修正传统教学只有承认和接受而无怀疑与批判的思维惯性。客观主义与建构主义的融合，组成核心素养导向的教学认识论基础。

第二节 从接受学习到探究学习

一、接受学习的价值取向

简单地说，接受学习就是教师向学生直接传授知识，学生接受知识的学习方式。

奥苏伯尔（Ausubel）将接受学习分为意义学习和机械学习，他认为，在有意义的接受学习场合下，有潜在意义的课题或材料在内化过程中被理解或成为有意义的。但在机械的接受学习场合下，学习课题不是没有潜在意义的，就是没有在内化过程中成为有意义的（奥苏伯尔等，1994）。如果能够把学习的课题不是任意地，而是在实质上同学习者已经知道的东西联系起来，以及学习者采取相应的学习心向，那么在这两种场合下都是有意义学习。机械学习则不同，或者是学习者缺乏学习新材料的已有相关知识，或者是学习者没有学习的心理倾向。

奥苏伯尔提出有意义学习理论，他认为接受学习是机械的还是有意义的，取决于学习发生的条件。有意义学习需具备两个先决条件：①学习者表现出有意义的学习心向，即把新材料以非任意的方式和在实质上与自己的认知结构联系起来的倾向；②所要学习的材料对学生来说是具有潜在意义的，即这种材料能以非任意的方式和在实质上（不是在字面上）同学生的知识结构相联系（奥苏伯尔等，1994）。这两个条件缺一不可，否则会导致机械学习。这就是说，不管学习的材料内容有多大潜在意义，如果学生的心向是要逐字逐句记住它，学习就可能是机械的；反之，不管学生有怎样的有意义学习心向，如果学习的材料内容纯属任意的联想，学习也不能是有意义的。倘若符合上面提到的条件，教师能将有潜在意义的学习材料同学生已有的认知结构联系起来，学生也能采取相应的有意义学习的心向进行学习，那么在这样条件下发生的学习将是有意义的。奥苏伯尔将这种学习方式称为有意义接受学习（meaningful reception learning）。

按照奥苏伯尔的观点，有意义接受学习并不是一种完全被动的学习。从有意义接受学习的心理过程来看，第一，在学习新知识时，学习者要确定认知结构中哪些原有的观念与新的课题学习有密切联系，并被激活提取来同化新知识。第二，通过新知识的学习，对原有观念进行顺应，改组原来认知结构而形成新的认知结构。其实，这个过程已经有了建构的色彩。机械学习更多的是依赖于记忆的学习，通过机械学习的材料如果不经过大量练习，保持的效果是不佳的。

无论是机械学习还是有意义的接受学习，其前提都是接受学习。那么接受学习的理论基础是什么？这需要做进一步的辨析。

接受学习的基本假设：知识是客观存在的，学习者的任务是将这些客观知识准确无误地复制在自己的头脑里面，学习的本质是个体对客观事物的反映。基于这样的假设，知识就是一种不容置疑的真理，学习的目的就是接受这些真理，学习者采用的是相信的态度、虔诚的心理，个人见解难以参与到学习的过程中去。即使是有意义接受学习，学习者对信息的加工方式也只能是忠实于客观知识，将自己的理解趋于与客观知识的本质相一致，而不能加入任何个人的见解。因而，接受学习坚守客观主义哲学基础。

从心理学上看，行为主义和认知主义是接受学习的直接理论基础，因为这两种理论是以客观主义作为前提的。在所对应的教学目标上，行为主义的教学目标定位是使学生深入理解学科基础知识，熟练掌握学科基本技能，即以“双基”作为教学的主要目标；在教学本质的认识方面，把教师作为教学的主体，教学就是教师向学生传授知识的过程；在教学方法的运用方面，以教师的讲授和学生的练习为主要形式。认知主义教学观主要表现为：教学目标定位是使学生深入理解学科基础知识，熟练掌握学科基本技能，发展学科能力；在教学本质的认识方面，把教师与学生作为教学的双主体看待，教师是“教”的主体，学生是“学”的主体；在教学方法的运用方面，既提倡发现学习，又推崇有意义的接受学习。可以看到，行为主义完全支持接受学习，是一种典型的接受学习观。认知主义持中立态度，既支持接受学习又不放弃发现学习，但是，值得强调的是，虽然认知主义倡导发现法，具体地说是布鲁纳（Bruner）提出的发现法，这种发现是对教材中已有知识的“重新发现”，是对教材结构的发现，并不是学生在自主状态下的自由探究。在奥苏伯尔看来，这样的发现学习本质上就是一种有意义的接受学习。

总之，接受学习具有历史的合理性，特别是有意义的接受学习，是整个数学学习活动中必不可少的学习形式。其实，学习和教学形式不是一成不变的，要根据教学的内容而定，有的内容适合接受学习，有的知识适合建构学习。何况，人类的知识现在已经堆积如山，如果都要学生去发现、去建构，显然不切实际，更多的知识学习只能通过接受学习来完成。

简单地说，接受学习是以学生掌握知识为重的价值取向。

二、探究学习的价值取向

探究学习是学生在主动参与的前提下，根据自己的猜想或假设，在科学理论指导下，运用科学的方法对问题进行研究，在研究过程中获得创新实践能力，获得思维发展，自主构建知识体系的一种学习方式。在教育学中，人们公认“探究学习”是由美国芝加哥大学施瓦布（Schwab）于 1961 年在哈佛大学所做的报告《作为探究的科学教学》（*Teaching of Science of Enquiry*）中首次提出的。除了都有“探究”因素，施瓦布的探究学习与布鲁纳的发现学习以及萨奇曼（Suchman）的探究教学之间还有什么异同？下面简要讨论。

首先，对布鲁纳提出的发现学习作分析。

布鲁纳认为，学生的心智发展受环境的影响，但更主要的是受到自己认知结构的影响。教学应当帮助学生形成智慧，教师的任务是把知识转化成一种适应学生思维发展的形式。按照动作表征、表象表征和符号表征的顺序发展可以形成教学设计的模式。于是，他提出发现学习的方法。发现学习是指学习的主要内容未直接呈现给学习者，只呈现了有关线索或例证。学习者必须经历一个发现的过程，自己得出结论或找到问题的答案。发现学习是学生通过自己再发现知识形成的过程，是获取知识并发展探究性思维的一种学习方式，显然，发现学习与接受学习是相对背离的。

发现学习是否就是通常意义上所说的探究学习呢？其实，两者是有差异的。第一，发现学习是一种课程观，探究学习是一种教学观。布鲁纳提出发现学习是基于对课程的研究，他认为课程应当以结构来统领，教材应当做成有结构的教材，学习者只有理解了教材的结构才可能达到对知识理解的目的。要掌握结构，最好的方法就是让学生去发现结构和原理，因而发现学习是一个课程意义上的概念，它的本质是一种学习的目标。与发现学习不同，探究学习是一种学习的方式，主要不是把习得知识作为学习的目标，而是强调过程，把通过探究达到发展学生能力作为教学的目标。第二，发现学习是指对已经存在的知识进行重新发现，即把教材上的知识设计成一种生成的路径，让学生沿着这条路径去发现结论。也就是说，发现学习是学生对已有答案的问题做探究。与此不同，探究学习则不完全是要学生去重新发现已有的结论，而可能探究的问题是开放性的，没有现成答案，答案也可能是多种多样的，需要学生自己探索，得到不同的答案。从这个意义上看，发现学习依据的是客观主义哲学基础，探究学习依托的则是建构主义哲学基础；发现学习把客观知识的存在作为前提，探究学习把知识的建构作为前提。

其次，对萨奇曼的探究教学模式作分析。

萨奇曼提出探究教学模式，其教学步骤如下（高文，1998）。

（1）选定课题。教师选择一个令人困惑的情境或问题，这一问题可以是一个疑难的科学问题，可以是一个令人困惑的事件，也可以是一段戏剧或故事情节，但必须能够引起学生的兴趣，从而激发学生去寻求答案。

（2）向全班解释探究程序。向学生说明开展探究过程应当遵循的规则，使学生明确如何去寻求可能的解决方案。然后教师写出问题情境，呈现给每一个学生。

（3）搜集相关的资料。学生根据问题收集资料，在搜集和证实资料的过程中可以提出问题以获得更多的信息。但教师只回答“是”或“否”，帮助学生澄清问题，并不直接给出答案。学生在感到需要时，可以相互讨论，但提问的过程中不允许相互交谈。一次只允许一个学生提问，可以保持提问直至满意。

（4）形成理论，描述因果关系。当学生提出一个理论假设时，教师停止提问，将这一理论写在黑板上，全班对其进行考察和讨论，决定是否接受。在这一阶段鼓励学生通过实验或参考其他资料检验某一理论。鼓励学生提出多种理论，逐一考察其有效性。

（5）说明规则，解释理论。某一理论或假设被全班确定之后，教师要指导学生解释并应用这一理论。要对这一理论的原则和效果以及应用于其他情境的预测性价值进行讨论。

（6）分析探究过程。教师和全体学生讨论所经历的探究过程，考察如何形成理论来解释问题，并讨论如何改进这一过程，从而提高学生的探究技能。

萨奇曼的这个模式建立在斯腾伯格（Sternberg）和布鲁纳的理论基础之上。斯腾伯格认为，学校中所探讨的问题与日常生活中提出的问题之间存在很大的不同，表现在：①日常问题解决常常难以确定问题所在；②解决生活提出的问题难以确定需要哪些信息以及如何找到这些信息；③日常问题通常不存在“正确”的答案，甚至“最佳”答案的标准也是模糊不清的；④日常问题解决需要非正式知识；⑤重要的日常问题解决伴有重要的后果（高文，1998）。萨奇曼的探究教学模式涉及许多解决生活问题所需要的思维技巧，特别是，这一模式企图模拟科学家解决问题的过程使学生获得在真实生活情境中发现问题、解决问题的能力。科学家面对疑难情境，搜集和加工所需要的资料，最后达成问题解决的探究过程成为探究模式的基础。

分析萨奇曼的探究学习模式，可以看到，其一，该模式与布鲁纳的发现学习是有一定区别的。发现学习定位于教材内容的学习，是对教材内容的再发现，对知识结构的发现，其答案应当是唯一的；而萨奇曼探究教学的问题多是指向现实生活，探究的思路不尽相同，得到的结果也可能大相径庭。其二，该模式对学生的探究活动作了一定程度的限定，教师要向学生介绍探究程序，学生的活动得按照一定的程序进行，因而对学生的自由想象起到了束缚作用。

布鲁纳指出，在探究和发现中学习有4个优点：①增强理智能力。发现过程可以帮助学生学习如何解决问题，如何摒弃试误法作出合理的假设，如何将新信息与已有知识联系起来寻找问题的突破口，如何坚持到底直至问题解决。②由外部奖励走向内部奖励。在发展探究过程中，学生通过应付环境、解决问题而获得满足感，而不再追求明确回答教师提问所获得的外部奖励。③学习探究和发现的方法。只有通过练习和开展探究活动，学生才会懂得如何最佳地解决问题，学生参与探究过程的练习越多，越能够将这一过程迁移到解决其他问题的情境之中。④辅助记忆过程。记忆的主要任务是提取记住的内容。学生更容易记住自己发现的内容。另外，好的问题解决者能够发现记住信息的有效策略（高文，1998）。

这 4 点是建立在发现学习和萨奇曼的探究教学基础之上的，并不能涵盖探究学习的教育价值全部。

萨奇曼提出探究教学的 6 环节教学模式，主要是针对科学学科教学的，虽然这一模式也具有一般性意义，但是在具体实施中，各个学科还是得依据自身的学科特征对这个模式的应用作出相应的调整和修正。问题的形式与难度、探究的目标、学生的认知水平、教学的组织形式等因素，都会制约探究的样态和探究的深度，需要教师因势利导灵活处理。

最后，分析施瓦布的探究学习思想。

施瓦布针对科学教育领域提出“科学探究”概念，包括稳定探究（stable inquiry）和流动探究（fluid inquiry）。稳定探究是指研究者们直接继承和使用已有的概念原则进行的探究，他们把这些概念原则看作是事实，是可以直接使用的研究工具。由于现代科学的高速发展，不断有新事物、新思想、新技术注入科学研究领域，稳定探究模式显然不能满足科学发展的需求，因而施瓦布提出了与之相对应的“流动探究”模式，“它的目的是检验那些探究原则，并最终修正或取代它们，它的目标不是立即获得知识，而是为了发现长期研究的探究原则的不足和局限”（Schwab，1960）。与稳定探究模式有所不同，流动探究才是真正的探究，这样的方式才真正符合科学自然发展的规律。科学家不断采用新的科学研究方法来修正和完善已有方法，以获得更接近真理的科学结论，这才是真正的科学研究和科学发展过程。

施瓦布所倡导的探究学习中，认为学习科学不在于占有的信息，而在于拥有的探究能力（Schwab，1962）。这需要强调探究学习中学生的主体性地位，给予学生足够的自由。让每一个学生保持对变化的科学的兴趣，发展自主学习的能力，要在课程设计中留出一部分自主学习的内容，让学生亲自动手进行探究。

施瓦布还提出了一种特殊的探究方式：探究之探究（inquiry into inquiry）。这种方式就是向学生提供科学读物、科学研究报告以及科学家研究过程中的行动、判断和决定等。学生可就所提供材料中不同的假设等进行讨论，这种讨论涉及科学材料的说明、理解和批判性评价（Schwab，1960）。施瓦布的这种探究模式作为一种学习科学的方法，主要强调的并不是科学读物和报告中所呈现出来的内容，而是对科学家的研究过程和思考过程进行反思性的批判。这种探究模式把探究既当作一种知识，也当作一种研究方法，为学生提供获取值得拥有的科学知识的探究范例。

施瓦布的探究学习主要是针对科学教育提出的，培养学生像科学家一样的思维是探究学习的主旨。其实，这种思想并不完全囿于科学教育，它可以推广到数学教育乃至所有科目。“探究”是一个广义的概念，可以是“稳定探究”，即按照一定固有观念或探究套路进行探究，但更多的应当是“流动探究”，充分发挥个人想象，不囿于传统操作程序或定势思维形态。布鲁纳的发现法主要是“稳定探究”倾向，不是一种完全自主意义上的探究，施瓦布的探究学习则主要强调“流动探究”理路，凸显了探究的自主性。

探究学习包括哪些类型，这是需要作一个分类的。就“探究”而言，包括解决问题或验证问题的探究、提出并解决问题的探究，前者指问题已经明确，去验证一个结论的正确性，或者探究解决问题的方法和路径；后者强调的是，通过探究提出新的概念、问题、结论、方法。解决问题的探究是指所要解决的问题有一定难度或者解决这个问题有多种方法，不包括可以直接使用规则、程序去解答。这样，探究学习就有两种类型。把解决问题或验证问题的探究学习称为第Ⅰ类探究学习，提出并解决问题的探究学习称为第Ⅱ类探究学习（表 2-1）。

表 2-1　探究学习的类型与功能

类型	探究条件	探究目标	探究内容	思维方式
第Ⅰ类探究学习	条件明确	目标明确	依据问题的目标，寻找解决问题的思路与方法，或验证一个已知结论	聚合思维、直觉思维、演绎推理、证实
第Ⅱ类探究学习	条件不明确	目标可能明确，更多情形是目标不明确	形成新概念，提出并解决新问题，包括对问题条件和目标的猜想，探究解决问题的方法	发散思维、直觉思维、归纳推理、类比推理、证实与证伪

从表 2-1 可以看出，两类探究学习持不同的知识观。笼统地说，探究学习兼有客观主义和建构主义的秉性。第Ⅰ类探究学习持客观主义知识观。这种探究学习的前提是目标明确，即在承认知识客观存在的前提下进行探究。与完全持客观主义而且学习过程无探究特性的接受学习不同，在解决问题过程中，第Ⅰ类探究学习确实具有探究的性质，可以认为学习者在一定范围内具有发言权，自主性得到一定程度的体现，因而也可以界定为是一种“弱探究”。第Ⅱ类探究学习持建构主义知识观。因为这种探究学习并不强调知识的客观性，而把知识是个人建构与社会建构的产物作为探究的前提；不迷信知识的确定性，而把知识的模糊性和多样性作为探究的目标。强调个人依据自己的经验和认识对知识作出解释，将知识赋予个人的意义，自己的观点和主张可以融入学习活动中，个人可以提出自己的猜想，不同的观点可以相互碰撞，学生在学习共同体中建构知识。

从知识观的维度，可以将三种学习作一个比较，其中接受学习与第Ⅱ类探究学习位于两个端点，第Ⅰ类探究学习介于两者之间（图 2-1）。

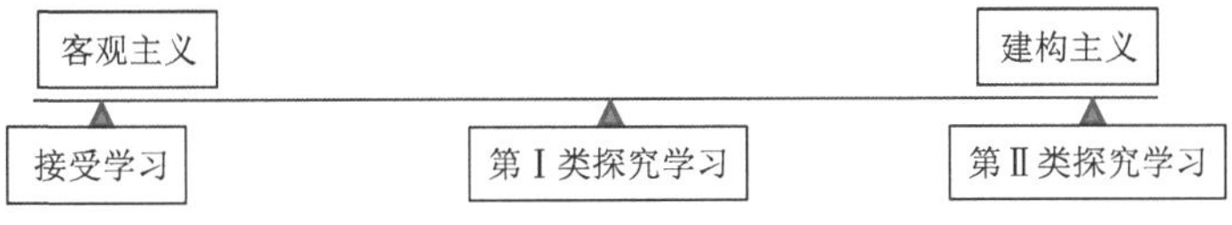

图 2-1　三种学习的知识观比较

两类探究学习有不完全相同的思维方式。在第Ⅰ类探究学习中，问题的条件是明确的，问题的目标也是明确的，探究主要针对寻找解决问题的思路和策略，找到从条件到目标的一条或多条通路，与我们通常的解题意义相同，主要是演绎推理过程。第Ⅱ类探究学习的问题目标可能明确也可能不明确，关键是条件不充分，这就需要学习者通过对情境的理解和感悟，通过自己的猜想来确定问题研究的目标，因而在探究过程中需要发散性思维或直觉思维，同时伴随着一系列证伪的活动。另外，问题的条件不充分，需要解题者通过补充或删减问题的条件，使条件变成充分条件，这个过程既需要解题者具备扎实的知识储备，又需要解题者有良好的知识迁移能力，直觉思维与逻辑思维并重。

综上所述，探究学习特别是第Ⅱ类探究性学习，是以发展学生能力为重的价值取向，目标指向学科核心素养。

三、接受学习与探究学习的互补

接受学习偏重知识掌握，探究学习偏重能力发展，两种教学范式有各自不同的追求。但是，两者之间不可能是相互独立的，探究学习必然依附于接受学习，因为能力生成的本源是知识，学科能力生成的本源是学科知识，而知识的习得与积累更多的途径是接受学习。

在 20 世纪 60 年代，加涅（Gagne）提出 8 类学习，由低级到高级依次是：信号学习、刺激–反应学习、连锁学习、言语联想、辨别学习、概念学习、规则学习、问题解决。在 1985 年他将 8 类学习中的前 4 类作为学习的基础形式，统称为联想学习。在联想学习的基础上，分为 5 种学习结果，即言语学习、智慧技能、认知策略、动作技能和态度。加涅的学习结果分类，为教学设计奠定了基础，也为哪些适合接受学习、哪些适合探究学习作了一种边界的厘定。

从智慧技能来看，加涅将其做了更加细致的划分（图 2-2）（加涅等，1999）。这个划分既是对学习渐进过程的描述，也是对学习结果的水平的一种划分。为了解决问题，学生必须获得一些高级规则。问题解决要求他们回忆一些基本规则和定义，而这些规则和定义又必须建立在具体概念之上。加涅举了一个例子来说明，学生面临的问题是推测一个不熟悉的单词的发音，他必须用一些先前习得的规则（译码技能）来解决问题，而这些规则的学习又要以识别出称为“音素”的单词成分和印刷体（具体概念）为前提。学习识别如印刷体字母 E 的儿童必须先学会区分三条横线和两条横线，这就是说，必须以获得辨别能力为前提（加涅等，1999）。因此，在图 2-2 中，每一个下位阶段都是上位阶段的基础，环环相扣，循序渐进。

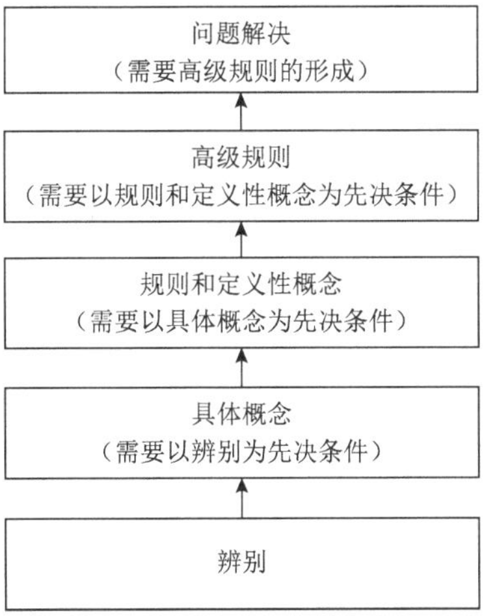

图 2-2　智慧技能的不同复杂性水平

在这个框架中，辨别、具体概念、规则和定义性概念都应当以接受学习为主要形式，到高级规则和问题解决阶段，以探究学习为主要形式，也就是说，学习的整个过程中，接受学习与探究学习应当是并存关系，而非互斥关系。接受学习是使学生在比较短的时间内理解基础知识，掌握基本技能；探究学习则是发展学生学科素养的关键环节，在储备知识的基础上方能探究，但是只有知识的储备也不一定会探究，知识储备是探究的必要条件但非充分条件，于是如何开展探究学习就成为一个必须研究的问题。

布卢姆（Bloom）将学生的认知发展分为 6 个等级：知识、领会、应用、分析、综合、评价（布卢姆等，1986）。其认知的复杂性依次递增。每个目标因素又分为若干子目标，形成认知领域的目标体系。知识，指对特定要素的回忆和识别；领会，指初步理解材料的意义；应用，指将抽象概念应用于特殊或一般的情境；分析，指将交流内容分解成各种组成要素或部分，以使有关概念层次清楚，或使概念间的联系表达清楚；综合，指把各种要素和组成部分组合成一个整体；评价，指为了特定目的对材料和方法的价值作出判断。

后来，安德森（Anderson）对布卢姆的认知领域目标分类作了改造，把布卢姆体系中的“知识”作为一个独立的维度，分为 4 个亚类：事实性知识（factual knowledge）、概念性知识（conceptual knowledge）、程序性知识（procedural knowledge）、元认知知识（metacognitive knowledge）。然后用“记忆/回忆”替代布卢姆体系中的“知识”，将“领会”换为“理解”，将“综合”改为“创造”并放到“评价”之后（图 2-3）。由于把知识作为一个独立的维度，就必须构建一个二维评价体系来表示知识维度与认知过程维度的关系，因此，他们建立了一个二维结构表（表 2-2）（洛林·W. 安德森等，2009）。

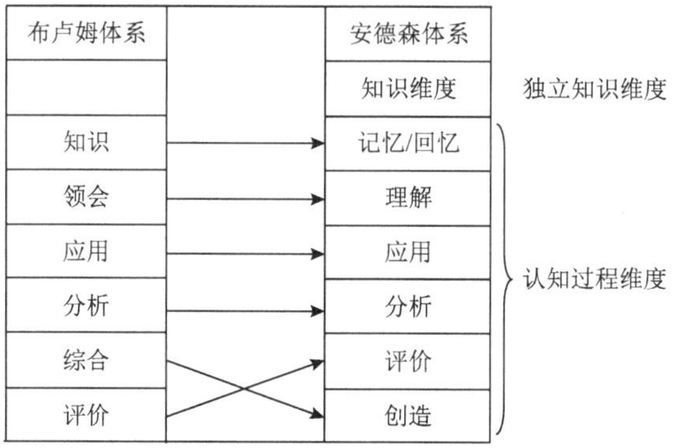

图 2-3 两个体系比较

表 2-2 安德森认知领域分类表

知识维度	认知过程维度					
	记忆/回忆	理解	应用	分析	评价	创造
事实性知识						
概念性知识						
程序性知识						
元认知知识						

我们可以这样来理解，布卢姆评价体系的前三个阶段属于低阶思维，对应接受学习，后三个阶段属于高阶思维，对应探究学习。安德森的分类中，记忆/回忆、理解、应用对应接受学习，后面 3 个阶段——分析、评价、创造对应探究学习。当然，这种理解只是一种大概的描述，不能解释为是一种精确的划分。主要目的是想说明，学习过程是接受学习与探究学习的相互结合，探究不能脱离接受而独立存在。

上面说了很多，其实就是想说明一个现象，从各家的理论来看，其实都是包含有接受学习和探究学习双重因素的，过于极端的做法不为大多数学者认可。就当下新课程的理念而论，要培养学生的核心素养，也必须把接受学习和探究学习的共存性作为学习论的逻辑起点。以往的教育主要以知识为本，教学的目标以知识的掌握程度来衡量，因而在教学方法上过分偏重接受学习，探究学习方式很难进入课堂，探究学习领地无人问津，这种做法当然必须改造。

核心素养目标不是只让学生“知道是什么”，而更主要的是要让学生“怎样做事”和“能不能做事”，前者依托接受学习，后者依托探究学习。也就是说，新课程的实施，其课堂教学必须有两个环节，第一个环节是让学生“知道是什么”，第二个环节是“培养学生做事的能力”。显然，第一个环节由接受学习的教学形态来完成，第二个环节则必须由探究学习的教学方式来完成，如果探究因素不进入课堂，就失去了教学的第二个环节。因为把培养学生学科核心素养作为教学的目标，所以教学的两个环节缺一不可，这就是要提倡接受学习与探究学习相结合的原因。

第三节　从知识理解到知识创生

一、知识理解的价值取向

学习的目的就是对知识的理解，教学的目标就是促进学生对知识的掌握，这似乎是自有教育以来大家形成的共识。其实，人们对知识的崇拜主要源于实质教育理论的兴起，这种理论发展的助推器是工业革命的出现。

（一）从形式教育到实质教育

1. 形式教育

形式教育起源于古希腊，纵贯整个中世纪，形成于 17 世纪，盛行于 18～19 世纪，衰落于 20 世纪初，主要代表人物是洛克（Rock）和裴斯泰洛齐（Pestalozzi）。主要观点是：教育的目的在于发展学生的各种官能或能力；形式学科（如希腊文、拉丁文、数学、逻辑学等）或古典人文课程最有发展价值；教学原则、方法以学生心理官能的内在发展秩序为依据。

形式教育起源于古希腊苏格拉底法，即谈话问答，其对形式教育的发展有着重大影响。在苏格拉底（Socrates）看来，知识不可能由教师传授给学生，真正的知识存在于人的内部，需要的仅仅是唤起知识，使之达到意识的境界。苏格拉底把知识建立在“回忆说”上，认为所有探究、所有学习，都只不过是回忆罢了。提问法的目的在于对永恒的形式和不断变化的外表作出辩证的区分，而教育目的则在于促使学生唤起意识，发现以潜在形式存在于人心内的真理。

苏格拉底的弟子柏拉图（Plato）继承和发展了苏格拉底的基本思想。他把世界划分为两种：一种是暂时的现象世界，一种是真实、永恒的理念世界，人们生活的世界只是理念世界的反映。柏拉图根据这一基本论点，认为学习即某些理念（能力、观念）由里向外发展。知识是由那些在地球存在以前就普遍存在的绝对理念所构成的。他认为我们每个人心灵里都有一种官能，当这种官能被其他日常事务蒙蔽了或毁坏了以后，可以用这些学习（即算学、几何学和天文学等）来澄清或重新点燃它。保护官能比保护眼睛更重要，因为只有官能才能洞见真理。

那么，如何才能达到这一教育目的，使人达到理念世界呢？在柏拉图看来，主要通过两种教育：第一，音乐——为了陶冶心灵，因为音乐最能深入人心，留下深刻影响，带来优美的感受；第二，体育——为了锻炼身体，因为当心中蕴藏着优美的意向，而身体和谐的美又与它相匹配，这是一种最美的景象。这里我们可以看到，柏拉图对身心作了清楚的区别。他认为，心灵对学习的贡献在于提供观念，身体对学习的贡献在于提供感觉。这种身心二元论的思想对以后的教育学家有很大影响。当然，柏拉图对身心这两部分并不一视同仁。他认为，身体强健本身并不会产生一种美好的心灵和性格，相反，心灵和性格的优异会使体格达到尽善尽美的程度。

从柏拉图对算学和几何学教学的阐述中，可以直接看到形式教育的早期萌芽状态。柏拉图认为学习算学是为了通过纯粹思维理解数目的本质，不用考虑其有用性。算学对人类来说实在是必需的，因为它使人们使用纯粹思维，以达到真理。学习某些学科即便没有直接用处，但它可能对心智训练很有价值。例如，学过几何的人再学习其他学科会比较敏捷。所以，学习几何对于学习所有其他学科都有某种促进作用。

作为柏拉图的学生，亚里士多德（Aristotle）是一位博学多才的人，他继承了老师的思想。亚里士多德认为灵魂是生命之本源。灵魂不仅赋予有机体以生命，而且使有机体潜在的特征得以展现。灵魂作为一种能动的本原，有着潜能或官能，它们以各种方式活动。亚里士多德描述了灵魂的五种官能：①生长的官能，即有机体保存和发展自己的能力；②欲望的官能，即追求使自己满意的、良好的东西的倾向；③感觉的官能，包括审美官能；④运动的官能，即活动能力；⑤理性的官能，即推理能力。在这五种官能中，对教育来说最重要的是最后一种官能。因为在亚里士多德看来，教育目的在于发展心灵的最高的方面——理智。理智教育是教育的最高任务。

在亚里士多德以后的多个世纪里，从官能的角度，也就是从心灵能够做些什么的角度，描述心灵或灵魂非常流行。在文艺复兴及其后的年代里，官能心理学还是一种最为人们所接受的学说。

形式教育论是以官能心理学为理论基础的，而官能心理学则来源于心灵实体说，简称心体说。人类对于心灵的初始的看法，也许是把心看作是灵魂，把官能看作灵魂发生作用的形式。在原始社会，人们对一切东西都赋予灵魂。随着人类知识的发展，人们才离开了这种泛灵论，而把灵魂看作是万物之灵的人类所特有的特性。在亚里士多德的心理学思想中，还可以看到这种现象。但自从威廉·哈维（William Harvey）在17世纪发现血液循环原理之后，人们开始用机械作用来解释生命现象，而不再用灵魂来作主宰。心灵实体说就是在这样的背景下产生的。

心灵实体说起源于法国的笛卡儿（Descartes）。他认为有两种独立的实体：

具有广延属性的物质实体和具有思维属性的心灵实体。心灵这种实体是不依赖于物质而存在的，就像物质作为实体而存在不依赖精神一样，两者代表截然不同的世界。这种把心灵看作异于物质的实体，便是所谓的心灵实体说。根据心灵实体说，心灵这个实体生来就有各种官能，可以通过训练而得到发展。它认为心灵这个实体存在着各种官能，官能是心灵进行一定活动的能力，对心灵作出这样描述和解释的心理学，便是官能心理学。如果相信心灵实体说和官能心理学，那么，学习的知识遗忘了，或大部分遗忘了，而教育的价值却依然存在。因为知识的主要价值，在于作为训练的材料。属于事实的知识虽然遗忘了，却留下了比只是事实的知识更有价值的学习效果。于是，教育就成为忘掉了一切学习过的知识以后所遗留下来的东西。

近代官能心理学是由沃尔夫（Wulf）将其系统化的。但是沃尔夫的官能心理学只是给心理过程以一种名称。如回忆过程被称为回忆能力，推理过程被称为推理能力，如此等等。德国启蒙学者之一的提顿斯（Tetens）在沃尔夫官能心理学的基础上创立了心灵官能的三分法：理解、感情和意志，即后来人们常讲的知、情、意。

官能心理学的确定，为形式训练说提供了理论依据。尽管官能心理学本身并不是建立在科学的基础上的，但在当时，它还不失为一种时尚的理论。形式教育论在欧洲文艺复兴后的“气候条件”下，加之官能心理学为之提供理论依据，逐渐成为一股颇有影响的教育思潮。

瞿葆奎和施良方把形式教育归结为以下三个要点（瞿葆奎等，1993）。

（1）教育的任务在于训练心灵的官能。身体上的各种器官，只有用操练才能使它们发展起来；心智的能力也只有用练习使它们发展起来。教育的主要任务，就是要再现那些能够最有效地训练学生各种官能的心智练习。

（2）教育应当以形式为目的。在教育中灌输知识远不如训练官能来得重要。如果人们的官能由于训练而发展了，任何知识随时都可以吸收。知识的价值在于作为训练的材料，即便学习的内容被遗忘了，却仍然留下一种永久的、更有价值的学习效果。因此，不必重视课程和教材的实用性，而要重视它们的训练作用。

（3）学习的迁移是心灵官能得到训练而自动产生的结果。通过一定的训练，心灵的官能或某种官能得到了发展，就能迁移到其他学习上去。学生学习拉丁文、希腊文和数学，会对学习其他课程和教材有很大的好处。

2. 实质教育

实质教育是对立于形式教育而出现的一种教育学说。它认为普通教育应以获得有价值的知识为主要任务，而学习知识本身就包含着能力的培养，能力无须加以特别训练。它是普通教育设置学校课程和选择教材的一种教育理论。主要代表人物是赫尔巴特（Herbart）和斯宾塞（Spencer）。主要观点是：教育的目的是向学生传授与生活相关的广泛知识内容；与人类的世俗生活密切相关的实质学科（如物理、化学、天文、地理、法律）或实质课程最有价值；教学原则与方法应适应儿童身心发展规律，教育应是愉快的和有效的。

实质教育的兴起，主要基于两个方面的原因。

第一，工业社会的出现。18 世纪末 19 世纪初，由于资本主义经济的迅猛发展，机器生产和工业社会要求学校教育培养具有一定实用知识的人，形式教育已经不能满足当时社会的需求。第二，形式教育的理论遭到理论界的许多质疑，心理学家先后用实验证实了形式训练说的缺陷。例如，詹姆斯（James）的一项实验，先测量被试学习一个诗人的诗句，然后训练他们记忆另一个诗人的某些诗句，最后再回到第一个诗人的诗句，以确定他们是否比以前能更快地记住这个诗人的诗句，结果表明没有什么迁移效果。桑代克（Thorndike）采用大样本实验，结果表明在智商相同的被试中，学习拉丁文、几何学、英语等传统学科的学生并不比学习实用学科的学生在理智能力上有更大的提高。这个实验对形式训练说产生了致命的打击。

这种背景促使教育家力图为教育目的建构新的理论体系，于是催生了实质教育思想的发端。其中赫尔巴特是主要代表人物，他摒弃了官能心理学思想，否认人有与生俱来的官能，而人的心是由通过感觉而形成的许多观念构成的，观念源于经验、社交。因此，赫尔巴特认为教育的目的不在于官能训练，而在于提供适当的观念来充实心智，主张教材中知识的系统性和整体性。实质教育的另一位代表人物斯宾塞也认为最有价值的知识是有利于完满的生活，为将来的生活做好准备的知识。

瞿葆奎和施良方把实质教育归结为三个要点（瞿葆奎等，1993）。

（1）教育在于提示适当的观念来建设心灵。心灵在初生时一无所有。心灵的官能不是现成存在的，心灵有赖于观念的联合，它是经验的产物。因此，教育的主要任务就是以观念充实心灵的内容。

（2）教育应该以实质为目的。建设心灵的原料是各种观念。提示外界事物，产生观念的课程与教材就具有首要的地位。因此，教育不在于重视课程与教材的训练作用，或知识教学促进学生能力发展的作用，而是重视课程、教材的具体内容本身及其实用价值，使学生获得丰富的知识。

（3）必须重视课程和教材的组织。心灵要靠观念的联合以组成概念和范畴。课程和教材的组织和程序，直接影响心灵的组织和程序。

（二）知识理解的本质

形式教育的发端较早，当时人类的知识积累是不多的，特别是科学技术发展水平较低，还不足以使人们认识到知识对人类发展的重要作用。苏格拉底创立形式逻辑之后，为科学特别是数学建构了方法论基础，使西方的科学得到长足的发展。但是，真正丰满科学方法双翼的是文艺复兴之后伽利略（Galileo）开创的科学实验方法，逻辑思维和科学实验的相互作用，使科学技术的发展以前所未有的速度向前推进，知识以几何级数增长，于是，知识的重要性凸显出来。在这种情形下，学校教育的目标必然应当转变，催生了人们“知识就是力量”的信念。

既然重视知识的学习，那么对知识的理解便成为教育界关注的问题。在我国，掌握基础知识、形成基本技能是中小学教育的基本特色，其本质就是强调对知识的理解。

所谓理解，是指个体对事件的逻辑表示赞同，承认事件的逻辑关系。对知识的理解就是把握知识的因果关系、结构和功能。知识理解常以问题解决的方式来进行，它能反映出理解的不同程度或不同水平。理解的标志之一，是对所理解的对象能用自己的话表达出来，包括对语言材料能加以改组，改变其表达方式。对某事物理解不确切，难以用自己的话表述，或仅能背诵原文，这说明对文句或事物并未有真正的理解。理解的另一标志，是根据对某一事物的理解，能独立完成所需要的动作。如仅能根据他人的指导来完成它，也不能认为对其有真正的理解。对客体进行实际操作常能帮助理解。在理解的过程中，言语表达和实际动作有时并不一致。

理解的深度是由理解的水平来刻画的，因而人们对知识理解水平的研究关注度更高。1976 年，斯根普（Skemp）将理解分为工具性理解（instrumental understangding）和关系性理解（relational understanding）（Skemp，1976），即将知识理解分为两种水平：“是什么”和“为什么”。知道对象是什么可称为工具性理解，而知道“为什么是这样”可称为关系性理解。前者是知道事物是什么，但不知为什么；后者是既知道事物是什么，也知道事物为何这样。例如，在数学学习中，知道算法并会应用算法，这是工具性理解；不仅知道算法而且还知道算理，是关系性理解，显然后者的理解水平高于前者。

澳大利亚教育心理学家比格斯（Biggs）和他的同事科利斯（Collis）出版的《评价学习的质量：SOLO 分类法》（*Evaluating the Quality of Learning: The SOLO Taxonomy*），系统描述了 SOLO（Structure of the Observed Learning Outcome，意为“观察到的学习结果的结构”）理论（Biggs et al.，1977）。该理论认为，可以从能力、思维操作、一致性与收敛和应答结构等四个方面，将学生对某一个具体问题的反应水平分为前结构（prestructural）、单点结构（unistructural）、多点结构（multistructural）、关联（relational）、拓展抽象（extended abstract）5 个不同的层次。SOLO 描述了一个结构等级，每个较低层次的结构成为另一个更高层次结构建立的基础。这 5 种水平层次结构的复杂性依序递增，主要特征见表 2-3。

表 2-3 SOLO 层次水平特征

层次	水平特征
前结构 （prestructural）	①不明白题目所指；②学生没有任何的理解，但可能将无关信息或者非重要信息堆集在一起；③可能已获得零散的信息碎片，但它们是无组织、无结构的，且与实际内容没有必然联系，或者与所指主题或问题无关
单点结构 （unistructural）	①能够使用一个相关的或一个可用的信息；②能够概括一个信息的一个方面；③没有使用所有可用的数据而提前结束解答
多点结构 （multistructural）	①能同时处理几个方面的信息，但这些信息相互独立且互不联系；②能够依据各个方面进行独立的总结；③能够注意到一致性，但是对不同方面也会得到不一致的答案；④能够在实验设计中明白其一，而不能指出其二
关联 （relational）	①能够理解几方面信息之间的关系以及这些零散的信息如何组织形成一个整体，能够把数据作为一个整体来考虑其连贯结构和意义；②能够使用所有可用的信息并将其联系起来；③能够通过总结文中可用的数据推断出一般的结论；④能够得出数据的一致性，但并不能超越这些数据，在此之外提取结论；⑤能够利用简单的定量算法
拓展抽象 （extended abstract）	①能够利用所有可用的数据，并能够将其联系起来，而且将其用来测试由数据得来的合理的抽象结构；②可以超越所给信息，推断结构，能够进行从具体到一般的逻辑推理；③能够归纳作出假设；④能够利用各种方法在开放的结论中使用组合的推理结果；⑤能够采用新的和更抽象的功能来拓展知识结构；⑥寻求一些控制可能变化的方法，以及这些变化之间的相互作用；⑦可以注意到来自不同观念的结构，把观念迁移到新领域

知识理解的本质，就是学习者对知识从低层次向高层次不断深化的认知，把握知识的本质属性，形成知识体系，能够利用知识去解决问题。知识理解的价值取向表现为学习者理解知识、形成技能，并能够用习得的知识解决问题，秉持知识教育而非全面的素质教育理念。

应该看到，无论是工具性理解还是关系理解，或者是 SOLO 的理解 5 级水平，都是对业已存在的客观事实的认知，也就是说，知识理解的前提是首先承认知识存在的客观性，是人们对客观知识的感知、认识和领会的过程。从这个意义上说，知识理解的哲学基础是客观主义知识观。客观主义知识观的历史局限是束缚学习者创造性的发挥，关于这一点，在本章第二节中已有充分论述。因此，单纯的知识理解不能完全满足时代对人才培养目标的基本要求，必须提出在教育中实施知识创生的诉求。

二、知识创生的价值取向

（一）知识创生的含义

中小学教育，是在事先规划的课程统领下，编制标准、规范的教科书，整个教学都是按照教科书的内容开展的。教科书的内容都是人类的文化结晶和科学真理，学习的任务就是理解书中知识，接受客观事实。在我国，这种情形尤其突出，全国通用一个课程标准，教材只有几个版本，全国的中小学生学习的内容都是相同的。毫无疑问，学校的规训方式有其历史发展的合理性，没有统一的规划和必要的限制，会出现教学目标的多样性，人才培养的底线难以把控，教学评价会失去统一标准。正所谓没有规矩，不成方圆。但应当看到问题的另一面，这样的做法是在学习内容和非学习内容之间划定了一条边界，犹如孙悟空用金箍棒给唐僧的禅坐地画了一道圈，妖精不能入内一样，没有规定的学习内容（当然不是妖精）难以进入学生的学习疆域。于是就会产生一个问题：学生的个体差异不能得到关照。事实上，教科书的内容不足以满足能力较强的学生的需求，他们需要学习教材之外的知识，囿于教材内容，固化在理解层面的思维，必将浪费这一类学生的有效能量，剥夺他们追求更多、更深知识领域的权利和欲望，显然有失公允。

因此，我们认为有必要提出知识创生概念。

简单地说，知识创生指创造、生成新的知识。在教育领域，知识创生是相对学生而言的，指学生能够创生出一些新知识，这些新知识可能是他们没有见过但又是已经存在于教材中的知识，也可能是教材之外的知识。

创生知识，可能是学生经过对教材中知识的深入挖掘来得到的，比如，对一道习题的引申或推广，可以得到一些新的结论，这就是新知识；也可能是学生沿着概念的生长脉络探究下去而“顺藤摸瓜”，得到一个新的概念或结论，这也是新知识。创生的新知识可能已经不在教科书中，超出了教科书的范围，其实这是一个正常现象，总是被锁在教科书的围栏里面，学习的任务只有接受、领会、理解和应用，何来创生之言？

从知识创生的教育功能看，至少有两点是显而易见的。

其一，训练学生的思维。知识创生不在于让学生学到一个新的知识，而是通过创生知识的活动来训练他们的思维。创新的本质是知识的创生，或者说创新源于知识的创生。从这个意义上说，只是囿于教科书中限定的知识而不去探究知识的生长，学生的思维也会受到限制，因为知识的理解和知识的应用，多是逻辑思维的训练，很少涉及合情推理的介入，显然，在思维训练方面存在偏颇。知识创生的教育，思维训练是全方位的，除了对学生逻辑思维的训练之外，合情推理的训练如影随形。因为知识创生只能在探究学习中发生，对问题的探究可能是没有目标和方向的，即探究结果具有不确定性和不唯一性，也可能是条件不充分的，需要探究者根据具体的情况自行补充条件，显然，这个过程必然有直觉、猜想、证伪等因素的介入，也有严格的逻辑思维形态展现，是一种多种思维形式交融的样态。

其二，培养学生提出问题的能力。当下的教育，存在一个突出的问题，就是学生提出问题的能力太差。学生以接受现成知识为导向的教育模式由来已久而且深入人心，对学生学业水平的评价限于对知识的理解和运用，即掌握知识的情况，能够用这些知识解决问题，问题多囿于学科内部的问题。在课堂上对学生进行提出问题的训练几乎无人问津，解决现成问题的结构良好问题是训练学生的主要方式，至于问题从何而来几乎是教师和学生不去思考的，这就是现实，是教学内容和教学方式滞后于时代发展的现实。应当说，知识创生教育是培养新一代公民的历史应然，学习者的任务不应仅限于接受既定知识，还要有创造知识的意识和能力。知识创生的前提是学习者能够提出问题，知识创生就是不断提出问题、解决问题的过程，这种教学范式事实上弥补了长期以来我们教育目标的偏颇和教学形态的残缺。

（二）知识创生的教学途径

1. 在探究中创生知识

在表 2-1 中，我们给出了两类探究学习，其中第Ⅱ类探究学习是指条件不明确，目标可能明确也可能不明确，探究的内容为形成新概念，提出并解决新问题（包括对问题条件和目标的猜想），表现出来的思维形式是发散思维、直觉思维、归纳推理、类比推理、证实与证伪。显然，第Ⅱ类探究学习与知识创生相互融通，因为整个探究过程就是在形成新的概念或提出新的问题，即产生出新知识。

在科学学习领域，施瓦布提倡把实验室当成探究的场所，让实验室引导科学课堂教学，而不是科学教学来指导实验。让学生亲自去体验科学知识产生的过程，理解伴随科学探究过程的焦虑与失望，体会通过探究产生新知识的奥妙，培养其对科学的兴趣，而不是到实验室去验证课堂上所讲的科学内容，或照着实验手册上的实验步骤进行无意义的形式化的探究，实验室不再是重现课堂的场所。他倡导教材和教师的课堂讲授都应该充满“不确定性的案例、差异性的解释和构成学科原理的焦点问题”（谭帮换，2010）。施瓦布认为，教学不是向学生直接灌输既成的结论，而是要让学生充分体会知识的不确定性，自己去探究和生成新知识。施瓦布的观点，本质上就是知识的创生。

在数学教育领域，通过探究生成新知识的例子比比皆是，下面举一例说明。

例 1　函数奇偶性的图象对称性概念。

整个教学围绕下面概念生长过程展开。

定义：在定义域内，如果 $f(-x)=f(x)$，那么 $f(x)$ 的图象关于 y 轴对称；如果 $f(-x)=-f(x)$，那么 $f(x)$ 的图象关于原点中心对称。

这是偶函数和奇函数的定义或性质，现以这两个性质为生长点去引申出其他相关函数的性质。

因为如果函数 $f(x)$ 为偶函数，那么将自变量 x 换成它的相反数，其函数值不变。所以 $f(x)$ 的图象必然关于 y 轴对称。

思考：① y 轴的方程应当怎么表达？

②由偶函数的图象关于 $x=0$ 对称，你能联想到什么？是否存在图象关于 $x=m\ (m\in\mathbf{R})$ 对称的函数？你能举出这类函数的实例吗？

此时学生会联想到二次函数 $y=ax^2+bx+c(a\neq 0)$ 的图象关于直线 $x=-\dfrac{b}{2a}$ 对称。

思考：除了二次函数之外，是否还具有这一性质的其他函数？

还可举出诸如 $f(x)=|x+m|, f(x)=\sin\left(x+\dfrac{\pi}{2}\right), f(x)=(x+m)^4$ 等函数。

思考：这类函数的图象存在共性，那么它们的函数表达式也必然有共性，你能否根据偶函数的定义去找出这种共性？

这里体现了一种类比引申，由 $f(-x)=f(x)\Rightarrow f(0-x)=f(0+x)$，容易猜想出命题；学生也可以从具体的函数去观察，归纳出命题。

命题 1：如果在定义域内，恒有 $f(m+x)=f(m-x)$，那么函数 $f(x)$ 的图象关于直线 $x=m$ 对称。

思考：你能证明这个命题吗？

证明：设点 $P(x,f(x))$ 是函数 $f(x)$ 图象上任意一点，则 P 关于直线 $x=m$ 的对称点为 $P'(2m-x,f(x))$。

由于 $f(2m-x)=f(m+(m-x))=f(m-(m-x))=f(x)$，所以点 P' 也在函数 $f(x)$ 的图象上。因此，函数 $f(x)$ 的图象关于直线 $x=m$ 对称。

思考：在命题 1 中，函数 $f(x)$ 满足的方程为 $f(m+x)=f(m-x)$，即左右两边均含同一个数 m，你能否改变这一条件而得到一个更一般的结论吗？

命题 2：如果在定义域内，对任意的 x 均有 $f(m+x)=f(n-x)$，那么函数 $f(x)$ 的图象关于直线 $x=\dfrac{m+n}{2}$ 对称。

思考：能否参照命题 1 和命题 2 的产生过程，作为类比，奇函数的概念也能推广吗？

由学生去探索，发现并证明下面两个命题。

命题 3：在定义域内，如果对任意的 x，满足 $f(m+x)=-f(m-x)$，那么函数 $f(x)$ 的图象关于点 $M(m,0)$ 成中心对称。

命题 4：在定义域内，如果对任意的 x，满足 $f(m+x)=-f(n-x)$，那么函

数 $f(x)$ 的图象关于点 $M\left(\dfrac{n+m}{2},0\right)$ 成中心对称。

在此基础上，可以引导学生进一步去探讨与两个函数有关的性质，得到如下若干命题。

命题 5：函数 $y=f(m+x)$ 与函数 $y=f(m-x)$ 的图象关于直线 $x=0$ 对称。

命题 6：函数 $y=f(m+x)$ 与函数 $y=f(n-x)$ 的图象关于直线 $x=\dfrac{n-m}{2}$ 对称。

命题 7：函数 $y=f(m+x)$ 与函数 $y=-f(m-x)$ 的图象关于原点成中心对称。

命题 8：函数 $y=f(m+x)$ 与函数 $y=-f(n-x)$ 的图象关于点 $\left(\dfrac{n-m}{2},0\right)$ 对称。

通过探究，创生新知识：命题 2～命题 8。

2. 在证伪中创生知识

长期以来，课程与教学的理论追求与现实实践都始终把“证实-求证”作为指导思想、基本理念或教学模式，在课程设计和教学操作中，表现出对知识的顶礼膜拜，导致学生无条件接受而不能以“参与者”身份对知识持有评介或批评的态度介入学习，对“证实”的过分追求使得由证伪到证实从而达到求是的逻辑被切割为单纯由证实到求是的逻辑，抹杀了人类对知识的认知过程，而只要求学习者对知识认知结果的接纳和吸收，固化了学生的思维模式，“求是”演变为“认同是”。只有证实而无证伪的课，是一种结构残缺的课。

例 2 错误往往是创造的开始——以作业讲评课“猜想之后”为例（华应龙，2010）。

下面是教学片段。

在小数的乘法运算作业中，老师看到了一个学生的“奇妙”算法：

$$\begin{aligned}&25.3\times4.2\\=\ &25\times4+0.3\times0.2\\=\ &100+0.06\\=\ &100.06\end{aligned}$$

师：这个同学的解法真妙，因为这种方法可以简化小数乘法运算。现在我们假设这个方法是正确的，那么你们能否把这个方法总结出来？

学生讨论。

生：我想这个 25.3 乘 4.2，我觉得可以把它变一下，可以把它写成 25 加上 0.3 的和，再乘以 4 加上 0.2 的和。这样的话，就等于 25 乘 4 再加上 0.3 乘 0.2，等于 100 加 0.06，就等于 100.06。

师：是不是从这儿我们可以看出这个同学事先有一个算法的猜想，然后按照这个猜想来做题？他的猜想是什么？能不能用自己的话说出来？

生：通过算式可以看到他的猜想是整数乘整数，然后小数乘小数。

生：他的猜想是两个数的乘积等于两个数的整数部分乘积加上小数部分的乘积。

师：两个人的回答，你认为谁的更好？

生（齐）：第二位同学。

师：那是因为有第一个做比较了。第二个回答比第一个回答好在哪儿？

生：多了“乘积”。

师：对，也多了“部分”两个字。准确来说是不是这样？那么这个猜想究竟对不对？有人认为对，有人认为不对，怎么办？

生（齐）：验证。

师：怎么去验证？

生（齐）：用竖式算一遍。

师：真好！（示意大家动笔算。）很多同学都算完了，你发现了什么？

生：算完了以后，发现黑板上这个答案是错误的。

生：小了。

师：不但错了，而且还小了。我很好奇，他当时是怎么想的？（课件出示以下算式）

$$
\begin{aligned}
&25.3\times4.2\\
&=(25+0.3)\times(4+0.2)\\
&=25\times4+0.3\times0.2
\end{aligned}
$$

生：我觉得他是这么想的，整数部分相乘等于 100，这样的话，就比较好算了。

生：我觉得他是这么想的，先把两个整数乘了，再把两个小数乘了，对他来说思路就比较清晰。

师：（微笑）思路比较清晰！清晰在于——我们做小数加法的时候，是不是这么想的？（课件逐步出示以下算式）

$$
\begin{aligned}
&25.3+4.2\\
&=(25+0.3)+(4+0.2)\\
&=(25+4)+(0.3+0.2)\\
&=29+0.5\\
&=29.5
\end{aligned}
$$

生：对。

师：小数加法是对的，小数减法这么做对吗？

生（齐）：对。

师：顺着这样的思路往下想，小数乘法这么做对吗？

生（齐）：不对。

生：我觉得如果小数乘法按照小数加法这么算是不对的，这个乘法应该是25.3乘以4，然后加上25.3乘以0.2，这两个的和差不多是106.26。

师：听明白他话的同学请举手？（大部分同学举手，不过有的同学有些迟疑。）有同学不很自信。来，看着竖式（图2-4）（课件出示竖式）你能不能再说一说，为什么25.3乘4.2就不等于25乘4的积加上0.3乘0.2的积？

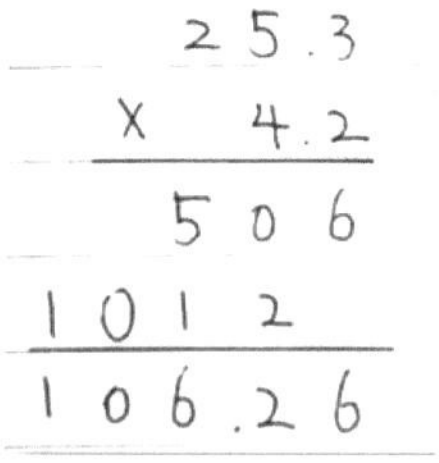

图2-4　竖式

生：（上台，指着竖式）这个乘法应该这么算，首先是0.3乘0.2等于0.06，然后再25乘0.2等于5，接着再用0.3乘4等于1.2，然后再用25乘4得到100。按照他的猜想，他只算了25乘4，0.3乘0.2，少算了一个25乘0.2和0.3乘4，所以他的结果就少了。

（同学们纷纷点头，赞赏地发出“对”“对”的声音。）

师：明白了？明白请举手？（全班同学自信地高举小手。）这样一个猜想为什么是不对的呢？原来是和乘法的意义有关。看了下面这个长方形面积图（图2-5），你会更加明白。（课件逐步出示如下）这个大长方形的长和宽分别是多少？它的面积用算式表示是什么？

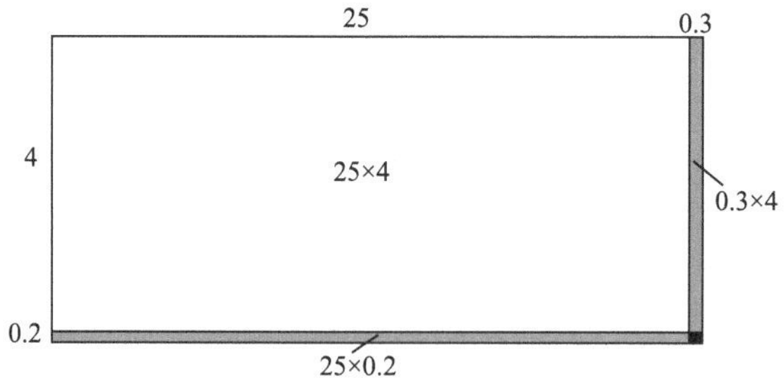

图2-5　图形解释

师：你在想什么？

生：最小的长方形的面积的算式是0.3×0.2。

生：哦，我明白了，左下方和右上方两个长方形的面积是他少算的部分。

师：现在我们回头过来，再看看这个作业，你怎么评价？

生：我觉得这个同学很聪明，他知道运用原来学过的方法，但是他在做之前，应该想一想它有什么弊端，比如说，少算了什么。

生：加减法是一个运算级，乘除法是第二个运算级，我们不能把加法运算方法用到乘法上面去。他是想用简便的方法，就是不太对。

师：我很赞同大家的观点。看到这个作业，我很欣赏！我觉得他能够边计算，边观察数的特点，边思考简便算法，让呆板的计算射进了思想的光芒。这个作业，错得真好，让我们明白了一个道理：既然是猜，就有可能对，也有可能错，因此，猜想之后——（板书课题：猜想之后……）

生：要验证。

师：回顾一下，刚才我们是怎么验证的？

生：刚才我们用正常算的方法，用竖式去算的。

师：正常算，举一个例子算一算就知道了。（板书：举例子）

生：想事实中算式所表示的图。

师：真好，我真佩服五 8 班的同学！角度不一样。我们可以从竖式去想它的道理，也可以根据长方形面积图来说明。我们可以通过举例子来验证，还可以讲道理。（板书：讲道理）这么看来，你觉得这个作业好不好？

生：真好！

师：这个作业还有一个好的地方，它让我想到了数学史上很有名的一个故事——卖葱的故事。听说过吗？来，我们一起听听。

（播放视频）

一位大爷卖葱，12 元钱 1 千克。

过来一个买葱的人，说："这一捆我全都买了。不过，我要分开称，葱白 10 元钱 1 千克，葱绿 2 元钱 1 千克。这样，葱白加葱绿还是 12 元，对不对？"

大爷一想，10 元加 2 元，正好等于 12 元。没错，就同意了。

买葱的人走后，大爷愣在那儿了……

（同学们听得津津有味、皱眉思索。）

师：这个故事里面是不是有一个问题？相当于买葱的人提出了一个猜想，这个猜想是什么？12 元每千克的葱可以分成 10 元葱白和 2 元每千克的葱绿去卖。这样的猜想你能够验证吗？

生：关键要看那捆葱有多少千克。比如说，这葱是 3 千克，按原价卖，是 36 元钱；然后分成 3 乘 10 和 3 乘 2。

（同学中有说"行"的，有点头的，有迷茫的。）

师：真好，举了一个例子。为了交流方便，老师给这样的数据：整捆葱 25

千克，葱白 20 千克，葱绿 5 千克。你能验证吗？每一个人都来试一试。

（全班同学动笔验证后，教师组织交流。）

生：咱们先算原价，12 乘 25 等于 300 元；然后再按另一种算，10 乘 20 再加上 2 乘 5，等于 210 元。大爷卖亏了。

师：12 乘 25 还等于 10 乘 20 加上 2 乘 5 吗？（板书）

$$12\times25$$
$$\neq10\times20+2\times5$$

这是举例子来验证的，有没有人来讲道理？

生：我觉得他这样拆的话，跟那个作业是一样的，也是少算了。整数乘法其实也是可以拆的，可以拆成 12 乘 20，加上 12 乘 5。但是他那样拆的话，就等于少算 2 乘 20 跟 10 乘 5。

师：佩服，佩服！2 乘 20 等于 40，10 乘 5 等于 50，40 加 50 等于 90，就是少了 90 元。

生（原先举例 3 千克的学生）：我有一个疑问，比如说，刚才说 3 千克的话，3 乘 12 等于 36，然后那个 10 乘 3 等于 30，2 乘 3 等于 6，加起来正好是 36 元，是一样的。

生：这样你的葱白是 3 千克，葱绿 3 千克，那么加起来一共是 6 千克。

（同学们纷纷认同："对呀""对呀"。但质疑的男生好像还没有明白，因此，他又请了一位同学对话。）

生：我同意上一个同学的观点。你的想法是不对的，葱一共是 3 千克，那个葱白 3 千克，那个葱绿也是 3 千克。不可能这个葱白 3 千克，就和整捆葱一样重了。

（质疑的男生满意地坐了下去。）

师：同意了？其实，（面向质疑的男生）我觉得小伙子你质疑得特别好，你说的想法可能就是卖葱人的想法。哈哈哈——（同学们也发出了善意的笑声）是不是还可以这样想，整捆葱是 12 元每千克，那么不管是葱白还是葱绿都应该是 12 元每千克。当你葱白 10 元每千克，葱绿 2 元每千克的时候，肯定就亏了。

在这个案例中可以看到，在知识方面，学生通过探究学习到了一种新知识，即"两个小数的乘积等于两个数的整数部分乘积加上小数部分的乘积"，虽然这是一个不能成立的结论，但它却是一种新的知识，起到了丰富学生认知的作用。

更重要的是，学生学到了一种思想，即证伪思想。

第一，把猜想引入课堂。通过一个具体的例子 $25.3\times4.2=25\times4+0.3\times0.2=100+0.06=100.06$，由学生提出猜想："两个数的乘积等于两个数的整数部分乘积加上小数部分的乘积"。无论猜想对与错，让学生大胆猜想本身就是目的，这种做法突破了让学生无条件接受结论的传统教学理念，不仅对学生的认识信念是一种改造，而且利于培养学生敢于质疑的态度。

第二，把证伪融入课堂。对于上面例子，学生采用竖式计算，发现答案是错误的。只要上面这个算式的计算不能成立，就给出了这个猜想的一个反例，而一个猜想只要存在一个反例，整个猜想就不成立，这就是证伪的思想。作为一种思维方式，证伪在真理和探求过程中起着举足轻重的作用，甚至是真理探求过程不可逾越的路径。老师安排了这一环节，是教学设计的一个亮点。

第三，证实自然介入。证伪之后必然是证实，本课并没有证实猜想，因为猜想已经被推翻，而要证实的是算式 $25.3\times4.2=25\times4+0.3\times0.2=100+0.06=100.06$ 不能成立的原因。从两个方面切入，一是从竖式的算理找原因；二是通过几何图形的面积计算找原因，使学生在明理中体会，在直观中启思。

三个环节，还原了数学课堂教学的完整过程，更重要的是，整个教学环节体现了知识创生的精要，使学生了解到知识创生的一种思维方式——证伪，从而就使教学上升到一个新的境界。

三、知识理解与知识创生的并存

人类社会是群体并在、相互依赖的结构，是个人价值与社会价值相融的社会关系。一个人要在社会上生存，必须具备基本的文化知识，学校的基本功能就是要使每一个公民习得个人发展和适应社会需求的基本知识和基本技能。因而，学习者对学校规定的课程知识的理解和掌握是最起码的底线要求。另外，又要看到在信息化时代的当下，知识产生的速度超乎人们的想象，一个人想要把这些知识全部纳入自己的头脑中，理解和掌握这些知识，显然不可能也没有必要。对于当代的公民来说，学校所学的知识存储并不足以满足他一生的职业实用需求，只有做到“学会学习”，方能应对这种“供不应求”的囧境；只有学会“知识创生”方能在知识爆炸的环境中游刃有余。

（一）既要理解又不受其思维束缚

作为人类智慧的结晶，知识一旦形成就会表现出一种结构的形态，当人们学习这些知识之后，便会在头脑里建构知识结构，形成相对稳定的、封闭的认知结构。

以个体为参照，从个体外部看，人类的知识创造一般有两种途径，一是在原有知识基础上的衍生与生长，使原有的知识结构不断扩大；二是创立一种独立的知识概念和知识体系。当然，这种独立是相对的，新知识的提出不可能完全脱离原来已有的知识基点。从个体内部看，由于知识的创造是人的行为结果，因此知识的创生必然是突破个体认知结构边界的产物，在认知结构的结点处生长出新的知识点，从而拓展了原来的认知结构。

要打破知识创生的神秘感，对中小学生而言，只要是通过自己的思考去认识新的知识、发现新的结论，都可视为知识创生。其实，对个体而言，一种新的想法、新的观念产生就是新知识的创生。新的想法或新的观念往往又可能是旧知识、旧思想组合的新形态，从这个意义上说，组合就是创新。

毫无疑问，知识是基础，一个人没有知识就是文盲，何谈素养。一方面，学富五车指个人头脑中积聚了大量知识，满腹经纶。培根甚至指出“知识就是力量”，更将对知识重要性的认识推向极致。的确，对于一个人而言，知识非常重要。但另一方面，学富五车的人又不一定才高八斗，现实中的确有这样的人，读书很多却不能解决一些甚至基本的现实问题。这就是说，有知识不一定有才能。是什么原因会产生这样的悖论？事实上，知识体系本身有许多规则，这些规则在读书人头脑中扎下了根，使其做事总要考虑是否合乎规则，要是没有找到规则便会一筹莫展。这是所谓的思维定势，不能因势利导，不会见风使舵，即所谓读书人的迂腐之气。“知”是知道事情，知道道理；“才”是办事能力，独具匠心。“知”是基础，“才”是创新。

从这个意义上说，学校教育的目标不能因循守旧，不能只强调单纯的知识传授，而应当在扎实掌握必备知识的同时，培养学生知识创生的意识和能力，这样才能使学生脱离固有知识的束缚，以满足社会发展和个人发展的需求。

（二）既重理解更重创生

知识理解的一个目的是能够应用知识解决问题。解决问题分为学科内的问题和学科外的问题，一般而言，解决学科内的问题有巩固知识和发展学科能力之功能，但更偏重理解知识和巩固知识；解决学科外的问题属于知识的迁移，同样有巩固知识和发展学科能力的作用，但更偏重发展学生的学科能力。还应当看到，知识理解的另一个目的是通过知识的积累去生成新的知识。有了知识生成的资源，才可能有知识生长的结果。

语文教学中有阅读和作文两个重要任务，阅读往往与理解相关，作文往往与创新互通。如果只有阅读理解而没有作文训练，教学是不完整的。例如，在进行“卧薪尝胆”一课的教学时，除了让学生能够理解卧薪尝胆的故事情节外，更重要的是要理解文本中所表现的刻苦自励、发愤图强的精神，教师需要对勾践战败求和的环节、勾践卧薪尝胆的环节，以及越国转弱为强的环节进行深入分析，循循善诱地引导学生深入理解文本的精神内涵，让学生能够在深入理解故事情节的基础上，用作文形式表达自己的观点和心得，达到理解基础上的创新。

语文课程教学需要重视对学生进行写作能力的训练和提升，使学生能够高水平地应用语言和文字表达个人创作思想。学生的写作思想是丰富的，教师进行写作指导训练，要重视保护学生的想象力和创造力。学生由于具有爱模仿的天性，往往会在写作训练中模仿教师的写作思路，从而限制了自身的想象力发展。面对此种情况，教师应当重视写作指导训练的创新，突破学生想象力和创造思维的局限性，充分给予学生自主创作的空间，在课堂教学环节为学生创建相互交流和讨论的空间，让学生的创造思维得到激发，在写作训练中充分表达。如进行“滴水穿石的启示”一课的教学，通过课程学习学生能够对滴水穿石的道理产生主观认知，以此为主题进行写作训练，学生会表达诸多个人思想。有些学生会认为滴水穿石能够体现一种持之以恒的态度；有些学生则会认为在科学技术高速发展的当今社会，如果只会蛮干，往往会影响做事的效率。教师进行写作训练的指导，要对学生的自主创作思想给予尊重，不能一概否定与传统思维模式不同的创作思想，而是要积极鼓励学生创作思想的多元性，使学生主动开拓思维。

理解是创生的必要条件，但并不是充分条件，理解了不一定能够创生，但要创生必须以理解为前提。在数学教学中，我们设置一种情境，在直角三角形三条边上分别放置三个正方形，三个正方形的边长分别为直角三角形三边的长（图 2-6）。显然，斜边上正方形的面积等于直角边上两个正方形的面积之和，这是勾股定理。在这个情境中，你还能想到什么命题？如果学生连勾股定理都没有理解，那么必然想不出其他命题。想出新的命题就是创生，但它必须建立在对勾股定理深入理解的基础之上。当然，即使一个学生对勾股定理十分熟悉，而且能够用于解决与该定理相关的问题，他也可能提不出新的命题，因为这与他的创新能力有关。就这个问题而言，要利用面积的启示，联想到能否放置其他形状的图形，如正三角形（图 2-7）、半圆（图 2-8）、正五边形、正六边形……显然，教学中必须对学生进行发散思维的训练，培养学生的直觉思维能力。因此，教师不但要重视对知识理解的教学，更要加强创新思维的训练。

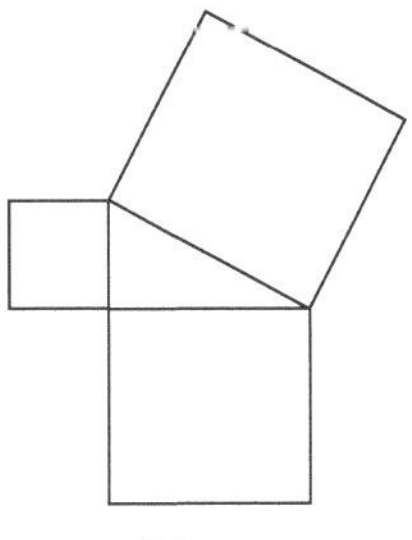
图 2-6

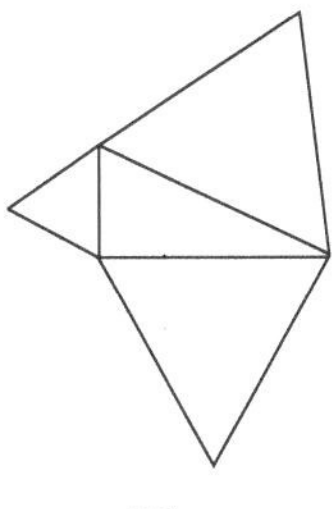
图 2-7

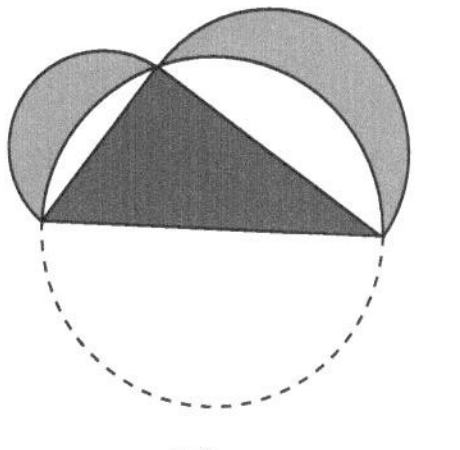
图 2-8

（三）既重知识更重素养

毫无疑问，素养源于知识，特别是学科核心素养，与学科知识密不可分。素养是知识、能力、情感的综合体，核心素养是关键能力、必备品格与正确价值观的整合体。因而，素养的生成与发展不仅仅依赖于知识，生成来源多起点，发展途径多向性。

其实，问题的本质在于如何通过知识的学习来发展素养。知识的价值是多维的，有使用价值、理论价值、学习价值、智力价值、文化价值等，其中，智力价值是知识转化为能力的一块基石。学习知识最终会有培养能力的效果，因为知识蕴含了一定的智力价值。同时又应当看到，知识的学习对能力的发展有直接的作用，对学习者情感的塑造也有同样的作用。因为，非智力因素是学习的动力源，缺少非智力因素参与的学习显然是不能取得学习效果的。

吴广夫提出几个非常有意思的问题：①什么知识最有利于转化为能力？②知识在什么条件下转化为能力？③知识转化为能力的过程到底是一个怎样的过程？什么因素在这里起关键作用？④教师怎样指导学生才能最有效地将知识转化为能力？⑤学生怎样学习才能最有效地将知识转化为能力？（吴广夫，1984）我们目前也无力全部回答这些问题，或许要随着脑科学研究的发展逐步回答这些问题。但是，对这些问题的研究是必须的。吴广夫先生对研究“知识转化为能力到底是一个怎样的过程”的必要性作了生动的解读。“就如同农作物，它把水、肥料、空气、阳光‘加工’转化成供人食用的粮食，这个转化过程到底是一个怎样的具体过程？人们不了解这个过程，但却积累了许多提高农作物产量的经验和方法，并且行之有效。人们不了解这个细微过程，也生活了几千年，既不影响人类生存也不影响农作物生长，但这决不意味着人类不应当或不需要了解这个过程，恰恰相反，为了最大地提高农作物产量，改良农作物品种，甚至为了人造粮食，我们需要了解和掌握这个转化的细微过程。教育学也一样，教师为了真正发挥主导作用，提高学生学习效率，充分利用大脑的惊人的储存信息的能力，我们应当了解和掌握知识转化为能力的细微过程。”（瞿葆奎，1993）

至少，我们可以考虑回答“知识在什么条件下转化为能力”。“理解”是知识转化为能力的基础，“创生”是知识转化为能力的路径。知识是人类在长期生活中总结和揭示社会现象或自然现象规律而形成的智慧结晶，它既表现为一种既成事实，又蕴含着人们探索这些事实的智慧。理解指既要理解事实也要体悟智慧，在这些事实基础上去探索新知、生成新知就实现了知识向能力的转化的质变。

第四节　从浅层学习到深度学习

一、浅层学习的价值取向

顾名思义，浅层学习就是浮于知识表层的学习。这种说法当然过于简单，我们可以从学习的不同水平或学习的类型来解读。

加涅提出 8 类学习：信号学习、刺激-反应学习、连锁学习、言语联想、辨别学习、概念学习、规则学习、问题解决，可以将前面 4 类学习视为浅层学习。后来加涅将这 4 类学习称为联想学习，从理论基础分析，联想学习的理论基础是行为主义，把学习解释为是刺激与反应的联结。加涅把联想学习分为 3 种范型。第一种类型是条件反射，其理论由巴甫洛夫（Pavlov）提出，也称为信号学习，学习者把一个现成的反应与一个新刺激或信号建立联系即达成学习。第二种类型是操作条件反应，由桑代克（Thorndike）提出。学习的特点是学习者习得的反应成为导致随后强化事件的工具，第三种学习类型称为言语联想学习，是指研究一个词与另一个词之间习得的联结性特征的学习。这三种类型的学习并没有达到对知识的深入理解层面，因而只能视为浅层学习。

布卢姆将学生的认知发展分为 6 个等级：知识、领会、应用、分析、综合、评价。其认知的复杂性依次递增。每个目标因素又分为若干子目标，形成认知领域的目标体系（布卢姆等，1986）。可以看到，前面“知识”“领会”两个阶段应当算作浅层学习。

奥苏伯尔把学习分为意义学习和机械学习。如果学习课题与学习者建立了实质的联系，同时学习者有积极的学习心向，那么这样的学习就是意义学习。机械学习则与此相反，是一种对学习材料进行简单记忆而非意义理解的学习。奥苏伯尔的观点事实上应当是早期的深度学习与浅层学习的雏形，后来的研究不过是在此基础上的拓展与深化。

上面的观点可以简述为：如果从学习的过程来看，浅层学习可以理解为学习的初级阶段；如果从学习的结果来看，浅层学习可以理解为学习只达到了一种肤浅层面；如果从学习形式来看，浅层学习可以理解为一种机械学习。

那么，如何认识浅层学习呢？

首先，浅层学习是进入深度学习的必经之路。由浅入深、由表及里，这些成语反映的就是人们认识事物的过程。再深奥的理论也是由浅显的知识作为起点，通过层层深化而逐步建立的，同样，学习过程也是如此。对知识的感知形成表象，到通过记忆、信息加工理解知识，到通过同化与顺应建立认知结构，到将知识迁移应用，到由知识去生成新的知识，这是一个步步深入、层层递进的推进过程，前面阶段对知识的认识是表层的，后面阶段对知识的认识是深层的，但要进入后面阶段就必然要经历前面的阶段，阶段之间不能错位，各阶段必须经历，这就是学习历程的客观性存在。布劳迪（Broudy）认为：“人们在学校中学习乘法表、应用题和算术演算，以后在需要算术计算时运用它们。或者，人们在学校中学习阅读，以后就用这种技能阅读报纸、杂志和书籍。日期、名字、术语和公式被反复使用，虽然这种机械学习得到的评价并不高，但是，如果没有半自动地提取这类学习的大量储存的可能性，那么，较高级和较复杂的心理过程就不会敏捷。可以这么说，这类学习是思维中不变的要素。”（瞿葆奎，1993）

其次，有的学习结果浅层学习就能实现。中英文的字、词学习，数学中的乘法表记忆，甚至许多程序性知识的学习（例如，只需要记住一个程序就能解决一个简单问题的程序性知识），等等，都是机械学习产生的结果。事实上，许多知识是属于识记性的，不需要达到理解的层面。在今天这个知识爆炸的时代，对于许多应用层面的仪器设备，我们并不需要理解它们的原理，只要记住它们的操作程序就行，例如，我们可能并不理解计算机的工作原理，并不理解手机的工作原理和制作技术，但这并不妨碍我们娴熟地使用它们。

最后，更多的学习结果不能只停留于浅层学习。基础教育阶段的知识学习，一方面是提高学生的文化素养，适应社会发展对人的素养的要求；另一方面是为进入高等学校学习更深奥的知识打下基础。无论是哪一个目标，都要求对知识有深入的理解，中小学阶段更多的知识学习需要进入深度阶段而不是停留于浅层学习层面。以数学学科为例，如果把学习的目标定位于就是能够解答一些数学题目，那这样的定位就是有偏差的。只重算法不重算理、只重记忆不重理解、只重知识不重文化的数学教育，是缺乏深度的数学教育。

二、深度学习的价值取向

（一）深度学习的缘起

深度学习的理解有两条线索，一是计算机领域的机器学习理论，二是教育学领域的学习理论。

在计算机领域，自 2006 年起，深度学习作为机器学习领域中对模式（音频、图像、文本等）进行建模的一种方法已经成为机器学习研究的一个新领域。深度学习可以理解为神经网络的发展，神经网络对人脑或生物神经网络基本特征进行抽象和建模，可以从外界环境中学习，并以与生物类似的交互方式适应环境。

在教育学领域，最早明确提出“深度学习”概念的是马顿（Marton）和萨乔（Säljö）。他们在 1976 年做了一个实验，把被试分为两个组，一个是“浅层学习”组，一个“深层学习”组。两个组分别阅读内容相同的两份材料，然后分别作答两份问题侧重点不同的试卷。在“浅层学习”组的试卷中，只要认真阅读并记住了文章的一些细节内容就能够正确回答试卷所提出的问题，让这些学生觉得能够复述出学习的内容是一种较好的学习方法，从而逐渐形成以表面层次为主的学习过程。在“深层学习”组的试卷中，学生则需要对所学内容有着较为深刻的理解与掌握才能够答出试卷的问题。然后，两个组同时阅读第二部分内容，再作答两份完全相同的试卷。此时两个小组的被试表现出的加工水平出现了很大的差异。“浅层学习”组的注意力会集中在文本本身，需要依靠死记硬背才能够完成学习过程，这样的学习过程被称为浅层学习（surface learning）。“深层学习”组的学生则有着较高的深加工水平，能够对文章作者想要表达的观点进行更加深刻的理解，这样的学习过程被称为深度学习（deep learning）（Marton et al.，1976）。

之后，比格斯等提出 SOLO 分类评价理论，用于评价学生的学习质量。将其分为 5 个水平：前结构、单点结构、多点结构、关联、拓展抽象。5 个不同的层次之间是递进提高的，能够以“质”的方式更好地解释学习者在学习不同任务时的不同表现，本质上刻画的是无学习、浅层学习、部分深度学习和完全深度学习 4 个阶段。

（二）深度学习的内涵

詹森（Jensen）和尼克森（Nickelsen）认为，深度学习是学习者必须经过一步以上的学习和多水平的分析或加工才能获得的新内容或技能。在深度学习过程中，学习者不仅要进行复杂的高阶思维、精细的深度加工，还要在深度理解的基础上，主动建构个人知识体系、深度掌握高阶技能并有效迁移应用到真实情境中来解决复杂问题（Jensen et al.，2010）。莱尔德等基于深度学习量表分析，发现深度学习可以解构为高阶学习、整合性学习、反思性学习这三个相互关联的部分。其中，高阶学习是指学生在学习过程中充分运用分析、综合、评价、创造等能力；整合性学习要求学习者调动已有认知结构，整合多科知识、多渠道知识来对材料进行学习；反思性学习要求学生在学习过程中对自身的思维方式、学习方式以及解决问题的过程进行监控与反思（Laird et al.，2005）。国内学者对深度学习作了诠释和解读，观点不尽相同，指向却大同小异。主要观点如下。

观点 1：理解与批判、联系与建构、迁移与应用是深度学习的三大特点（何玲等，2005）。深度学习意味着理解与批判。深度学习的基础是理解，死记硬背下来的东西没有赋予理解，它终究不是自己的。深度学习意味着联系与构建。知识不是孤立的，它们之间有着千丝万缕的联系，学习要善于发现知识之间的相互联系，并将知识整合到一起。深度学习意味着迁移与应用。学习的目的之一是解决实际生活中的问题。

观点 2：深度学习有 5 个特征：理解认知、高阶思维、整体联通、创造批判、专家构建（付亦宁，2017）。理解认知既可以是学习过程又可以是学习结果，是深度学习所具备的首要特征。理解的过程不仅可以在原有的知识基础上增添新的要素，还可以在一个不断发展的过程中整合、生成新的认知结构。这样的理解认知是全脑、全身参与的加工过程。高阶思维是指发生在较高认知水平层次上的心智活动或认知能力，它在教学目标分类中表现为分析、综合、评价和创造。学习者在学习过程中可借助高阶思维将相关学习资料视为类比的、可归类的、有联系的、系统的材料，并能够通过一些判断准则与逻辑将信息组织成一个整合的体系，形成一种抽象的思维结构。整体联通指学生在各种知识和现象之间建立联通关系，逐渐建构起自己的知识体系。通过这种联通关系所学到的知识往往比现有的知识体系更加全面与深入。创造批判强调学习者的主体性、独立性、批判性和参与性。尽管这种创造批判能力因人而异，有强有弱，却仍需要具备，是达到深度学习的必要特征。专家构建指学生在调整自己的学习过程时能够灵活使用元认知策略，帮助其完成知识的迁移，创造性地解决问题，从而逐渐向专家型学习靠拢。专家型学习需要一个过程，达到专家的知识构建水平也必然需要一个过程，这是深度学习最终追求的目标，是深度学习的趋向特征。

观点 3：深度学习具有注重批判理解、强调内容整合、促进知识建构与着重迁移运用等特征（安富海，2014）。第一，深度学习注重知识学习的批判理解。深度学习是一种基于理解的学习，强调学习者批判性地学习新知识和新思想，要求学习者对任何学习材料都保持一种批判或怀疑的态度，批判性地看待新知识并深入思考，并把它们纳入原有的认知结构中，在各种观点之间建立多元连接，要求学习者在理解事物的基础上善于质疑辨析，在质疑辨析中加深对深层知识和复杂概念的理解。第二，深度学习强调学习内容的有机整合。学习内容的整合包括内容本身的整合和学习过程的整合。其中内容本身的整合是指多种知识和信息间的连接，包括多学科知识融合及新旧知识联系。学习过程的整合是指形成内容整合的认知策略和元认知策略，使其存储在长时记忆中。第三，深度学习着意学习过程的建构反思。建构反思是指学习者在知识整合的基础上通过新、旧经验的双向相互作用实现知识的同化和顺应，调整原有认知结构，并对建构产生的结果进行审视、分析、调整的过程。第四，深度学习重视学习的迁移运用和问题解决。深度学习要求学习者对学习情境的深入理解，对关键要素的判断和把握，在相似情境能够做到“举一反三”，也能在新情境中分析判断差异并将原则思路迁移运用。

此外，还有学者认为深度学习是在教师引领下，学生围绕具有挑战性的学习主题，全身心积极参与、体验成功、获得发展的有意义的学习过程（郭华，2016），并具有批判理解、有机整合、建构反思与迁移应用的特征。

尽管对深度学习有各种界定，但有几点认识是相对统一的。①深度理解。学习者对知识本质的理解，对事物或知识意义的理解及对自我生命意义的理解。②高阶思维。学习者在知识建构、问题解决的过程中，要有多种思维形式介入以及元认知的参与。③知识迁移。学习者能将在一个学科中习得的知识或方法迁移到另一学科情境或现实情境中去解决问题。④批判与创新。学生具有一定的批判性思维意识与创新能力。

三、浅层学习与深度学习的贯通（喻平，2020b）

当前的学科教学出现了学习评价决定教学目标或者更直接地说是考试评价左

右教学目标的本末倒置现象，而这里的“教学目标”又非课程标准所规定的教学目标的全部内涵，主要是偏重知识与技能的单一目标。不少教师关注的是最后对学生的考试评价而不是课程标准的目标设定，备课依据是考试大纲而非课程标准。为了应付考试，许多学生的学习成了做题训练，无休止地进行重复训练，模仿、记忆、熟练、题型、知识点、解题模式等成为学习的关键词。应当说，解题练习是学习中必不可少的环节，是掌握知识和形成技能的重要手段，但是，解题训练并不等于问题解决，并不能涵盖学习的全部内容。解题训练多是围绕一些结构良好的封闭性问题（教材中的问题基本上属于这类题型）开展的，大量的重复练习会造就学生思维的封闭与定势，而问题解决则需要有探究的元素，不是已有知识的简单应用，需要解题者将一些结构不良的问题转化成结构良好的问题，思维是多向与开放的。显然，前者是基于行为主义的练习律，采用“刺激-反应”强化的学习方式，大多属于典型的浅层学习。真正的问题解决，与核心素养的发展密切相关，需要学习者对知识有深入的理解，能够灵活迁移和运用知识，有批判与质疑的态度和行为。

深度学习强调高阶思维，高阶思维具体涉及的高阶思维活动有：提出研究问题、解决非规则系统的复杂问题、处理争论问题、识别潜在的假设问题等（Resnick，1987）。鲁德尼克（Rudnik）等认为，高阶思维包括回忆、基本思维、批判性思维、创造性思维（Krulik et al.，1993）。可见，高阶思维本质是思维的一种高水平活动，不仅需要学习者能够解决结构良好的问题，还要能够解决结构不良问题；不仅需要学习者在掌握基础知识和基本技能的基础上解决问题，还要能够具备批判性思维创造性地提出问题。学科核心素养的发展，本质上是思维的发展，是让学生学会思维，这一点已成为学界的共识。事实上，在国家发布的各学科课程标准中，所提出的学科核心素养都与思维发展高度相关，例如，数学学科提出“数学抽象、逻辑推理、直观想象”，物理学科提出“科学思维”，化学学科提出“证据推理与模型认知”，生物学科提出“理性思维”，语文学科提出“思维发展与提升”，英语学科提出“思维品质”，地理学科提出“综合思维”，等等，这些学科提出的思维都是指向高阶思维而非低阶的思维。《普通高中课程方案（2017年版）》对培养目标的描述是：“掌握适应时代发展需要的基础知识和基本技能，丰富人文积淀，发展理性思维，不断提升人文素养和科学素养。敢于批判质疑，探索解决问题，勤于动手，善于分析，具有一定的创新精神和实践能力。”（中华人民共和国教育部，2018a）显然，这样的目标要求已经完全突破了浅层学习的视域，诸如“批判质疑”“探索问题”“创新精神和实践能力”等关键词，正是高阶思维的本意和内核。

深度学习主张知识的迁移与应用。心理学对迁移的解释是“一种学习对另一种学习的影响”，主要是在学科内部针对学习新知和解决问题来定义的。深度学习所说的迁移是对传统心理学定义的一种拓展，指学生能够将一种情境中习得的知识和方法迁移到另一情境中去解决问题，情境主要包括不同学科的情境和现实生活情境。迁移的功能主要体现在两个方面：其一，突破了学科之间的边界，使不同学科的知识之间建立内在的联系。以不同学科情境构建的问题需要多个学科的知识合力解决，这不是一种虚拟的构想，而是当今科技发展的必然态势，国际上流行的 STEM 已见学科整合的端倪。其二，开辟了学科与社会实践之间的通道。一方面，学生可以把学科知识用于解决现实生活、生产中的一些问题，促进学科关键能力的发展；另一方面，可以把迁移与应用看作学生在学校阶段通过教学情境去模拟体验社会实践的“真实过程”，这对于发展学生的品格和正确价值观有积极的作用，体现出综合育人的价值。

当然，应当明理一个事实：一方面，学习过程不可能绕过浅层学习而直接进入深度学习阶段，学习是由浅入深的推进过程。例如，学生没有基本的知识积淀就不可能产生知识的迁移；没有基本的思维技能就不可能有所谓高阶思维。因此，脱离浅层学习而只论及深度学习的做法是一种对无源之水的追求，是一种建造空中楼阁的遐想，纯粹的深度学习一般不存在。另一方面，学科核心素养的培养是分水平逐级上升的，事实上，每个学科都提出了本学科核心素养的水平划分，规定了学科核心素养发展的水平定位。要强调的是，每一级水平的达成均与学习的方式密切相关，一个明显的特征是各个学科对低级水平核心素养的要求都是基于对基础知识的理解和基本技能的掌握，而“双基”的形成始于浅层学习，特别是基本技能的发展多是在模仿基础上得以推进的。因此，浅层学习是深度学习的必要条件，浅层学习与深度学习共生，组成核心素养导向的学习论基础。

第三章
指向学科核心素养的教学设计

教学设计要考虑的几个关键要素是理论基础、教学目标、教学模式和教学评价。其实，讨论教学模式也涉及这些要素。本章首先讨论教学模式，然后解析指向发展学生核心素养的教学过程设计。

第一节　教学模式的若干样态

教学模式是指在一定教学思想或教学理论指导下所形成的关于教学的理想意图及其实施方案。教学理想意图指的是通过教学可望达到的教学效果，它具体表现为提出明确的教学目标，正确教学目标的提出必须建立在科学的教学思想或教学理论和客观的教学规律基础上；实施方案则是指达成教学目标的行动方式、途径、步骤等，它具体解决怎样做才能实现教学的理想意图这一问题（李定仁等，2001）。

教学模式由指导思想、理论依据、教学目标、实现条件、操作程序、教学评价等要素组成。在这些要素中，指导思想或理论依据起到了核心作用，它决定了教学模式其他要素的发生与发展。因此，研究指向发展学生核心素养的教学模式，就应当对历史上一些著名的教学理论孕育的教学模式进行梳理。

一、行为主义教学模式

行为主义起源于 20 世纪初，在兴盛的 60 余年中，产生了桑代克、华生（Watson）、格思里（Guthrie）、赫尔（Hull）、斯金纳（Skinner）、布卢姆等一大批对教育心理有重大影响的行为主义心理学家，他们在教育心理学历史上开了先河，同时又立下了里程碑。

（一）行为主义教学观

行为主义对学习的解释主要有下面几个观点（喻平，2015b）。

观点一：学习是刺激与反应之间的联结。

将学习的本质解释为刺激与反应的联结，这是行为主义学习理论的核心。简单地说，要使学习者达到学习的目的，必须给他们一定的刺激，学习者才能作出适当的反应。

对学习的联结说，有两种不同的阐释。桑代克认为刺激是引起反应的原因，反应是由刺激引发的结果。学习者面临一个问题情境，必须产生从一些可能的反应中选择某种反应的倾向，以求达到对问题解决的目标，这就是情境与反应之间的联结。斯金纳则认为，学习的主要形式应是操作性条件反射，学习应该是有机体首先作出一种操作反应，然后得到强化（刺激），从而使受强化的操作反应的概率增加的过程。斯金纳把由刺激引发的反应称为“应答性反应”，把有机体发生的反应称为“操作性反应”。在应答性反应中，有机体是一种不随意的行为，是被动地对环境作出反应；而在操作性反应中，有机体是主动地、有目的地作用于环境，因而，人类从事的绝大多数有意义的行为都只能用操作性反应给予解释。斯金纳通过对动物的实验为这一学说奠定了基础，其结论是：如果一种反应（无论是否有引起这种反应的刺激）之后伴随着一种刺激作为强化，那么在类似情境里发生这种反应的概率就会增加。反应之后的刺激比反应之前的刺激更重要。后来，格思里对这一理论作了拓展性阐述，他认为刺激应视作环境中多种刺激要素的组合，而不是单独一种刺激，反应来自多种情形的刺激。

观点二：学习是一个试误的过程。

行为主义心理学家认为联结是通过尝试与错误的过程建立的，因而学习是一种试误的过程。这个过程可以归纳为四步：第一，以各种不同的反应来试探；第二，逐步发现正确的反应；第三，选择正确的或减少错误的反应；第四，经过多次练习而将正确的反应固定下来。

观点三：学习必须遵循学习律。

桑代克提出了三条主要的学习律。

（1）准备律。学习者是否会对某种刺激作出反应，同他是否做好心理准备有关。学习者若有充分的准备，则能促成刺激与反应的联结。

（2）效果律。对一种刺激与反应的联结，若能产生满意的反应，则反应者便乐于重复这种反应；反之，凡是这种联结引起的是烦恼的反应，则反应者便力求避免这种反应。

（3）练习律。一个已形成的可变联结，若加以应用，这种联结的力量便会增强，若不予利用，联结的力量便会减弱。即反应重复的次数越多，刺激与反应之间的联结便越牢固。除此之外，斯金纳还提出了许多从属的附加学习律：多重反应律、选择性反应律、同化律、联想性转换律等。

基于上述对学习本质的解释，行为主义观教学观表现为：教学目标定位在使学生深入理解数学基础知识，熟练掌握数学基本技能，即以“双基”作为教学的主要目标；在教学本质的认识方面，把教师作为教学的主体，教学就是教师向学生传授知识的过程；在教学方法的运用方面，以教师的讲授和学生的练习为主要形式；教学评价方面，以学生的作业成就考量教学效果。简单地说，行为主义主要关注教学中的两个问题：教师的教学操作、学生的学习结果。

具体地说，行为主义教学观表现为：第一，认为教师是知识的传授者，学生是知识的接受者。在教学过程中强调教师的主导地位、权威地位，把学生视为一种被动的反冲体。教师操纵整个教学过程，为学生提供刺激，学生难以有自主发挥想象的余地。如果说在程序教学中还能够让学生“自定步调”的话，那么，最后的归宿还是不能离开教师所控制的教学目标。第二，将教学内容往往要化整为零，从局部学习累积到整体。第三，教学目标细化，用学生外显的行为来陈述目标，制定目标是为了便于客观地评价。第四，强调操作性练习。认为教师的一个主要任务是以适当的顺序对每一类问题提供适量的练习，为学生提供大量的练习，学生的主要任务就是操作性练习，练得越多，联结越强。第五，教学评价以行为变化的观测为依据。①注重终结性评价；②评价围绕教学的分类目标展开，逐项观察学生的行为变化；③往往用动词去表述行为水平，例如“知道”“了解”“记住”“掌握”等；④选择能够明确地表示反应结果的题目进行测验，强调测验题标准、答案唯一。

这种教学观就决定了教学模式的选择和定位，典型的行为主义教学模式有如下几种。

（二）基于行为主义的教学模式

1. 直接教学模式

直接教学模式就是教师直接给学生讲授学习内容，学生通过模仿练习来达到学习目标的教学。直接教学模式选用于教授基本事实、知识和技能，可以用于各科教学（高文，1998）。

直接教学的程序如图 3-1 所示。

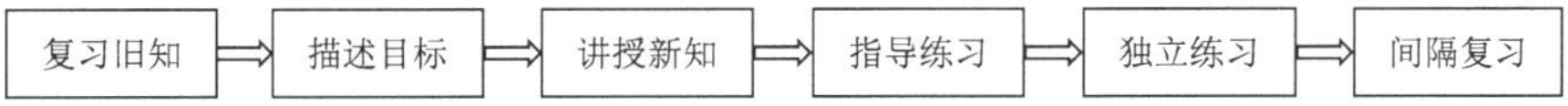

图 3-1 直接教学模式程序

复习旧知。通过检查作业、提问、小测验等方式复习原有知识，由此确定讲授新知识的进度。

描述目标。教师清晰地呈现学习目标和学生应当达到的学习结果。

讲授新知。根据学情设计先行组织者，展开教学内容，选择恰当的例子穿插于教学中。整个过程要有恰当的提问引发学生思考，要对学生的回答作合理的评判与反馈。

指导练习。在教师指导下，学生模仿教师给出的例子进行练习。

独立练习。学生自己进行独立练习，教师对学生产生的错误要及时反馈。

间隔复习。教师引导学生不定期地复习所学知识。

显然，这是一种非常传统的教学模式，整个过程都是由教师不断给学生刺激，学生产生反应而展开的，是典型的行为主义学习方式。

2. 程序教学模式

程序教学，是一种将内容编为学习程序并以个人自学形式进行的教学。程序教学主要由教学机器的发明人普莱西（Plessis）首创，斯金纳通过动物实验建立了操作行为主义的学习理论，并据此提出了程序教学模式。

程序教学要遵循几个原则。

积极反馈原则。一个程序教学过程，必须使学生始终处于一种积极的学习状态。给学生一个刺激使他们产生反应，然后给予强化或奖励。

小步子原则。所呈现的材料被分解成小步子程序，两个步子之间难度相差很小，前一步的学习为后一步作铺垫，后一步学习在前一步基础上进行。

即时反馈原则。对学习的效果作出即时反馈，以确定学习者是进入下一步还回到前一步。

自定步调原则。程序教学允许学生按照自己的情况来确定掌握材料的进度。

程序教学的两种模式。

（1）直线式程序。直线式程序教学模式如图 3-2 所示，这是斯金纳首创的一种教学模式。第一步，教师或学习机对学习材料进行解释，让学生学习。第二步，给出问题。第三步，学生解答问题。第四步，教师或学习机给出反馈。如果问题解答错误，学习者就回到前面的解释阶段，重新学习材料，再对问题进行解答；如果问题解答正确，就进入下一阶段新内容的学习。

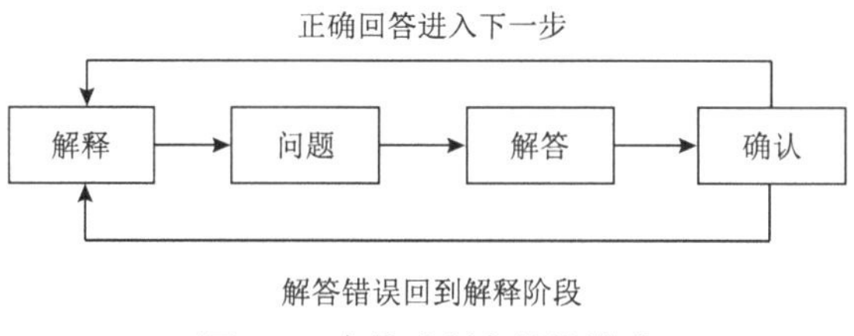

图 3-2　直线式程序教学模式

例如，以“电流”教学内容为例可设计如下教学程序（胡学增等，1993）：

电灯泡发亮的原因是灯丝____________。（发热）

电灯灯丝发热的原因是灯丝通过了________________。（电流）

电灯变亮的原因是电流强度____________。（增大）

电灯变暗的原因是电流强度____________。（减小）

当电压增大时，电流强度就____________。（增大）

……

括号里是正确答案，如果一个学生能够作出正确回答，学习机就能显示出来，并可以启动开关进入第二步学习，如此展开直至达到学习目标。

（2）衍生式程序。克劳德（Claude）提出另一种程序教学模式，如图 3-3 所示。

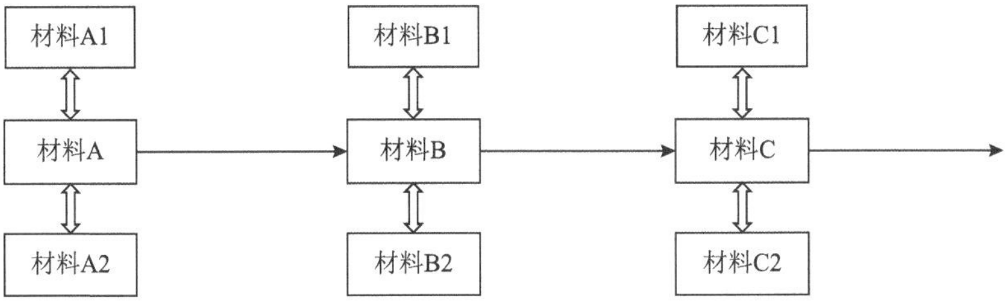

图 3-3　衍生式程序教学模式

学习材料 A，经过测试合格便进入学习材料 B 阶段，测试不合格就学习材料 A1 或者学习材料 A2，再进行材料 A 的测试，如果合格就进入材料 B 的学习，否则继续学习材料 A 直到通过测试。下面的步骤类似。

3. 掌握学习模式

掌握学习模式是布卢姆于 20 世纪 70 年代初创立的。

首先，布卢姆汲取了卡罗尔（Carol）的一个基本思想，卡罗尔认为，只要有充足的时间，每一个学生都能掌握一项规定的学习任务。他提出了一个著名的公式：

$$学习达成度=f（实际学习时间/需要学习时间）$$

学习达成度与该学生需要学习的时间成反比，与实际给予他的学习时间成正比。一个学生实际学习的时间愈多，那么学习的达成度就愈高。这个学习模型说明，第一，让学生按照自己的速度进行学习是合理的。由于课堂上达不到这个要求，因此对一些学习速度较慢的学生给予一定的补偿学习时间是合理的。第二，在不能增加课时的前提下，提高每一个学生实际的学习时间，即提高 45 分钟课堂效率是教学研究的重要课题。第三，只要条件适当，学习时间允许，那么 95%的学生都可以达到优良的学业成绩。布卢姆把卡罗尔的理论用于“掌握学习模式”

之中，就是从补偿学习时间考虑的。

其次，布卢姆继承了程序教学思想。程序教学模式中的学习必须按照一定的程序开展、及时反馈与强化是教学的有效手段、练习是学习的重要内容等在掌握学习教学模式之中得到了很好的体现。

掌握学习模式如图 3-4 所示。

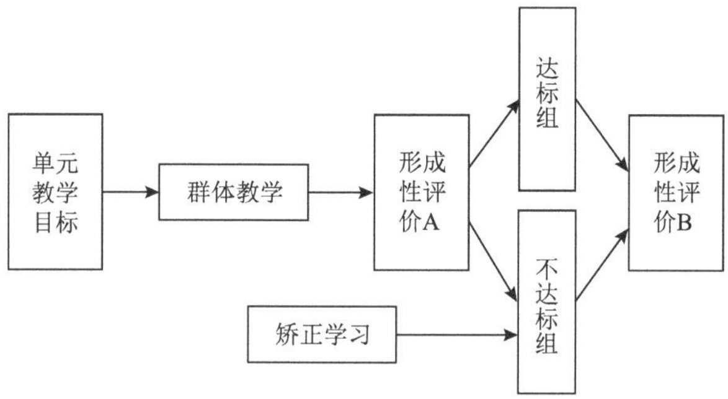

图 3-4 掌握学习模式

单元教学目标。首先要给出教学目标，让每一个学生都明确自己将要学习什么。单元目标按照布卢姆的教育目标分类设计，即分为认知领域、情意领域和操作技能领域，并确定本单元应当达到的水平。所谓单元往往不是指一个课时的内容，而是根据教学内容的相关程度组成单元。单元目标设定后，当然要有课时目标，这个目标是单元目标的分解和具体化。

群体教学。面向班上全体学生进行教学。

形成性评价 A。形成性评价 A 的测试题要与教学目标相匹配，其目的是考查学生的学习情况，确定达标组和不达标组。达成度在 80%以上者为达标组，达成度在 80%以下为不达标组。

矫正学习。对不达标组进行补偿性矫正学习，适当增加额外的学习时间。矫正学习不是简单重复新课的教学内容，而是采用不同的方法，有针对性地进行教学。

形成性评价 B。对达标组和不达标组同时进行测试，以检验最终达标的情况。

二、认知主义教学模式

自 1912 年韦特海墨（Wetheimer）在德国提出格式塔心理学说后，逐步形成用信息加工观点研究人的心理的认知心理学派，把这种理论融入教育领域的是皮亚杰、维果茨基、布鲁纳、奥苏伯尔、加涅等教育心理学家。

（一）认知主义教学观

概括地说，认知主义对学习的解释主要是如下一些观点（喻平，2015b）：

观点一：学习是知觉的重组。人在知觉事物时，只有经过观察、选择、简化、比较、组合，并把他自己的经验纳入认知过程中去，才能产生对事物的理解。学习的本质是人的知觉世界或心理世界的改组，而不是一种机械的反应。

观点二：学习是顿悟的过程。人的学习就是人对情境进行感受、领会、理解、洞察从而产生顿悟的过程。学习者只有把握了整个情境后才能产生顿悟。

观点三：学习是形成认知结构的过程。布鲁纳认为，认知结构是所获得的概念和思维能力的组合，是外部知识结构内化为个人心理结构的产物。因此，布鲁纳强调学科结构，他指出："具有结构性的教材，才有利于学生理解；具有结构性的教材，才有助于知识的保持；学生从结构中学到的原理，容易迁移到今后的学习中去。"（布鲁纳，1982）

观点四：学习是知识同化的过程。人在学习时，利用原有认知结构中与新知识有关的观念去同化新知识，将知识纳入认知结构，并且对其进行改组和重构，形成新的认知结构。依据新旧知识之间的不同关系，学习可以分类三类：下位学习——新学习的内容属于学习者认知结构中已有的、包摄性程度更高的观念；上位学习——在原观念基础上学习包摄性程度更高（使原来观念属于它）的观念；并列学习——新学习的观念与已经习得的观念不是上位或下位关系，但它们之间存在一种内隐的、潜在的联系。

观点五：学习是对信息的加工过程。包括学习者对信息的接收、贮存、加工、提取和输出过程。

反映在教学上，认知主义教学观主要表现为：教学目标定位是使学生深入理解基础知识，熟练掌握基本技能，发展学科能力；在教学本质的认识方面，把教师与学生作为教学的双主体看待，教师是"教"的主体，学生是"学"的主体；在教学方法的运用方面，既提倡发现学习，又推崇有意义的接受学习；教学评价方面，以学生的作业成就的行为测验与认知分析相结合评价教学效果。

具体地说，认知主义教学观关注的是五个方面的问题：第一，学生已经具备的知识基础。认知主义强调学习者已有认知结构对新学习的作用，把新旧知识的相互作用视为学习发生的必要条件，因此，教师在进行教学设计时，会对学生已经具备的知识、学生的能力水平做到心中有数，在此基础上制订教学方案。第二，学习中对信息的加工过程。教师对知识学习的心理过程有所了解，譬如，概念学习方式有概念形成和概念同化，命题学习方式有上位学习、下位学习和并列学习。教师要具备相关的心理学知识，并能够把这些知识运用到具体的教学内容中去。第三，将要学习的新知识的类型。对将要学习的新知识类型作出判断，是陈述性知识、程序性知识还是策略性知识，针对不同的知识类型给出相应的教学策略。第四，教师的教学操作。在前面三条的基础上，设计教学程序，选择教学方法，制订教学策略，确定教学组织形式。第五，学生的学习结果。学生学习的结果以教学目标作为标准，除了基础知识和基本技能外，还要考虑发展和培养学习的认知策略和元认知能力；除了训练学生解决问题的技能外，还要考虑培养学生发现问题和提出问题的能力。评价不是单纯的作业形式，而要与学生的发展状态结合起来考察。

（二）基于认知主义的教学模式

1. 发现学习模式

布鲁纳认为，学习的实质是一个人把同类事物联系起来，并把它们组成赋予一定意义的结构。学习就是认知结构的组织和再组织的过程。知识的学习就是在学生头脑中形成各学科的知识结构。任何一门学科的学习最终目的是掌握这门学科的结构，以富有意义联系的方式去理解许多其他的相关事物。知识具有一定的层次结构，它可以通过一个人的编码系统或结构体系表达出来。按照布鲁纳的观点，知识的学习就是在学生的头脑中形成一定的知识结构。这种知识结构是由学科中的基本概念、基本思想和基本原理组成的。因此，布鲁纳认为学习是一种积极的认知过程，注重掌握学科的基本结构，但不是现成的答案，倡导知识的发现学习。布鲁纳所说的发现，并不限于发现人类尚未发现的事物，而是指让学生自己独立阅读思考，去发现教材的结构、结论和规律的过程。

从教学的角度看，如果教师通过引导让学生自己主动地去学习，概括出原理或法则，他们就会因自己的发现去学习，去概括出原理或法则而感到愉快和满足，从而使学习具有强大的动力，所得知识也会深刻而不易遗忘，并能将其广泛应用于实际，有助于智力的发展。

发现学习的教学模式结构如图 3-5 所示。

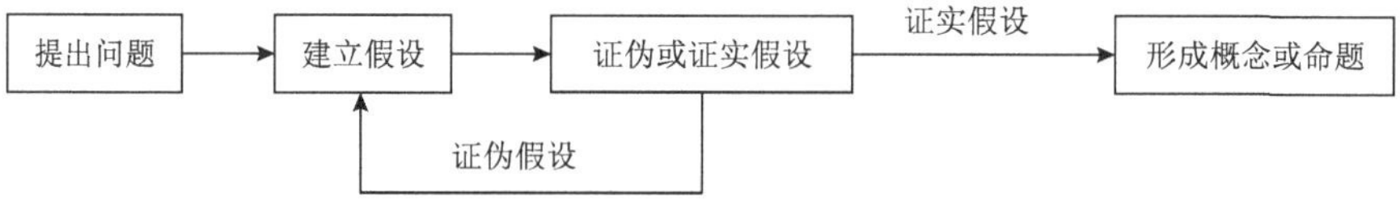

图 3-5　发现学习教学模式

提出问题。教师设置恰当的问题情境，情境可以是现实生活中的情境，可以是学科内部的情境，可以是科学领域的情境。学生通过观察提出与学科相关的问题。

建立假设。通过对情境的观察，学生依据自己先前的知识和自身的生活经验，通过独立思考或相互讨论的方式，提出若干猜想。教师引导学生遴选出一些有一定意义的猜想。

证伪或证实假设。首先采用证伪的方式，推翻假设。如果能够找到反例证伪猜想，那么就回到建立假设阶段，重新观察，修正或提出新的猜想；如果不能找到反例，那么就转入证实，用严格的逻辑推理证明结论，一旦论证成立便得到新的概念、新的命题。

发现学习有以下几个特征（施良方，1994）。

（1）强调学习过程。布鲁纳认为，在教学过程中，学生是一个积极的探究者，教师的作用只是为学生创造一个能够独立探索的情境，而不是向学生提供现成的知识，要让学生亲自参与获得知识的过程，通过自己的思考和探索来获得知识，自己建立该学科的知识体系或结构。因此，学习是主动、积极的探究过程。

（2）强调直觉思维。直觉思维是采取跃进、跃级和走捷径的方式来思维的。大量事实表明，直觉思维对科学发现活动极为重要。因此，教师在学生探究活动中要帮助学生形成丰富的想象，而不是靠教师指示性的语言信息，与其指示学生如何做，不如让学生尝试自己去做，边做边想。

（3）强调内在动机。布鲁纳认为发现学习有利于激发学生的好奇心，学生在好奇心的驱使下，对探究未知的结果更感兴趣。所以，布鲁纳把好奇心称为“学生内部动机的原型”。发现学习是以自我奖赏来强化个体学习的，由于学习者积极主动地解决问题，其获得成功的体验或成就感会增强学习者继续学习的愿望和要求。强调学生的内部动机时，并未否认教师在学生学习动机激发中的作用。教师利用向学生提供矫正性信息的方式，帮助学生调整内部状态。

（4）强调信息提取。布鲁纳认为，人类记忆的首要问题不是贮存，而是提取。提取信息的关键在于如何组织信息、知道信息贮存在哪里和怎样才能提取信息。所以，学生如何组织信息，对提取信息会有很大影响。尽管这种现象生物学无法解释。但是，学生贮存的信息，必须在没有外来帮助的情况下及时提取。当学生亲自参与发现学习时，必然会采用一定的方式对学习内容加以组织，这样会使记忆效果提高。

2. 有意义接受学习模式

奥苏伯尔认为，学校学习的内容繁多，不可能都让学生去发现，更多的学习形式应当是接受学习。简单地说，接受学习就是教师将定论的教学内容直接传授给学生。

那么，奥苏伯尔的接受学习与前面行为主义教学模式中的“直接教学模式”是否是同一种形态呢？事实上，两者在指导思想和理论基础上都大相径庭。

首先，有意义接受学习对学习的解释源于认知心理学。一方面，奥苏伯尔认为同化是意义学习的心理机制。同化这一概念最初是由皮亚杰提出来的，他用同化和顺应来说明儿童认知发展的心理机制。同化是个体把客体纳入已有的图式之中，引起图式的量的变化；顺应是指个体因环境作用而引起原有图式的变化，以适应外界环境的过程。奥苏伯尔对同化这个概念赋予了特定的内涵，同化就是学习者利用原有认知结构中的知识与新学习知识之间的相互作用达到对新知识的理解过程。同化属于认知学习理论的一部分，而非行为主义的刺激-反应理论。另一方面，有意义接受学习把学习看作是发展和完善学习者认知结构的过程，而非一种单纯的知识学习。奥苏伯尔认为："学习者获得了清晰的、稳定的和有组织的知识体系，这不只是构成了课堂学习活动的主要的长期目标，或不仅是构成了用来评定影响学习和保持的一切因素的主要的因变量（或标准）。一旦获得了这种知识（认知结构），它本身便成为影响学习者获得同一领域内的更新的知识的那种能力的最重要的自变量。"（奥苏伯尔等，1994）可见奥苏伯尔把发展认知结构的重要性推到一种至高的地位。

其次，厘清了意义学习和机械学习的边界。奥苏伯尔指出，那些认为接受学习必然是机械的、发现学习必然是有意义的认识是毫无根据的。在他看来，无论是接受学习还是发现学习，都有可能是机械的，也有可能是有意义的。意义学习有两个先决条件：①学习者表现出有意义学习的心向，即有把新材料以非任意的方式和在实质上同他的认知结构联系起来的倾向；②所要学习的材料对学习者来说是有潜在意义的，即这种材料能以非任意的方式和在实质上（不是在字面上）同学习者的认知结构相联系（奥苏伯尔等，1994）。任何学习，只要符合这两个条件，都是有意义学习，不满足这两个条件之一，都是机械学习。

最后，提出有意义学习的内容组织原则和教学策略。

（1）逐渐分化原则。

逐渐分化原则指教学内容的展开，首先应当呈现最一般、包摄性最广的观念，然后根据逻辑关系把它们逐渐分化。也就是说，展示的内容应当由一般到特殊，从抽象到具体。奥苏伯尔提出两个假设：①人们从先前习得的包容范围广的整体中掌握分化的细节，要比从先前习得的分化部分中形成包容范围广的整体容易一些；②一个特定学科的教材内容在人的心中的组织，是由一个层次结构组成的。包容范围最广的那些观念位于这个结构的顶点，它们容纳概括性越来越低和高度分化的命题、概念和事实材料。

因此，在安排教学内容时，每门学科的教学单元应该按照包摄性程度从高到低依次呈现，这样就可以为每一个教学单元提供理想的固定点，利于学生在学习过程中对新知识的同化。例如，在高中数学教学中，函数的内容安排一般是先学习一般函数的概念，再逐步过渡到具体的函数：幂函数、指数函数、对数函数、三角函数、反三角函数。这种内容的安排，符合奥苏伯尔的逐渐分化原则。

（2）综合贯通原则。

综合贯通原则是指，当学习材料是平行方式组织时，要考虑找到这些平行材料之间的联系。也就是说，当后面学习的材料与前面学习的材料之间没有包含关系或逻辑关系时，它们之间仍然可能存在某种外显的或隐性的联系，即两个知识体系各自有自身的纵向联系，它们之间也可能存在横向联系（图 3-6）。教学中教师要揭示这种纵向与横向的联系，实现知识之间的综合贯通。

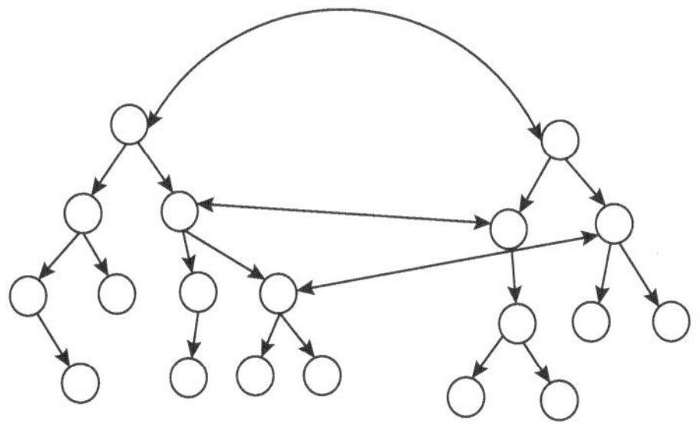

图 3-6　两个平行知识体系的关系

例如，在图 3-7 中，平行四边形与梯形之间，可以用中位线定理联系两者。矩形和菱形有共同的性质：中心对称图形。矩形和等腰梯形有共同性质：对角线相等。

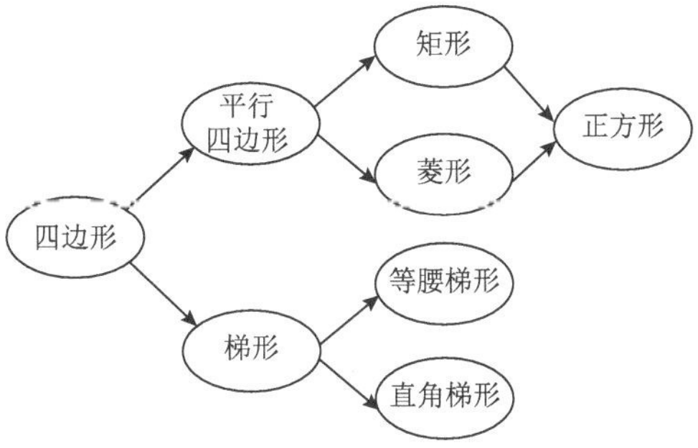

图 3-7　四边形的关系

（3）先行组织者策略。

奥苏伯尔将包摄性较广、最清晰和最稳定的引导性材料称为组织者，如果将这样的材料在学习新知识之前展示，就叫作先行组织者。

使用组织者的基本原理，是基于三个假设：①认知结构中已经有可以利用的有关适当巩固的重要观念，它们能够使逻辑上有意义的新观念成为有潜在的意义，并为这种新观念提供稳定支撑的固着点；②利用某一学科那些更一般和包容范围更广的观念作为起固定作用的观念，这些观念具有适合的和特殊的关联性，有更大的稳定性、解释作用以及整合的能力；③这些组织者本身不但力图鉴别出认知结构中原有的有关内容，而且还明确指出后者的内容以及它们同新学习材料的关联性（奥苏伯尔等，1994）。

组织者的主要功能就是在学习者能够有意义地学习目前的课题之前，在他们已经知道的东西和他需要知道的东西之间架起一座沟通的桥梁。

其实，如果我们把奥苏伯尔的先行组织者作一个宽泛的理解，去掉组织者“包摄性广”的条件，只是作为学习新知识之前的一种辅助材料来理解，那么就会对教学现象有更多的解释，这种策略的使用更具有一般性。例如，情境设置就是一种先行组织者，情境设计质量的高低将会直接对学习效果产生影响。

3. 累积学习模式

累积学习理论由加涅创立，并将这一理论用于教学设计。加涅是行为主义和认知主义的折中主义者，他一方面承认行为的基本单位是刺激与反应的联结，另一方面又注重探讨刺激与反应之间的中介因素——心智活动，再后来，他用信息加工模式来解释学习，探讨学生的认知结构。

加涅提出的累积学习模式也称为层次理论，其基本论点是，学习任何一种新的知识技能，都是以已经习得的、从属于它们的知识技能为基础的。他用了 8 种学习层次来界定学生智慧技能的累积方式：信号学习、刺激-反应学习、连锁学习、言语联想、辨别学习、概念学习、规则学习、问题解决。同时，他把学习结果要习得的能力分为 5 种：①智慧技能。学生能够运用概念符号与环境相互作用的能力。②认知策略。学生用来指导自己注意、学习、记忆、思维的能力。③言语信息。理解书本知识的能力，即能用命题（句子）的形式陈述和分析学习过的内容的能力。④动作技能。通过知识学习之后形成的基本技能。⑤态度。情感因素。

加涅给出了学习与教学的一种对应关系，其实就是给出了累积学习的教学模式。他将教学事件分为 9 个步骤，每一个步骤对应学生的内部心理过程，这样就不仅将教学与学习建立了内在联系，而且也给出了教学的操作程序（表 3-1）（加涅，1999）。在具体教学中，还可以就每一个教学事件对应的 5 种学习结果作细致的描述，即细化出每一个教学事件在 5 种学习结果上的表现。

表 3-1　学习事件、教学事件及其典型行为

内部过程	教学事件	行动例子
接收	1. 引起注意	使用突然的刺激
预期	2. 告知学习者目标	告诉学习者在学习后能做些什么
提取到工作记忆中	3. 刺激回忆先前的学习	要求回忆先前习得的知识和技能

续表

内部过程	教学事件	行动例子
选择性知觉	4. 呈现刺激	显示具有区别性特征的内容
语义编码	5. 提供学习指导	提出有意义的组织
反应	6. 引发行为	要求学习者表现业绩
强化	7. 提供反馈	给予信息反馈
提取及强化	8. 评价业绩	要求学习者继续表现业绩并给予反馈
提取并概括	9. 促进保持和迁移	提供变化了的练习及间时复习

（1）引起注意。教师提供情境，刺激学生使其注意力集中。

（2）告知学习者目标。教师告诉学生学习的目标，使他们获得一种预期。每一种学习结果都有不同的告知学生目标的教学技巧（表 3-2）（加涅，1999）。

表 3-2　五种学习结果所需要的不同教学：告知学习者目标

学习结果	教学技巧
智慧技能	演示概念、规则或步骤所适用的活动
认知策略	描述或演示策略。如记忆策略、解决问题策略
言语信息	描述期盼学习者将要陈述的内容
态度	过后告知学习者
动作技能	演示所期盼的操作

（3）刺激回忆先前的学习。表 3-3 简要描述了适合每一类学习结果的教学技巧（加涅，1999）。

表 3-3　五种学习结果所需的不同教学：刺激回忆先前的学习

学习结果	教学技巧
智慧技能	回忆前提性的规则和概念
认知策略	回忆简单的前提性规则和概念
言语信息	回忆组织良好的知识体系
态度	回忆在个人选择中所涉及的情境和行动。提示学习者榜样人物及榜样的特征
动作技能	回忆“执行性子程序”，并在适当的时候回忆部分技能

（4）呈现刺激。教学的第四个事件是给学习者呈现必要的刺激。表 3-4 概述了与之相关的教学技巧（加涅，1999）。

表 3-4 五种学习结果所需要的不同教学：呈现刺激

学习结果	教学技巧
智慧技能	描述概念或规则形成所需的物体或符号特征
认知策略	描述问题并显示策略要完成的任务
言语信息	显示以书面的或听觉的方式传递的言语陈述及鲜明的特征
态度	显示在引发熟练的操作中存在的情境，演示执行性子程序
动作技能	榜样人物描述将要呈现的、选择的一般性质

（5）提供学习指导。这个教学事件所支持的内部过程通常称为语义编码。表 3-5 概述了与之相关的教学技巧（加涅，1999）。

表 3-5 五种学习结果所需要的不同教学：提供学习指导

学习结果	教学技巧
智慧技能	给出概念或规则有变化的具体例子
认知策略	提供对策的言语描述，然后举例
言语信息	通过将内容与更大的知识整体相联系的方式对其进行精制；利用表象、记忆术
态度	榜样人物描述或示范行动的选择，然后观察榜样行为如何强化
动作技能	连续练习

（6）引发行为。要求学生陈述所学的新概念和规则，厘清与旧概念的区别与联系，陈述解决问题的策略。目标中所反映的新信息，无论是智慧技能、认知策略、言语信息、态度还是动作技能，都被编码成某种形式而贮存于长时记忆之中。

（7）提供反馈。在学习发生之后，教师要将该行为的正确与否及时反馈给学生。

（8）评价业绩。通过评价，证实新习得的知识是否理解，同时提供补救材料。

（9）促进保持和迁移。通过提供练习的数量、变式来促进知识的保持和迁移。

三、人本主义教学模式

人本主义心理学于 20 世纪中叶兴起，创始人为马斯洛（Maslow）、罗杰斯（Rogers）、弗罗姆（Fromm）等。

（一）人本主义教学观

人本主义对学习的解释有如下几个观点。

观点一：人类先天就具有学习的潜能。因此，学习是内发的，而不是一种外部强加的行为。

观点二：有效的学习是意义学习。与奥苏伯尔的“有意义学习”概念不同，罗杰斯提出的意义学习其要义是：意义学习不是那种仅仅涉及事实积累的学习，而是指一种个体的行为、态度、个性以及在未来选择行为方针发生重大变化的学习。意义学习包含四个要素：①学习具有个人参与的性质，情感和认知都投入学习活动；②学习的动力来自学者内部；③学习是渗透性的，即学习能使学生的行为、态度、个性都发生变化；④学习由学生自我评价。

观点三：学习应该以自由为基础。学生的学习应当在一种宽松的、没有威胁感的环境中进行。

反映在教学方面，人本主义教学观主要表现为如下几个特征：第一，以学生为中心开展教学。把教学视为以学生为主体的活动，学生的主体性作用是否得以体现是判别教学成败的基本指标。第二，在教学中注重知情结合。教学过程是学生的认知和情感都要介入的活动，在认知因素和非认知因素的共同作用下才可能达到学习的目标。第三，构造真实的问题情境，提倡从做中学，鼓励学生自由探索。第四，提倡课堂的创造性活动。教师提供一种适合于学生探究的问题情境和充满尊重、理解、信任的感情环境，鼓励学生进行创造性思维。第五，提供合作学习，围绕课题进行小组讨论、交流，互相帮助，共同提高。第六，倡导评价渠道的多样化。可以采用个性分析法、档案记录法、契约评分法、自我评价等方法对教学效果进行评价。

由此可见，人本主义的教学以学生的个性发展、全面提升素质为目标。教学方法不是以教师的讲授为主要形式的，而是采用丰富多彩、以学生为主要活动群体的形式进行教学。教学评价突破了行为主义和认知主义的评价视野，走向一个更符合人性化的境地。

我国于2001年进行的课程改革，课程标准的理念是以人本主义作为一个理论基础的。在课程标准中的许多提法，基本上是人本主义的思想。例如，《全日制义务教育数学课程标准（实验稿）》中提出：“不同的人在数学上得到不同的发展”“学生是学习的主人，教师是数学学习的组织者、引导者与合作者”“应建立评价目标多元、评价方法多样的评价体系。对数学学习的评价要关注学习的结果，更要关注他们的学习过程；要关注学生数学学习的水平，更要关注他们的数学活动中所表现出来的情感与态度，帮助学生认识自我，建立信心”。《普通高中数学课程标准（实验）》中提出：“高中数学课程倡导自主探究、动手实践、合作交流、阅读自学等学习方式”“高中数学要体现数学的文化价值”“提高学习数学的兴趣，树立学好数学的信心，形成锲而不舍的钻研精神和科学态度”。这些表述基本上是人本主义的基调，反映了人本主义的思想。

（二）基于人本主义的教学模式

罗杰斯主张要让学生自主学习，他列举了10种有助于学生自主学习的方法：构建真实的问题情境、提供学习的资源、使用合约（允许学生自定学习目标）、同伴教学、分组学习、探究训练、程序教学、交朋友小组、自我评价。基于这些思想，派生出了一些体现人本主义理论的教学模式，主要是自主学习模式。

自主学习模式主张把学习时间分为许多不同的单元，学生根据自己的能力、兴趣、需要等特点进行自主学习，他们可以自定步调，按照自己的学习速度，自我选择教材与内容来学习。其中，“非指导性教学”在自主学习模式中独树一帜。

非指导性教学以学生为中心，以学生的经验为中心，教学方法与内容要根据学生的经验、意向、需要、情感、兴趣等来决定。学生在教学活动中居于主体地位，他们在教师的指点下按照自己的兴趣和爱好选择目标、内容和方法，自主独立思考，自我评价学习结果。

非指导性学习的教学程序如图3-8所示。

图3-8　非指导性学习教学程序

设置情境。教师设置帮助性情境，鼓励学生表现情绪，激发学习兴趣。

探索问题。教师鼓励学生探究问题，提出自己的见解和观点，并与同学进行交流和讨论。

开发思维。就各个同学提出的不同问题见解进行讨论，修改看法，改进观点，进一步得到更有价值的观点。

计划决策。最后由教师帮助学生选择和决定正确与优化的观点。

综合评价。在学生自我评价的基础上，教师引导学生对各种观点进行综合评判，形成共识的意见和观点。

行为主义、认知主义都强调教师在教学中的主导地位，教学过程是指导性的，教师的引领对教学效果起着关键性作用。与此不同，人本主义主张教学应当是“非指导性”的，罗杰斯将“非指导性”治疗移植到教学过程中，提出“非指导性教学”的理论与策略。他认为教师要以真诚、关怀和理解的态度对待学生的情感和兴趣，为学生创造一种良好的学习氛围，学习的决策由师生共同参与完成，课程安排是无结构的，主要从事自由讨论。

显然，这种带有浓厚理想主义色彩的非指导性教学思想，对于诸如数学等内容抽象的学科教学来说是难以操作的，因为数学教学内容的抽象性、严谨性和科学性要求教学应当是指导性为主的形式。随着数学内容的不断深入，抽象程度愈显突出，这种建筑在依赖于生活经验的非指导性教学，会使学生难以借助于生活经验去认识和理解抽象的数学概念，同时，依靠个人建构的知识与社会建构的客观知识之间必然存在差异，这就会造成学生头脑中的主观知识严谨性的缺失。因此，教学应当是以指导性为主、非指导性为辅的过程。

知识教学过程主要分为引入知识、证实知识、应用知识三个阶段，每个阶段的教学处理方式是可以不同的。在引入知识阶段，可以采用直接展示知识的方法，也可以挖掘知识产生的过程采用探究的形式引入知识；在证实知识阶段，可以由教师直接讲解证明过程，也可以由学生去探究证明的过程；在应用知识阶段，可以由教师给出样例，学生模仿样例去解决问题，也可以由学生自己提出问题，然后应用学习的知识去解决问题。因此，教学中既有指导性过程也有非指导性过程，何时应当指导，何时不应当指导，是依据教学内容而定的。下面给出两种基本的教学模式。

第一种模式是以指导性为主的教学模式（图 3-9），直接呈现知识、直接证明知识阶段是指导性教学，应用知识阶段是非指导性教学为主，同时又有指导性教学，非指导性指学生独立完成作业，独立解决问题；指导性指教师给出样例，作业完成后由教师对作业情况进行评判的反馈。第二种模式是指导性与非指导性相结合的教学模式（图 3-10），在探究知识产生、探究证实知识和探究应用知识三个阶段，都有指导性过程和非指导性过程，两种教学行为相互交织，互相作用。

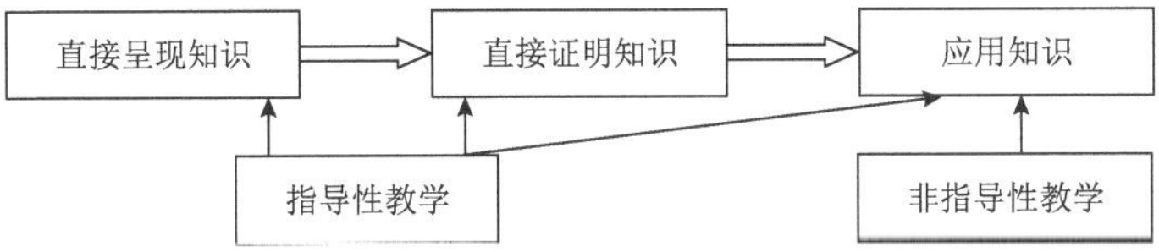

图 3-9　指导性为主的教学模式

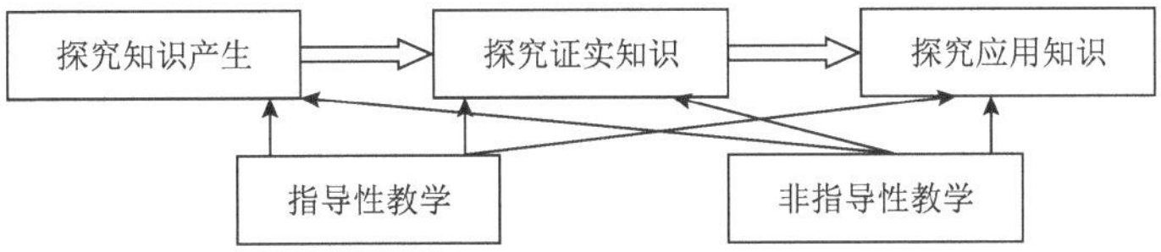

图 3-10　指导性与非指导性相结合的教学模式

四、建构主义教学模式

建构主义是在行为主义、认知主义心理学基础上的发展。建立在对客观主义否定基础上的建构主义已经形成激进建构主义、社会建构主义、社会文化发展观、信息加工建构主义、控制系统论等多种流派，对教育理念的变革产生了很大的影响。

（一）建构性学习的特征

学习中的建构性特征应当包括几个方面：智力与非智力因素参与相结合、独立思考与合作协商相结合、过程再现与结果并重相结合。

第一，智力与非智力因素参与相结合。一方面，建构学习需要学习者的智力参与。所谓智力参与，是指学习者在学习过程中要做到主动思维、善于思维、精于思维。学习本身就是一个智力活动，从概念的形成到规则的理解，学习者不投入智力参与，学习的目标不可能达到。在概念形成的过程中，要有概括意识，能够从观察对象的一组实例中概括出它们的共同属性和本质特征；要有归纳习惯，能够从一组事物中归纳出它们的本质属性和基本规律；要有抽象能力，能够从观察的事物中抽象出它们的数量特征和数学属性。

另一方面，建构学习需要学习者的非智力参与。所谓非智力参与，是指学习者在学习过程中做到乐于思维、善于思维、恒于思维。众所周知，非智力因素是学习的动力，车辆缺动力而不能行，飞机缺动力而不能飞，当然学习缺动力而不能进。非智力因素的动力功能，包括内驱力和情动力。内驱力是由有机体内部或外部刺激所唤起并指向一定目标的某种内在倾向；情动力是伴随人的需要是否得到满足的体验而激起的某种内在倾向。非智力因素的动力功能体现在对人类活动的始动方面，同时还体现在对人类活动的定向和引导方面（沈德立，1997）。

第二，独立思考与合作协商相结合。独立思考与合作协商似乎是两个相互矛盾的概念，的确，它们有矛盾的一面但又有相通的一面。

合作学习的兴起源于建构主义和情境认知理论。建构主义主张社会建构，社会建构就离不开群体的交流、互动、沟通和协商，其基本立论是只有通过社会成员之间的对话，形成对事物认知的共识，方能使共同体成员的知识得到建构。情境认知理论更加极端化，认为人的思维只有在特定的情境中方能开展，这种情境或者是社会情境或者是物理情境，作为社会情境，学习共同体就成为学习中必不可少的要素。总之，两种理论对合作学习的推崇在教育界产生了很大的影响，例如，当下各个学校轰轰烈烈的合作学习形式已经成为一种新常态。

然而，我们要追问的是合作学习真的可以使不同阶层的学生得到共同发展吗？合作小组中真正受益的哪类群体？是不是任何内容都适合合作学习？是陈述性知识学习适合合作学习还是程序性知识适合合作学习？等等。事实上，学习需要独立思考，即个人建构，不经历艰辛的独立思考过程是不能理解知识本质的。理解每一个概念，解决每一道题目都是经验的积累、思维的磨砺、思想的感悟，不登高何能望远？

独立思考前提下的合作学习，应当是建构性学习的基本形式。独立思考是前提，每个人都有了自己的思考，之后再合作，才会起到各抒己见、取长补短之效果。这种独立思考与合作协商的方式，实际上是使每个学生都经历了个人建构知识再到社会建构知识的过程。

第三，过程再现与结果并重相结合。一方面，建构本身就是一个过程，学生不经历知识发生发展的过程，就无所谓知识的建构。试想，只是把知识作为一种结果告诉学生，学习以掌握最终结果为唯一目的，那就是典型的接受学习而非建构学习。另一方面，知识建构的最终目标是形成结果，学生理解、掌握、运用结果同等重要，只有过程没有结果或者只有结果没有过程的教学都是残缺的。

（二）基于建构主义的教学模式

何克抗教授认为，可以将与建构主义学习理论以及建构主义学习环境相适应的教学模式概括为："以学生为中心，在整个教学过程中由教师起组织者、指导者、帮助者和促进者的作用，利用情境、协作、会话等学习环境要素充分发挥学生的主动性、积极性和首创精神，最终达到使学生有效地实现对当前所学知识的意义建构的目的。"（何克抗，1998）

基于建构主义理论的教学模式主要有如下几种。许多学者也把下面的三种教学模式归入情境认知理论的教学模式，其实，将下面的三种教学模式归入建构主义或者情境认知都是可行的，没有本质上的分歧。情境认知理论是建构主义理论的发展，两种理论的基本观点是一致的，都注重建构、情境、合作，因而提出的教学主张具有共性，不过情境认知理论更强调实践性。

1. 支架式教学（scaffolding instruction）

支架式或者脚手架教学是指为学习者建构对知识的理解提供一种概念框架，这种框架中的概念是为发展学习者对问题的进一步理解所需要的，为此，事先要把复杂的学习任务加以分解，以便把学习者的理解逐步引向深入。

搭脚手架是一种很形象的说法，如同建造楼房一样，首先要搭建脚手架，然后建筑工人站在脚手架上作业。教师相当于是搭建脚手架的工人，学生是建筑工人，房子建造好之后，教师再把脚手架拆除。换句话说，学习是学生自我建构知识的过程，而不能由教师把知识灌输给他们。

支架式教学的程序如图 3-11 所示。

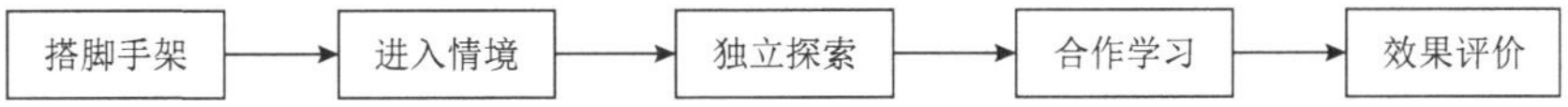

图 3-11　支架式教学程序

搭脚手架。围绕当前学习主题，按"最邻近发展区"的要求建立概念框架。

进入情境。将学生引入一定的问题情境（概念框架中的某个节点）。

独立探索。让学生独立探索。探索内容包括：确定与给定概念有关的各种属性，并将各种属性按其重要性大小顺序排列。探索开始时要先由教师启发引导，然后让学生自己去分析；探索过程中教师要适时提示，帮助学生沿概念框架逐步攀升。起初的引导、帮助可以多一些，以后逐渐减少，愈来愈多地放手让学生自己探索；最后要争取做到无需教师引导，学生自己能在概念框架中继续攀升。

合作学习。进行小组协商、讨论。讨论的结果有可能使原来确定的、与当前所学概念有关的属性增加或减少，各种属性的排列次序也可能有所调整，并使原来多种意见相互矛盾且态度纷呈的复杂局面逐渐变得明朗、一致起来。在共享集体思维成果的基础上达到对当前所学概念比较全面、正确的理解，即最终完成对所学知识的意义建构。

效果评价。对学习效果的评价包括学生个人的自我评价和学习小组对个人的学习评价，评价内容包括：①自主学习能力；②对小组协作学习所做出的贡献；③是否完成对所学知识的意义建构。

2. 抛锚式教学（anchored instruction）

这种教学要求建立在有感染力的真实事件或真实问题的基础上。确定这类真实事件或问题被形象地比喻为“抛锚”，因为一旦这类事件或问题被确定了，整个教学内容和教学进程也就被确定了（就像轮船被锚固定一样）。建构主义认为，学习者要想完成对所学知识的意义建构，即达到对该知识所反映事物的性质、规律以及该事物与其他事物之间联系的深刻理解，最好的办法是让学习者到现实世界的真实环境中去感受、去体验，而不是仅仅聆听别人关于这种经验的介绍和讲解。由于抛锚式教学要以真实事例或问题为基础（作为“锚”），所以有时也被称为“实例式教学”或“基于问题的教学”（何克抗，1998）。

抛锚式教学的程序如图 3-12 所示。

图 3-12 抛锚式教学程序

创设情境。使学习能在和现实情况基本一致或相类似的情境中发生。

确定问题。在上述情境下，选择出与当前学习主题密切相关的真实性事件或问题作为学习的中心内容（让学生面临一个需要立即去解决的现实问题）。选出的事件或问题就是“锚”，这一环节的作用就是“抛锚”。

自主学习。不是由教师直接告诉学生应当如何去解决面临的问题，而是由教师向学生提供解决该问题的有关线索（例如需要搜集哪一类资料、从何处获取有关的信息资料以及现实中专家解决类似问题的探索过程等），并要特别注意发展学生的自主学习能力。自主学习能力包括：①确定学习内容表的能力。学习内容表是指为完成与给定问题有关的学习任务所需要的知识点清单；②获取有关信息与资料的能力。知道从何处获取以及如何去获取所需的信息与资料；③利用、评价有关信息与资料的能力。

合作学习。讨论、交流，通过不同观点的交锋，补充、修正、加深每个学生对当前问题的理解。

效果评价。由于抛锚式教学要求学生解决面临的现实问题，学习过程就是解决问题的过程，即由该过程可以直接反映出学生的学习效果。因此对这种教学效果的评价往往不需要进行独立于教学过程的专门测验，只需在学习过程中随时观察并记录学生的表现即可。

3. 随机进入教学（random access instruction）

在教学中要注意对同一教学内容在不同的时间、不同的情境下，为不同的教学目的，用不同的方式加以呈现。换句话说，学习者可以随意通过不同途径、不同方式进入同样教学内容的学习，从而获得对同一事物或同一问题的多方面的认识与理解，这就是所谓“随机进入教学”。显然，学习者通过多次“进入”同一教学内容将能达到对该知识内容比较全面而深入的掌握。这种多次进入，不是像传统教学中那样，只是为巩固一般的知识、技能而实施的简单重复。这里的每次进入都有不同的学习目的，都有不同的问题侧重点。因此多次进入的结果，绝不仅仅是对同一知识内容的简单重复和巩固，而是使学习者获得对事物全貌的理解与认识上的飞跃。

随机进入教学的基本思想源自建构主义学习理论的另一分支——认知弹性理论（cognitive flexibility theory）。这种理论的宗旨是要提高学习者的理解能力和他们的知识迁移能力。不难看出，随机进入教学对同一教学内容，在不同时间、不同情境下，为不同的目的，用不同方式加以呈现的要求，正是针对发展和促进学习者的理解能力和知识迁移能力而提出的，也就是根据弹性认知理论的要求而提出的。

随机进入教学的程序如图 3-13 所示。

图 3-13 随机进入教学的程序

创设情境。向学生呈现与当前学习主题的基本内容相关的情境。

随机进入。取决于学生“随机进入”学习所选择的内容，而呈现与当前学习主题的不同侧面特性相关联的情境。在此过程中，教师应注意发展学生的自主学习能力，使学生逐步学会自己学习。

思维训练。由于随机进入学习的内容通常比较复杂，所研究的问题往往涉及许多方面，因此在这类学习中，教师还应特别注意发展学生的思维能力。其方法是：①教师与学生之间的交互应在“元认知层面”进行，即教师向学生提出的问题，应有利于促进学生认知能力的发展而非纯知识性提问；②要注意建立学生的思维模型，即要了解学生思维的特点；③注意培养学生的发散性思维。

合作学习。围绕呈现不同侧面的情境所获得的认识展开小组讨论。在讨论中，每个学生的观点在和其他学生以及教师一起建立的社会协商环境中受到考查、评论，同时每个学生也对别人的观点、看法进行思考并作出反应。

效果评价。包括自我评价与小组评价，评价内容与支架式教学中相同。

五、情境认知理论教学模式

20 世纪 90 年代以来，由于受到认知科学、生态心理学、人类学、社会学等学科的共同影响，学习的研究取向逐步从认知转向情境，形成一种所谓情境认知理论。情境认知理论是社会建构主义的发展，情境认知理论强调意义建构的根本途径是个体参与实践活动，与情境互动，因此，研究者更倾向于用“情境”一词替代笼统的“建构”一词。

（一）情境认知理论的教学观

概括地说，学习的情境认知理论关注物理的和社会的场景与个体的交互作用，认为学习不可能脱离具体的情境而产生，情境是整个学习中重要而有意义的组成部分，情境不同，所产生的学习也不同，学习受到具体的情境特征影响。

威尔逊（Wilson）和迈尔斯（Myers）列了一张表，对与学习环境相关的情境认知原则作了梳理，对情境认知理论作了比较详细的阐述（戴维・H. 乔纳森，2002），下面归纳出主要的观点。

（1）思维和学习只有在特定的情境中才有意义。所有的思维、学习和认知都是处在特定的情境脉络中，不存在非情境化的学习。个体心理常常产生于构成、指导和支持认知过程的环境之中，认知过程的本质由情境决定，情境是一切认知活动的基础。

（2）知识是一种高度基于情境的实践活动，是个体与环境交互作用过程中建构的一种交互状态，是一种人类协调一系列行为去适应动态变化发展的环境的能力。

（3）学习是一种文化适应，是实践共同体中“合法的边缘性参与”。学习要求学习者参与真正的文化实践，将参与视作学习的关键成分和重要特征，并要求学习者通过理解和经验的不断相互作用，在不同情境中进行知识的有意义协商，在不同的实践共同体中，通过合法的边缘性参与获得意义和身份的建构。

建立在情境认知理论基础上的教学观，表现出如下特征。

第一，注重教学中的情境因素。学习是一种复杂的活动，这种活动除了学习者的认知因素外，还会受到环境因素的影响，学习者不但根据内心的符号表征而且通过与环境的互动来决定自身的学习行为。在这种基于情境的学习中，隐含在人的行动模式和处理事件的情感中的默会知识将在人与情境的互动中发挥作用。

第二，强调参与性学习。合法的边缘参与是情境认知理论的中心概念和基本特征。根据这一特征，在数学学习活动中，学习者必须是共同体中的合法参与者，而不是被动的观察者，他们的活动在共同体工作的情境中进行。由于学习者是新手，他们不可能完全地参与所有的共同体活动，而只是作为共同体某些活动的参与者，因而称为“边缘的”参与者。他们应该在部分参与学习共同体活动的同时，通过对教师工作的观察以及与同伴及教师的讨论来进行学习。

第三，主张建立实践共同体。情境学习理论认为学习是一个不断增长其实践能力、不断社会化的过程。无论学什么，都是以形成个体参与实践活动的能力，并在实践活动中对所在团体做出自己的贡献为根本目的，因此强调“实践的共同体”的作用。实践能力既表现为与物理环境的有效互动，也表现为与社会环境的有效互动。虽然学生在不同的情境中可能会以不同的方式进行互动，但成功的互动所需的基本成分是相似的，既需要一般的认知能力与态度倾向，例如，主动地发现问题和提出问题，建构假想或猜测，提供证据或事例等，同时也需要协作、讨论等社会交往能力与态度倾向，如与团体中的其他成员进行对话，做出解释或进行必要的争论，或者进行某种形式的合作与协调。

情境认知理论与认知主义的区别是，从认知能力取向转到实践能力和社会化取向。与认知主义有所不同，情境认知理论认为，认知能力固然重要，但如果脱离具体的实践环境，一方面，认知能力难以真正形成，另一方面，认知能力即使形成，也毫无用武之地。就学习者个体而言，学习的根本标志就是越来越容易地、有成效地参与团体重要的实践活动。也就是说，学习是一个不断增长其实践能力、不断社会化的过程。无论学什么，学习都是以形成个体参与实践活动的能力，并在实践活动中对所在团体做出自己的贡献为根本目的的（Levine et al.，1993）。

（二）基于情境认知的教学模式

基于情境认知教学模式设计，其关键特征是：①提供真实与逼真的境域以反映知识在真实生活中的应用方式；②提供真实与逼真的活动，为理解与经验的互动创造机会；③提供接近专家以及对其工作过程进行观察与模拟的机会；④在学习中为学习者扮演多重角色，产出多重观点提供可能；⑤构建学习共同体和实践共同体支撑知识的社会协作性建构；⑥在学习的关键时刻应为学习者提供必要的指导并搭建“脚手架”；⑦促进对学习过程与结果的反思，以便从中汲取经验，扩大默会知识；⑧促进清晰表述以便使缄默知识转变为明确知识；⑨提供对学习的真实性、整合性评价。

1. 认知学徒制教学模式

所谓认知学徒制（cognitive apprenticeship），是指将传统学徒制方法中的核心技术与学校教育结合，以培养学生的认知技能，即专家实践所需的思维、问题求解和处理复杂任务的能力。

认知学徒制的基本特征表现如下（高文，2001）。

（1）认知学徒制关注的不是知识的灌输与接收，而是学生通过观察专家、教师在获取知识或将知识运用于复杂现实生活任务时所关涉的推理过程、认知策略与元认知策略来习得知识的过程。

（2）将专家完成问题求解和现实任务的内在认知过程显性化，即思维过程可视化，学生可以在老师和其他学生的帮助下进行观察、重复演练和实践。

（3）将学习内容置于有意义的情境之中，在社会互动之中建构知识，在将概念与事实知识作为工具运用的过程中，构建丰富的反映概念、事实与问题情境之间关联的网络。

（4）在变化多样的情境中，鼓励学生反思并清晰表达不同任务之间的共同原理，从而使其能够独立地将所学知识和技能迁移应用到新的问题情境中。

（5）学习者在完成复杂任务的过程中，学生参与不同的认知活动，通过讨论、角色扮演等方法将复杂的认知过程外显化，以促进元认知技能的发展。

由柯林斯（Collins）、布朗（Brown）和纽曼（Newman）首先提出的认知学徒制模式包括 4 个构件：内容、方法、序列和社会性。这些构建的有机组合能有效地使传统学徒制的特征适应学校教育中有关认知技能的教学，从而定义一个适合不同课堂和师生角色的有效学习情境。为了帮助教师设计支撑认知学徒制教学模式的理想的一般学习环境，学者们在研究中不仅识别出反映该学习环境的 4 个维度的主要构件，而且还从每一个构件中又识别出在建构或评估学习环境时必须考虑的一系列特征。

关于内容、方法、序列和社会性 4 个构件的含义，见表 3-6、表 3-7、表 3-8、表 3-9。

表 3-6　认知学徒制的“内容”

内容	含义
学科领域知识	包括概念、事实和程序性知识
启发式策略	通常指对有效完成任务的技术和方法。许多启发式策略都是专家通过问题求解的过程，以隐性的问题方式获得的
控制策略	用于控制/监控一个问题/任务的执行过程。也可以理解为专家所拥有的对问题求解策略的控制/管理知识，即如何挑选合适的问题求解策略、如何决定在何种情况下需要改变策略等。控制策略一般包括策略制定、监控、诊断、修正和对问题求解过程的反思等部分
学习策略	指学习领域性知识和策略性知识的策略。在问题求解和复杂任务的执行过程中，有关如何学习的策略，包括从探究新领域的一般策略到知识的扩展或改组的特定策略

表 3-7　认知学徒制的“方法”

方法	含义	方法示例
建模	展现专家完成某个任务的过程，并解释理由。建模的目标是建构专家认知过程的心智模型，将其内在的认知过程和活动外显出来，特别是将专家运用基本概念、程序知识的启发和控制过程外显出来	如教师可以一面大声朗读，一面通过用语言描述其思想过程的方法来构建阅读过程模式
指导	在学生执行任务时，教师通过观察的方式进行指导，包括观察学生执行任务的过程，为学生提供暗示、搭建脚手架、提供反馈、简历模型、提醒/修正和提出新的任务等，以使学生的学习绩效能更接近专家的方式	如在学生的阅读训练中，教师可以提示如何概括，并对学生的概括进行评价
脚手架搭建和拆除	在学生完成任务时教师提供支持，如建议、帮助、提供暗示等。脚手架的重要功能是帮助学生顺利穿越“最近发展区”。随着学生能力增强，教师应该把更多的责任和控制权交还给学生，减弱对学生的支撑，逐渐去除脚手架	如在写作技能训练中，教师提供的线索卡对学生写作过程起到促进作用
清晰表达	指学生描述他们的思维过程，即将他们的知识、推理或问题求解过程清晰地表达出来。在学习过程中，清晰化可以通过不同的策略来实现，如讨论、示范、陈述和学习作品的交流等	如在阅读技能的学习中，教师鼓励学生在问题解决中清晰表达自己的思想，或让学生在合作中充当评判者和监督者
反思	使学生将自己的思维和问题求解过程与专家、其他学生等进行比较。通过反思，学生可以建构关于特定问题求解过程的模型，以修正/启示自己的问题求解和任务完成过程	如利用各种技术（声音和影像录制等）复制或重演新手和专家的作业过程，让学生进行比较反思
探究	学生运用与专家问题求解相似的程序/步骤来检验所提出的假设、方法和策略。作为一种方法，在探究中，教师为学生确立一般目标，学生根据自己的兴趣去完成某些任务，并不断对目标进行修正，在获得一些完成任务的基本技能之后，投入到新的更加复杂的任务中去	如在阅读教学中，教师可以让学生收集某一研究课题的资料，并加以分析，验证和假设等

表 3-8 认知学徒制的“序列”

序列	含义
全局技能先于局部技能	首先帮助学生着眼于全局，并在把握全局的基础上，从需要出发掌握局部的技能，在关注细节之前，先构建于全局任务的概念地图
知识/技能的复杂性递增	有助于学生对递增的复杂性进行管理的机制有两个：一是尽力控制任务的复杂性，二是运用脚手架。在开始时，学生可以依赖教师或其他人的支持去完成复杂活动
多样性的递增	是指所需要的，变化越来越多的技能和策略的任务序列的建构。学生如果能将技能与策略应用于多样化的问题情境，那么他们的技能与策略就能获得更加丰富的情境联系网络，因而也就更容易产生迁移

表 3-9 认知学徒制的“社会性”

社会性	含义
情境学习	让学生在一个能反映他们知识多样性运用的环境中执行任务和解决问题
社会性交互	学习不仅是一个认知的过程，更是一个社会性的过程。教学和学习应当发生在专家与新手的交互之中
专家实践文化	是指创造一个参与者积极沟通并从事专业技能实践的学习环境。这种学习环境将专业技能理解为某个领域中问题求解和任务完成的时间要求
内部动机激发	由于认知技能的学习是情景化的，学生可以明确学习的需要和目的，开展有意义的学习。这样，学习就是内在驱动的，而不是来自外界的压力和激励
合作和竞争	合作是指让学生以合作式问题解决的方式一起工作。它有利于拓展/扩充学习资料，共享知识与技能，互助互惠，从而共同完成任务。竞争通常是指教师通过给学生布置相似的任务，对他们完成任务/问题求解的过程和结果进行比较，由此改善学生的学习

例 1 写作教学。

斯卡德玛利亚（Scardamalia）和贝雷特（Bereiter）于 1985 年开发了一种基于认知学徒制的写作教学方法。其具体步骤包括：

（1）教师示范如何运用写在线索卡上的提示；

（2）每个学生尝试运用线索卡针对新主题策划一篇文章，在每个学生实践的过程中，师生一起对学生的绩效进行评价。比如，教师观察不同学生所陈述目标及提出计划之间的差异，其他学生讨论如何解决被评价的学生所不能解决的问题；

（3）当学生内化通过提示所运用的过程之后，线索卡的作用也就逐渐消退。

例 2 通过协作的可视化学习（Collaborative Visualization，CoVis）。

CoVis 是美国 K-12 教育中探索的一种认知学徒制的实际应用，也是一种整合了可视化和交流工具的学习环境。其具体步骤为：

（1）在教学过程中，利用可视化工具对难以感知的现象进行建模；

（2）在 CoVis 环境中，学生参与到类似科学家真实实践的科学研究和探究中；

（3）教师为学生的科学实践提供指导/脚手架。此外，交流工具为学生和教师提供了同步和异步的协作通道；

（4）CoVis 环境的软件系统包括一个异步网络系统、一个合作笔记本。它提供了活动记录、各类学习产品和与其他人共享工作过程的机制。通过这些机制，学生反思并清晰陈述他们的科学探究过程与通过这个过程所获得的知识。

2. 合作学习模式

合作学习是以教学目标为导向，以异质小组为基本组织形式，以教学各动态因素的互动合作为动力资源，以团体成绩为奖励依据的一种教学活动和策略体系。

合作学习有 5 个要素是不可缺少的。①积极互赖。要求学生必须认识到他们不仅要为自己的学习负责，而且要为其所在小组的其他同伴的学习负责。②面对面的促进性相互作用。要求学生进行面对面的交流，组内学生相互鼓励和支持彼此为取得良好成绩、完成任务、得出结论等而付出努力。③个人责任。要求每个学生都必须承担一定的学习任务，并要掌握所分配的任务，分工明确，责任到人。④社会技能。要求教师必须教会学生一些社交技能，以进行高质量的合作。⑤小组自评。要求小组定期地评价共同活动的情况，检讨小组运用情况和功能发挥程度，以保持小组活动的有效性（高艳等，2004）。

合作学习的教学流程如图 3-14 所示。

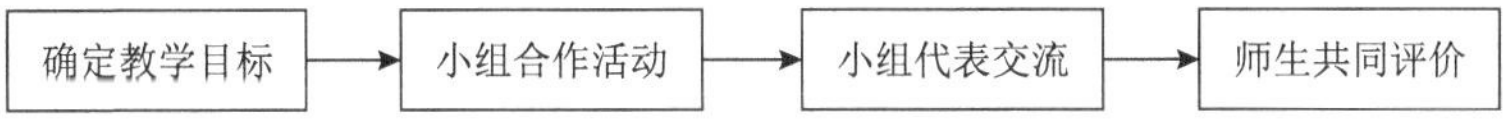

图 3-14　合作学习教学流程

确定教学目标。合作学习兼具“学习”与“合作”两种任务，因此合作学习的教学目标主要有两类，一类是认知目标，包括学生在理解知识、形成技能和认知发展方面的目标；另一类是情感目标，包括态度、情感、合作技能、价值观、相互尊重、相互帮助、荣辱与共等因素。

小组合作活动。①分组。按照“组内异质、组间同质”的原则，将学生分为学习小组。对于小组大小教师要预先确定，一开始，小组人数应限制在 2～3 人，随着小组成员获得了越来越复杂的合作技能，小组规模可以增大。②分配任务。除了学习责任外，每个小组成员还必须承担帮助小组有效活动的责任，这些角色有总结者、联络员、记录员、鼓励者、观察者等。教师需要依据成员的性格特征及特长，适当地分配成员的角色。分配这些角色是教给学生合作技能、促进学生之间积极互赖的一种有效方法。③教师讲述。教师要向学生清楚地解释要学习的概念、原理、技能等，并使之与学生过去的学习经验相连接，最大限度地实现学习的迁移和保持，同时向学生提出问题，检查学生的理解程度。④教师鼓励。教师向学生说明在个人学习目标基础上的小组群体目标，强调群体内的互助与合作，同时尽可能地为每个学生提供表现自我、展示个性的机会，满足学生个体发展的需要。

小组代表交流。小组合作活动结束后，每一个小组派出一个代表发表自己小组的讨论结果，小组内其他成员可以补充。教师把各小组的学习成果汇集到黑板上。

师生共同评价。针对各小组的成果，小组之间可以相互评述，对各个成果进行补充、修正、完善，教师总结，形成共同的学习成果。

在合作学习中，有两个层次的加工：小组加工和班级加工。为了保证小组加工的发生，教师在每一次班级讨论的结尾，分配一些时间让每一个合作小组思考或反省成员之间应如何有效地在一起工作。这样的小组加工包括以下内容：①使学习小组内部保持一种良好的工作关系；②促进学习者合作技能的发展；③为小组成员提供有关小组合作的反馈；④保证学习者在思考认知方面的问题的同时，也考虑元认知方面的问题；⑤提供给小组促进其成功的方法，并强化小组成员的积极行为（马洪亮，2003）。

合作学习的形式很多，下面再介绍两种（李晓东，1991）。

1）学生小组成绩区分法

学生小组成绩区分法是斯赖文（Slvain）提出的一种合作学习方式。主要是在同伴的帮助下学习教师讲授的材料，并由教师按照一种得分系统对小组成员进行评价，确定其应得的奖赏，从而避免引起学生面对面的竞争。学生小组成绩区分法包括学习材料的呈现、小组、测验、个体提高分数、小组认可等。

（1）学习材料的呈现。由教师本人或利用视听设备将要学习的材料呈现给全体同学。

（2）小组。每个小组由 4～5 名学生组成，教师在挑选组员组建小组时，必须考虑成员的性别、种族和能力水平，使小组呈异质状态。

（3）测验。每个学生都必须定期参加测验。这些测验的目的是评价学生在学习材料（呈现给全班同学的材料及在小组中练习的材料）方面取得的成绩。

（4）个体提高分数。每个学生在一定时期都有一个“基础分”，如果在下一期的测验中，他的成绩比“基础分”高，那么他就为所在小组赢得了分数。任何学生提高了操作成绩，都为所在小组赢得了分数。

（5）小组认可。教师采用布告或其他形式的社会认可及奖赏，对每周取得高成绩和高水平的小组予以表扬。对个体的认可主要施予有突出表现或进步最大的个体。

2）小组调查法

沙兰（Sharan）提出的小组调查法是以合作小组的调查和讨论的方式实现课堂学习的。这种方法非常重视学生搜集的资料、经过小组讨论后对信息的理解以及将个体的贡献综合为一个小组成果。小组调查法的实现，需要协调 4 种课堂维度：①课堂是一个“含有若干小组的群体”；②多维度的学习任务；③学生间的多边交流及主动的学习技能；④教师同小组的交流和对小组的指导。

在小组调查法中，学生的学习过程为以下 6 个连续的步骤。

第一，选题并分组。学生在教师描述的一个广泛的问题领域内选择具体的子课题，然后组成任务方向相同的小组（3～6 人）。小组的成员在学习水平、种族、性别方面要呈异质状态。

第二，制订学习计划。学生制订的关于学习程序、任务和目标的具体合作计划应与第一个步骤中所选择的子课题一致。

第三，实现计划。学生将在第二个步骤中形成的计划付诸实现。教师应密切注意各个小组的进展情况，并在必要时提供帮助。

第四，准备报告。学生要对在第三个步骤中获得的信息进行分析和评价，并确定以何种有趣的方式进行总结。

第五，提交报告。为了使同学对自己的工作感兴趣并对课题有一个广泛的理解，班级中的各个小组都要以一种有趣的方式向全班报告自己的课题。

第六，评价。重点对高水平的学习（应用、综合和推理）进行评价，同时对情感因素、动机也进行评价。评价时，教师与学生联合起来，既可以对个体评价，也可以对小组评价，或者兼而有之。

六、对教学模式研究的几点思考

（一）教学模式受到教育理论发展的制约

教学模式产生的前提，是要有某种理论作为支撑。从历史上一些影响比较大的教学模式产生的过程看，这是一目了然的事实。程序教学法源于行为主义理论的兴起，如布卢姆提出的掌握学习教学模式，是基于教育目标分类学说，发现法教学模式的提出，是认知心理学的发展给予布鲁纳的启示，等等。事实上，教学模式是偏重一种可以操作的具体方法而立论的，它与教学实践密切相关，属于“术”层面的学问，“术”一般要依附于“学”，方能成为“学术”。

于是又产生了另外一个问题：是先有理论再有模式，还是先有模式再有理论？这里回到一个人们经常提出的问题：理论与实践的关系，实践需要理论指导吗？实践在先还是理论在先？关于这个问题，有截然不同的观点。英国哲学家赖尔

（Ryle）提出，并非所有成功、有效的实践都必须以在先的理论思维活动为基础。按一些唯理智论的看法，“厨师必须先熟读食谱，然后才能根据食谱进行烹调；英雄必须先用内在的耳朵倾听某个适当的道德命令，然后才会跳下水去救溺水者；棋手必须先在自己的头脑中过一下所有有关的下棋规则和战术箴言，然后才能走出正确的和有技巧的棋步”（吉尔伯特·赖尔，1992）。但是，赖尔在《心的概念》中反复强调，“知道怎样做”相对于“知道那个事实”具有逻辑上的“在先性”，并非所有成功的、有效的实践都必须以在先的理论思维活动为基础，但他并没有说，所有成功的、有效的实践都不需要理论的指导。事实上，在某些活动领域，在先的理论指导是极其重要的。比如，在心脏手术、石油勘探、飞机设计、人类登上月球等活动领域，若没有科学理论的指导，要取得成功是根本不可能的事。由此，“有效的实践先于理论”，并不是一个针对所有活动领域的全称判断（夏正江，2019）。

关于教学模式与教育理论的关系，一般来说，一方面，有影响力、有生命力的教学模式，往往是在已有理论基础上建立的，即先有理论，后有模式，这是一种正常的学术逻辑。另一方面，从实践层面来看，的确有一些教学模式源于实践，这些模式开始产生或生长初期呈现的是某种具体教学方法的表现形态，在实践中，这种方法被证明有很好的教学效果，后来逐渐形成一种教学模式。但是，我们要清楚地认识到，某些教学方法之所以能够发展成为一种成熟的教学模式，其实是在后来的发展中找到了理论依托，即此前研究为其建立了理论基础。例如，著名的儿童教育家李吉林创立的“情境教育”，是她首先在教学实践中探索，后来由教学方法发展为教学模式、教育思想的。实际上，李吉林老师的“情境教育”其理论基础是情境认知理论。

还有一种情形，是对某种教学模式的改造而建构起来的新的教学模式。这种改造与原来的教学模式的理论基础同出一宗，但是可能会对原有理论作进一步充实和完善。中国科学院心理研究所卢仲衡先生的“自学辅导教学”就是对程序教学模式的改造得来的。中国科学院心理研究所于 1963 年开始研究程序教学，并且把数学、语文和英语某些章节编成程序进行实验。最初发现效果还是不错的，但由于程序教学太过分强调个别化学习，忽视教师的作用，而且，用“小步子”编写的教材烦琐冗长，无法复习和查阅，又要求学生自定步调，资优生的学习速度比后进生快两三倍，以至于有些快者走过场，慢者未学懂，教师无法起作用，无法对班集体进行启发和小结教学。到了 1965 年上半年，研究组发现效果不如传统教学，就停止了这项实验。卢仲衡先生从 1965 年开始，吸收了程序教学的优点，摒弃其缺点，根据心理学中的一些有效原则编写实验教材，当时命名为“三本教学”，并进行实验。在整个实验过程中，卢仲衡先生始终注意结合我国教育实际和社会发展的特点和要求，思考教育观念、教育内容、教育方法，并不断地运用心理学、认识论、方法论的最新成果，不断丰富、完善、发展该项实验。经过 30 多年的研究，实验取得了很好的教学效果，形成了具有很大影响的自学辅导教学模式（卢仲衡，1998）。当然，自学辅导教学模式的理论基础仍然是行为主义。

反观近年来流行一时的“洋思教学模式”“导学案模式”，这些教学模式存在的一个共同问题是为了应对升学考试，目标指向的是知识教学。例如，在洋思教学模式中，每堂课规定教师讲课时间最多不超过 10 分钟，一般在 7 分钟左右，有的课 4 分钟，保证学生每节课有 30 分钟连续自学时间。灵活运用“先学后教，当堂训练”的教学模式。这样的做法，主要是把时间留给学生自己学习和训练解题，本质上与程序教学法一脉相承。但是，在当代教育背景下，再以这样的模式来教学，显然与培养目标是不吻合的。再看“导学案模式”，备课的基本模式是：“提前备课，集体研讨、轮流主备、优化学案、师生共用”。同样是准备材料让学生自学，姑且不说这样的做法与程序教学法的“小步子原则”如出一辙，就从教师共用一份学案来看，也是极其不合理的做法。因为教师个人的创造力、个人的教学风格、个人的教学信念、个人的教学个性都会遭到严重摧残，同时，完全忽视学生的个体差异，所有学生学同一份学案，是一种表面公平下的完全不公平教育。这些教学模式为什么会逐渐衰落，其实一个根本的原因就是它们没有一种现代的教育理论作为基础。

（二）教学模式的发展应与时代同步

教学模式的发展与时代同步的一层含义是：教学模式伴随教学目标的变化而变化。

从历史上看，每一种教学模式的产生、兴盛、衰落都与时代背景息息相关。在形式教育理念引导下产生大量的教学模式，在实质教育观念统领下又产生大量教学模式。事实上，教学模式是为教育目标而生的，不同的教育目标会对应地出现与之相匹配的教学模式。在信息化不发达的年代，会出现相对封闭、保守的情形，不同的国度、区域可能会在一个比较长的时间内保持自己的传统。在信息化高度发达的今天，大到教育思潮小到一种教学模式，都会一夜之间传遍全球。因此，教学模式的发展更加凸显出与时代同步的秉性。

20 世纪 50 年代，美国掀起了一场轰轰烈烈的课程改革“新数学”运动，这次课程改革的诱因是苏联的人造卫星率先上天，给美国带来巨大的压力。美国政府认识到，当时苏联的航天科技已经领先于美国，这就迫使美国政府做出深刻反思。美国政府认为，这种情况出现的一个重要原因是美国的基础教育出了问题，特别是数学教育问题更多，因为当时苏联的基础教育的确非常扎实，数学教育质量远高于美国。于是，美国政府决定对中小学数学课程进行改革，从而做了一次有世界影响的课程改革。虽然这场改革因为多种原因而失败，但是应当看到，正是这场运动不仅使布鲁纳的结构课程思想得以在课程改革中实现，而且催生了“发现法教学模式”，使这一教学模式成为课程与教学论领域的一块丰碑。这里想说明的是，“发现法教学模式”正是顺应了时代需求的产物。

教学模式的发展与时代同步的另一层含义是：教学模式伴随教学技术的进步而变化。

2020 年，新冠疫情席卷全球，它不仅给人类生命带来了威胁，而且也打乱了人们的生活秩序。如果这件事情发生在没有互联网的时代，学校的正常教学无疑会瘫痪。正是由于信息技术的高度发达，面对这场疫情，教育界并没有显得惊慌失措，而是从容应对，异地甚至不同国度都能通过互联网进行教学，做到了教学不仅没有中断，而且井然有序。也正是这样的大环境，使人们开始了线上教学模式的研究工作。

计算机辅助教学（Computer Aided Instruction，CAI）是伴随着计算机的发展而发展的。20 世纪 50 年代末～70 年代，是 CAI 发展的初期阶段。1958 年，美国 IBM 公司沃克斯顿研究中心研制了一个计算机辅助教学系统，可以向小学生教二进制算术，并能根据学生的要求产生练习题，这是计算机在教学中首次得以成功应用。在这个时期，主要是以大学和计算机公司为中心开展的软件硬件开发研究工作，并出现了一些有代表性的系统，如 PLATO（Programmed Logic for Automatic Teaching Operation）系统、TICCIT（Time-shared Interactive Computer Controlled Instructional Television）系统，这两个系统都是美国的计算机公司和大学联合研制的。英国、加拿大、日本等其他一些国家也相继开展 CAI 研究，并推出了自己的 CAI 系统。斯坦福大学在 1966 年研制了 IBM1500 教学系统。由于 20 世纪 60 年代计算机成本高，所以许多研究进展缓慢，无法在教学中推广使用。20 世纪 70 年代～80 年代，1971 年第一台微型计算机诞生，随着微型机的迅速发展及其性能价格比的不断下降，至 20 世纪 80 年代初，计算机教学便成为一种重要的现代化教学手段。这一时期，CAI 的应用范围不断扩大，并进一步趋向实用化。除了数学、物理之外，医学、语言学、经济学、音乐等多种学科领域均开展了 CAI 的应用。20 世纪 80 年代末到 90 年代初，多媒体计算机的出现，被称为计算机的一场革命，它具有能够综合处理文字、图像、声音、图形的能力，显示了计算机在教育方面的非凡才能，多媒体的使用很快成为 CAI 发展的重要方向。

1993 年，美国政府提出建设“国家信息基础设施”（National Information Infrastructure，NII），俗称“信息高速公路”（Information Superhighway）计划，其核心是发展以 Internet 为核心的综合化信息服务体系和推进信息技术（Information Technology，IT）在社会各领域的广泛应用。在其带动之下，许多发达国家和发展中国家相继出台了一系列国家信息基础设施建设规划，从而带动了全球信息化建设的浪潮。于是相继出现了慕课（MOOC），英文直译“大规模开放的在线课程”（massive open online course）、翻转课堂（flipped classroom）以及各种教学软件，呈现出线上教学模式的多样化局面。

以上的论述给教育工作者特别是一线工作的中小学教师两点警示。其一，构建教学模式一定要围绕教育目标来思考，这叫量体裁衣，不能随心所欲。当今，发展学生核心素养的教育已经成为各国教育的共同追求，如果还在围绕知识为本的理念构建教学模式就会显得不伦不类，你自己辛辛苦苦做出来的东西，甚至“孤芳”都不能做到“自赏”。其二，要认真思考网上教学的模式变革，如何应对，如何适应，及至如何创造合乎自己学生实际情况的网上教学模式。

（三）不存在万能的教学模式

如上所述，既然教学模式是为教学目标而生，而教学目标是一个变量，当然也就不存在放之四海而皆准的教学模式。

其实，教学模式研究的意图是要寻求教学的科学化，教学科学化指为了实现某种教学目标，在教学方式上力求建构一些科学的模式的认识倾向。从历史上看，教学论一直在追寻教学科学化的道路上行进，逐渐从对现象的描述走向理论的思辨，从比喻、类比走向科学的论证，从单纯的思辨走向理论与实践相结合的融通，涌现出大量的教学模式。斯金纳的程序教学模式、布卢姆的掌握学习模式、布鲁纳的发现学习模式、克拉夫基（Klafki）等提出的范例教学模式、巴班斯基（Бабанский）的最优化教学模式等，都是在寻求教学的科学性本源，企图建立科学化的教学模式。

过度追求教学模式出现的问题是，统一的、标准化的教育模式不仅压抑了学生的个性，学生的创造性在物性化的机械运动中被磨灭，而且由于教学科学化运行形成的惯性，广大教师可能会养成对某些教学理论、教学模式的崇拜心态，参照、效仿、追捧标准化、形式化的统一教学模式，形成“教学模式万能”的信念，从而使自己的个性得不到张扬，教师个人的创新思维空间也会被模式化的教学思想所覆盖而变成荒漠。试想，教师没有个性何能培养学生有个性？没有创新能力的教师何能培养有创新能力的学生？

事实上，教学应当追求的是科学的教学（喻平，2015a）。科学的教学指以科学的态度和方式看待和处理教学过程的认识倾向。科学教学观就是要以科学的态度和方式看待和处理教学。科学教学观的理念是以人为本，教学目标是着眼学生的素质发展，教学过程应理解为：在顺应教学的科学性基础上，融知识教学与文化教学、教学模式与教学智慧于一体，根据教学的具体内容、具体情境，根据学生的实际认知水平、情感态度，教师采用与之相适宜的教学指导思想进行教学设计，在教学操作中能对生成性知识采用灵活多样的策略来修正教学目标和教学程序，采用有伸缩空间的教学评价标准和形式多样的教学评价方式。

从教学方法论层面看，科学的教学并不是一种具体的教学模式或教学方法，它没有固定的操作程序，更不指向具体的学科，它是比具体教学模式或方法更上位的概念，是一种教学方法合理运用的指导思想。基于这种思想，首先，正确对待教学模式。对每一种教学模式，要结合自己学校、学生的具体情况对其作分析和思考，不能滥用教学模式，要选适合的模式进行教学。其次，要创造性地使用教学模式。可以对现成的模式作改造，再通过教学实践去验证效果，这应当成为教学设计时教师的一种正常思维习惯。

第二节　学科核心素养导向的教学过程设计

第二章论述了在核心素养背景下学习理论的变革，论述中并没有完全弃旧纳新，而是采用兼容并包、相互融通的分析理路，这既是客观的也是公正的。同样，讨论发展学生学科核心素养的教学设计，也不可能完全否定所谓的传统模式，创造一些全新的教学模式。

核心素养包括三个基本要素：关键能力、必备品格和正确价值观。具体到教学设计，就要深入思考：如何通过知识的教学来实现这一个要素的发展？知识理解转化为素养提升的机制是什么？

学科核心素养导向的教学是一个复杂的过程，建构一些教学模式来实现培养学生学科核心素养的目标，是一件比较困难的事情。教学模式一旦建立，就有相对的稳定性和呆板性，单一的教学模式很难实现这种新的教学目标。一堂课应当是多种教学模式的融通或整合，而不是一个模式能够涵盖和完成的。因此，我们不打算研究教学模式，而是宽泛地讨论教学过程，即研究教学过程的设计问题。

一、教学过程设计的前提分析

（一）知识积累是核心素养发展的资源

在第四章第二节，我们将会讨论知识是学科核心素养（关键能力）生成的本源问题，说明学科核心素养产生的来源。在这里想说明的问题是，素养只能建立在丰富知识的基础上，体量小、碎片化、表层性的知识不足以使个体的核心素养得到发展。有了泉眼而不囤积，水就自然地流走了。类似地，核心素养要得到发展，必须有知识的积累。

《唐诗三百首》的编选者蘅塘退士在该书的序言里用了一句谚语“熟读唐诗三

百首，不会吟诗也会吟”。蘅塘退士说的“吟诗”不是背诗，而是作诗。也就是说，诗读多了，即使不会写诗也能“念颂”。读诗是一种知识积累，写诗则是一种创作，属于人的素养表现。要能够写诗，不读诗是不可能的，当然，读诗许多而不能创作的事实是存在的，正如一个人可能饱读诗书，但他不一定就才高八斗。知识积累是素养发展的必要条件而非充分条件。

还要指出的是，知识的形态表现为两种样态，即显性知识和缄默知识。

在对显性知识认识的基础上，波兰尼（Polanyi）提出了另一种知识，即“缄默知识”（tacit knowledge）。显性知识是指那些通常意义上可以用概念、命题、公式、图形等加以陈述的知识；缄默知识则指人类知识总体中那些无法言传或不清楚的知识。

与显性知识相比，缄默知识有下列特征（石中英，2001）：第一，不能通过语言进行逻辑的说明。因而波兰尼又把缄默知识称为“前语言的知识”或“不清晰的知识”，把显性知识称为“语言的知识”或“清晰的知识”。波兰尼还认为，缄默的知识是我们人类和动物共同具有的一种知识类型，是我们人类非语言智力活动的结晶。第二，不能以规则的形式加以传递。不能明确陈述的知识自然不能在人与人之间以明确的规则形式加以传递，因此缺乏显性知识的公共性、主体性等特征。不过，缄默知识并非不可传递，作为一种不能言说的知识只能通过“学徒制”的方式进行传递，例如，只能通过科学实践中科学新手对导师的自然观察与服从而进行。波兰尼特别强调对科学权威的观察学习，他说，好的学习就是服从权威。你听从你导师的指导，因为你相信他做事的方式，尽管你并不能分析和解释其实际效果。通过观察自己的导师，通过与他竞争，科研新手就能不知不觉地掌握科研技巧，包括那些连导师也不是非常清楚的技巧。第三，不能加以批判性地反思。波兰尼将这个特征看作是缄默知识和显性知识的主要逻辑差别。这个特征有两层意思，其一，缄默知识是“非批判性的知识”，即我们以非批判的思想态度从我们的生活经验中所接受的知识；其二，这种非批判性的知识本身是不能被理性地加以分析和批判的。

因此，作为知识的积累，就应当是显性和缄默两类知识积累。在当下的教育中，知识的概念，即科学知识、教材知识都被看成是客观知识，被认为是“经过了他人或前人反复检验的”知识，从而正确地揭示或反映了外部和内部世界的本质及其规律性联系。在这种观念的诱导下，课程设计和教学实践中都严重忽视缄默知识的教育。石中英先生认为，“在课程编制过程中，课程专家就不应该只注重学科知识与学科知识之间的联系，而且更应该注重学科知识与知识生产者（包括个体与科学共同体）之间的联系。事实上，也只有在后一种联系的背景上，才能使学生真正理解前一种联系。在教学活动中，也就没有哪一种知识可以免于理性的质疑，教师和学生也才能在认识论意义上免于被奴役的处境，真正成为认识的主体。既然缄默知识在个体的认识活动中起着支配的作用，那么教育和教学艺术的基本原则之一就应是彰显和反思这种缄默的知识，而不是忽视和压抑这种缄默的知识；教育和教学的目的就不应是通过显性知识而控制学生的精神世界，而应是通过显性知识不断地拓展学生的精神世界，提高他们的认识能力。”（石中英，2001）

于是，很自然地要追问：知识积累何以能够转化为核心素养？这种转化存在什么内在机理？对这些问题的解答，不同的学科可能会给出不同的答案，不同的价值取向也会提出不同的观点。下面我们对教学过程设计的讨论只是从某一种视角切入，难免存在片面因素。

知识理解是素养（特别是学科核心素养）发展的必要条件，但不是充分条件，这是一个基本命题。因为没有知识的学习积累，素养生长便成为无本之木；但是有了丰富的知识积累也不一定会形成高品质的核心素养。教学设计要破解的命题是，尽可能地把上述命题变成一个充分必要条件，解决“恰当的教学能够使知识学习推进核心素养的发展”这一问题。

（二）知识建构是核心素养发展的途径

在第二章中我们分析了客观主义学习观到与建构主义的融合，厘清了知识建构与核心素养发展关系。客观主义知识观主要关注知识的来源、知识的可靠性、知识的获得形式，这是建立传统教育知识论的基础。“传统教育正是以这种视野关注知识问题，把知识作为外在于人的客观实在，人需要通过一种合理的形式才能得到它，因此教育所关心的是如何选择一种最有效的、符合于知识可靠性和真理性的途径让学生掌握知识，在这个意义上看，不仅传统的夸美纽斯和赫尔巴特的教育思想，包括后来被称为现代教育的赞科夫、杜威和布鲁纳的教育思想都可看作这种知识观的产物。”（薛晓阳，2001）

佩吉（Peggy）和蒂莫西（Timothy）从教学设计角度分析了建构主义的关键特征（Ertmer et al.，2004）。

（1）学习是如何发生的？与认知主义和行为主义不同，建构主义把知识看成是独立于心灵的东西，在认可真实世界存在的前提下，强调人们之所以能把握世界，是因为对自身的经验作出了独特的解释。人创造着意义而不是获得意义，因为从经验中得到的意义绝不止一个，所以我们不可能掌握一个预先决定的“正确”的意义。学习者无法将来自外部世界的知识迁移到记忆中，相反，他们基于个人的经验和互动来构建自身的解释。

（2）哪些因素影响着学习？学习者与环境这两个因素对建构主义来说都是重要的，因为正是两者之间的具体互动创造了知识。建构主义认为，行为是由具体情境决定的。就像学习新的词汇应该明确讲解以及随后在具体情境中应用一样，任何内容的知识都应该放在运用的情境中来学习。情境实际上是通过各种活动共同产生了知识（伴随着认知），每个活动都被认为是基于先前互动的完整历史对当前的情境作出解释。就像对某个语词意义的理解是随着学习者对这个语词的“当前”理解而不断变化的一样，每一次新的运用中所涉及的概念也在不断变化。基于此，在一个现实的情境中学习以及选择与学习者的生活经验相关的学习任务就显得至关重要。

（3）记忆的作用是什么？教学的目标不是保证每个人懂得特定的事实，而是对信息作出解释和精细加工。理解是通过持续地、情境性地运用来达到的，而不是仅限于知道便于回忆的定义。经验的表征不能仅仅僵化为陈述性知识然后再贮存在大脑中。重点不是放在提取完整无缺的知识结构，而是通过从不同的来源为手头的问题“组装”原有的知识向学习者提供创造新颖的和具体情境的理解的途径。建构主义强调灵活地运用原有知识而不是回忆事先打包的图式，记忆不是一个脱离具体情境的过程。很显然，建构主义旨在创建认知工具，这些认知工具反映了该文化的智慧，同时也反映了个体的顿悟与经验。没有必要仅仅去获得刻板的、抽象的概念及细节。为了使得学习富有成就、有意义和坚持不懈，学习必须包括三个关键因素：活动（实践）、概念（知识）和文化（情境）。

（4）迁移是如何发生的？建构主义主张，通过让学习者参与到一个有意义的情境中的真实任务，迁移就能实现。由于理解是同经验的多少密切相关的（就像语词的意义是同具体运用的例证联系在一起一样），经验的真实性就成了个体运用观念的能力的关键所在。因此，教学的目标是要准确地把握任务，而不是确定任务的学习结构。如果学习是脱离具体情境的，那么就很难发生迁移。一个人不可能仅仅参照一些规则就能够学会运用工具，必须让学习者参与到一个真实世界的情境中实际运用各种工具，这样才是恰当的和有效的。因此，学习结果的最终测量，是要看学习者的知识结构在促进实际运用这些工具的思维与业绩方面有效程度如何。

（5）哪一种学习类型可以用某一种理论进行最佳说明？乔纳森（Jonassen）曾经提出了知识获得的三个阶段：入门阶段、熟练阶段和精通阶段，并且认为，建构主义学习环境最适宜于熟练阶段知识的学习，因为在那个阶段，可以找出入门阶段学习所存在的误解与偏见，并经协商，有必要时还可以修正和抛弃。入门阶段的学习最好采用较为客观主义的学习方式（行为主义或认知主义）。但是，当学习者面对一个复杂的和非良构的问题需要掌握更高级知识时，应该转向建构学习方式。

（6）该理论的什么假设与原理对教学设计来说是特别相关的？就像某一个领域的专家那样来思考问题。知识不是抽象的，而是与学习的情境以及学习者带入这一情境的经验有密切关系的。所以，要鼓励学习者建构自己的理解，然后通过社会协商证明各种见解的合理性。建构主义采用的一些具体的策略包括：在真实的情境中确定任务，运用认知学徒方法（对学习者怎样达到专家水平业绩进行示范和辅导），交流多种观点（合作性学习以提出、分享不同的见解），社会协商（争辩、讨论和提供证据），运用真实的事例，反思，以及对建构过程提供可靠指导。建构主义所主张的与教学设计直接相关的假设与原理可以列示如下：①强调确认将要学习以及后续运用的技能的情境；②强调学习者控制和操纵信息的能力；③用多种不同的方式来呈现信息；④鼓励学习者运用问题解决技能来超越给定的信息；⑤重在对知识与技能的迁移进行评估。

根据建构主义学习的 6 个特征，我们逐一分析与核心素养发展的关系。

对学习发生的解释，建构主义认为学习并不是学习者对客观事物的真实写照，不是对客观知识的原件拷贝，而是个人根据自己的经验、情境对客观知识的解读和理解，构建自我对知识的解释。可能两种学习方式之间没有绝对的分界线，但对学习过程本质的认识却存在质的差异。两种学习方式表现出来的是在学习者认知的投入度方面不同，而且思维的参与方式也不同。对客观知识拷贝型的学习方式主要依托于记忆和练习，不需要太高的智力参与活动，思维方式是一种封闭型样态；建构型的学习方式则是依附对话、交流、沟通来理解知识，需要有学习的情境，学习者须对情境作出观察、辨析，再通过与同伴、教师进行互动交流，需智力和非智力因素的高度介入，思维表现出一种开放、发散状态。显然，后者与核心素养紧密交织，前者则与素养增长相距甚远。

哪些因素影响着学习？行为主义解释为外部刺激的强度是影响学习的主要因素，认知主义解释为学习者内部因素影响到学习的效果，建构主义恰好将两者结合起来考虑问题，认为学习者与环境这两个因素对学习来说都是重要的，因为正是两者之间的具体互动创造了知识。如果说行为主义强调外因是考虑到了情境，认知心理学强调内因是考虑到了学习者，确定涉及了情境和个体双重因素，那么两种理论又是分别思考两个因素，从而割裂了两者的联系，造成解释现象的狭隘性。反之，建构主义对其解释则是将情境和个体两者结合起来综合分析，产生出一种和解效应，从而实现一种思维方式的提升，对影响学习的因素作出更加顺理的解释。同时应当看到，正是学习者与情境的互动，激发了学习者的动因，调动了思维的参与，从而促进素养的发展。

记忆的作用是什么？建构主义强调的是经验的记忆而不是事实性知识的刻板记忆，记忆依附于情境。其实，人的素养只能在情境中显现出来，这与建构主义强调的情境作用指向一致。平常的一种说法是“读死书、死读书”的人其社会实践能力不强，也就是素养不高，大概就是偏重机械性记忆，与建构主义的追求背道而驰，与素质教育目标大相径庭。

迁移是如何发生的？从心理学领域来解释，迁移是指一种学习对另一种学习的影响，这是从知识学习的角度来界定的，剥离了知识学习与社会实践这两种与个人素养发展密切关联的因素。建构主义注重在情境中学习，就是要建立知识学习与社会实践之间的联系，素养的培育与生长适合于这种含两种元素的土壤。也就是说，迁移不能囿于知识而应拓展到能力，只有能力能够迁移，才能促进个人素养的发展。能力当然包括实践能力，因为人是生活在社会大环境中的。

哪一种学习类型可以用某一种理论进行最佳说明？说的是在学习的不同阶段应当用不同的学习理论对其解释，建构主义适用于解释学习的高级阶段，而个人的素养正是在学习的高级阶段方能产生和发展的。如果学习总是由教师讲授、灌输，那么很难进入学习的高级阶段，总是限于解决结构良好的问题，容易形成固定的思维模式，事实上，只有在解决结构不良问题的过程中，才能真正激活高质量的思维参与。

建构主义的什么假设与原理对教学设计来说是特别相关的？如前所述，建构主义所主张的与教学设计直接相关的假设与原理有 5 条，在此要强调两条。其一，强调学习者控制和操纵信息的能力。以往的教学过程基本上是由教师操作控制的，学生作为旁观者，他们的意见、见解难以在教学中发表，即使要表达自己的观点，也是在被动的情形中表现的。如果把控制和操纵信息的权力部分地交给学生，那么整个教学的逻辑就会翻转，学生的能量就会得到充分地释放。其二，鼓励学习者运用问题解决技能来超越给定的信息。这一点非常重要，它将打破固于课本、守于教材的传统教学格局。如果学生的学习只是限于教材中所学的内容，题目只是在学科知识范围内离奇古怪地变化，那么学生的创新意识和能力不可能得到培养。因此，在学习中必须让学生尝试解决一些不熟悉甚至没有定义过的概念问题，这才是素养成长的必由之路。

（三）知识探究是核心素养发展的动力

我们来看看各学科提出的学科核心素养，许多学科都将探究作为一种直接素养或者与素养相关的要素。数学学科的“数学抽象”“数学建模”，物理学科、化学学科、生物学科，一个共同的素养就是“科学探究”。显然，这几个理科学科把探究直接表述为核心素养。文科的几个学科，都提出思维发展或思维品质的相关词语，思维的发展当然与探究息息相关。艺术学科的“创意表达”，美术学科的“创意实践”与探究的联系更加紧密。由此可见，学科核心素养不能脱离探究，甚至探究本身就是学科核心素养的基本元素。

探究作为一个过程，表现出“探”与“究”两个阶段。“探”是指对未知事物的探索，更多的是指向找到事物的“果”；“究”是指分辨事物产生的来源或走向，更多的是指向找到事物的“因”。在表 2-1 中，我们给出了两种类型的探究学习，第Ⅰ类探究学习指条件明确、目标明确，探究内容偏重寻找解决问题的思路与方法，思维方式主要是聚合思维，直觉思维，演绎推理，证实。第Ⅱ类探究学习指探究条件不明确、问题目标明确或者不明确，探究内容偏重形成新概念，提出并解决新问题，思维方式主要是发散思维，直觉思维，归纳推理，类比推理，证实与证伪。无论是哪一类探究学习，其基本功能都是在训练学生的思维，思维的发展就是素养的发展。探究启动思维，思维滋生素养，因而探究就成为素养发展的动力。

当然，必须强调探究的过程必然要非智力因素的介入，从更本源的层面看，非智力因素又是探究启动的动力源。学习者愿意还是不愿意探究，这是对待探究的态度问题。学生对待探究的态度与教师的教学设计有直接关系，例如，如果任务设计太难，就可能挫伤学生探究的热情；如果任务设计太容易，也可能激发不了学生探究的兴趣。也与教师的教学方式，探究的路径、方式，对学生探究过程中的反馈与评价等因素，都与能否调动学生的探究积极性从而形成良好的探究态度相关。因此，能否把对知识的探究作为素养发展的真正动力，主要取决于教师的教学理念和教学水平。

二、知识建构立意的教学过程设计

知识建构立意的教学，是指教学过程始终要考虑学生对知识的建构因素的教学形式。知识建构立意的教学过程设计的理论基础是建构主义。

知识立意的教学过程设计主要有两种样态，一是在新知识的学习中体现知识建构；二是在问题解决过程中体现知识建构。

（一）新知识学习中的知识建构教学设计

新知识学习的教学，其知识建构立意的教学设计，是指要把知识传授的过程设计为一种由学生通过对知识的自我建构或共同体建构来获得知识的过程。

教师把这个概念是什么直接告诉学生，给他们解释概念的内涵、外延，直到他们弄懂，这称为知识的传授；教师给学生提供一个包含某个概念的情境，或者给学生关于这个概念的一组特例，由学生从这个情境中抽象或从这些例子中概括出概念，这称为知识的自我建构；教师给学生的学习小组提供一个包含某个概念的情境，或者给学生关于这个概念的一组特例，由学习小组共同讨论，相互补充意见，从而在情境或特例中抽象出概念，这称为知识的社会建构。当然，可以在情境或特例的基础上，先由个人独立思考，各人将自己思考的结果放到共同体中讨论，修正和完善个人观点，形成共同的意见，这个过程是个人建构与社会建构的结合。

将上面的描述写成一个流程图（图 3-15），就是新知识学习中知识建构的教学过程。简单地说，新知识学习中知识建构就是由学生自己从特殊到一般或从特殊到特殊的认识事物的过程。

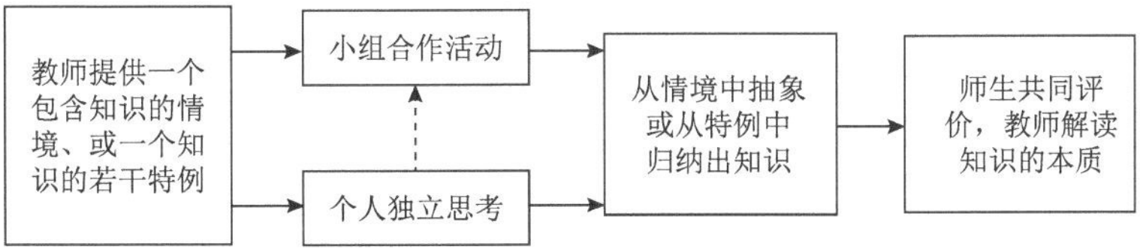

图 3-15　新知识学习中知识建构教学过程

在这个教学过程的设计与实施中，要注意下面几个问题。

情境设计范围要恰当。首先，情境的设计要符合学生的知识基础和生活经验。要在学生已有知识的范畴内设置情境，超出学生已有知识范畴的情境是没有意义的。同时，要考虑所教学生的生活环境，可能是农村的学生，也可能是城市的学生，还可能是少数民族学生，同一个情境对不同的学生来说，他们的熟悉程度不一样，从而对知识的建构就会产生不同程度的影响。其次，情境一定要与所学的知识有本质的内在联系，所举的特例必须是知识（概念）中的正例，否则学生不可能抽象出概念的本质属性。

合作学习形式要适宜。合作学习应当有前提，即独立思考基础上的合作学习。有了独立思考，才能在合作过程中有自己的话语权，才能充分体现对话、交流和协商，否则可能就会出现一言堂，资优生引领，差生跟随，失去了合作学习的宗旨和追求。

（二）问题解决中的知识建构

一堂课可以分为两个阶段，第一阶段是学习知识，第二阶段是解决问题，两个阶段其实都与知识建构相关。

问题解决有不同层次之分，简单的问题解决主要是一种模仿，可以直接用所学的知识来解决。解决这类问题的行为主要是模仿或知识的简单迁移，其作用是通过解决简单问题逐步加深对新知识的理解和巩固，但不能叫作知识建构。如果解答一个问题需要用到多种知识、多个规则，或者这个问题是结构不良问题（比如开放性问题），那么解答过程就与建构知识有关。

问题解决活动可以使学习者更主动、更广泛、更深入地激活自己的原有经验，理解分析当前的问题情境，通过积极地分析、推理活动生成新理解、新假设。这些观念的合理性和有效性又在问题解决活动中自然地得以检验，其结果可能是对原有知识经验的丰富、充实，也可能是对原有知识经验的调整、重构。因此，在问题解决活动中，新旧经验间的相互作用得以更充分、更有序地进行，这使得学习活动真正切入到学习者的经验世界中，而不只是按照教学设计者预先确定的框架和路线来生成联系。问题解决为新、旧经验的同化和顺应提供了理想的平台。通过问题解决来学习，基于问题解决来建构知识，这是各种探索性学习活动的重要特征（张建伟，2000）。

问题解决中的知识建构主要体现在两个方面。

其一，在解决问题中获得新方法。在解决一个复杂问题或结构不良问题的过程中，解题者需要充分利用自己的知识贮存，激活与当前问题相关的信息，将可能用于解决当前问题有关的知识进行梳理、筛选、提取、组合，可能形成与以往经验不同的路径，由此产生出新的解决问题的方法和策略。对于解题者而言，这些新的方法与策略就是一种新知识，是解题者自己建构的新知识。

其二，在提出问题中获得新结论。对问题解决应当作宽泛地理解，它不只是指解决一个现成的问题，也包括解决这个问题之后的反思并由反思生成新的问题。解题后的反思包括几种情形：①考虑问题的逆命题。把原来的问题看成是原命题，如果把它的因果关系颠倒过来，把原来的因变成果，原来的果变成因，那么会得到什么结论？②对问题的推广。把一个特殊情形的问题推广到一般情形，得到更有意义的普遍性结论。③将问题作变式。适当改变问题的条件或情境，去猜想或推导一个新的结果。显然，无论哪一种情况，解题者都可能得到一些新的结论，于是就形成一种自我建构的新知识。应当强调的是，通过解题反思并用了上述手段，解题者并没有发现什么有意义的结果，这是无关紧要的，因为他经历了知识建构的过程，过程有时比结果更重要。

问题解决中的知识建构教学过程设计如图 3-16 所示。

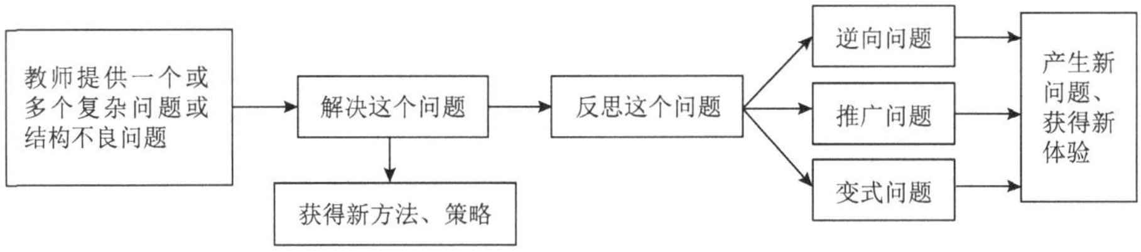

图 3-16　问题解决中的知识建构教学过程设计

在这个教学过程中，应注意几个问题。

教师提供的问题最好是问题链形式。教师提出的问题要适合班上大部分学生的学习水平，在解决问题阶段，让全体学生都有收获。问题设计时，可以考虑一组问题而不是单一的问题，这组问题组成一个问题链（串），问题之间实际上暗示了一些变式情形。因为在问题串中，后面的问题往往与前面的问题相关联，它们之间可能就是由前者变成后者的。这样的安排，实际上就是为学生反思问题铺设了一个台阶，有助于他们在后面的反思阶段提出更多的变式问题。

反思的深度因人而异。学生之间存在个体差异，他们反思问题的方式、能力是不完全相同的，因此，教师对学生不能作统一要求，只要能积极参与，主动思考，勤于交流，反思之后能够得到什么结果并不是主要目的。当然，对于学习能力强的学生，可以提出高要求，不满足于得到一些表层的结果，尽量挖掘更深层、更有价值的结果，这个过程是在对这一部分学生进行专门的训练。

例 1　《大学英语教程 第二册》（*College English Book 2*）（胡文仲等编著，商务印书馆，1983 年）中“Good Manners in England”（英国礼节种种）一课的教学过程设计（丰玉芳，2006）。

（1）创设情境。运用多媒体系统播放事先准备好的有关欧美礼节方面的几个录像片段，内容包括“Birthday Party；Wedding Ceremonies；Business/Trade Talks”等。在播放过程中，提醒学生有意识地注意录像片段中所涉及的种种恰当的和不恰当的礼节，为进入正文学习做好铺垫。

……

（2）提出问题。看完录像后，教师在屏幕上展示如下一系列问题：①What are these videos about？Can you make a comment on the manners shown in the videos? What are the appropriate manners and what are the inappropriate manners according to the West? ②What do we Chinese people usually do in such situations？Could you make a comparison and contrast between China and the English-speaking countries as far as manners are concerned? Try to make as many examples as possible to illustrate your point. ③Compare the different social customs between China and the English-speaking countries by giving examples（This is the additional expanding question. 这是一个拓展性问题，以扩大学生对中西方习俗与礼节的了解）。

……

（3）搭建桥梁。提出问题的过程也是搭建桥梁的过程，即激活学生原有认知结构的过程。……通过看录像、提问题让学生回忆我们中国人在这些社交场合的通常做法，并进行相应的中西方习俗与礼节方面的比较，在激活学生有关社交礼节方面的原有知识的同时，调动他们主动探究新知识的欲望。

……

（4）组织协作。学生被分成由 4—5 人组成的学习小组，对上面所提的问题进行一一讨论。分小组时应按学生的性别、性格、兴趣、能力和学习成绩等因素进行合理搭配，确保组内各成员之间的差异性和互补性及小组之间合理竞争的公平性，从而让不同智力水平、思维方式、认知能力和爱好特长的小组成员在合作活动中相互激发，相互碰撞，各展其长，彼此受益。

讨论结束后，各小组再进行全班的汇报交流，最后评出优胜小组。

……

（5）展示成果。学生以小组形式对他们讨论的结果做 Presentation。展示时，要求小组所有成员一起参加，共同配合完成对所提问题的口头汇报。其他小组成员在听取 Presentation 的过程中如有疑问或持不同意见可以随时向该小组进行质疑（challenge），该协作小组成员共同合作完成对其他小组成员所提问题的解答。

（6）反思过程。学生汇报结束后，开始进入评价阶段。首先是个人、小组自评，然后小组间互评，最后老师对所需掌握的知识及整个“话题讨论”进行总结和评价。同时，给学生布置课后书面作业（compare the greeting / social customs of the Chinese and the English in a short paragraph of not more than 200 words），达到融合新旧知识以及构建新知识的目的。

这个教学案例，采用的就是问题解决中的知识建构教学过程设计。

三、单元结构组织的教学过程设计

单元结构教学，就是围绕学生学科核心素养的发展设计主题，以主题为核心对某一单元的内容经过整合而开发的教学形式。单元结构教学的理论基础涉及认知主义、建构主义和情境认知等多种理论。认知主义主张完善学生的认知结构，而认知结构由外在的结构转化而来，单元结构教学符合这一特性；在单元教学过程中，强调探究知识之间的联系，探究属于建构知识的过程；单元教学设计重视情境设置，需要学生基于情境探究问题，需要学生在共同体的交互活动中完成学习，恰是情境认知理论的诉求。

崔允漷教授认为，学科核心素养是学科教育之“家”，指学生学了本学科之后逐步形成的关键能力、必备品格与价值观念。它意味着教学目标的升级，而“逐个”知识点的“了解”“识记”“理解”等目标从此退出历史舞台。新的教学目标关注学生运用知识做事、持续地做事、正确地做事，强调知识点从理解到应用，重视知识点之间的联结及其运用。由此看来，学科核心素养的提出倒逼教学设计的变革，教学设计要从设计一个知识点或课时转变为设计一个大单元（崔允漷，2019）。

单元教学是围绕单元知识结构开展的，徐文彬等认为，单元可以是教材中编制好的某一单元、某一章节、某一主题、某一模块、某一领域、某一学期或学年某学科教材整体、某一学期或学年所有学科教材整体甚至整个学校课程。单元知识结构是指由某单元的内在学科知识、基本原理、思想方法及其关联，与相关的单元学科知识等之间的联系，以及该单元的学科知识结构与其他学科或领域、学生当下的社会实践与生活经验之间的联系（徐文彬等，2018）。可见，单元知识结构是一个比较宽泛的概念。

单元结构教学的设计过程如图 3-17 所示。

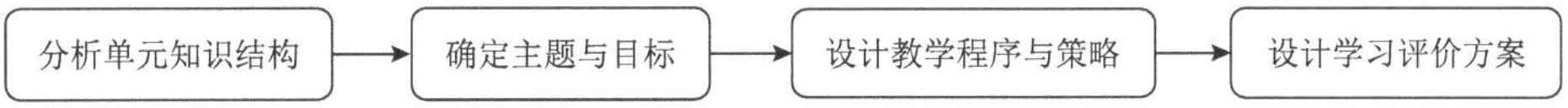

图 3-17　单元结构教学的设计过程

主题是单元设计的核心。主题的确定对于整个单元教学设计来说显得尤其重要，它在一定程度上决定了单元教学设计的质量和品位。主题的设计，要围绕培养和发展学生的学科核心素养，这也是单元设计的主要教学目标。

主题确定之后，要考虑整个教学的程序，即教学的展开过程和环节的划分与处理，制定教学流程。同时，要对各个环节所采用的教学策略有明确的策划。单元结构教学程序，要根据所选择的主题来定，不同的主题其教学程序有一定差异。而且，相同的主题其教学程序也可以是不唯一的，教师在教学实践中应充分发挥自己的创造力，设计更加新颖、更有成效的教学程序和策略。

主题的确定与学科有关，不同学科确定主题的理念、目的、方法、策略都可能存在差异，所对应的教学模式也可能大相径庭。但是，基本思想是一致的，即用整体的思想处理教学内容，使知识之间相互贯通，优化学生的认知结构，从而发展学生的学科核心素养。

下面给出几种可能适合于特殊学科的单元教学设计。

（一）以问题解决的过程线索为主题的单元教学设计

以问题解决的过程线索为主题组织单元，是指在解决问题的过程中出现了许多新问题，然后以这些新问题串为主线展开研究进而产生新知识学习的单元教学设计。这种设计一般用于新授课的教学。

理科中的许多概念、命题是由于解决问题的需要而产生和发展的。但是，教材的编制往往是从知识的逻辑结构来组织内容的，教材中的知识都是以结果的形式陈述，并不反映这个知识的产生过程。这样的处理方式，往往使教材中知识展示的顺序与历史上产生这个知识的过程相反。以问题解决过程作为单元的主题，就是将其倒过来，从解决问题入手，分析可能产生的概念和命题，厘清知识产生缘由，还原知识形成的过程。

1. 教学程序与策略

以问题解决过程线索组织单元的教学程序见图 3-18。

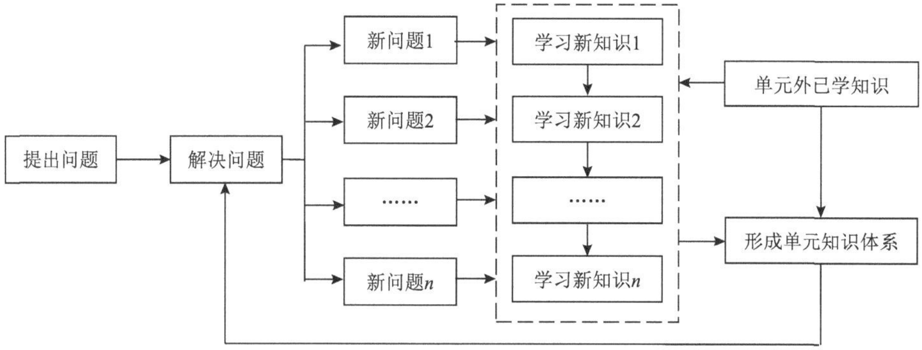

图 3-18 以问题解决过程线索组织单元的教学程序

第一步：教师提出问题，教师也可以引导学生提出问题。

第二步：在教师的引导下，学生解决问题。

第三步：在解决问题的过程中，可能会分解出一系列新的子问题，而这些新问题是学生已具备的知识基础无法解决的，于是引发出一些新的知识点。教师梳理出新的知识点，设计学习序列。

第四步：分别学习新知识，这些新知识有先后顺序，前面的知识是后面的基础。在新知识的学习过程中，会用到单元外学生已经学习过的旧知识。

第五步：各个新知识学完之后，形成本单元的知识体系，并用新知识去解决原始问题和新的问题。

以问题解决过程线索组织单元的教学策略，可以考虑下面几点。

（1）合理设计引入的问题。问题应当尽量体现贯穿于整个单元的知识内容。一个好的问题要能够产生与将要学习的知识之间内在的联系，形成串联单元知识的经脉。同时，在问题解决的过程中要能够引发学生的思考，充分调动学生的学习动机。

（2）明示单元内容学习思路。单元教学的第一节课，通过问题引入和问题解决，教师要对产生的子问题进行归类，并指出要解决这些子问题可能涉及的新知识，可以用有向概念图给学生展示本单元的知识学习路径，使学生对本单元的学习有一个明确的大目标。先有全景再学细节，先观森林再见树木，这种方式利于知识的同化和顺应。

（3）不忘回溯起点。单元内容的学习源于问题，学习完单元的内容之后，应当有一个回溯本源的环节，即回头解决当初的问题，并由这个问题引发出更加一般、更加广泛的新的问题，运用习得的系统单元知识去解决这些问题，这是一个前后照应又不断深化的教学过程。

2. 教学案例

例 2　二次函数的单元教学设计。

在《义务教育课程标准实验教科书数学九年级（下）》（杨裕前等，2004）中，二次函数的内容由二次函数、二次函数的图象和性质、二次函数与一元二次方程、二次函数的应用、数学活动等 4 个部分组成，并由这个顺序展开。

如果采用单元设计，那么可以考虑以问题解决过程为主线来组织单元内容。

首先，给出两个问题。

问题 1：用 24 米的篱笆靠墙围矩形菜地，中间用篱笆截成左、右两部分，问所围菜地的最大面积为多少平方米？

问题 2：如图 3-19，用 24 米的篱笆靠墙（限宽 10 米）围矩形菜地，中间用篱笆截成左、右两部分，问所围菜地的最大面积为多少平方米？

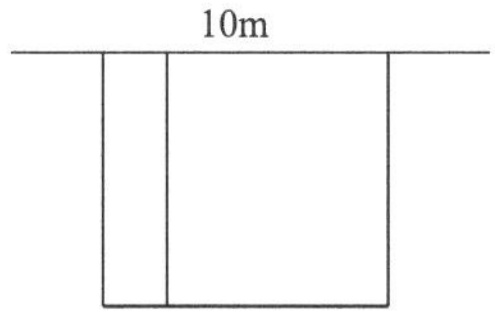

图 3-19　篱笆问题

通常这一问题是单元知识学习完后，在二次函数的应用一节中出示，因为这个问题的解决几乎用到二次函数的全部重要知识：配方法求最值、利用性质求最值、求最值要考虑自变量的取值范围等。现在把问题教学次序倒过来，先让学生去解决这个问题，然后再引入知识。

学生可能会用不同的方法尝试解决这个问题，例如，选择枚举求解二元不定方程，发现取值具有对称性，得到 48m^2；也可以通过列代数式，利用配方法也求得 48m^2。在验证答案时，可能想到了限宽 10m，如果 x=4m，则不能围出菜地。

那么，到底菜地最大的面积是多少？用什么方法去求呢？教师引导学生探究问题 1。

设篱笆的长为 xm，那么宽为 $(24-3x)\text{m}$，于是面积

$$S=(24-3x)x=-3x^2+24x\text{。}$$

学生会发现这是一个新的函数。要求 S 最大，就要考虑 x 在符合要求内的变化情况。能否对这个式子进行变形，变为一个完全平方式加上一个常数的形式，即 $S=-(\quad\quad)^2+a$，于是当 $(\quad\quad)^2=0$ 时，S 最大。回忆一元二次方程的配方

法，可以得到

$$S=-3x^2+24x=-3(x^2-8x)=-3[(x-4)^2-16]=-3(x-4)^2+48。$$

当 $x=4$ 时，$S=48$，即最大面积是 48。

对于问题 2，x 能够等于 4 吗？事实上，由于加了条件，因此 $0<24-3x\leqslant 10$，所以 $\frac{14}{3}\leqslant x<8$，所以 x 不能等于 4。

此时，可以借助表格对 $S=-3(x-4)^2+48$ 的取值做分析，看到在 x 的取值范围内，S 随着 x 取值的变小而变大，于是，确定当 $x=\frac{14}{3}$ 时，面积达到最大值为 $\frac{140}{3}\,\mathrm{m}^2$。

在解决这个问题的过程中，出现了一系列要思考的问题：①遇到了一个以前没有见过的函数：$y=-3x^2+24x$，这种函数与解决现实问题有关系；②与一次函数类比，这个新的函数会有什么性质呢？这些性质可能与解决上面的问题有关系；③与一次函数类比，这个新函数的图象是什么样子？函数的图象可能与解决上面的问题有关系；④这种函数与一元二次方程太相似了，它们之间有什么关系？于是，以解决这个问题为主线，展开了研究这个单元知识的思路（图 3-20）。

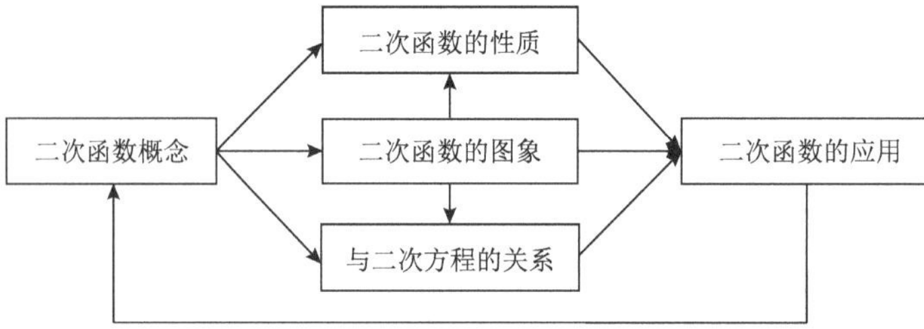

图 3-20　二次函数单元教学设计思路

（二）以主题、学科思想方法为主线贯通知识的单元教学设计

这种教学设计是指用主题思想、学科思想或学科方法将一个教材单元或不同单元的知识贯通，组成一个教学单元的设计。

主题思想可以理解“大概念”，是统摄一类对象的观念或纲领，可以串通知识之间的联系，形成知识体系，从而促进学生形成优良的认知结构。学科思想方法是潜藏在知识下面的一种隐性课程资源，把这种隐性资源挖掘出来并围绕它组成教学单元，对于发展学生的学科核心素养有重要的意义。

1. 教学程序与策略

以主题思想、学科思想方法为主线贯通知识的单元教学程序如图 3-21 所示。

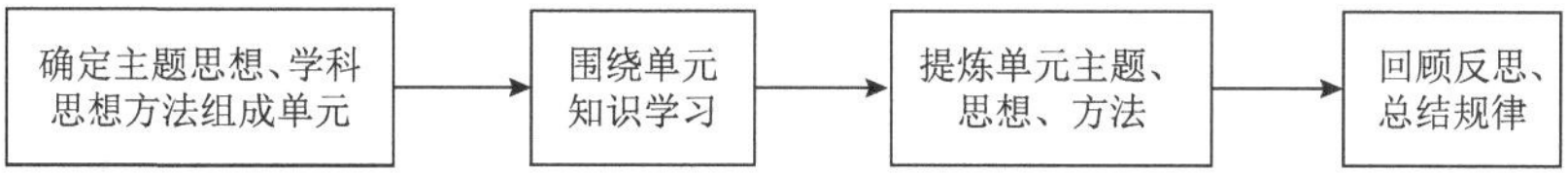

图 3-21　以主题、学科思想方法为主线贯通知识的单元教学程序

第一步：对将要学习的内容或者是已经所学过的内容（复习课）作综合分析，选择可以贯穿这些学习内容的主题思想或学科思想方法作为单元设计的大概念。

第二步：围绕设定的单元学习。

第三步：在单元知识学习结束后，教师引导学生讨论，提炼出单元的主题思想或学科思想方法。教师对学生提出的方案给予评价，并总结出一些一般性规律。

第四步：对学习内容进行反思，由单元知识学习的启发，教师引发学生有新的思考或引导学生提出一些新的问题。

教学中可以考虑采用下面一些策略。

（1）鼓励学生广泛收集与主题或思想相关的资料。教师设计好单元教学的内容及实施步骤后，给学生布置学习任务，其中应当有收集与单元主题相关的资料。学生对收集的资料进行分类梳理，并将自己的成果与老师和同学交流。这个过程既可以培养学生查阅资料的能力，又可以训练他们阅读、整理资料的能力。

（2）形成知识与方法体系。在“回顾反思、总结规律”环节，教师要引导学生回顾这个单元主题的凝练过程，如果是围绕思想方法组织的题目，则要学生归纳这组题目的共性，如为什么它们能够被统摄在一种思想方法之下？其特点和规律是什么？突出学科思想方法的价值与功能，让学科思想方法深入学生心灵，而不仅仅是为了掌握一些知识。要强调的是，思想方法也包括一些解题的技巧，但解题技巧不是主流，思想方法层面更高、更普适，它与发展核心素养密切相关。

2. 教学案例

例 3　项目导向的主题单元教学设计（丁梅红，2006）。

通读江苏教育出版社出版的教材（试用修订本）第十一册后，我打乱既定单元，按课文内容归纳成几个主题。其中《聂将军与日本小姑娘》《把我的心脏带回祖国》《爱因斯坦与小女孩》《船长》归为一组，主题定为“伟大与平凡”。

聂荣臻、肖邦、爱因斯坦是三位不同国籍、不同领域的名人，他们本身就是以伟大的形象出现在人们心目中的，但他们又有许多平凡的经历，课文中的小故事很吸引人，因为平凡事发生在伟人身上往往会折射出别样的光彩。之所以把《船长》一课也放进来，是因为这个故事塑造的哈尔威船长也是个英雄人物，同样迸射了伟大的光辉。

四篇课文除了内容上相似外，人物形象也都同样鲜明。具有慈善心肠、宽广胸襟、高度爱国热情、强烈国际主义精神的聂荣臻，怀有满腔爱国热情、忧民之心的肖邦，谦逊和善、热爱儿童、热爱思考、珍惜时间的爱因斯坦，以及忠于职守、舍己为人的哈尔威船长，无一不给人留下深刻的印象。

在项目导向的语文教学设计理念引导下，我们尝试着以“搜集人物资料——确立人物形象——自主合作探究——合作汇报成果——交流学习体会”这一线索进行教学探索。

（一）搜集伟人资料，感受真实形象

关于聂荣臻、肖邦、爱因斯坦，我们需要先组织学生在网上搜集资料，了解这些人物的真实形象，然后处理信息，再进行相应的交流，让学生直观而真实地感受到这些人物的伟大。

（二）初读单元课文，确立人物形象

……由学生通过初读尝试确立人物特点，即确立研究的“主题”，然后教师引导学生带着这样的初步感悟，通过合作的方式去探究文本，在师生共同探究归纳的基础上明确人物特点。

（三）自主合作探究，亲密接触文本

……这一板块是整个教学的重点。让学生亲密接触文本，通过读、画、听、讨论、归纳等方法，结合具体的语言环境，来丰富自己的认识。

（四）小组总结汇报，教师引导提升

教学中可以从“你认为××伟大吗?”这一命题来进行汇报。……在小组汇报的过程中，教师要相机引导，帮助学生提升，让所谈内容相互联系，并通过朗读、讨论等方式来表现自己的理解，深化自己的认识。

（五）总结学习方法，深化主题认识

学生在汇报后，让学生总结学习方法，总结收获。

……由于我们的学习环节清晰可见，学生可以很快地了解项目导向的主题单元的学习方法，并成为自主阅读的一种方法。

同时，建立在“伟大与平凡”这一主题之上，我们可以让学生回忆学过的相应的文章，并搜集名人对于“伟大与平凡”的论述，从而深化认识。

四、问题探究方式的教学过程设计

问题探究方式教学，是指围绕问题进行探究学习的教学形式。问题探究方式教学设计的理论基础是布鲁纳的发现学习理论与萨奇曼的探究学习理论。

刘儒德等把探究性学习分为两种类型。一类称为验证性探究学习，是学生遵循课本上正确的推理逻辑、预定的探究程序和表面的实验操作，来验证书本上的科学知识是正确的。学生所做的实验往往仅限于动手，是外显、表浅的探究，并未真正触及学生深层内隐的观念，并未促使学生动脑思考。验证性探究学习，目的是证明书本知识是正确的、可信的。另一类称为探索性探究学习，是当学生面对一个问题时，需要开动脑筋提出各种可能的假设，并设法收集各种证据证实假设、解释假设的活动。验证性探究学习没有基于学生的体验和感受，没有真正触动学生的先前经验、引发学生的高层次探究思考，以至于学生获得的是表面的、惰性的知识，并没有真正相信这些科学知识。探索性探究学习是围绕学生的先前经验而进行的，可以真正有效地促进学生转变错误概念。表 3-10 对两种探究学习作了比较（刘儒德等，2004）。

表 3-10　两种探究对学生先前经验的不同处理方式

验证性探究学习	探索性探究学习
引发并暴露学生先前知识观念	引发并暴露学生先前知识观念
不关注学生先前观念中与科学知识不一致的错误	关注学生先前观念和错误
依据书本上正确的推理逻辑展开探究，验证书本上的正确知识	鼓励并支持学生根据先前经验展开探究，挑战、否定或验证先前观念
学生表面遵从科学观念，仍相信自己的先前观念	学生建构并认同新的科学概念

我们对探究也作了类型划分，与表 3-10 的分类对比，可以看到它们基本上是一致的。第Ⅰ类探究学习指条件明确、目标明确，探究内容偏重寻找解决问题的思路与方法或验证一个已知结论。第Ⅰ类探究学习与验证性探究学习基本是一致的。第Ⅱ类探究学习指探究条件不充分、问题目标明确或者不明确，探究内容偏重形成新概念或提出并解决新问题，与探索性探究学习的内涵基本一致。但是，刘儒德等主要强调探索性探究才是真正意义上的探究，验证性探究不具有探究性，教学中不应提倡。而我们认为两种探究学习都有各自功能和教育价值，应当在教学中并存。因此，下面围绕第Ⅰ类探究学习和第Ⅱ类探究学习来设计教学过程。

（一）第Ⅰ类探究学习的教学过程设计

1. 教学程序与策略

根据第Ⅰ类探究学习的含义，将教学过程表述为图 3-22。

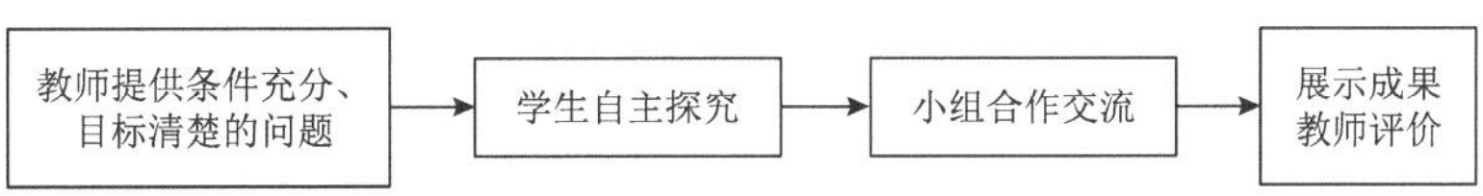

图 3-22　第Ⅰ类探究学习的教学过程设计

第一步，教师提出一个问题，问题的条件和目标都是清楚的，学生的任务是探究一条从条件到目标的通路，本质是验证由这个条件可以推导出已知的结论。

第二步，教师引导学生去探究适当的方法去解决问题，探究的目标是寻找方法。

第三步，探究结束后，教师组织学生汇报探究成果，相互交流，相互评判，最后由教师对这些成果进行评价。

在第Ⅰ类探究性学习教学过程中，可采用下面一些策略。

（1）设计难度逐步递增的题组。一般说来，开始提供的多是问题的目标清楚、条件充分的问题，学生的任务主要是寻求恰当的方法去验证结论。然后提供条件清楚，目标不明确的问题，让学生自由探索，可以先猜想后论证，也可以直接进行推理推出结论。

（2）对学生的探究结果作出恰当的评价。这样的探究课堂，会产生许多生成性目标，因为学生探究的结果可能多种多样，有的正确，有的错误。对学生得到的结果要正确评价，即使是错误的答案也要对其作解析，分析探究过程中正确的因素和产生错误的原因。教学目的在于激发学生探究问题的热情，鼓励他们积极参与，训练他们探究的意识和探究的能力，得到什么结果无关紧要，经历过程，获得活动经验比得到的结论更有教育价值。因此，对学生探究过程作正确评价显得尤其重要，不恰当的评价可能会挫伤学生的学习积极性。

2. 教学案例

例 4　“摩擦力”概念为主题内容的探究性学习过程（刘儒德等，2004）。

首先，让学生结合生活实际，概括出摩擦力的概念。

其次，让学生思考摩擦力的大小与什么因素有关，书中列举两个因素：（1）物体的重量；（2）接触面的光滑程度；（3）……；（4）……。后面列出两个空序号，意在填充学生想到的其他因素。

再次，让学生利用小推车、木板、砂布、砝码、弹簧秤等材料进行实验，学生用弹簧秤拉动小车在木板或者砂布上匀速运动。书上画有两个表格，一个表格是有关物体重量的，便于学生记录物体重量值、弹簧秤的读数；另一个表格是有关接触面的光滑程度的，便于学生记录摩擦面材料与弹簧秤读数，每个表格留有三格空行，意在让学生实验三次。

最后，学生总结各次实验的数据，推出规律，验证假设。学生推导出了书本上的知识摩擦力的大小与物体的重量有关，物体越重，摩擦力越大；与接触面的光滑程度有关，接触面越光滑，摩擦力越小。

这个案例属于验证性探究，目标清楚，条件清楚，学生通过实验去验证假设，其目的是让学生经历、体验，培养学生严谨的科学态度和求是精神。

（二）第Ⅱ类探究学习的教学过程设计

1. 教学程序与策略

根据第Ⅱ类探究学习的含义，将教学过程表述为图 3-23。

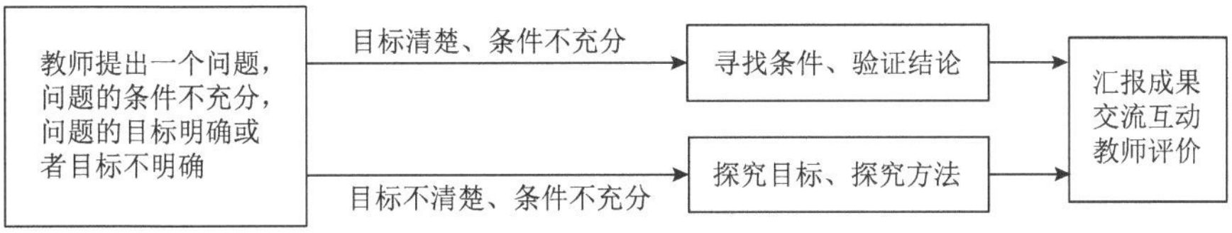

图 3-23　第Ⅱ类探究学习的教学过程设计

第一步，教师提供一个条件不充分（指或者条件不足，或者条件冗余，或者条件不准确）、目标清楚的问题，或者提供一个条件不充分、目标不清楚的问题（指可能完全没有目标，或者目标模糊的，或者是只有大的目标而没有具体目标）。

第二步，由学生自己进行探究。对于目标清楚、条件不充分的问题，学生需要补充、修正、完善问题的条件，然后选择适当的方法解决问题；对于目标不清楚、条件不充分的问题，学生首先要通过分析、辨认，概括出目标，然后根据目标寻找条件，选择可能与目标相匹配的条件，最后选择恰当的方法解决问题。在这个过程中，教师可以根据学生探究的情况作适当的提示。

第三步，小组合作交流，个人汇报探究结果，相互交流、补充、完善小组研究成果。小组展示成果，教师作出评价。

在第Ⅱ类探究性学习教学过程中，可采用下面一些策略。

（1）提供的问题要具有探究性。教师提供的问题要有探究性，首先，探究的思路不是唯一的，可能存在多种途径。如果探究路径只有一条，那就是体现的特殊技能与技巧，缺少探究的性质。所谓“探”本意就是多方位、多角度地寻找，而不是只有一条路可走。其次，探究的结果可能不是唯一的，当探究得到一个结果后，还可以回过头来继续探究得到另外的结果。因此，问题设计质量的高低直接影响到探究性学习的质量。

（2）证实与证伪的有机结合。学科教学应当是一种由知识的不确定性到知识确定性的渐进过程。知识的不确定性阶段是提出问题的过程，此时，证伪扮演着重要角色；知识的确定性阶段，证实是主要手段，知识依托于逻辑去建立它的科学性，这个环节是必不可少的。探究性教学兼有证实和证伪二重性，是一种以证实为主、证伪为辅的结构系统。证实是培养学生逻辑思维能力的有效手段，具有证伪的不可替代性；但是反过来，证伪能训练学生反思意识和批判性思维，这又是证实力所不能及的。证实与证伪两者的融通才能充分发挥教育的功能。因此，教师要从传统的教学观向现代教学观位移，把课堂教学从证实充斥全部过程的束缚中解脱出来，整合证实与证伪，正确处理两者的关系。

2. 教学案例

例 5 “摩擦力”概念为主题内容的探究性学习过程（刘儒德等，2004）。

此例与例 4 相同，但是探究改成了第Ⅱ类探究（探索性探究）。教学流程如下。

（1）面对问题情境。秋天过去了，大米喜获丰收，请同学们帮助农民伯伯用小车把大米运到粮仓里去。钩码就好比大米，钩码盖代表粮仓。要求同学们运输的过程中，都要用手推着小车，看哪个小组最快！并且想一想用什么方法可以更省力运这个大米。教师抛出问题：摩擦力与哪些因素有关系？怎样运大米更省力？

（2）暴露先前经验。学生根据各自的先前经验，做出自己的预测或猜想，通过在小组然后在全班交流他们的预测与解释，暴露自己的观点。学生做出的预测或猜想可能有：摩擦力的大小与轻重、快慢、坑坑洼洼、凹凸不平、粗糙、光滑、物体的大小、物体的软硬、用力的大小、速度等有关系。

（3）讨论实验设计。学生设计实验，在小组内讨论实验设计，要求学生依据自己的预测或猜想，提出假设，设计实验，验证假设，而不是简单地依据书本重复实验操作。

（4）进行实验操作。小组利用实验器材木头小车、测力计、木板、钩码以及实验记录表格，做实验并记录数据，分析数据，检验他们的预测，验证或推翻原先的猜想。

（5）报告实验结果。学生在实物投影上展示实验结果，通过课堂讨论来解决依据错误概念的预测与研究观察之间的冲突，最后得到影响摩擦力大小的与物体的轻重和接触面的光滑程度有关系。

（6）应用迁移。如何增大摩擦力或减小摩擦力？

这是与例 3 完全不同的教学过程，探究的问题目标明确（摩擦力与哪些因素有关系？怎样运大米更省力？），但是，其一，问题的条件不明确，需要学生提出自己的见解，提供解决这个问题的条件；其二，实验方案不清楚，需要学生自己设计。因此，这个教学设计就是典型的第Ⅱ类探究性学习。

五、深度学习倾向的教学过程设计

深度学习倾向的教学，是指教学过程指向深度学习的教学形式。深度学习倾向教学的理论基础是深度学习理论。

第二章第四节讨论了深度学习的概念以及如何考虑将浅层学习与深度学习相融合，以实现对学生学科核心素养的培养。经过对文献的梳理和分析，得到深度学习的 4 个关键词：①深度理解。学习者对知识本质的理解，对事物或知识意义的理解及对自我生命意义的理解。②高阶思维。学习者在知识建构、问题解决的过程中，要有多种思维形式介入以及元认知的参与。③知识迁移。学习者能将在一个学科中习得的知识或方法迁移到另一学科情境或现实情境中去解决问题。④实践创新。学生具有一定的批判性思维意识与创新能力。

下面讨论深度学习倾向的教学过程设计，主要围绕深度理解、高阶思维、知识迁移这三个概念来展开，将实践创新维度融入高阶思维与知识迁移中去。

需要指出，下面讨论的三种教学过程设计，它们并不一定是各自独立的，也就是说，它们既可以分别作为三种课型作独立设计，也可以在一堂课或一个单元的课程中相互穿插，形成复合式的教学模型。

（一）指向深度理解的教学过程设计

第二章第三节讨论了知识理解的含义，知识理解的本质，就是学习者对知识从低层次向高层次不断深化的认知，把握知识的本质属性，形成知识体系，能够利用知识去解决问题。

1. 对深度理解的思考

简单地说，深度理解即对事物的理解达到了一定的深度。斯根普的“关系性理解”水平，SOLO 的“关联”“拓展抽象”即为深度理解。下面从心理学的角度分析。

对一般知识而言，现代认知心理学对其作了广义的分类，将知识分为两类，一类是关于事实性知识的陈述性知识，另一类是关于进行某项操作活动的程序性知识。其中，程序性知识又分为两个亚类，一类是通过练习，其运用能达到相对自动化程度的程序性知识（智慧技能）；另一类是受意识控制而难以达到自动化程度的策略性知识（认知策略）。其实，知识兼有“结果”与“过程”双重性，可以分别称其为结果性知识和过程性知识。过程性知识是伴随数学活动过程的体验性知识。体验分为 4 个阶段：①对知识产生的体验。体会知识产生的缘由，明晰新旧知识之间的关联和因果关系。②对知识发展的体验。体悟知识发展的动因，包括学科的内部因素和促进知识发展的外部因素，习得探究问题的方法（逻辑的和非逻辑的）和策略。③对知识结果的体验。领会蕴含在知识中的学科思想方法，感受学科结构的美。④对知识应用的体验。体会知识应用的广泛性，积累解决问题的认知策略和元认知知识，形成自我监控的意识和习惯。

根据对知识的分类，知识理解应涵盖对陈述性知识、程序性知识及过程性知识的理解等三个方面（黄燕玲等，2002）。

1）对陈述性知识的理解

陈述性知识以命题、表象、线性排序等 3 种形式作为基本表征单位。命题相当于头脑中的一个观念，一个命题被看作是陈述性知识的最小单元。一个命题不是孤立的，它与其他命题相互联系组成命题网络。表象表征是对事物的知觉特征的保留，是一种连续的、模拟的表征。线性排序是对一系列元素所作的线性次序的编码。在人的知识表征中往往组合了命题、表象及线性排序，从而形成对知识的综合表征——图式。

安德森认为图式是对范畴的规律性做出编码的一种形式。这些规律性既可以是知觉性的，也可以是命题性的。显然，图式包容了命题网络，因为命题网络并不对可以知觉的规律性进行编码。加涅对图式的特征作了更细致的刻画：①图式含有变量；②图式可按层级组织起来，也可以嵌入另一图式之中；③图式能促进推论（吴庆麟，1999）。因此，对陈述性知识的理解是从知识的基本单元表征，到形成命题网络，再到获得图式的过程。

2）对程序性知识的理解

程序性知识是由陈述性知识转化而来的，是陈述性知识的动态成分。与静态的陈述性知识不同，程序性知识以“产生式”这种动态形式来表征。所谓产生式指一条“条件—行动”规则，即一个产生式总是对某一或某些特定的条件满足时才发生的某种行为的一种程序。当一个产生式的行动成为另一个产生式的条件时，这两个产生式便建立了相互的联系，若一组产生式有这种相互联系，便形成一个产生式系统，产生式系统代表了人从事某一复杂行为的程序性知识。

既然程序性数学知识的表征是产生式和产生式系统，因此，程序性知识的理解就应解释为学习者对产生式和产生式系统的获得。特别地，对程序性知识中的策略性知识，其表征是一种双向产生式。双向产生式是一种具有双重功能的指令，它既能指令在具备什么样的条件下会有什么动作，又能指令在不同的情形中选用不同的产生式。换言之，学习者不仅知道“如果……那么……”，而且还应知道在什么条件下去使用这个“如果……那么……”。

综上所述，学习者对程序性知识的理解，是指他建立了双向产生式和产生式系统。

3）对过程性知识的理解

过程性知识与程序知识的共通之处是两者都是动态型知识，但两者的内涵是不同的。其一，过程性知识是指个体对知识发生发展过程的体验性知识，当然包含对陈述性知识及程序性知识获得的体验，其动态性贯穿于知识学习的全过程。程序性知识则是进行某项操作活动的程序，它由陈述性知识经过内化而得，其动态性表现在学习过程中的知识应用阶段。其二，程序性知识通过一定量的练习后可以习得甚至形成自动化技能，但过程性知识难以通过练习去习得。其三，程序性知识往往是针对某个知识点而言的，而过程性知识则是关注知识点之间的关系。

我们将过程性知识的表征分为两个层面，一是关系表征，二是观念表征。关系表征指个体对知识发展过程中知识之间存在某些关系的体悟。具体地说，它相当于陈述性知识的命题网络中连接命题的连线，以及程序性知识的产生式系统中连接产生式的连线。观念表征则是对知识之间发生关系的缘由的体悟，其成分更多是一种元认知体验。这两种表征因人而异，不同的学习者对同一对象的关系表征的完善性、观念表征的深刻性都可能不同。

综上分析，对过程性知识理解的内核是，学习者形成完善而深刻的关系表征和观念表征。

学习者三类知识的深度理解，从心理学角度解释，就是建立了陈述性知识的图式，形成了程序性知识的双向产生式系统，构建了过程性知识的关系表征和观念表征。

2. 教学过程设计

指向深度理解的教学，就是把教学目标定位于促进学生对知识的深度理解。教学策略就是围绕如何实现这个目标来拟定的。下面列出指向深度理解的一些教学策略。

1）不仅知道“是什么”，而且知道“为什么”

学习者只知道“是什么”，就是停留于工具性理解层面，如果他还知道“为什么”，那么他就进入了关系性理解层面。直白地说，教学中教师不能只告诉学生“算法”，还要告诉学生“算理”。为什么有的学生只能模仿老师去解题？只能按照一些固定的套路、固有的模式解决问题？面对不同于样例的问题就无从下手，不能举一反三，其原因就是只知其法，不知其理。更主要的是，这样的教学只是要求学生对知识的浅层理解而非深层理解，造成的结果是不能达成培养学生核心素养的目标。

小学数学的许多规则就是算法，规则需要学生掌握，会用这些规则解决问题，掌握算法是学习数学的必备基本功。但是，支撑算法的基础是算理，只会使用算法是一种工具性理解，明白算理才能达到关系性理解。例如，$48\times2=96$，可以用竖式计算，而支撑这种算法的算理是乘法分配律：

$$48\times2=(40+8)\times2=40\times2+8\times2=80+16=96。$$

在以深度理解为目标的教学设计中，教师应当把讲道理作为一个必要的教学环节。苏霍姆林斯基举了一个例子，可以说明这个问题。“我面前有关于‘光合作用’这一课的教材。应当给学生们讲清楚，植物的绿色叶片里发生了什么变化。

可以做到把这一切讲得在科学上有根有据，在理论上和教学法上头头是道，但完不成使学生达到一定的智力积极性的任务。我对教材琢磨了一番，因果关系的关键在哪里？有了，最主要的关键就是变无机物为有机物。这是一幅奇异而神秘的图景：植物从土壤和空气里吸收无机物，在自己的复杂机体中又把它们变成有机物。”（苏霍姆林斯基，1981）也就是说，要告诉学生这个东西是什么，这是容易做到的，但并不是教育的主要目标，关键是要告诉学生为什么是这样的，这样才可能达到深度理解。

2）帮助学生形成知识体系

对知识的理解，不能只是停留在对这个知识本身的理解上，还应当对这个知识所在的知识体系有全方位的认识。例如，要理解一个概念，如果只是对它的内涵和外延的认识比较清楚，还不能说你就完全理解了这个概念。孤立地看待一个概念是没有太大意义的，因为概念之间总是可能存在某种关系，它只有存在于体系中方能体现出价值。换句话说，理解概念必须放在概念体系中来理解。事实上，SOLO 评价体系中的关联水平和拓展抽象水平，强调的就是知识的连通性。

例如，定义平行四边形要用到四边形和平行线概念，定义长方形要用到平行四边形概念，定义正方形要用到长方形或平行四边形概念，定义梯形要用到四边形和平行线概念，但要理解梯形概念又必须辨析它与平行四边形的异同。因此，要理解四边形、平行四边形、长方形、正方形、梯形，就必须在头脑中建立一个以“平行线”和“相等”概念为基础的网络，形成一个“要理解你必须理解我，要理解我必须理解你”的逻辑理路。

在教学设计和教学实施中，教师在讲授了一个新知识之后，一定要把这个知识与已经学习过的知识建立联系，使学生能够重新对自己原有认知结构进行调整和完善，形成新的认知结构。在学习完一个单元或一个章节之后，教师要协助学习整理知识，可以使用概念图、思维导图等对知识作梳理，构架外显的知识结构，再将这个知识结构内化为个体的认知结构，达到深度理解知识的目的。

3）加强知识的应用

习得知识和巩固知识的一个重要手段是知识的应用。刚学过的知识应用首先主要是在本学科范围内，直接用于解决一些简单的学科问题。这种简单的甚至是模仿性质的知识应用是必要的教学环节，这是积累知识的初级阶段。其次是知识的综合应用，这个阶段需要用到多种知识来解决问题，体现综合应用特征。最后是知识的迁移，即将知识应用于其他学科或应用于解决现实的问题。

知识的应用阶段需要研究的一些问题。其一，关于知识应用的数量如何把握。不同学科对知识应用的要求不尽相同，比如，数学学科每天都有大量的作业，而有些学科的作业量就不是特别大。教师要思考的问题是：知识的基本应用、综合应用、迁移应用各阶段到底需要多大的练习量，当然这既与学习内容有关，也与学生的能力水平相关。问题是，许多教师并没有思考类似的问题，似乎题目多多益善就是一种策略，这显然是不正确的认识。其二，关于知识应用的质量如何把握。选择怎样的练习能起到事半功倍之效？这涉及研究题目的质量、研究题目对于培养学生科学关键能力的作用。一些教师养成题目从复习资料中信手拈来的习惯可能应当有所改良，需要把认真研究命题作为一项教学的工作来对待。其三，知识的应用如何做到循序渐进。各学科都对核心素养作了水平划分，要研究如何设计知识应用的问题，使其能够由低水平向高水平过渡自然、进阶井然有序。

4）理解学科思想方法

只要有知识，就有潜藏于知识深层的思想方法，两者相互融合、共同流淌。对知识的深度理解，就是要教师揭开这层面纱，转隐性知识为显性知识，引导学生去领略学科思想方法的美丽容颜。

理科给人的印象就是科学知识的堆砌，是由一个又一个知识相互联系组成的体系，但是，科学知识还有另外一层容易被人们忽略的内涵，就是它的文化性质。作为人类智慧的结晶，科学是人类文化的一个重要组成部分，它不仅给人类带来了物质财富，也给人类创造了一种无法用价值来衡量的精神财富。科学精神、科学思想、科学方法为人类文明的发展起到了巨大的推动作用。用科学的眼光观察世界，用科学的思维分析世界，用科学的语言表达世界事实上已经成为一个现代人应当具备的素养。

基于知识的科学性和文化性双重成分，在设计对知识深度理解的教学过程中，就应当考虑知识教学与文化教学的有机结合，要充分揭示知识中蕴含的文化元素，让学生能够领略到学科的思想方法。知识可能被遗忘，思想方法却是长存的；知识是个性化的，思想方法却是通性化的；知识是树木，思想方法是森林。因此，缺乏对思想感悟和方法领会的知识理解，是一种残缺的知识理解，这一点务必引起老师们的关注。

（二）指向高阶思维的教学过程设计

1. 对高阶思维的思考

高阶思维属于思维范畴，因此得先来看看思维的分类（朱智贤等，1986）。

按思维的抽象程度分类，可以分为直接行动思维、具体形象思维和抽象逻辑思维三类。直接行动思维也称为动作思维，是直接与物质活动相联系的思维，依赖实际动作为支柱的思维，其特点是，思维伴随动作，动作停止，思维也就停止；具体形象思维是以具体的表象为材料的思维，即对表象材料进行分析、综合、抽象、概括的过程，其特点是，以表象或形象为思维材料，借助于语言作为思维的物质外壳，含有联想、想象的心理成分；抽象逻辑思维是以抽象概念为形式的思维，它也是依赖于动作和表象，但主要以概念、判断和推理的形式表现出来。

按思维的目的性分类，思维分为上升性思维、求解性思维和决策性思维三类。上升性思维是依靠比较、分析、抽象等方法，从对事物的个性向共性的认识过程；求解性思维指解决具体问题的思维；决策性思维是指规定未来行为的思维。

按智力品质分类，思维分为再现性思维和创造性思维两类。再现性思维指对已有知识的再现，或将已有知识按照通常的思维形式去解决问题的过程；创造性思维指独立思考出具有一定价值、具有一定新颖成分的思维，它是人类思维的高级阶段。

按思维指向分类，思维分为辐合思维和发散思维。辐合思维又称为收敛思维，是思维指向一个方向的思维；发散思维是思维指向多个方向的思维。

从以上的思维分类来看，由于分类标准不同，它们之间没有可比性。由于高阶思维就是高认知水平的思维，因此在上述思维不同分类中，可以析取出与高阶思维相关的思维形式，它们是抽象逻辑思维、决策性思维、发散思维、创造性思维等要素。

第二章第四节讨论过一些学者对高阶思维的界定，归纳出几个基本要素：提出研究问题、解决非规则系统的复杂问题、处理争论问题、识别潜在的假设问题、批判性思维、创造性思维。

综合上面各家观点，我们认为高阶思维主要包括几个要素：逻辑性思维、探索性思维、批判性思维、创新性思维。

1）逻辑性思维

逻辑性思维有两层含义，一是指人们思考问题、解决问题都要有逻辑性；二是指它包括形象逻辑思维和抽象逻辑思维。

林崇德先生把逻辑推理分为三种：动作逻辑思维、形象逻辑思维和抽象逻辑思维（之前分别称为直接行动思维、具体形象思维和抽象逻辑思维）。形象逻辑思维自始至终都带着形象性，反映事物的发展、联系和本质。形象逻辑思维是以抽象逻辑思维和内部言语作指导的，也就是语言和思维、思维和语言是密不可分的。形象逻辑思维以形象概括来反映客观事物的本质，与抽象逻辑思维一样，都需要概括。文科的学习，形象逻辑思维在思维中占据的比重更大。抽象逻辑思维指依据形式逻辑规律和已证实的定律、定理、公式、法则进行推理的思维形式。理科的学习，抽象逻辑思维在思维中占据的比重更大。

逻辑性思维是高阶思维的一种基本样态，因为，凡是有思维就一定有逻辑思维，而高阶思维是一种思维，所以高阶思维必然包含逻辑性思维。

2）探索性思维

探索性思维是指对问题探索的思维形式。探索有两层含义：对提出问题的探索和对解决问题的探索。

提出问题的探索性思维，要在某种情境中多方位思考，判断可能产生问题的方向和趋势，还要借助于直觉来评估产生有意义问题可能性的大小，因此思维的表现形式为发散思维、直觉思维。同时，要能够发现问题，直观想象有着重要的作用，即借助于形象、表象的思维起着举足轻重的作用，也就是说，形象逻辑思维是提出问题的探索性思维中不可缺少的基因。解决问题的探索性思维，是指寻找解题依据和方法去解决一个现成的问题。如果要解决的是一个结构良好的问题，那么探索的任务主要是选择解题依据，确定解题方法，探索解题思路；如果要解决的是一个结构不良问题，那么探索和任务首先是如何变结构不良问题为结构良好问题，然后再探索解决问题的依据、方法和思路。显然，在解决问题的探索性思维方面，辐合思维与抽象逻辑思维占主导地位。

探索性思维与许多文献中提到的问题解决十分吻合，但通常意义下的问题解决不包括提出问题。彭敬慈认为，解决问题能力是指先分析问题（与布卢姆认知评价体系中的第四层“分析”对应），然后综合个人知识创出解决方案（与布卢姆认知评价体系中的第五层“综合”对应），继而评价及改善方案（与布卢姆认知评价体系中的第六层“评价”对应）（彭敬慈，2015）。基于这种认识，解决问题当然是一种高阶思维。至于提出问题，它比解决问题更具有挑战性，需要高认知因素参与，是一种毋庸置疑的高阶思维。

3）批判性思维

批判性思维是基于充分的理性和客观事实而进行理论评估与客观评价的思维方式。批判性思维并非仅仅是一种否定性思维，它还具有对一件事情给出更多可选择的解释和进一步思考的意义。因此，批判性思维更多的成分是评价，是在判断的基础上作出合理的评价，再到提出批评性意见的思维过程。批判性思维属于布卢姆认知目标体系中的“评价”层面，因而是一种高阶思维形态。

数学学科与科学学科的教科书，一个显著特点就是整个内容都是真理的再现，从头到尾没有一个错误，学生的任务是相信这些真理，接受这些真理，个人的想法和观点无法进入教学环节。显然，完美无缺的教材体系无疑为批判性思维介入教学构筑了一道封闭的围栏，这大概也是造成当下的中小学教学过多沉湎于低阶思维训练的原因之一。突破这个围栏的一条有效途径是为学生提供解决结构不良问题的机会，需要学生突破有章可循的解题思路，通过试误、猜想、证伪、证实的探究方式获得问题解决方案，其间，批判性思维必然扮演重要角色。

4）创新性思维

创新性思维是指打破固有的思维模式，从新的角度，用新的方式去思考，得出不一样的并且具有创造性结论的思维方式。创新性思维对应布卢姆认知目标体系中的“综合”与“评价”，属于高阶思维范畴。

显然，创新性思维与逻辑性思维、探索性思维及批判性思维都是相互关联的。

创新的过程不能脱离逻辑性思维，需要以形象逻辑思维和抽象逻辑思维作为基本的思维形式。创新离不开探索，没有探索何来创新。创新与批判紧密相关，不会批判就不会质疑，不会批判就会因循守旧。事实上，历史上许多创新性成果都是建立在批判思维基础之上的。

对中小学生而言，创新是相对的，只要突破固有模式得到与既成事实不同的结果或想法，甚至对一个事实作出不同的解释等都可视为创新性思维。与批判性思维一样，创新性思维的培养也必须突破教材的束缚，从单纯的接受真理学习样态转向讨论真理的学习样态，学生要从教学的“旁观者”变为教学的“参与者”，让创新性思维真正在课堂教学中占有一席之地，这是对学生进行高阶思维训练必须思考并落实的问题。

2. 教学过程设计

指向高阶思维的教学过程设计，就是要思考如何将逻辑性思维、探索性思维、批判性思维、创新性思维这些基本的高阶思维要素融入课程教学之中。下面提出几条指向高阶思维培养的教学策略。

1）在知识讲解中建构逻辑推理链

知识除了由符号表征之外，还含有逻辑成分。符号是知识的外壳和存在形式，表征的是人类对世界万物的已有认知，给予我们的是认识世界的知识。逻辑形式是隐含于符号表征之中的知识的构成规则或法则，是认识的方法论系统，告诉我们的是走进世界的知识（袁国超，2019）。

例如，一首古诗写得很美，意境深远。那么，这首诗的美及深远的意境是如何生成和表现的？作者采用了什么方法创作了这首诗？这些问题就是知识的逻辑形式。通过对这些问题的探究，我们就能掌握诗歌鉴赏和创作的逻辑规则与思维形式。又如，化学课上学习酸雨知识，层面 1：知道酸雨是指 pH 值小于 5.6 的降水，理解酸雨的数字指标、定义等符号知识；层面 2：知道酸雨是天空中的雨、雪等吸收了二氧化硫、氮氧化合物等物质发生化学反应形成的；层面 3：理解酸雨中的二氧化硫、氮氧化合物等物质又主要来源于人类燃烧的含硫量高的煤和各种机动车排放的尾气，理解酸雨形成的过程、原理；层面 4：认识到酸雨对环境的危害很大，应树立生态意识、忧患意识、责任意识，从源头上阻止酸雨的生成，深入理解酸雨知识的意义层面，把握了酸雨知识对于人的发展的最根本、最核心的价值。这 4 个层面组成了一条逻辑链，可以达到培养学生逻辑性思维的目标。

逻辑推理链的建构，可以采用不断追因的方法，也可结合不断索果的方法，目标是构建一个完整的因果关系链。也就是说，对于一个新学习的知识，可以引导学生向前追究原因，也可以向后索果，由这个知识会产生一些什么结果。其实，就是厘清知识的来龙去脉，知识从何而来，知识从何而去，认识知识的这两个动态过程，甚至与理解这个知识是什么有同等重要的意义，因为，“过程”在高阶思维训练中更具有独特的作用。

要强调的是，高阶思维不能脱离低阶思维而独立存在。涓涓小溪汇聚方能成河，我们可以把低阶思维视为小溪，高阶思维视为河流，这大概是一种恰当的隐喻，无小溪之水何来河流之源。高阶思维的材料是知识，知识的积淀依托于低阶思维，这是一条事实性因果逻辑链，离开低阶思维的高阶思维只是空中楼阁。例如，衡量高阶思维水平高低的一个重要指标是解决结构不良问题的能力，如果学生连结构良好的问题都解决不了，怎么可能解决结构不良问题？这个基本的道理告诉我们，不能脱离根基而一味拔高，为追求所谓的高阶思维而放弃对学生基础知识和基本技能的培养显然是海市蜃楼。因此，在知识讲解中构建逻辑推理链时，要以低阶思维作为基础或作为高阶思维的起点。

2）在课堂教学中创设探索性思维情境

问题情境是探索性思维发生的必要而非充分条件。情境认知理论一个经典的观点是：思维不能脱离情境，离开情境，人是不能思维的，情境当然指包含着问题的情境。也就是说，思维的发生必然依附情境，情境的创设是思维发生的必要条件当然也就是高阶思维发生的必要条件。但反之不一定成立，有情境不一定有思维产生，或者即使有低阶思维产生也不一定有高阶思维产生。事实上，这与情境中问题设置的诸多因素有关，如问题本身的难度，对学习者而言问题的熟悉程度，问题的结构良好性程度，问题对学习者的吸引力程度，问题的设计方式，教师的诱导启发策略等，这些因素直接牵制高阶思维的产生与否。换言之，高阶思维的产生依赖于高质量的问题情境设计。

对于探索性思维情境的设计，首先，要为学生提供有探索价值的问题。有价值体现在几个方面：通过探索可以抽象出一些新的概念，通过探索可以归纳出一些新的结论，通过探索可以找到几种解决问题的路径，通过探索可以将问题推广为更一般的情形，通过探索可以将问题变式从而得到一串新的问题，通过探索可以发现隐藏在知识背后的思想方法，等等。没有好的问题，探索过程可能变得毫无意义。其次，不能把难题与探索性问题混为一谈。所谓难题，是指可能需要用到多种知识、可能用到高超技巧来解决的问题。这类问题的解答有两个明显的特征，其一，在解答过程中，逻辑推理会进入一种较高层面，推理步骤会增多，逻辑链会加长；其二，解决难题也是一个探究过程，需要探究解决问题的方案和解决问题的方法。从这两个特征看，解决难题的确有高阶思维的成分。但是也必须清楚地认识到，解答难题的前提是必须运用已有的知识、规则和算法，不是在创新知识或创设算法，而且注重一些特殊的技能技巧，探究性思维显得单一。高阶思维与“难度”有关，但更与探究、批判、创新有直接的相关性。

3）在知识探究中适当注入证伪因素

证伪实质就是一种批判，因为证伪就是在证明一个命题是假的，既然这个命题被证实是假的，当然就是对这个命题的批判。教科书编写的传统就是以证实为主线，基本上没有证伪的要素，这样的教材编写逻辑本身就是在压制学生批判性思维的形成，不利于培养学生的探索性思维。

探索本身就是在与错误同行，人类的探索不可能都是证实性思维，因为证实的前提是对象已经存在，然后去证明它是真的。然而，这个对象从何而来？这是探索出来的，探索出来的现象一般是先证伪它，即证明它是假的，在不能证伪它的情形下才能转入证实，这才是知识创生的逻辑。杜威认为，思维的过程是一种事件的序列链。这一生产过程从反思开始移动到探究，再到批判性思维，最后得到比个人信仰和想象更为具体的“可以证实的结论”。历史上，许许多多的结论都被证伪了，它们已经烟消云散，不为人知，但是人们探索知识的这个逻辑没有变，批判、证伪永远与创造性思维相关。我们的教育必须把这一块缺失补上。

在教学中，教师可以适当补充一些错误性问题，增加一些反面性论题，目的是训练学生的批判性意识，掌握证伪的方法，养成在探索问题的过程中先证伪再证实的科学研究思维方式。

例 6 探究分数不等式的性质。

在一个分数的分子和分母上乘以同一个数时，分数的值不会改变，那么，在一个分数的分子和分母上加上同一个数时会产生什么情况呢？此时，分数的值发生了变化，所得到的分数与原来分数不再相等。进一步思考，这种不等关系是否存在一定的规律？

考察分数$\frac{3}{2}$，在分子和分母上同时加 1，得到$\frac{3+1}{2+1}=\frac{4}{3}<\frac{3}{2}$。进一步举例，在这个分数的分子和分母上同时加上 2，3，…，得

$$\frac{3+2}{2+2}=\frac{5}{4}<\frac{3}{2}，\frac{3+3}{2+3}=\frac{6}{5}<\frac{3}{2}，\cdots，$$

于是得出：

猜想 1：a,b,m 是正整数，则$\frac{a+m}{b+m}<\frac{a}{b}$。

举反例驳斥这个猜想：因为对于分数$\frac{1}{2}$来说，$\frac{1+2}{2+2}=\frac{3}{4}>\frac{1}{2}$，这个例子说明原来的猜想不能成立。分析不能成立的原因，发现必须对分子和分母的数加以限制，于是得到：

猜想 2：a,b,m 是正整数，且$a>b$，则$\frac{a+m}{b+m}<\frac{a}{b}$。

容易证明这个猜想是成立的。在证明过程中发现，a,b,m 是正整数这个条件太强，可以弱化，得到：

猜想 3：a,b,m 是正实数，且 $a>b$，则 $\frac{a+m}{b+m}<\frac{a}{b}$。

上述猜想得到证明后，便成为一个定理。对这个定理进行推广，可以得到如下一系列推广的结论：

推广 1：a,b,m 是正实数，且 $a>b$，则 $\frac{b+m}{a+m}<\frac{b}{a}$。

推广 2：已知 $a,b,x_1,x_2\in\mathbf{R}^+,a>b,x_2>x_1\geqslant 0$，则 $\frac{a+x_2}{b+x_2}<\frac{a+x_1}{b+x_1}$。

推广 3：已知 $a_1,a_2,b_1,b_2\in\mathbf{R}^+$，且 $\frac{a_1}{b_1}<\frac{a_2}{b_2}$，则 $\frac{a_1}{b_1}<\frac{a_1+a_2}{b_1+b_2}<\frac{a_2}{b_2}$。

推广 4：已知 $a_i,b_i\in\mathbf{R}^+(i=1,2,\cdots,n)$，且 $\frac{a_1}{b_1}<\frac{a_2}{b_2}<\cdots<\frac{a_n}{b_n}$，则 $\frac{a_1}{b_1}<\frac{\sum a_i}{\sum b_i}<\frac{a_n}{b_n}$。

（三）指向知识迁移的教学过程设计

在教育心理学领域，迁移是指一种学习对另外一种学习的影响。这里所说的知识迁移是指将知识用于一种新情境中去解决问题。新情境包括其他学科情境、现实生活情境，也包括同一个学科中不同知识体系的情境。如此界定，知识迁移当然可以理解为一种学习对另一种学习的影响，但这个概念主要限于在问题解决范畴。

1. 对知识迁移的思考

首先，迁移是知识应用的具体体现。人类进入信息化时代，现实社会中几乎处处都与大数据有关，中小学教育要与时代发展同步，如果只是停留在传授古典的、传统知识范围内的教育模式，那么培养出来的人很难满足当代社会公民所需要的基本素养。强调在学校培养学生的应用意识已经成为全球各国的共同诉求。由于中小学所学的知识具有基础性、简单性的特点，这些知识在现实生活和生产中的应用不是很多，即使有应用也是比较浅层的应用，因此知识的应用不应当作为教学的主流，教育的目的主要是培养学生应用知识的意识和知识应用的基本能力。PISA 测试就是一种导向，阅读素养、科学素养和数学素养的测试，均偏重知识的应用，涉及的学科知识都是一些基础知识，不是检查学生综合应用知识的能力，而是考查学生应用简单知识解决现实问题的基本能力。

培养学生的应用意识，还应当注意教学内容的适度更新，将一些现代的知识元素融入课程之中。这些年的教科书编写，已经在这方面有了改观，例如，数学学科将统计知识作为一个教学模块，就是将现代数学作为教学内容的做法。数学中的应用问题，不再停留在一些人工构造情境的“伪情境”层面，将诸如网络、电商、高铁、能源、环境等现代元素纳入应用问题的情境设计，都是在有意识、有目的地给教学构建知识的现实应用背景，培养学生应用知识的意识和能力。

其次，迁移是深度学习的表现形式。学生要做到知识迁移，必须具备几个条件。第一，要具备扎实的知识基础和解决问题的基本技能。基础知识和基本技能是迁移源，没有这些知识作为储备，迁移就无从谈起。而这些知识的储备不是指知识的堆砌，要对知识有深度的理解，形成个体完备的认知结构。奥苏伯尔认为，知识迁移的必要条件是个体具有完善的认知结构，认知结构的稳定性、清晰性和可利用性直接影响到知识的迁移数量和迁移质量。基于这种认识，只有通过对知识的深度理解，构建完备的知识网络，建立优良的认知结构，才可能为知识迁移提供足够的、可供灵活调动的资源。第二，要有敏锐的模式识别能力。当解题者面对一个看上去与本学科知识无关的情境，或者是一个看上去与本学科知识无关的现实情境，如果他能够迅速地从本学科知识体系中找到与这个情境相关的要素，并能将这个要素提取用于解决这个问题，这就是模式识别。传统的迁移理论中有一个著名的理论——相同要素说，该理论认为两个对象之间存在共同要素，那么从对一个对象的认识就能够迁移到对另一个对象的认识中去，即迁移就能发生，共同要素越多，迁移发生的可能性就越大。问题的关键在于，这样的共同要素要依靠解题者去发现，否则即使两个对象的共同要素很多也对解决问题无济于事。因此，解题者敏锐的模式识别能力成为迁移的关键，而模式识别能力的训练就是一种深度学习。第三，要有坚实的其他学科知识和现实生活经验。既然要把知识迁移到其他学科或现实生活中去，当然得具备其他学科知识和现实生活经验，否则，对新情境中问题本身的理解都会存在问题。其实，这就是一个人综合素养的体现，有知识，有经验，方能应对各种不同的情境。

2. 教学过程设计

指向知识迁移的教学过程设计，可以考虑下面几条策略。

1）加强知识教学与现实世界的联系

每个学科都有自己特定的知识内容和研究范畴，看上去呈现一种相对封闭的样态。但事实上，不论是什么学科的知识，都是对自然和社会的描述。自然科学知识是对自然现象、规律的揭示和描述；社会科学知识是对社会现象、规律的揭示和描述；人文科学知识是对人类文明发展的记录和反思。这些知识的来源是人类和自然，因此，现实世界就成为沟通不同知识领域疆界的中介。

各个学科的课程与教学如果总是囿于自己的领地，无视现实世界，那么培养出来的人眼界是不会开阔的。人们常说这个人读书读成迂夫子了，即迂腐的读书人，恐怕此人受到的教育就是对一门学科的过于关注。不能说这种人不好，因为他的迂腐可能会使他成为一个领域的专家，但是，对于大多数人而言，这样的教育当然是不可取的。因为，我们的教育目标是要培养适应社会的人，这种适应社会的能力不能让学生毕业踏入社会后才开始形成，而是要在学校教育中就逐步培养。能够适应社会、适应生活，就是现代公民必须具备的一种基本素养。

在新知识的教学中，作教学设计时要思考：这个知识的产生是否有现实背景？它的现实背景可能不是唯一的，我应当选择哪一种背景才能产生更好的教学效果？用什么方法来展示这个知识的现实背景，可使知识的生成显得更加自然？需要指出的是，教材上在引入一个新知识时也可能提供了一个现实背景，但老师应辩证地对待，尽管这个情境是编者颇具匠心的设计，但还是要思考它是否适合自己的学生学习，思考：这个情境对学生来说是他们熟悉的吗？这对他们来说是有意义的吗？这样的反思会促使你去评价从而作出更好的选择。

对教材上的例题和习题，可以适当地进行改造，将问题放到现实的背景中考察。进一步地说，对题目的改造不只是在现实情境的加入层面上思考，还可能在现实情境的社会意义层面思考。也就是说，在情境的设置中，完全可以考虑将品格和价值观的教育渗入其中，使题目的解答发挥出更大的教育功能。

例 7　一个习题的改造。

苏教版小学数学教材五年级（上）练习二十一有下面一道习题，习题后面配了一个“你知道吗？”栏目。

1999 年我国耕地分布情况统计如下。

东部：水田 1270 万公顷，旱地 2609 万公顷；

中部：水田 1331 万公顷，旱地 3608 万公顷；

西部：水田 778 万公顷，旱地 3852 万公顷。

根据上面数据，完成下面统计表 3-11（用计算器计算）

表 3-11　1999 年我国耕地分布情况统计表

	合计	东部	中部	西部
总计				
水田				
旱地				

在教学设计时，老师可以考虑在此题后面，加入一个思考问题：阅读这段材料之后，你想到了哪些问题？1999 年，世界人均耕地大约是多少？加拿大的人均耕地大约是多少？请你写一篇读后感，谈谈你对保护耕地的意见和办法。

加入这个问题之后，增强了现实背景的社会意义，可以对学生进行品格与价值观的教育。

2）沟通学科之间的联系

不同学科之间有一些外显的或内隐的联系，沟通这些联系，可以使不同学科的知识相互迁移，用一个学科的知识去解决另一个学科的问题。更重要的一条思路是对不同学科进行整合，目前在国际上流行的STEM[①]教育就是一个典型范例。

STEM强调多学科的交叉融合。通过课题研究的整合化、教学内容的情境化、教学方法的综合化，在解决真实复杂问题的过程中，使原有学科内容不再分裂，并促使学习者通过建构个人知识体系和深度加工信息，提高实践操作能力和高阶思维能力。STEM 教育与深度学习的关系表现为（王宏等，2020）：①真实情境的沉浸，激发深度学习。外部的真实问题情境能激发学习者的兴趣和深层学习动机，借助体验式学习和沉浸式学习，学习者可以关注更广泛的背景信息和材料之间的内在关系，从而激发深度学习。②跨学科知识的融合，促进深度学习。在解决具体问题时，学习者运用不同学科知识，与教师和学习同伴不断交互、头脑风暴并进行自我反思，以一种融合的高阶思维来整合信息，更易将知识点理解透彻。不同的学科知识融会贯通、相互影响，促进了学习者的深度思考。③项目式学习，支持深度学习。STEM 教育的项目式学习实施过程注重小组合作与同伴交流，而和谐共享开放的学习氛围不仅能使学习者达到愉悦放松的身心状态，更能拓宽学习者的思路，促进不同学习者的思维发生碰撞，进而为知识体系的建构与发展提供支持。④评价迁移，达成深度学习。对学习过程和学习效果的评价既是进行反思迁移的开端，也是开启深度学习的转折点。通过评价促进反思，对原有的思维方式、行动方案等质疑，调整问题理解的角度，优化问题解决的方式，从而达到新的平衡。

其实，STEM 也是一种教育理念，即教育应当提倡知识的融合。即使是在文科的教育中，也可以用这样的理念支持教学。例如，在学习《桂林山水》这篇文章时，根据文章的描写，学生很难想象到那种境界。为此，教师可利用多媒体播放桂林山水的视频和图片，展现桂林山水的秀美风光，让学生真实地体会到桂林山水的秀丽，产生身临其境之感。在教学过程中，教师要让学生阅读，感悟、体会、想象桂林山水的秀美和神奇，以培养学生的想象力；教师可以结合美术学的知识，讲解桂林山水美在何处，感叹大自然的鬼斧神工；教师可以利用地理学知识，讲解喀斯特地貌特征，即多溶洞、天坑、峰丛，容易被流水侵蚀而形成峻峭多变的景象，从而解析桂林山水的形成的原因。这样，将多学科的知识融通于课

---

① STEM是科学（science）、技术（technology）、工程（engineering）、数学（mathematics）四门学科英文首字母的缩写。

文学习中，既能促进学生的语文学习，又实现了不同学科知识之间的迁移。

下面来看一个 STEM 教育案例。

澳大利亚昆士兰科技大学教授 English 团队开发了一个 STEM 项目：抗震建筑的设计与制作（English et al.，2017）。该项目要求学生在一定的预算内，利用牙签、橡皮泥、剪刀、木杆、振动测量表等材料，融合数学、工程、科学等知识，设计和搭造“抗震建筑”，并模拟地震台进行震级测试。

王宏等（2020）以济南市 S 小学六年级 3 班的 46 名学生为研究对象，以“抗震建筑的设计与制作”项目作为课程学习内容，进行了指向深度学习的 STEM 教育模型的教学实践，具体实施过程如下。

第一步：预热阶段。①明确主题。教师发放准备材料和活动手册，要求学生设计和搭造一座能够承受地震的建筑物。其中，地震等级通过模拟地震台来设定展示，活动手册用来记录学生在项目实施过程中遇到的问题和想法。②呈现知识。学生对项目的主题和目标形成自己的认识，通过教师讲解、浏览网络资源等初步了解抗震预防知识、理解搭造抗震建筑的基本原理，并准备牙签、木杆、剪刀等相关材料和工具。③创设情境。教师通过播放地震相关影像资料和虚拟场景营造真实情境体验，激发学生参与项目的兴趣和热情。

第二步：酝酿阶段。①资料搜集。将全班 46 名学生分成 6 个小组（有 4 组各 8 人，另 2 组各 7 人），各小组分别搜集抗震预防相关资料（如防震标准、设防等级、抗震注意事项等）和搭造抗震建筑的专业资料，解决如何选择抗震有利的建筑平面、如何选择技术和经济合理的抗震结构、如何处理主体结构与承重结构构件之间的关系等问题。②自主学习。利用搜集的资料，各小组梳理基础性问题（如抗震建筑采用什么框架结构，墙体、梁柱使用什么材料等），设计抗震建筑三维模型并标记好尺寸，包括抗震建筑将采用什么形状、高度多少、使用交叉支撑还是锥形几何等。③解析任务。将“抗震建筑”这个项目分解为目标单一的子任务，并确定每个子任务的具体内容。

第三步：发生阶段。①团队合作。小组成员发挥所长，完成“抗震建筑”项目的子任务，如墙体梁柱等零部件的制作、建筑的主体结构制作、防震的承重结构制作等。之后，将设计的三维模型变成实物作品。②展示产品。学生向教师展示实物作品并进行测试，如将模拟地震台设为里氏震级 4，测试制作的抗震建筑会发生什么情况、遇到什么问题等，并分享任务解决方案。③教师指导。针对测试过程中抗震建筑出现的问题，教师给予指导、提出建议，如采用板柱结构等，以更好地防震抗震。教师有意识地引导学生就“如何改进会使设计更好”“是否有必要替代或构造全新的结构”等问题进行讨论。④完善产品。学生结合教师和同学的建议，进一步完善抗震建筑作品。

第四步：成熟阶段。①多元评价。教师、学生共同根据活动手册的记录内容进行过程性评价，根据抗震产品检测进行作品评价，实现以评促改。②自我反思。学生以学习报告的形式对抗震建筑作品进行反思，如总结抗震建筑的搭造经验，包括框架结构怎样设计、梁柱采用什么材料、柱间支撑和交叉横跨等细节问题应如何处理等，并反思作品的不足之处。③拓展迁移。根据教师针对学习报告提出的反馈性意见，学生思考如何制作出成本更低、抗震效果更佳的建筑，并在实践中尝试。

在问题解决教学中，教师可以考虑设计一些跨学科的问题。例如，数学中的建模问题，模型的背景就可能是其他学科的情境，情境可能是物理学科、化学学科、生物学科、地理学科、社会科学，甚至是人文学科中的一些情境，但解决问题的理论和方法却是数学学科的，这样，解决问题的过程就是不同学科知识之间的迁移过程。

3）突出学科内部迁移的训练

知识迁移发生得更多的情形是在学科内部。因为，每个学科的知识也是分体系的，将一个体系中的知识或方法用于解决另一知识体系中的问题，就是一种内部的知识迁移。如果把知识在学科内部的迁移视为一种近迁移或中迁移，那么不同学科之间的迁移就可以认为是一种远迁移。

首先，要促进学生形成完善的认知结构。现代迁移理论指出，个体的认知结构是影响迁移的决定性因素，优良的认知结构可促进迁移的发生。申克（Schunk）认为，知识迁移涉及对记忆网络中知识的激活，记忆中的各个信息块相互联系得越多，一条信息的激活就越能成为其他信息激活的导火索。由此，学习者只有根据条件、提示信息或意义相近的命题来激活知识，才能在知识网络中找到与问题相关的知识或与学习者的计划、意图有关的信息，才能有效实现知识的迁移（戴尔・H. 申克，2009）。优良的认知结构建立，取决于学习者对知识的深度理解，取决于学习者能否将知识结构化、系统化，并将其内化在自己的认知结构中去。因此，知识学习的一项重要任务就是促进学生形成完善的认知结构。

其次，设计迁移类型题目进行训练。一般说来，在学科内部问题解决的迁移，往往是指先前解答的问题对后面问题解答产生的影响，先前问题叫作源题，后面的问题叫作靶题。源题A与靶题B之间存在四种关系：表面内容相同内在结构相同、表面内容相同内在结构不同、表面内容不同内在结构相同、表面内容不同内在结构不同。表面内容是指问题的背景、情节、对象等具体内容，内在结构指解决问题要用到的原理、方法等。

例 8 源题与靶题的关系。

源题：一辆汽车以平均每小时100公里的速度从A地驶向B地，AB两地相距500公里。问该汽车从A地到B地需要多少时间?

问题的表面特征：汽车，A 地，B 地，时速，两地距离。解答规则：$a=b\div c$。

靶题：如表 3-12 所示。

表 3-12 四个靶题的描述

	内在结构相同	内在结构不同
表面内容相同	（1）A 地与 B 地相距 800 公里，一辆汽车从 A 地出发，以每小时 80 公里的速度驶向 B 地，请问多长时间能够到达？	（2）一辆汽车以平均每小时 80 公里的速度从 A 地驶向 B 地，共行驶了 5 个小时，请问汽车行驶了多长路程？
表面内容不同	（3）一位游客以 1∶5 的英镑和美元的外汇比将 300 美元兑换成英镑，问他会拿到多少英镑？	（4）一位游客以 1∶5 的英镑和美元的外汇比将他的美元兑换成 200 英镑，问他原来有多少美元？
解答规则	$a=b\div c$	$a=b\times c$

在表 3-11 中，第（1）题称为源题的近迁移题，第（2）题与第（3）题称为源题的中迁移题，第（4）题称为源题的远迁移题。许多研究表明，迁移量会随着近、中、远迁移题而逐渐减少。

一般说来，在教学设计要思考如何编制近、中、远迁移题来训练学生，以提升他们的问题解决迁移能力。

最后，源题的多形式设计。①源题的变式设计。包括图形的变化、规则变形、问题的条件强化或弱化等方法的运用。变式的目的是促使学生在头脑中形成完整的知识结构，从而促进迁移的产生。②源题的数量变化。不同的知识点其练习量是有区别的，就每个知识点的特性，教师应当研究究竟需要多少题目的训练学生就能够掌握这个知识，太多的练习无疑是对学生时间的一种浪费。③源题的组织形式。这同样是教师需要研究的问题，不同的内容其源题的组织形式可能是有差异的，而不同的组织形式又可能带来教学效果的差异。例如，成组地组织样例（一次性讲解一组样例，然后学生再练习）与分散地组织样例（讲解一个样例后学生练习，再讲解一个样例学生再练习……），这两种方式到底适合于哪些内容？这需要教师在教学实践中去认真研究和总结。

第三节 教学设计的三种水平

在教学实践中，从教学指导思想定位、教学目标设定、教学内容呈现、教学模式选择、教学策略运用、教学组织形式构架、教学评价实施等方面考量，不同水平的教师作出的教学设计和教学实施都存在明显的差异，这些差异会直接导致教学效果和教学效率的不同。本节以教学实践中存在的上述现象作为前提，提出一种教学的分层构想，并对不同教学层次的依据作出分析。

一、课堂教学的三种水平（喻平，2012a）

教学设计可以分为三个层次：基本型教学、智慧型教学和创新型教学，三个层次所达到的教学效果和体现的教学功能由低到高依次提升。当然，这种分层只是一种相对的描述，三个层次并不是完全独立的，即基本型教学中可能存在智慧因素，智慧型教学中也可能存在创新因素。

基本型教学指教师在了解学生已有知识的基础上，在忠实于教材的前提下，根据教学目标制订教学计划和组织教学内容；教师在教学中能遵循教学原则，选择适当的教学方法，讲授合乎学科的逻辑性、严谨性；能组织有效考试对学生的学习效果进行准确评价。基本型教学能够完成教学任务，达到使学生掌握基础知识、形成基本技能的目标。

智慧型教学指教师在基本型教学基础上，能根据不同的教学内容正确处理预设目标与生成目标的关系；能洞察学生学习中出现的困难和理解的偏差，采取及时补救措施；能使用有效的教学组织形式，构建利于学生学习的优良环境；能突出学科思想方法，注重举一反三、触类旁通；能采用多种方式对学生学业成就、行为变化、情感态度进行恰当评价。智慧型教学不仅可以达到发展学生的“双基”的目的，而且能有效地促进学生数学能力的增长，发展学生的情感、态度和价值观。

创新型教学指教师在智慧型教学基础上，把握教学的宏观层面，遵循教育科学性与人文性并重的理念，正确处理教学中的基本矛盾，打破常规教学思路，设计新颖、独特、有效的教学程序，并能将教学实践与教学研究有机结合，把教学建立在教学研究的基础之上。创新型教学不仅注重发展学生的认知能力，提升学生的非智力水平，而且强调培养学生的创新意识和创新精神。

一般说来，把教学分为基本型、智慧型和创新型对各学科的教学都是可行的，然而，除了满足一般教学规律之外，不同学科有自身的教学特殊性，也就是说，产生教学三种不同形态所依托的基础是不一样的，因为不同学科的知识来源、知识形态、知识结构不完全一样，更深层次地看，不同学科所蕴含的思想方法、文化元素也大相径庭。

在教学设计中，如果教师基于自己的基本知识结构，即个人的理论性知识来设计教学，那么就对应基本型教学；如果教师在理论性知识基础上形成优良的学科教学能力（pedagogical content ability，PCA），并在此基础上来设计教学，则对应智慧型教学；如果教师在前两者基础上再融入创新意识和创新能力，并以引为基础来设计教学，则对应创新型教学。三种教学状态均受到教师教学认识信念的支持和约束。需要指出的是，教学的三个层次并不是完全独立的，因而它们所对应的基础也不完全独立，其中有一些交集元素，这种对应关系的结构用图 3-24 表述。

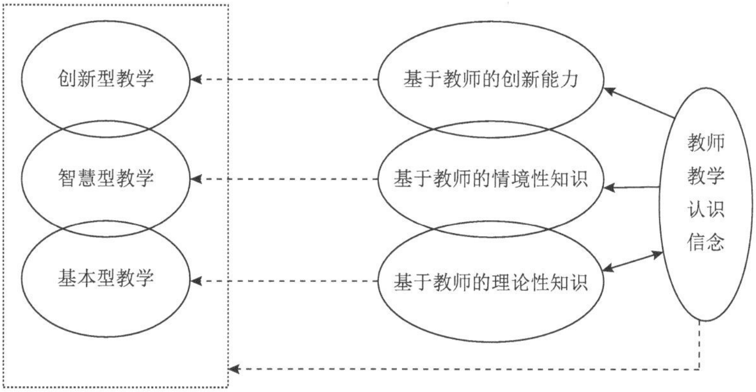

图 3-24　三个层次教学对应的基础

二、基本型教学层面分析

关于教师的知识，国内外学者的主要观点如下。舒尔曼（Shulman）把教师知识分为七类：内容知识（content knowledge），一般教学法知识（general pedagogical knowledge），课程知识（curriculum knowledge），学科教学知识（pedagogical content knowledge），学习者知识（knowledge of learners），教育环境知识（knowledge of educational context），关于教育的目标、目的等知识（knowledge of educational ends, etc.）。格罗斯曼（Grossman）的分法：内容知识、学习者与学习的知识、一般教学法知识、课程知识、教育环境知识。伯利纳（Berliner）的分法：学科专长、课堂管理专长、教学专长、诊断专长。普特南（Putnam）和博克（Borker）的分法：一般教学法知识、学科知识、学科教学法知识。艾尔贝兹（Elbaz）的分法：学科知识、课程知识、教学法知识、关于自我的知识（杨翠蓉等，2005）。

事实上，舒尔曼在提出教师七类知识之前就提出了“学科教学知识”，即 PCK（pedagogical content knowledge）的概念，所谓 PCK，是指用专业学科知识与教育学知识的综合去理解特定主题的教学是如何组织、呈现以适应学生不同兴趣和能力的知识（Shulman，1987），即教师在面对特定的主题时，如何针对学生的不同兴趣与能力，将学科知识加以组织、调整与呈现来进行教学的知识。此后关于 PCK 的研究持续不断，例如，格罗斯曼对 PCK 做了更详细的简述，认为 PCK 包括四个部分：①教师关于一门学科教学目的的统领性观念——关于学科性质的知识、关于学生学习哪些重要内容的知识或观念；②学生对某一课题理解和误解的知识；

③课程和教材的知识，主要指关于教材和其他可用于特定主题教学的各种教学媒体和材料的知识，还包括了学科内特定主题如何在横向和纵向上组织的知识；④特定主题教学策略和表征的知识（Grossman，1990）。

对于教师的理论知识，我们作出一种更细致的划分：基本知识包括学科知识、教育学知识、心理学知识等三个主要成分，每个成分又可分为若干子成分：①学科知识：包括学科理论知识、对学科本体的认识、对学科思想方法的体悟、学科史知识；②教育学知识：包括一般教育学知识（教育知识、教育技术知识、教育管理知识）和学科教育知识（学科课程知识、学科教学知识）；③心理学知识：分为教师心理知识（教学监控知识、自我监控知识、教学风格知识、教师品德知识）和学生心理知识（学科认知的知识、C_6学习中的元认知知识、学习中的非认知因素知识、儿童心理发展知识、学习风格知识）。这三种知识相互联系、相互作用，形成教师的基本知识结构。

从这个知识结构来看，教师的理论性知识有几个基本特征：第一，知识的静态性。学科知识、教育学知识、心理学知识作为客观知识，体现出人类思维的结果性特质，它抹去了人们创造这些知识的过程，呈现出静态形式。当人们在学习这些知识时，通过理解将外在的知识结果形式内化为个体的主观知识，这种以同化、顺应等心理过程建立的心理知识结构即认知结构也同样保留了知识的静态性质。第二，知识的陈述性。教师的基本知识是陈述性知识，即“是什么的知识”。从心理学角度看，这些知识的表征是命题网络形式，知识既有个性也有相互的关联性，个体认知结构中的知识既有纵向联系也有横向联系。第三，知识的发展性。作为知识的每种成分，都有一个发展的空间，即使是学科知识，教师也不可能停滞在职前教育学习的知识水平，因为随着各学科本身的发展会产生新的知识，时代进步对公民的科学素养和人文素养又有不同诉求，于是教学内容就有替代和更新的自然要求，当然教师的知识也就存在被不断充实的必然。同样，教育学、心理学理论在不断发展，要求教师持续学习新的思想和新的理论。所谓对教师的“充电”就是指教师的知识发展过程。第四，个体知识的差异性。教师基本知识结构中的每一种子成分的发展是不平衡的，有的知识增长快，有的知识增长慢，甚至没有增长。发展的不平衡性源于教师自身的认知水平、认知风格、兴趣、爱好、动机、师德、敬业精神等多种因素的个体差异。

教师理论性知识结构的这些基本特征，如果受到教学认识信念的引导，就会在一定程度上限制和规范教师的教学行为。完全囿于理论性知识结构的教学，是一种静态的知识观，在这种静态性特征支持下，教师往往会把学科知识作为结果的、静态的东西看待，把教学过程理解为一种完成传递物件的任务，即把结果性知识准确无误地传递给学生，“讲授—接受”的教学范式成为主流。在知识的陈述性特征支持下，教学中教师对知识的解读主要围绕“是什么”，而不对“为什么”作出深究，以论证、推理等强势手段要学生相信和接受知识的真理性；教师对自己知识结构中的教育学和心理学知识，可能会停留在知道条例而不能根据具体教学情境灵活运用这些条例的层面，缺乏一种中间机制将学科知识、教育学知识、心理学知识有机结合，形成动态性、程序性的知识。在知识的发展性特征支持下，造成教师的专业发展就是学科知识、教育学知识和心理学知识量的增长的误区，事实上，即使教师的知识结构不断丰满，但不能有效运用这些知识，其教学水平也很难突破“基本型”范畴。在个体知识的差异性特征支持下，教师可能会出现三类知识发展的不平衡，为什么有的教师学科专业水平很高但教学效果平平，其中的一个原因可能是在他的知识结构中，学科知识突出，而教育学与心理学知识欠缺。

教师的学科教学知识即 PCK 在基本型教学中起着重要作用，学科教学知识在一定程度上将教育学和心理学知识作了整合并体现在教学设计和教学实施中，但是，在基本型教学层面，教师往往把学科教学知识作为静态知识来认识，是一种“学科教学法知识”层面的认识，于是这种知识就会成为一些僵化的原则和条款，体现不出面对具体教学情境 PCK 的生成性和灵活性。换句话说，基本型教学关注的是教师的理论性知识，将理论性知识直接与教学挂钩，即将理论性知识直接用于教学实践，很少思考情境性知识这个中介变量，因此产生的教学效果不是最佳的。另外，基本型教学是教师的教学认识信念定位于静态知识观、相对传统教学观基础之上的教学理念层面，能够实现部分教学目标，实现学科教育的部分功能，这又产生了一个缺陷，因为教师的教学行为受到教学认识信念和理论性知识的共同支撑，两者中有一种不健全，都会影响优质情境性知识的生成和发展。因此，基本型教学显然存在一定缺陷。为了填补这些缺陷，教师的教学应当向智慧型教学层面发展。

基本型教学能够实现部分教学目标，实现教育的部分功能，但是，这种教学类型显然存在一定缺陷。为了填补这些缺陷，教学就应当走向智慧型教学层面。

三、智慧型教学层面分析

从基本型教学层面走向智慧型教学层面，是教师教学水平的提升过程，这种提升依赖于教师的优良的情境性知识。

（一）教师的 PCA

早期对教师 PCK 的研究是一种静态观，随着研究的深入，有学者开始用动态观点认识 PCK。科克伦（Cochran）等发展了 PCK 理论，他们从强调知识发展动态本质的建构主义观点出发，对学科教学知识概念做了修改和拓展，提出了“学科教学认识”（pedagogical content knowing）即 PCKg 的概念，PCKg 指教师对一般教学法、学科内容、学生特征和学习情境等知识的综合理解。同时，他们还提出了学科教学认识的发展综合模型（Cochran et al.，1993）。科克伦明确指出应该把“知识”变为认识，强化了 PCK 是一种动态性知识。

我们赞同对 PCK 的动态理解，同时也应看到 PCKg 的不足。PCKg 在更高的层面上强调了 PCK 形成过程的动态性和建构性，它意味着 PCK 不会随着学科知识和一般教学法知识的获得而自然形成，而在很大程度上，它是教师个人在特定情境中不断将一般教学法、学科内容、学生特征和学习情境等四种知识进行整合与探究的过程。但是，PCKg 并不涉及如何整合四种知识、整合四种知识需要什么要素作为支撑等问题，而且，PCKg 要求整合的只是四种知识，没有涉及教师基本知识中的其他要素。基于这种认识，我们对 PCKg 做进一步改造，提出学科教学能力（PCA）概念。

第一，教师的 PCA 是一种教学的能力，作为知识看待就是程序性知识。PCA（程序性知识）是由教师的基本知识结构（陈述性知识）转化而来的，在知道“是什么”的前提下走向知道“怎么做”，表现出面对具体教学情境教师综合利用知识结构的动态过程。从 PCA 的内在表征来看，它是一个产生式系统，教师在拥有基本知识的基础上，头脑中形成了一系列“如果……那么……”。一条“如果……那么……”即一条产生式，而教学事件又是复杂多变的，出现一个“如果”可能会用多个“那么”应对，也可能出现一个“那么”会有多个“如果”应对的情况，因此，教师的 PCA 的内在表征是一个复杂的产生式系统。

第二，PCA 受三个要素支撑：教师的理论知识、自我监控、认识信念。PCA 的形成是教师个体综合地利用知识的结果，这种综合利用的过程当然要受到自身对思维的监视、调节和控制作用的影响。作为 PCA 的第三个支撑要素，教师的认识信念起着重要作用。个体认识信念是个体对知识以及知识认知过程的直觉认识，它涉及对知识性质、知识认知、学习性质、学习条件、环境条件等维度的认识。个体认识信念是一个系统，这个系统由知识信念、认知方式信念、学习信念、文化信念、行为表现和自我调节信念组成，这些要素之间相互联系、相互作用而形成一个复杂的结构（Schommer，2004）。例如，对于数学教师而言，对数学知识性质和数学学习性质的理解尤其重要。教师对数学本体的认识不同，就会产生不同的数学观，从而影响到自身的教学行为。如果把数学理解为绝对真理而导致视数学为静态的、准确无误的知识，就会忠实于知识的尊严，信奉知识的准确性，教学的任务就是将知识准确无误地传递给学生，形成“结果式”教学模式，学生的学习是以“旁观者”身份被动地接受知识；如果把数学知识理解为是“可误的”，是在修正错误中发展的，就会把数学看成是由问题、语言、方法和命题组成的体系，这个体系是一个动态结构：由问题作为教学的逻辑起点，用语言描述问题从而形成数学问题，采用合适的方法解决问题，最后形成数学命题和理论。显然，这种理念迁移到教学中就会形成“过程式”教学模式，学生以“参与者”身份介入学习。可见，教师的认识信念对其教学行为有显然的导向作用。

第三，教师的PCA的特征表现为：①个体性。教师必须依托自身的知识结构，结合教学实践中积累的经验逐步形成，一旦形成就是自己拥有的个人知识，不同个体的PCA存在差异。②情境性。PCK只能在教学的真实情境中才能产生，情境是整个教学与学习中的重要而有意义的组成成分，情境不同，所产生的教学与学习也不同，从这个意义上说，PCA是因变量，随着教学情境这个自变量的变化而变化。③实践性。如果教师拥有的基本知识结构不在教学实践中去运用，这些知识只能是静态的陈述性知识而不可能成为PCA。PCA是一种在实践中生成，同时又能指导教师实践、教学决策、教育行为的知识，是实践形态的知识。

通过以上分析，可以看出教师的PCA是在其PCK，PCKg基础上的拓展概念。

（二）基于PCA的教学

前面的研究表明，教师的教学行为主要受到情境性知识的影响，而情境性知识的因素是教师的PCA和情境特别知识。因此，基于教师情境性知识的教学是一种智慧型的教学。

情境性知识是教师在对自己理论性知识融会贯通、触类旁通的基础上，在个体认识信念导向下于具体的教学对象、教学情境中生成的知识，它把教师的智慧融入了知识之中。

在教学的预设阶段，拥有优良情境性知识的教师会根据具体的教学内容，以适宜的教学理论作为基础，以合理的知识观及教学信念作为支撑设计教学过程；在了解学生心理发展规律的基础上，会考虑学生的认知及非认知水平现状设定恰当的教学目标；会预设学生在学习中可能产生的困难，应用心理学的相关理论拟定解决学生学习障碍的办法；会针对具体教学内容考虑选择适宜的教学方法、教学组织形式，选用恰当的教学媒体进行教学；会科学设计例题、习题，确定合理的练习量，灵活运用评价方法对学生的学业进行评价；会对同一内容预设多种教学方案，并运用学科教学理论及教学经验对其进行比较以确定最优方案。在教学实施过程中，能够灵活机智地处理各种突发事件，根据具体教学进程灵活修正、补充教学策略，保证教学目标的顺利实现。

例如，在数学概念教学中，基本型教学的设计主要关注的是学生对概念的理解和对概念的应用，采用“展示概念—讲解概念—例题—练习”的模式设计教学，教学的时间主要用在学生的练习方面。智慧型教学设计要考虑概念产生的背景（现实背景或数学背景）、概念发展的路径、概念形成的体系、概念中蕴含的数学思想与逻辑方法等因素，考虑安排最利于学生学习新概念的“先行组织者”，设计一种让学生可以体验概念发生、发展、应用的情境，使学生在体验中形成和理解概念。

智慧的学问，不是知识数量多、学术程度深就能自然拥有的，而是需要在鲜活的教学实践中探究、在探究的过程中发展的。这是个漫长的过程，也是个与理智、道德、审美的情感体验相伴随的过程（杨启亮，2009）。

四、创新型教学层面分析

（一）教师的创新能力

这里所说的教师的创新能力，不是指教师在学科知识方面的创新，即不是指教师能够创造新的知识，而是指教师在教学中的创新，有创新的课程思想和教学思想。

教师的创新能力，是建立在几个基础之上的。第一，教师要有相对完备的知识结构，有完善的教学认识信念，有优良的情境性知识，这是基本的前提。如果基础单薄却空谈创新，无疑是无源之水、无本之木。第二，教师要有反思意识，养成反思习惯。反思包括对自己和他人的教学基本设计、教学实施过程、学生学习效果、课程资源开发、教学研究等内容的回顾的思考。反思在于学习和鉴赏他人的长处，修正和改造自己的短处，创新能力在反思中萌生与成长。第三，教师要有批判精神。没有批判意识，思维就会产生定势或受到制约，特别是被一些所谓典型的案例、榜样的光环所束缚。批判是在反思基础上有依据、有理由的批判，批判的目的在于改造或重构。第四，教师要具备一定的教育科学研究能力。教学是一门艺术又是一门科学，无论是以艺术看待教学还是以科学定位教学，都需要对教学进行研究，没有建立在研究基础之上的教学很难成为创新型教学。

（二）基于创新能力的教学

创新型教学没有固定的模式可以套用，没有僵化的策略供教师选择，创新型教学只能在教师拥有扎实的知识基础、优良的 PCA 前提下，在分析、比较、综合、反思、批判、研究的过程中生成和发展。

创新型教学设计有以下几个要点。

第一，教师要制订富有弹性的教学目标，而不是死板的教学目标，教学目标要预设能够在教学实施过程中扩展或收缩的空间。

第二，要深入挖掘课程资源特别是内隐的课程资源，并有效利用这些资源于教学中。一般说来，内隐的课程资源主要由内隐素材性知识和过程性知识组成。内隐素材性知识就是潜藏于知识深层的隐性知识，包括知识的文化元素、知识的背景元素、知识的逻辑元素、知识的方法元素。过程性知识是伴随数学学习活动过程的个体的体验性知识，体验分为四个阶段：①对知识产生的体验。体会知识产生的缘由，明晰新旧知识之间的关联和因果关系。②对知识发展的体验。体悟知识发展的动因，包括学科的内部因素和促进知识发展的外部因素。习得探究问题的方法（逻辑的和非逻辑的）和策略。③对知识结果的体验。领会蕴含在知识中的思想方法，感受知识结构的美。④对知识应用的体验。体会知识应用的广泛性，积累解决问题的认知策略和元认知知识，形成自我监控的意识和习惯。充分挖掘和利用内隐素材性知识和过程性知识这两类隐性资源，是创新型教学生长的源泉。

第三，对教材中的知识进行“教学法”层面的加工，包括对知识结构重组、知识引入方式、知识变式途径、知识拓展引申、知识横向和纵向联系等方面的思考和决策。把学术的知识变为教育的知识，把“冰冷”的知识变为“火热”的知识，学生乐于学习、亲近学习、热爱学习，从认知因素层面消除学生的学习障碍，从非认知因素层面激发学生的学习热情，从而有效、高效地实现教学目标。

第四，开展教育科研，对教学过程与学习效果的关系进行研究。采用规范的教育科学研究方法对教学中出现的问题、困惑展开研究，例如，对“同课异构”“同课异师”“同法异课”“同法异生”等问题进行研究，考察产生不同教学效果的原因，创造和寻求更优的教学设计与途径。教学的创新往往产生于教学的研究之中。

第四节　教学中的求同存异

教学是以课程内容为中介的师生双方教和学的共同活动，是学校实现教学目的的基本途径，其特点是通过系统知识、技能的传授与掌握，促进学生身心发展（顾明远，1990）。从这个对教学本质的描述看，教学是一个复杂的过程，涉及课程理念、课程目标、课程内容、教师、学生、组织形式、活动、方法、策略、学时、知识、技能、发展、评价等因素以及这些因素之间的相互关系。教学是一种有目标、有内容、有组织、有步骤、有章法的教师与学生群体相互对话、交流、协商的活动。

显然，教学中的诸多因素是可变因素（变量），它们或者受自身调节的影响，或者受到其他因素的牵制，不会呈现出一种恒量的（常量）状态。但是，一些宏观层面的因素又会受到国家意志或社会发展的规约，呈现出相对不变的特质。例如，我国的中小学课程理念、课程目标是由国家统一界定的，教师个人的教学行为不能超越概念的边界。因此，在教学实施中，作为教师必须对求同因素与存异因素有清晰的认识，才能正确把握教学的本质，深入理解有效教学的方法论问题，在教学中才能做到取重避轻、张弛有度。

一、理念求同 行为存异

理念求同、行为存异指在教学中应注重课程理念追求同一，教学行为存在差异。

（一）课程理念追求同一

人类在诠释事物时所归纳或总结的思想、观念、概念与法则称为理念。因为事物是不断变化的，这就决定了理念不会一成不变，教育理念亦是如此。从宏观层面看，教育理念会随着社会发展、科技进步、国家核心价值观的变化而不断演进，延伸出新教育理念范畴和内涵；从微观层面看，个人的教育理念会随着自身知识的积累、素养的发展以及对课程标准理解程度的改变而变化。

教育历史上出现的形式教育理论，主张教育应当以形式为目的，认为在教育中灌输知识远不如训练官能重要。身体上的各种器官用操练可以使它们发展起来，心智的能力也只有通过练习使其发展，因此，教育的任务在于训练心灵的官能（瞿葆奎，1993）。到了19世纪初，工业革命的出现，要求学校培养具有一定实用知识的人，于是教育理念发生变革，出现了实质教育理论。该理论认为教育应当以实质教育为目的，教育的目的不在于重视课程的训练作用，而是重视课程、教材的具体内容本身及其实用价值，使学生获得丰富的知识。可见，教育理念变化的一个重要原因是社会的发展，理念的树立必然要与社会的需求相适应。

一种理念一旦形成，它必然有一个稳定期，易变的观念不可能形成理念。课程改革在不定期地进行，每一次课程改革都有自己的课程理念。课程理念为课程改革起到领航作用，直到下一轮课程改革开始，这一理念都不会改变，表现出相对稳定的性质。《普通高中课程方案（2017年版）》提出："普通高中教育的任务是促进学生全面而有个性的发展，为学生适应社会生活、高等教育和职业发展作准备，为学生的终身发展奠定基础。普通高中课程建设坚持全面贯彻党的教育方针，落实立德树人根本任务，发展素质教育，推进教育公平，努力构建具有中国特色、体现国际发展趋势、充满活力的课程体系，培养德智体美全面发展的社会主义建设者和接班人。"（中华人民共和国教育部，2018a）在这个总体指导思想下，各学科课程标准明确了本学科的课程理念。

理念求同，是指在教学中教师不能擅自偏离课程理念指向、跨越课程理念边界，个人的教学理念要与课程理念保持高度的同一性。

当下，我国把发展学生核心素养作为基本理念，各学科围绕这一主线编制课程标准，改变以往过分偏重知识掌握而忽视素养发展的教学倾向，可以说，这是课程理念从知识教育向素养教育的转型。作为课程理念的贯彻者，教师就必须扬弃旧理念树立新理念，并在教学中坚定不移地贯彻新理念。在教学中，教师不要过度地思考如何把知识讲深讲透，而要思考如何通过这个知识的学习来提升学生的素养；不要只是关注这个知识的本质是什么，而要厘清知识的来龙去脉，揭示知识从何而来又从何而去；不要无休止地让学生做机械重复的练习，而要引导学生探究问题的生成，归纳解决问题的策略。这些做法反映出的就是教师的观念与课程理念的求同性。

杜威推崇“教育即生活、生长和经验改造”。由于生长和生活无止境、无终极，因而也没有最后的目的。杜威认为，从外面强加给活动过程的目的是固定的、呆板的，这种目的不能在特定的情境下激发智慧，只不过是从外部发出的做这样那样事情的命令。这种目的并不直接和现在的活动发生联系，它是遥远的，和用以达到目的的手段没有关系。这些从外部强加的目的的流行，使教师和学生的工作都变成机械的、奴隶性的工作（约翰·杜威，2001）。这就是杜威所谓的“教育无目的论”，准确地说应当叫作“教育无外部设定目的论”。事实上，杜威提出的是教育的终极目标而并非无目的，因为“教育即生活”本身就是一种纯粹的理念，是课程设计追求的共同理念，他反对的是偏离这一理念去任意设置“外部强加目标”的做法。

（二）教学行为存在差异

行为存异，是指在共同课程理念的约束下教师的教学行为可以存在差异。在不违背课程理念的前提下，教师可以发挥自己的聪明才智，构建富有创造性的教学设计和教学情境，充分展示自己的教学个性和教学艺术。

课程理念是一个形而上的概念，它的具体落实必须依赖教材编制和教学实施来实现。在课程理念的统领下，教材编写风格各异，教学设计千姿百态，教学实施各显其能，都是合理的，也是合情的。正如工厂要生产一种产品，首先由总设计师提出设计理念，然后由各项目工程师具体设计出不同风格的新产品样式，这些产品可能会在销售市场上产生不同的竞争力。在教学设计、课堂行为方面，不同的教师或者教师个体在对某一问题的不同思考都会存在一定差异，然而他们的理念是相同的。例如，在数学概念教学中，要培养学生“数学抽象”这一核心素养，可以设计不同的但都可能达到培养学生的数学抽象能力的教学方案。一个老师可能用概念形成的方式来设计，学生通过对一组实例的观察，概括和归纳出这组例子的共同属性并抽象出它们的本质属性来形成概念，这种设计显然可以达到培养学生数学抽象能力的目标；另一个老师则可能将这个概念还原为一个现实生活中的问题，在寻求解决这个问题的途径中自然地引入概念，这样的设计同样可以达到培养学生数学抽象能力的目标。

在教学中，课程理念支撑下的教学路径必然多元化，如果认为一种理念只对应一条教学路径或只对应一种教学策略，那么就是对教育理念的概括性和应有张力缺乏深入理解和认识。“理念”犹如战略，“行为”恰似战术，战略高度统一、战术灵活多变方能取得胜利。事实上，正是理念同一、行为存异，在教学实践中才会产生出风格各异、精彩纷呈的教学设计，才会涌现出一批又一批个性凸显、才高八斗的优秀教师。教学理念是全体教师应当共同遵循的准则，它具有约束力和规范性，行为存异则为教师承诺了个人释放能量的制度允许，提供了充分展示自我的平台，在这个平台上，教师可以充分挖掘课程资源和自身潜力，淋漓展现自我才华。

在教学中如何做到行为存异？

1. 潜心修为

乐于学习、勤于读书、善于思考、忠于职业即为潜心修为，唯有如此，方能提升自我的教学水平。

本章第三节论述了教学可以分为三个层次：基本型教学、智慧型教学和创新型教学。由于产生教学三种不同形态所依托的基础是不一样的，基本型教学依托教师的学科理论知识和教育理论知识，智慧型教学依托教师的学科教学知识（PCK），创新型教学依托教师的创新能力，因此，教师要提升自身的教学能力，就要实现从基本型教学到智慧型教学再到创新型教学的不断拔高。教学思维应当从以教材为中心到以教师为中心再到以学生为中心转变，教师除要具备扎实的学科知识外，更要不断充实或更新自己的教育学、心理学知识；要养成反思习惯和意识，修正和完善教学认识信念，形成优良的学科教学知识；要有批判意识和能力，充分挖掘诸如学科文化、学科逻辑等隐性课程资源，并有效组织这些资源，创造性地提出教学设计方案。

2. 教研并重

教学与教研应是教师素养提升的双翼，一翼残缺，何来腾飞？

常有一种误解，认为教学与科研是两股道上的车，两者没有关联。教学与科研真是两条不相交的平行线吗？回答是否定的，它们事实上是相交直线，或者更形象地说，它们是相互交织的两条曲线，交点无数、盘根错节。教学与科研的本来关系应当是：教学引发研究，科研反哺教学。

教师如果只关注“应该怎么教”，依赖于经验驱动、感性定位，迷信所谓名家的设计模板和教学案例，那么只能囿于已有章法的桎梏，满足于一招一式地模仿，其行为是典型的教研意识缺失表现。持这种教学自守观念和思维逻辑，其教学水平难以超越别人，也难以超越自己。这种教学行为的求同追求，无疑会丧失教学行为存异感，断绝提升教学水平的基因生成来源。如果能够思考“为什么应当这样教”“这样教能产生好的教学效果吗”“这堂课效果很好或者这堂课效果很糟糕，其原因是什么”“能否对这个教学设计进行改造，从而产生不同的效果”等问题，那么就显示出你已经进入教学研究层面，你就会进一步思考问题，提出改良教学设计的策略，提出新的教学模式，并有进行教学实验尝试的冲动。一个教师有热爱教学研究的情结，有强烈的反思问题意识，有扎实的研究问题能力，他的专业发展必然会节节攀升。

二、共性求同 个性存异

对于每一个学生，都必须进行德、智、体、美、劳的五育教育，这就是教育要面向全体、追求共性的一面。另外，每一个学生都有其自身的特点和爱好，都有不同的个性特征和能力差异，只有对不同的学生因材施教，方能发展学生的个性品格和潜在能力，这是教育面向个体、追求个性的一面。

（一）共性发展，追求同一

具体到教学中，共性求同与个性存异涉及教学目标的设定和教学目标的性质。教学都是学科的教学，而各个学科都有国家发布的课程标准，在课程标准中明确地规定了课程目标，教学目标又是课程目标在课堂上的具体化表述。从这个意义上说，教学目标一旦设定，似乎它就成了一个不变的量，表现出“常量”的特质。但是，应当看到教学目标也有“变量”的性质。首先，课程标准对教学目标的界定是有弹性的，从《普通高中课程方案（2017 年版）》来看，各学科都对学科核心素养水平作了划分，明确了不同核心素养水平的评价标准，显然，这种做法超出了把教学目标作为常量的概念边界。其次，课程标准限定的只是教学目标的底线，是每个学生都要达到的基准线，并没有明确给出不同学生可能达到的终极目标，这也凸显了教学目标是变量的秉性。最后，教学目标有既定目标也有生成性目标，生成性目标是在真实的教学情境中产生的，它是一种不确定因素，往往会超越既定目标的设计范围，因而也是体现出教学目标的变量色彩。

教学中的共性求同，是指全体学生都要达到既定的目标，共同跨越这个设定的底线；教学中的个性存异是指允许并鼓励学生向目标的高端拔尖，达到自己力所能及的高度；允许学生自由设置生成性目标，跳出既定目标的束缚。

从本次课程改革来看，教学目标的底线设置与教学内容有关。《普通高中课程方案（2017 年版）》中指出：“学业水平合格性考试以必修课程要求为准，考试成绩合格是毕业的重要依据。普通高等学校招生全国统一考试和计入高校招生录取总成绩的学业水平等级性考试以必修课程和选择性必修课程的综合要求为准。”（中华人民共和国教育部，2018a）与此对应，各学科都对本学科的核心素养作了水平划分，例如，语文分为 5 级水平，水平 1 和水平 2 是必修课程学习的要求，其中水平 2 是高中学业水平考试的依据；水平 3 和水平 4 是选择性必修课程学习的要求，其中水平 4 是高校招生考试的依据；水平 5 是选修课程学习的要求，是为对语文课程更有兴趣的学生所设的更高要求。因此，高中语文核心素养水平 1 和水平 2 就是共性求同，水平 2 是高中语言合格水平的底线。

教学目标的底线，其实就是全体学生共性发展的基本要求，要使学生都具备为个人发展和社会需求的必备品格、正确价值观和关键能力。由此认识，在共性的追求中，教学目标的底线的确是一个常量，是一个必须达到的固定值。教学中实现这一常量的变量却很多。布卢姆认为，只要对下列三个变量予以关注，就有可能使绝大多数学生的学习达到掌握水平。①认知准备状态：学生已经习得完成新的学习任务需必备的知识技能程度；②情感准备状态：学生从事学习过程的动机程度；③教学质量：教学适应学生的程度（施良方，1994）。如果把学习时间作为教学变量，布卢姆则认为当学生把所需要的时数都用于学习，而且有足够的时间去学习，那么绝大多数学生都能达到掌握水平。从教学过程来看，依据布卢姆的教学理论，教师在把握学生认知准备状态和情感准备状态的前提下，要精心设计适合全体学生学习的教学方案，准确构建恰当的学习环境，有效使用线索、参与、强化、反馈、矫正等教学策略，灵活选用学生共同参与的教学组织形式，严格制定合乎共性评价的指标和方法，就能使全体学生受益，实现教学目标的“兜底”功能。

（二）个性张扬存在差异

学生在智商和情商方面都会存在个体差异。个体差异是指个体在认知、情感、意志等心理活动过程中表现出来的相对稳定而又不同于他人的心理与生理特点。个体差异包括个体内差异和个体间差异。个体内差异是每个儿童内部不同能力之间的差异，一方面指某人的一种能力比他自己的另一种能力强，比如聚合思维强于发散思维；另一方面指某人的能力发展有自身的特殊性，比如某一种能力的发展比另一种能力的发展时期更早。个体间差异指同龄个体之间存在的差异。正是个体差异的存在，就会塑造学生的不同个性，于是才会出现从古代孔子倡导的因材施教到现代的学习风格理论。

自17世纪夸美纽斯提出班级授课制以来，班级授课制一直被广泛采用，它的优点是极大地提高了教学效率，其缺点是在教学中忽视学生学习的个体差异性。要求所有学生在同样的时间内，运用同样的学习条件，以同样的学习速度，掌握同样的教学内容，并要求达到同样的教育水平和质量。如果说班级授课制凸显了“共性求同”的特别功能，那么它的“个性存异”则被遮盖，其功能被严重弱化。

在教学中如何做到个性存异？

1. 注重生成

注重生成即在教学中要高度关注生成性目标。生成性目标往往来自教学过程中的突发事件，可能是由下面一些情境引发的：①教师在按照既定目标推进的过程中，出现了事先没有预料到的障碍而使得到沿着原先的思路难以推进，即目标定位太高，不得不改变目标；②教师在教学过程中发现教学进展过于顺利，事先拟定的目标在短时间内就能达到，这种情境可能是原先制定的目标太低所致，故需临时改变，提升目标；③某些学生出现了很好的想法或错误的观点，教师顺应他们的想法展开教学从而改变了原来的目标定向。

无论出现哪一种情况，教师都应该及时修正既定目标，确立生成性目标，这既是教学智慧的充分体现，也是对学生个体差异的尊重。从课程资源的角度来看，课堂上学生的奇妙思维成果，无论正确与否，它都是一种重要的隐性课程资源。设想一下，当某个学生提出了解决问题的独特思路，或者发现了一个新颖的结果，超出了教师事先的预设方案，如果教师能够让其充分展示并顺着他的思路往深处挖掘，就不仅呵护了这个学生的思维成长，而且可以使全班同学共享成果，领略独特思维的力量。如果某个学生出现了错误的认知结果，教师同样能够让其充分展示，让全班同学参与其中，共同辨析，证伪事实，其教育价值同样会得到张扬。因为这样的处理，是将证伪的因素渗透到教学之中，填补了我们的教学只有证实思维而无证伪思想的残缺现象。

2. 精准定位

精准定位指准确定位核心素养水平。教师要确定每堂课培养学生的哪些核心素养，这些核心素养应当达到什么水平。

在教学中，可以借助布卢姆或安德森的认知领域评价理论对核心素养水平划分作适当的补充，对不同学生应当达到的目标作出明确界定。布卢姆将学生的认知发展分为六个等级：知识、领会、应用、分析、综合、评价。其认知的复杂性依次递增。每个目标因素又分为若干子目标，形成认知领域的目标体系。安德森对布卢姆的认知领域目标分类作了改造，把布卢姆体系中的“知识”作为一个独立的维度，分为四个亚类：事实性知识、概念性知识、程序性知识、元认知知识。然后用“记忆/回忆”替代布卢姆体系中的“知识”，将“领会”换为“理解”，将“综合”改为“创造”并放到“评价”之后（洛林· W. 安德森等，2009）。安德森将心理学研究的最新成果纳入分类体系中，可以考查学生对于不同类型知识的认知水平，体现了对学生学习更加准确的评价，而且更具教学实践层面的可操作性。

其实，课程标准对核心素养的水平划分本身就是在对共性和个性的描述，低级水平规制共性，中级和高级水平追求个性。在精准的水平划分定位的基础上，适当采用分层教学，按学生某学科学习情况、学习能力、学习方法等方面的不同，把全年级的学生分为该学科若干个不同的层次，并针对不同层次设定教学目标的不同水平，采取不同的教学方法。显然，实施分层教学的理念是：承认并允许学生在学习进度、学习深度等方面存在差异；允许学生在学习进度、思维能力等方面暂时落后；不断开发每个学生的学习潜力，在适当的条件下，促进学生超常发展。其形式可以是给不同能力水平的学生安排难度不同的学习任务；教师提出的不同难度的问题，抽取不同水平学生来回答。

三、内容求同 模式存异

内容求同、模式存异指教学内容追求同一，教学模式存在差异。

（一）教学内容追求同一

以普通高中 2017 年版各学科课程标准来分析课程内容，可以看到各科课程内容表现出来的一致性。

中小学课程可以分为理科和文科两个大类。首先看理科的课程。数学课程内容分为五个主题：预备知识、函数、几何与代数、概率与统计、数学建模活动与数学探究活动。物理课程内容分为三个模块，分别对应选修一、选修二、选修三。化学课程内容必修部分为五个主题，选择性必修部分为三个模块，选修课程分为三个系列。生物课程内容必修部分分为两个模块，选择性必修部分包括三个模块，选修部分为三个方向多个拓展模块。这些学科课程无论是分主题还是模块，其内容都细化到了具体的知识点，也就是限定了课程内容，教材的编写只能以规定的内容为准，体现了高度的一致性。

其次，对于文科课程而言，其课程内容没有细化到知识点。语文课程内容在必修、选择性必修、选修三部分分别安排了 7～9 个学习任务群，把中华优秀传统文化、革命文化与社会主义先进文化方面的内容贯穿在三个部分中。历史学科在必修课程中设置“中外历史纲要”一个模块，选择性必修课程中设置“国家制度与社会治理”“经济与社会生活”“文化交流与传播”三个模块，在选修课程中设置“史学入门”和“史料研读”两个模块。英语课程内容按照六个要素来组织：主题语境、语篇类型、语言知识、文化知识、语言技能、学习策略。可以看到，虽然文科课程不像理科课程将内容细化到知识点，不同版本的教材可能会在语篇选择、内容组织等方面存在一定差异，但在宏观及中观层面规范了课程内容，达到了一种相对的统一。

我国中小学课程内容的同一性，也体现了建立社会主义核心价值观的国家意志，符合为国家经济建设和社会发展培养合格人才的需求。因此，教学必须忠实于课程内容的同一。

（二）教学模式存在差异

问题是，在内容统一的前提下是否要求教学模式也趋同？事实上，这就涉及是追求教学的科学化还是追求科学地教学问题，反映出的是两种教学观。教学科学观是把教学（名词）本身作为科学看待的信念；科学教学观意指科学地教学观，是以科学的态度和方式看待和处理教学（动词）的信念。两种信念代表着教学的两种诉求，无论对教学的理论研究还是对教学的实践操作都有强势的导向作用。显然，教学科学观赞同教学模式趋同，科学教学观则维护教学模式存异。

的确，历代教育家都在追求教学模式的科学化。可以看到，这些理论关注的问题本源是相同的，即以知识的认知为逻辑起点和归宿。然而，传统知识论是在作为结果的知识层面讨论问题，是一种没有认识主体的认识论，即只有作为认识结果的知识，没有作为认识主体的人。正是这种没有认识主体的认识论，在很大程度上导致没有教育主体的教育观，从而导致以知识为中心或以知识为本，而不是以人为中心或以人为本的教育（孟建伟，2013）。

与教学科学观的宗旨不同，科学教学观是以科学的态度和方式看待和处理教学，其基本理念是以人为本，教学目标着眼于学生的素质发展。教学过程应理解为：在顺应教学的科学性基础上，融知识教学与文化教学、教学模式与教学智慧于一体，根据教学的具体内容、具体情境，根据学生的实际认知水平、情感态度，教师采用与之相适宜的教学指导思想进行教学设计，在教学操作中能对生成性知识采用灵活多样的策略来修正教学目标和教学程序，采用有伸缩空间的教学评价标准和形式多样的教学评价方式（喻平，2015a）。

教学科学观以传统知识论作为认识论基础，以“物性化”为前提，以追求教学规则的“通性”为基本价值取向。科学教学观在“人性化”层面审视教学的本真，以研究教学的情境、生成、智慧和创新为基本宗旨，以追求教学操作的“个性”为基本倾向。因此，我们主张科学教学观是教学发展的应然追求，即不追求教学模式的同一性。

在实践中如何做到模式存异？

1. 正确认识教学模式

一种教学模式的产生有其历史的烙印，它与当时的社会环境、教育思想、教学理念密切相关，因而它的使用范围可能会受到一定的条件限制，不可能存在放之四海而皆准的万能教学模式。

其一，要辩证地看待教学模式。教学模式往往是一种教育理论孕育下的产物，它总是有长处也有弊端。例如，行为主义理论催生了斯金纳的程序教学模式、布卢姆的掌握学习模式；人本主义理论指导下出现了罗杰斯的意义学习模式；认知主义理论支撑下出现了布鲁纳的发现法教学模式、奥苏伯尔的有意义接受学习模式；建构主义庇护了抛锚式教学模式、随机访问教学模式，等等。这些教学模式都有自身的目标指向，一旦目标发生偏移，原先教学模式的有效性就会遭到削减，可能会被另一种教学模式替代。也就是说，教育理论是随着社会的进步而发展的，并非一成不变，因此一种教学模式难免存在认识视角的狭隘性和使用范围的局限性，不可能解释因教学内容、教学环境的不同而产生的不同教学事件之全野。

其二，要发展地看待教学模式。以往的教学模式多是以知识学习为前提来建构的，是一些以知识学习为核心的教学模式。客观主义着眼于知识的本体论来展开对教学本质的阐释，认为，①知识是客观存在的，科学研究的任务是发现这些客观规律，不能带有科学家自身的价值观，发现的结果只能是对现实存在的真实写照，不带有代表社会群体意识和利益的价值意向。②知识是确定的。数学、科学知识是人类探求自然得到的真理，它不会因为时间的变化、地域的不同而改变其确定性，是放之四海而皆准的真理。基于这种认识论，人的学习过程是个体去认识这些客观事物，将客观知识转化为主观知识的过程。学习的本质就是通过建立客观现实与个体头脑的映射，将客观知识复制到头脑中，这种复制应当是准确无误的。显然，这种认识论与当下提倡发展学生核心素养的理念是不完全和谐的。如果说，一种教学模式只是适用于促进学生对知识的理解和掌握，而不是考虑如何通过知识的学习达到培养学生核心素养的目的，那么，这个教学模式就不能用于发展学生核心素养为目标的教学实践。

虽然，建构主义的出发点也是知识论，但与客观主义不同，建构主义强调知识习得的过程而非对结果的解释。建构主义对学习本质的解释产生颠覆性的认知。人的学习过程不是简单的刺激与反应的联结，不是对客观知识的直接写照，而是把人的经验、理解、交流、协商都融入学习之中，其显著的学习样态在于个人在学习过程中有了自己话语权的解放，个人的热情、主张、观点、意见都能参与到学习之中，学习不再是一种对知识顶礼膜拜从而只有无条件地接受和信仰的过程。基于此，可以认为以建构主义为基础的教学模式适合当下课程改革倡导的教学。

教师要用发展的眼光看待教学模式，既要有敬畏又不可迷信，既要有践行又不可保守。

2. 灵活使用教学模式

根据教学内容的不同、教学目标的不同指向、学生的认知水平和情感状态，要灵活地选取或集成教学模式用于教学。

不同学科的教学内容之间有本质的差异，即使是同一个学科，对于不同类型的知识，也不能套用相同的教学模式。认知心理学将知识分为陈述性知识和程序性知识，知识的类型不同，在教学中所采用的策略是有差异的。陈述性知识获得宜采用的教学策略有以下几个。①精制：在新知识与旧知识之间建立联系的过程；②组织：将陈述性知识分为若干子集，并表明各子集之间的关系的过程；③记忆编码：对所学材料作间隔性的回顾，包括改变学习时的物理环境、改变审视学习材料的视角，以增强知识的保持性；④图式：提供正反例对知识理解进行强化（吴庆麟，2000）。程序性知识的获得需经历三个阶段：在认知阶段，学生对要学的程序作出陈述性表征，对其中所含的信息作出解释；在联系阶段，学生建立起特殊领域的程序性表征，其间原有的知识将经历合成和程序化过程；在自动化阶段，通过练习与反馈，学生对这种程序性知识作进一步调整，使之达到运用的自动化。由此可见，知识的类型不同，所采用的教学策略乃至教学模式也会大相径庭。

以数学学科为例，“数学抽象”是数学核心素养，在概念教学中培养学生的数学抽象能力，就需要慎重考虑教学模式的选择。如果用概念同化方式进行教学，这是演绎推理，是从一般到特殊的思维方式，其功能在于训练学生的逻辑思维，达不到训练数学抽象能力的作用，如果选用概念形成的方式教学，学生通过一组实例观察、分析、归纳，最后概括出概念的定义，这个过程本身就是数学抽象，因而可以达到训练数学抽象能力的目的。

3. 推陈出新教学模式

一般而言，教学模式是围绕教学目标的达成而构建的。冈特（Gunter）等提出 8 种基本教学模式。①直接教学模式。用于知识掌握和技能获得。②概念获得模式。用于界定、理解和运用概念。③概念发展模式。用于分类根据和综合信息。④群辩法模式。用于激发创造性。⑤萨奇曼探究模式。用于问题解决和探究。⑥课堂讨论模式。用于提出问题、培养洞察力及促进批判性思维。⑦合作学习模式。用于发展合作性态度，增进认知成长。⑧探索情感和解决矛盾模式。用于帮助学生将学习与他人的情感、态度联系起来，学会如何处理矛盾情境（高文，1998）。可以看出，这 8 种基本教学模式分别指向不同的教学目标，可以开展不同类型的学习。作为教师，应当掌握多种教学模式，灵活运用这些模式，这是教师的一种基本功。除此之外，更应当深入理解课程标准，把握教学目标的变化走向，对原有的一些教学模式进行改造出新，甚至提出新的教学模式。

教学模式一般由几个部分组成：理论基础、教学目标、操作程序、教学策略、教学评价。对已有教学模式作局部改造，可以考虑就教学模式中的某些要素采用替换、调整、删除、添加等手段，形成新的教学模式。例如，上述的“萨奇曼探究模式”，其操作程序如下。①选择课题。教师选择一个供学生探究的问题。②向全班解释探究的程序。向学生说明开展探究过程应遵循的规则。③搜集相关资料。学生搜集资料。④形成理论，描述因果关系。学生提出理论假设，全班讨论。⑤说明规则，解释理论。教师指导学生解释并应用这一理论。⑥分析探究过程。师生共同讨论、总结所经历的探究过程。如果对萨奇曼探究模式在不改变教学目标的前提下，只考虑对操作程序作适当改造，改为：①教师提供情境，学生根据情境自己提出问题；②小组合作讨论，对提出的各种问题进行评判；③小组向全班汇报探究成果，遴选出有意义的问题；④教师组织对每一个有意义的问题进行探究；⑤对探究出结果的问题进行变式，作进一步探究。这样，就得到了另外一种形式的探究教学模式。

当然，教学模式的诸多因素中，教学目标起主导作用，它牵制了其他要素的变化范围与走向。例如，上述的“直接教学模式”，教学目标是知识掌握和技能获得，理论基础是斯金纳的操作性条件反射理论，即行为主义理论；操作程序为：复习原来学过的知识、描述目标、讲授新知、学生在教师指导下练习、独立练习、间隔性复习。如果把教学目标定位于发展学生的学科核心素养，那么这个教学模式中的理论基础、操作程序、教学策略、教学评价等要素均须改造。沿用行为主义理论显然无力支撑这个教学目标，而应当采用建构主义作为理论基础。事实上，学科核心素养生成的本源是知识（喻平，2018），要发展素养，知识的学习不能采用完全接受的方式，而应当通过学生的自我建构和共同体的合作建构来完成。建构主义把知识的理解解释为自我和社会的建构，学习者需要通过互动、交流、沟通和对话来建构知识，教学变为以学生为中心，这样就摒弃了知识的单纯接受行为而将知识的创生成分纳入教学之中，教学目标是通过知识的学习发展学生的能力，包括学科能力和实践能力，变“学会”为“会学”，这与培养学生的学科核心素养是高度一致的。基于这种理论，教学的操作程序就应当从以教师为中心转向以学生为中心来设计；教学策略应考虑把学生作为知识建构者，教师作为辅助者；教学评价要考量学生核心素养的发展，而不是单纯考查对知识的理解与掌握情况。作这样的改造，也就产生了一种新的教学模式。

第四章

指向学科核心素养的学习质量评价

学习评价是对学生学习质量的检查，即通过某种手段，考查学生的学习效果是否达到了课程标准所设定的目标要求，或者说是检验学习效果与教学目标的一致性程度。

本章讨论在核心素养背景下的学习质量评价评价，力图构建一种有别于传统评价模式的评价框架。

第一节　学习评价理论概述

一、布卢姆的目标分类学

布卢姆认为，整体的教育目标一定体现在教学活动中，并且把各种教学活动的目标分为三个方面：认知领域、情意领域和动作技能领域。布卢姆根据学习的心理活动过程，认为这三个领域都可以有层次地再进行分解，由此组成一个从简单到复杂的体系，它表明，较高水平的技能需要建立在较低水平的学习基础之上。因此，教师在制订教学计划时，可参照此分类确定教学内容包含了哪些教学目标，进而就可以为达到这些目标设计规划特殊的教学活动。

布卢姆的分类是学习目标的分类，它明确了学习行为的各级目标，可以帮助教师和其他有关人员按各级目标制定出不同的测验，从而对教学作出更有效的评价。

下面简要介绍布卢姆在认知领域与情意领域的目标分类（布卢姆等，1986）。

1. 认知领域

将学生的认知发展分为六个等级：知识、领会、应用、分析、综合、评价。其认知的复杂性依次递增。每个目标因素又分为若干子目标，形成认知领域的目标体系。

A 知识。指对特定要素的回忆和识别。

A_1 具体的知识。指对具体的、独立的信息的回忆。

A_2 处理具体事物的方法的知识。有关组织、研究、判断和批评的方式方法的知识。

A_3 学科领域中的普遍原理和抽象概念的知识。有关把各种现象和观念组织起来的主要体系和模式的知识。

B 领会。初步理解材料的意义。

B_1 转化。改变语言表达或交流形式，但保留交流内容的严谨性和准确性。

B_2 解释。对交流内容的说明或总结。对材料的重新整理排列，或提出新观点。

B_3 推断。根据交流中描述的条件，在超出既定资料之外的情况下延伸各种趋向或趋势。

C 应用。将抽象概念应用于特殊或一般的情境。

D 分析。将交流内容分解成各种组成要素或部分，以使有关概念层次清楚，或使概念间的联系表达清楚。

D_1 要素分析。识别交流中包含的各种要素。

D_2 关系分析。分析交流内容中各种要素与组成部分的内在联系与相互关系。

D_3 组织原理的分析。分析将交流内容组合起来的系统和整体结构。

E 综合。把各种要素和组成部分组合成一个整体。

E_1 进行独特的交流。提供交流条件，以便把观念、感情或经验传递给别人。

E_2 制订计划或操作步骤。指制订一项工作计划或提出一项操作计划。

E_3 推导出一套抽象关系。确定一套抽象关系，用以对特定的资料或现象进行分类或解释，或者从一套基本命题或符号表达式中演绎出各种命题和关系。

F 评价。为了特定目的对材料和方法的价值作出判断。

F_1 依据内在证据来判断。依据诸如逻辑上的准确性、一致性来判断交流内容的准确性。

F_2 依据外部准则来判断。根据挑选出来的或回忆出来的准则来评价材料。

2. 情意领域

A 接受（注意）。感受到某些现象和刺激的存在，并愿意注意和接受这些刺激。

A_1 觉察。注意或意识到某些情境、现象的存在。

A_2 愿意接受。愿意接受特定的刺激。

A_3 有控制的或有选择的注意。在有意识和半意识状态下选择和控制刺激。

B 反应。表现出一种积极的注意。

B_1 默认的反应。行为的发生具有被动性。

B_2 愿意的反应。自己想做或愿意去做某事。

B_3 满意的反应。行为伴随着一种满意的感觉，感到愉快、兴奋或乐趣。

C 价值评价。对事物的价值或价值观的认识得到内化。

C_1 价值的接受。对某一类事物、现象作出的反应的一致性，形成信念或态度。

C_2 对某一价值的偏好。对价值的信奉已达到追求它并希望得到它的地步。

C_3 信奉。形成的信念已具有高度的确定性。

D 组织。把各种价值组织成一个体系，确定价值之间的相互关系，确定占主导地位和普遍意义的价值。

D_1 价值的概念化。价值的抽象或概念化，体现出价值是怎样与个体已有价值联系起来的。

D_2 价值体系的组织。把各种价值组成一个价值复合体，并使之形成逻辑关系。

E 由价值或价值复合体形成的性格化。各种价值已经在个体价值的层次结构占有一席之地，组织成一个内在体系并控制着个体的行为。

E_1 泛化心向。对一种高度概括的现象的反应，是对一组相互联系的情境或客体持续的、一致的反应，具有无意识性，是一种基本的定向。这种定向产生出始终如一的、有效的行动。

E_2 性格化。内化过程的最高层次，形成个体的人生观、世界观。

二、威尔逊的数学学习目标分类

威尔逊根据布卢姆的理论结合对数学学科的深入分析，建立了数学学习的目标分类。这一模型在认知领域和情意领域对数学学习行为作了分类（威尔逊，1989）。

1. 认知领域

A 计算。要求能回忆基本事实的知识、术语，能进行简单、常规的运算。

A_1 具体事实的知识。学生以与课程学习中出现的材料几乎相同的方式复述或辨别材料。

A_2 术语的知识。理解术语的含义。

A_3 实施运算的能力。根据所学的规则去进行运算。

B 领会。领会水平既与回忆概念和通则有关，又与把问题中的元素从一种形式转化为另一种形式有关，重点是反映对概念和概念体系的理解程度。

B_1 概念的知识。一系列相互联系的具体事实的结合体。

B_2 原理与规则的知识。知道概念之间和规则之间的关系。

B_3 数学结构和知识。统摄性较高的数学概念、性质或原理，如数系的性质、代数结构的性质等。

B_4 把问题中的要素从一种形式向另一种形式转化的能力。如从语言描述向图形表示的转化、从语言表达向符号形式的转化，等等。但是，转化能力并不包括在转化之后实施运算的能力。

B_5 延续推理思路的能力。指推理的持续性和深刻性。

B_6 阅读和解释问题的能力。在阅读数学材料和问题的过程中，需要一些特殊的技能和能力，它们在正常的语言技能和一般阅读能力范畴之外。阅读和解释问题是表征的重要环节，因而是解决问题能力和一个关键因素。

C 运用。根据概念法则，能发现新的事实，能在未实践过的情境中，使用和组织已有的概念和运算。

C_1 解决常规问题的能力。常规问题是指那些与课堂学习材料相类似的问题。

C_2 作出比较和决策的能力。对问题的性质、解决方法作出比较分析，进而作出决策。

C_3 分析已知条件的能力。通过阅读和理解，能将一个问题提供的信息分解，鉴别有关信息，解释并利用这些信息，为选择解决问题的策略提供基础。

C_4 发现隐蔽条件的能力。对问题作深入分析，发现隐含在问题中的条件。

D 分析。能非常规地运用概念，能发现新的关系或事实，能在新情境中使用和组织已有的概念和运算。

D_1 解决非常规问题的能力。非常规问题指没有现成的算法，需要把已学过的知识内化、迁移到新的问题情境中去，探索新的解决问题的方法的问题。

D_2 发现关系的能力。能用某种方式重新组织问题元素，以发现一种新关系（不是在已知条件中辨别出一个熟悉的关系）。

D_3 构造证明的能力。能构造一种不同于模仿性证明的新的证明方法。

D_4 批判证明的能力。能发现隐藏在证明中出现的错误的能力。

D_5 形成和证实通则的能力。能发现一个问题并能证明或解决这个问题。

2. 情意领域

E 兴趣和态度。

E_1 态度。对待学习的态度，包括对学科重要性的认识。

E_2 兴趣。对待学习的情感指向与热衷的态度。

E_3 动机。对待学习的个体的内驱力。

E_4 自我概念。学习者自称对待与学习活动关系方面的想法。

在情意领域，根据评价目标进行测试是比较困难的，通常采用对学生的学习活动进行观察，或通过交谈和问卷调查并将其量化来获取数据。

三、安德森的认知领域目标分类

安德森对布卢姆的认知领域目标分类作了改造，把布卢姆体系中的“知识”作为一个独立的维度，分为四个亚类：事实性知识（factual knowledge）、概念性知识（conceptual knowledge）、程序性知识（procedural knowledge）、元认知知识（metacognitive knowledge）。然后用“记忆/回忆”替代布卢姆体系中的“知识”，将“领会”换为“理解”，将“综合”改为“创造”并放到“评价”之后。由于把知识作为一个独立的维度，就必须构建一个二维评价体系来表示知识维度与认知过程维度的关系，因此，他们建立了一个二维结构表（洛林・W. 安德森等，2009）。

对安德森认知领域目标分类中的 4 类知识的解释见表 4-1（洛林・W. 安德森等，2009）。

表 4-1　知识的主要类别及其亚类

序号	主要类别及亚类	例子
A	事实性知识——学生通晓一门学科或解决其中的问题所必须了解的基本要素	
A_1	术语的知识	技术词汇、音乐符号
A_2	具体细节和要素的知识	重要的自然资源、可靠的信息源
B	概念性知识——在一个更大体系内共同产生作用的基本要素之间的关系	
B_1	分类和类别的知识	地质时期、企业产权形式
B_2	原理和通则的知识	勾股定理、供求规律
B_3	理论、模型和结构的知识	进化论、美国国会的组织构架
C	程序性知识——做某事的方法、探究的方法，以及使用技能、算法、技术和方法的准则	
C_1	具体学科的技能和算法的知识	水彩绘图的技能、整数除法的算法
C_2	具体学科的技术和方法的知识	访谈技巧、科学方法
C_3	确定何时使用适当程序的准则知识	确定何时运用牛顿第二定律的准则；判断使用某一方法估计企业成本是否可行的准则
D	元认知知识——关于一般认知的知识以及关于自我认知的意识和知识	
D_1	策略性知识	知道概述是获得教材适应知识结构的方法；使用启发法的知识
D_2	关于认知任务的知识包括适当的情境性知识和条件性知识	知道某一教师实施的测验类型；知道不同任务的认知要求
D_3	关于自我的知识	知道对文章进行评论是自己的长处而写作是自己的短处；知道自己的知识水平

认知过程维度的具体解释见表4-2（洛林·W. 安德森等，2009）。

表4-2 认知过程的6个类别及相关认知过程

过程类别	同义词	定义及例子
1.记忆/回忆	从长时记忆中提取相关的知识	
1.1 识别	辨认	从长时记忆中查找与呈现材料相吻合的知识（例如，识别美国历史上重要事件的日期）
1.2 回忆	提取	从长时记忆中提取相关知识（例如，回忆美国历史上重要事件的日期）
2.理解	从口头、书面和图像等交流形式的教学信息中构建意义	
2.1 解释	澄清、释义、描述、转化	将信息从一种表示形式（如数字的）转变为另一种表示形式（如文字的）（例如，阐释重要讲演和文献的意义）
2.2 举例	示例、实例化	找到概念和原理的具体例子或例证（例如，列举各种绘画艺术风格的例子）
2.3 分类	归类、归入	确定某物某事属于一个类别（如概念或类别）（例如，将观察到的和描述过的精神疾病案例分类）
2.4 总结	概括、归纳	概括主题或要点（例如，书写录像带所反映的事件的简介）
2.5 推断	断定、外推、内推、预测	从呈现的信息中推断出合乎逻辑的结论（例如，学习外语时从例子中推断语法规则）
2.6 比较	对比、对应、配对	发现两种观点、两个对象等之间的对应关系（例如，将历史事件与当代的情形进行比较）
2.7 说明	建模	建构一个系统的因果关系（例如，说明法国18世纪重要事件的原因）
3.应用	在给定的情境中执行或使用程序	
3.1 执行	实行	将程序应用于熟悉的任务（例如，两个多位数的整数相除）
3.2 实施	使用、运用	将程序应用于不熟悉的任务（例如，在牛顿第二定律适用的问题情境中运用该定律）
4.分析	将材料分解为它的组成部分，确定部分之间的相互关系，各部分与总体结构之间的关系	
4.1 区别	辨别、区分、聚焦、选择	区分呈现材料的相关与无关部分或重要与次要部分（例如，区分一道数学文字题中的相关数字与无关数字）
4.2 组织	发现连贯性、整合、概述、分解、构成	确定要素在一个结构中的合适位置或作用（例如，将历史描述组织起来，形成赞同或否定某一历史解释的证据）
4.3 归因	解构	确定呈现材料背后有观点、倾向、价值或意图（例如，依据政治观来确定该作者文章的立场）
5.评价	基于准则和标准作出判断	
5.1 检查	协调、查明、监控、检验	发现一个过程或产品内部的矛盾或谬误；确定一个过程或产品是否具有内部一致性；查明程序实施的有效性（例如，确定科学家的结论是否与观察数据相吻合）

续表

过程类别	同义词	定义及例子
5.2 评论	判断	发现一个产品与外部准则之间的矛盾；确定一个产品是否具有外部一致性；查明程序对一个给定问题的恰当性（例如，判断解决某个问题的两种方法中哪一种更好）
6.创造	将要素组成内在一致的整体或功能性整体；将要素重新组织成新的模型或结构	
6.1 产生	假设	基于准则提出相异假设（例如，提出解释观察的现象的假设）
6.2 计划	设计	为完成某一任务设计程序（例如，计划关于特定历史主题的研究报告）
6.3 生成	建构	生产一个产品（例如，有目的地建立某些物种的栖息地）

安德森等给出了大量的教学案例，以说明分类表的应用。应当说，安德森对布卢姆分类体系的改进，最大的变化是加入了一个变量——知识，这个“知识”是名词，与布卢姆体系中的“知识”不同，布卢姆将“知识”作为动词理解。这一改动，事实上就能更加细致地描述认知过程。知识分为事实性知识、概念性知识、程序性知识和元认知知识，可以考查学生对于不同类型知识的认知水平，体现了对学生学习更加准确的评价，而且更具教学实践层面的可操作性。

四、其他几种评价模型

（一）SOLO 模型

SOLO 分类评价理论是由澳大利亚教育心理学家比格斯等首创的一种学生学业水平分类方法。SOLO 原意为可观察的学习结果的结构。SOLO 分类理论是基于学生对某一具体问题反应的分析，对学生解决问题时所达到的思维水平进行由低到高的 5 个基本结构层次的等级划分。该理论认为学生的认知不仅在总体上具有阶段性的特点，而且在对具体知识的认知过程中，也具有阶段性的特征。

SOLO 描述了一个结构等级，每个较低层次的结构成为另一个更高层次结构建立的基础。这 5 种水平层次结构的复杂性依序递增（Biggs et al.，1977）。

SOLO 分类评价理论的基础可以追溯到皮亚杰的认知发展阶段学说，皮亚杰认为思维或者智慧的发展是心理发展的核心，其发展阶段的最主要特点是阶段出现的先后顺序固定不变，每一阶段都具有独特的结构。因此，SOLO 分类法与其他分类法相比较，更加直接地立足于学习理论。SOLO 分类法的特点在于它能够考查学生的能力水平，为命题与评分提供有用的分析框架和反馈信息。同时，它不仅能评价学生的能力，更重要的是它能评价学生的思维能力所处的层次和阶段。

（二）PISA 数学素养测试框架

PISA 是 OECD 策划并组织的评价临近义务教育末期（15 周岁）学生的阅读素养、数学素养、科学素养的国际性学生评价项目，是一项集体协作研究计划。通过 OECD 的统筹及各国政府的支持，参与 OECD 研究的学者共同协作，集思广益，构思了这个国际性评价学生的方法及程序。它主要评价学生是否具备了未来生活所需的知识与技能，以及在现实生活中运用这些知识和技能解决问题的能力。

开始，PISA 对数学素养的界定，指识别并理解数学在社会中所起的作用，作出有根据的数学判断，能够有效地运用数学，以及作为一个有创新精神、关心他人和有思维能力的公民，在当前及未来生活中运用数学的能力。

2012 年，PISA 对数学素养的定义如下：个体能够在不同情境中形成、运用、解释数学的能力，包括数学地推理、运用数学概念、程序、事实和工具来描述、解释、预测，帮助个体理解数学在社会生活中的作用，并且能够作出好的决策和判断，成为一个具有建设性、参与性、反思能力的公民。在此基础上，OECD 给出的数学素养模型包括三维度架构：一是情境维度即问题情境，指 15 岁学生可能面临的各种问题，具体包括个人生活的、职业的、社会性的、科学性的 4 种情境；二是内容维度即数学内容知识，包括变化和关系、空间和图形、数量、不确定性四大领域内容；三是过程维度即 3 种数学过程和 7 种数学基本能力，见表 4-3（綦春霞等，2015）。

表 4-3　PISA 2012 数学素养测试分析框架

数学基本能力	数学过程		
	表述：数学化地表示情境	运用：调用数学概念、事实、程序和原理	评估：解释、应用和评价数学结果
交流	阅读、编码、理解文字表述、问题、任务、目标、图片或基于计算机测试的动画	清晰地表达问题解决方案，包括方案的设计、概括、数学结果的陈述	构思、交流基于情境中问题的解释和论证
数学化	基于生活中的真实问题，确定相应的数学变量和结构，形成假设	通过理解情境实现引导或促进数学过程的发生	理解数学问题解决方案的应用程度和局限性，是应用数学建模的结果
表述	对生活中真实问题信息进行数学化表述	在解决问题过程中理解、运用多样化的表述	用多种方式解释与情境相关的数学结果，比较或评估两种或两种以上的情境表述方式
推理与论证	对确定的或设计的生活中真实问题情境的表述进行解释、辨认或判断	解释、辨认或论证基于影响数学结果或方案的过程、运算，联系题目提供的信息推断数学结论，概括或进行多步骤的推理论证	反馈数学结果，进行解释和合理论证，支持、驳斥或限定基于情境产生的数学结果的作用

续表

数学基本能力	数学过程		
	表述：数学化地表示情境	运用：调用数学概念、事实、程序和原理	评估：解释、应用和评价数学结果
设计问题解决策略	选择或设计一个策略，数学化地重构情境中的问题	经过多步骤推理论证，得到数学结论、方案和推论，形成有效持续的解决策略机制	设计和使用策略，以确保解释、评估和证实基于问题情境的数学结果的有效
运用符号的、正式的、技术的语言和运算	使用合适的变量、符号、图像和标准化建模，用符号化／形式化语言再现真实问题情境	基于概念、规则、形式系统和运算法则，理解、使用有条理的构造	理解问题情境和数学结果表达之间的关系，运用该理解帮助解释该结果对于问题情境的可行性、局限性
使用数学工具	使用数学工具，识别数学结构或陈述数学关系	知道且能够恰当使用各种不同的工具，在数学问题解决过程中提供帮助和支持	使用数学工具确定基于问题情境的数学结果的合理性和局限性，促进数学结果的交流

PISA 主要测试的是学生的能力，不是重点考查学生知识掌握的情况，因此对能力水平作了划分。例如，表 4-4 是 PISA 2012 关于“数量”量表上 6 个能力水平的描述（OECD，2013）。

表 4-4　PISA 2012 关于“数量”量表上 6 个能力水平的描述

水平	各水平学生应有的一般能力	学生应能完成的具体任务
水平 1	解决最基本的问题，这种问题的相关信息都明确地给出，有明白的情景、有限的范围、简单的计算、基本的数学任务	简单的运算，把各栏数字加起来并比较结果，阅读和解读简单的数字表格；提取数据并进行简单计算；使用计算器进行相关运算；对计算结果进行推断，用一个简单的线性模型进行推理和计算
水平 2	解读简单表格来识别和提取相关信息，解释简单的数量模型（例如比例关系），并将其用于基本的算术运算；把文本信息和表格数据结合起来；解释和处理简单的数量关系	确定要解决一个直接问题所需的简单计算；进行基本的算术计算；对两位和三位的整数，以及小数点后有一位或两位的小数进行排序；百分比的计算
水平 3	使用基本问题解决规则，包括提出简单策略，寻找关系，理解和处理限定条件，采用试误法，在熟悉的情景中进行简单推理；解释对顺序处理过程的文字描述，并正确执行这一过程；识别和提取不熟悉数据的文本解释中直接呈现的数据；解释描述简单模式的文字和图示	进行包括较大数值的计算、关于速度和时间的计算、单位转换问题（比如，从年利率转化为日利率）；理解混合了 2 个和 3 个十进制值，包括处理价格问题，对几个十进制数进行排序，计算三位数的百分数，应用自然语言描述给定的计算规则
水平 4	解释复杂的结构和形式；把文字信息和图形表征结合起来；从多种信息源识别和使用信息；从不熟悉的表示中推断出系统规则；提出简单的数学模型；建立比较模型并解释其结果；进行精确的、复杂的、重复的计算	利用行程问题中已知路程和速度，计算时间；准确运用已知的数学运算法则，包括多步骤的运算；在复杂情景的简单模型中，进行涉及比例推理，整除性或百分比的计算

续表

水平	各水平学生应有的一般能力	学生应能完成的具体任务
水平 5	建立比较模型，并比较结果做出最好的选择；解释现实情景的复杂信息（包括图表、图形和表格，例如使用不同比例尺的两幅图）；确定两个变量的值，并推导出他们之间的相对关系；将问题和定理进行转化	认识到数字的意义进而得出结论；表述推理和论证过程；利用日常生活知识进行估算；计算相对的和绝对的变化；计算平均值；计算相对的和绝对的差额，包括百分比，已知的未经处理的差额；进行单位换算（例如计算不同单位的面积）
水平 6	处理复杂的数学过程及关系模型并将它们概念化；提出解决问题的策略；阐述结论、论证过程和精确解释；解释和理解复杂的信息，连接多种复杂信息源；解释图示信息，推理应用于数学模型；处理形式和符号的表达式	在复杂且不熟悉的上下文背景中，进行连续运算，其中包括计算较大的数字；精确进行分数运算；能对比例、数量的几何表征、组合数学和整数关系使用高级的推理技能；能够解释和理解数字关系的形式化数学表达式，包括科学情境中的数学关系

2013 年做了一些调整，从内容、过程、情境 3 个维度建立框架。内容维度分为空间与形状、变化与关联、数量、不确定性；过程维度分为 3 个水平：再现、关联、反思；情境维度分为个人的、教育的与职业的、局部或更广阔社会的、科学的。基本框架见表 4-5。

表 4-5　PISA 2003 数学素养评价框架

内容维度	过程维度	情境维度
主要是相关的数学领域群或概念丛： * 空间与形状 * 变化与关联 * 数量 * 不确定性 其次是相关的课程线索（如算术、代数、几何）	用“能力丛”定义数学所需技能： * 再现（简单的数学运算） * 关联（解决简单问题） * 反思（更深、更广泛地进行数学思考） 这些过程与任务难度递增有关，但每个能力丛的评分有重叠部分	数学情境：（按与个人生活密切度排序） * 个人的 * 教育的与职业的 * 局部或更广阔社会的 * 科学的

（1）评价的维度

第一维度：数学内容。从大范围的内容中选取数学内容，并在成员都认可的数学成绩国际比较的基础上，围绕下面 4 个内容领域来建构数学素养的评价：空间与形状（这个内容和几何学相关，它要求在分析形状的组成部分时找出相同点和不同点，认出以不同形式、不同角度呈现的形状）；变化与关联（这个内容领域与代数关系最密切，经常体现为等式或不等式）；数量（包括处理和了解以各种形式呈现的数字以及运用数字呈现现实世界物体的数量，也包括计数、算术和测量等）；不确定性（包括概率和统计）。这 4 个内容领域包括了 15 岁学生为其生活和进一步扩展数学视野打好基础所需要的所有数学范围，都能与算术、代数、几何等传统内容主线相联系。

第二维度：解题过程。要求学生面对现实生活中的数学问题时，首先把它们转换成数学形式，然后进行数学运算，再把结果运用到原来的问题并写出答案。这样学生就要完成一个多步骤的“数学化”过程。这个过程包括提出假设，概括和整合信息，运用有效的方法呈现问题，理解问题表述语言，找出规律，并把问题和已知问题或者其他熟悉的数学公式联系起来，确定或提出一个适当的数学模型。

第三维度：问题情境。数学问题设置在个人的、教育或职业的、公共的和科学的情境中。个人情境与学生个人的日常活动直接相关。教育或职业的情境出现在学生的学校生活或工作环境中。公共情境要求学生观察更广泛周边环境的某些方面。科学情境更加抽象，可能会涉及了解一个技术过程、理论情境或明确的数学问题。

（2）评价的标准

按学生的数学成绩被分成 6 个等级水平，这个 6 等级水平代表了任务的难易程度。

6 级水平：学生能进行复杂的数学思考和推理，能够洞察和理解，提出新的解题方法和策略。这个水平的学生能有条理和准确地交流他们的做法以及对发现、解释、论证作出反思。

5 级水平：这个水平的学生能够有策略地处理问题，具有娴熟的思考和推理能力，能深入洞察问题情境，能反思他们的行为，并形成和交流他们的解释和推理。

4 级水平：这个水平的学生具有一定的洞察力，能运用娴熟的技能和灵活的推理，能够形成和交流自己的解释和推理。

3 级水平：这个水平的学生能够根据不同的信息进行直接推理和解释，他们能进行简短的交流，报告他们的解释、结果和推理。

2 级水平：这个水平的学生能运用基本算法公式、步骤和方法，能够进行直接推理和解释结果。

1 级水平：学生能回答熟悉的背景中的信息且界定明确的问题，能够根据具体情境的直接指示找到信息并按常规程序进行操作。

五、国内关于核心素养评价的一些研究

传统的评价，关注的重心更多的是学生学科知识和技能的掌握水平，评价主要针对学生对知识的识记、理解和直接运用，以及技能的熟练程度，这些又往往被限定在精致的“学科问题”中。核心素养下的评价，关注的是学生通过学科学

习所获得的核心能力和关键品质，关注学生核心素养发展达到的水平。

关于核心素养评价的研究，国内学者主要是三种思路，一是对国外核心素养评价的介绍，二是对核心素养评价的一些理论思考，三是具体构建学科核心素养评价的结构与体系。下面简单介绍几项研究。

（一）核心素养评价的理论思考

有学者介绍了美国新罕布什尔州指向核心素养的表现性评价的研究（周文叶等，2017）。首先，建立一个指向核心素养的表现性评价体系。其次，具体化核心素养，设计聚焦核心概念的表现性任务，并创建表现性任务库。最后，通过专业的程序和机制确保表现性评价实施的质量。笔者认为，新罕布什尔州的做法为我们提供了一个很好的案例，从中得到启示：构建更平衡、更综合的评价体系；建立专业共同体和专业的评价机制；统整课程、教学与表现性评价。

索桂芳提出了核心素养评价面临的 4 个问题：如何处理核心素养评价与现有评价的关系？如何制定核心素养评价标准？采用什么样的方法对核心素养进行评价？评价结果如何呈现和使用？作者经过分析和思辨，提出了解决这些问题的若干策略。在处理核心素养评价与现有评价的关系上，要以核心素养为统领，整合、改造、优化现有评价。在评价标准的确定方面，应基于核心素养设置教育质量评价的标准，将核心素养指标各评价维度进一步细化。在评价方法方面要把多种方法结合起来。在核心素养评价结果的呈现和使用方面，要处理好个体与总体的关系、单项和整体的关系；呈现方式要直观明了，易于理解；要注重运用现代化的信息技术手段，提高效率，方便使用；要科学合理地使用评价结果，充分发挥评价的诊断和改进功能；评价结果要与招生考试挂钩（索桂芳，2017）。

魏善春认为，变革传统的学习评价观，需要对核心素养视域下的学习评价进行深度反思，促进评价逻辑从知识到素养的转变。要将评价作为教学过程的重要部分，实现评价主体由教师走向多主体联结的共同体；要关注评价内容的复杂性及其背后的知识建构，使评价方法从单一武断走向多元整合；要构建包含经过改造的以纸笔测验为主要形式的传统评价和实践导向的基于证据的“表现性评价”的系统评价框架；要聚焦素养评价的未来取向，提升教师的鉴赏、评论水平，加强学生的自我评价能力（魏善春，2020）。

在各学科核心素养的评价研究方面，许多学者都在试图构建评价框架和评价指标体系。

张莹等借鉴已有思路，运用德尔菲法，通过调查和专家访谈，从学生个体需要和社会需求角度出发，构建了具有一定操作性的基于核心素养框架测评教育质量的综合指标体系（表 4-6）（张莹等，2016）。

表 4-6 核心素养的评价指标体系

领域	一级指标	二级指标
学科素养	学业成绩	1. 课堂表现评价
		2. 作业表现评价
		3. 测验
	知识应用	1. 实际问题解决能力
		2. 创新思维能力
		3. 知识建构能力
生存素养	工具使用	1. 信息获取能力
		2. 新技术习得与应用能力
		3. 语言与符号能力
	人际社交	1. 良好关系建立能力
		2. 团队意识与国际视野
		3. 情绪管理与冲突解决
精神素养	健康审美情趣	1. 审美意识
		2. 自然审美能力
		3. 多元审美能力
	情感态度与价值观	1. 认识自我、感受安全
		2. 热爱生活、社会认同
		3. 情绪稳定、反应适度
		4. 人际和谐、接纳他人
		5. 适应环境、应对挫折

（二）学科核心素养的评价研究

魏雄鹰等对高中信息技术学科核心素养的测评方式作了探究（魏雄鹰等，2017）。评价框架分为情境、知识、核心素养 3 个维度。情境维度可分为 4 类：个人情境（与个人生活、学习相关的情境），公共情境（与社区、服务相关），学科情境（涉及计算机、信息技术、自然科学等方面的议题），人文情境（人文、艺术的情境）。知识维度包括 4 个模块：数据（数据、信息、知识的概念、数据获取、编码），计算（算法、程序设计、数据结构、数据统计与分析），信息系统（信息系统的概念、网络、软硬件系统），信息社会（数据加密、网络安全、网络道德）。高中信息技术有 4 个核心素养：信息意识、计算思维、数字化学习与创新、信息社会责任，每个素养都分成3个水平层级。具体编制题目时，设计一个表（表4-7），每道题涉及哪一个指标，可以在相应位置打上钩，从而分析试题编制的合理性。

表4-7 信息技术试题设计表

维度	内涵	第1题	第2题	……	第*n*题	整套题目
核心素养	信息意识					
	计算思维					
	数字化学习与创新					
	信息社会责任					
知识	数据					
	计算					
	信息系统					
	信息社会					
情境	个人情境					
	公共情境					
	学科情境					
	人文情境					
难度预估						
学生答题时间预估						

这项研究把核心素养、知识、情境并列，可以考察每道题目涉及的因素，但没有体现核心素养的3级水平如何考察。

刘存芳等构建了高中化学核心素养评价指标体系（刘存芳等，2019）。一级指标4个：化学技能、化学思维、化学品质、化学应用。化学技能的二级指标：辨识分类、化学语言、化学学习。化学思维的二级指标：分析假设、推理论证、探究创新。化学品质的二级指标：化学意识、化学精神、社会责任。化学应用的二级指标：化学与学科、化学与环境、化学与社会。该评价指标有层级性，各一级指标具有层层递进的关系，二级指标间也具有层层递进的关系。该评价指标还有相对独立性，各指标间不存在相互重叠、并列等关系，因此，建立的指标具备一定的可借鉴性。

这项研究的特点，第一，没有把化学学科的5个核心素养“宏观辨识与微观探析、变化观念与平衡思想、证据推理与模型认知、科学探究与创新意识、科学态度与社会责任”作为评价的一级指标，而是将其分解到4个指标“化学技能、化学思维、化学品质、化学应用”中。第二，化学技能、化学思维、化学品质、化学应用这 4 个指标，依据从基本能力到思维层面再到精神层面最后回归到现实层面的顺序建立，是一种递进关系，同时，二级指标间也具有层层递进的关系。该评价指标具有相对独立性，各指标间不存在相互重叠、并列关系。该指标体系的建立，是在评价学生核心素养发展方面的一个有益尝试。

刘桂侠等构建了地理学科核心素养评价指标体系（刘桂侠等，2019）。他们将 2017 版课程标准界定的地理学科核心素养（人地协调观、区域认知、综合思维、地理实践力）作为评价体系的一级指标，从人地关系理论、区域基本属性、地理环境整体性原理以及地理学研究方法论等视角凝练地理学科核心素养二级指标要素（表 4-8），并通过大范围的问卷调查，得到各级指标的在教学环节中的权重。

表 4-8 地理学科核心素养评价指标要素的构建

一级指标	构建依据	二级指标	构建依据
人地协调观	地理学研究对象	①地对人（地理环境对人类活动的影响）；②人对地（人类活动对地理环境施加的影响）；③人地协调（人类活动与地理环境相互协调）	人地关系理论
区域认知	地理学基本特点	①区域位置；②区域划分；③区域联系；④区域差异	区域基本属性
综合思维	地理学基本特点	①要素间的综合；②区域间的综合	地理环境整体性原理
地理实践力	地理学方法论和实用价值	①地理实践经历；②地理实践兴趣；③地理实践能力（自我认识）；④地理实践能力（实际表现）；⑤地理实践意识	地理学研究方法论

这个研究的特点是，第一，以地理学科核心素养作为一级指标，再将每一个一级指标的二级指标凝练出来，因此，指标的建立是有依据的。第二，从教学角度考察指标的权重，从而说明在课堂教学实践过程中，地理学科核心素养在不同教学环节中的实施重点不同，这对教师在课堂教学实践中有效实施地理学科核心素养具有重要的指导价值。

物理核心素养为物理观念、科学思维、实验探究、科学态度与责任。刘洋等以布卢姆教育目标分类学为基础，构建了高中物理核心素养评价的一个体系，将物理核心素养细化为 9 个层次的教学目标和内容（图 4-1），可以形成明确且具有可行性的评价方式（刘洋等，2017）。

这项研究的特点，第一，把物理核心素养中的“物理观念”和“科学思维”分为两种水平，物理观念对应知识、领会、应用，属于布卢姆目标分类中的较低的三个层次；科学思维对应分析、综合、评价，属于布卢姆目标分类中的较高的

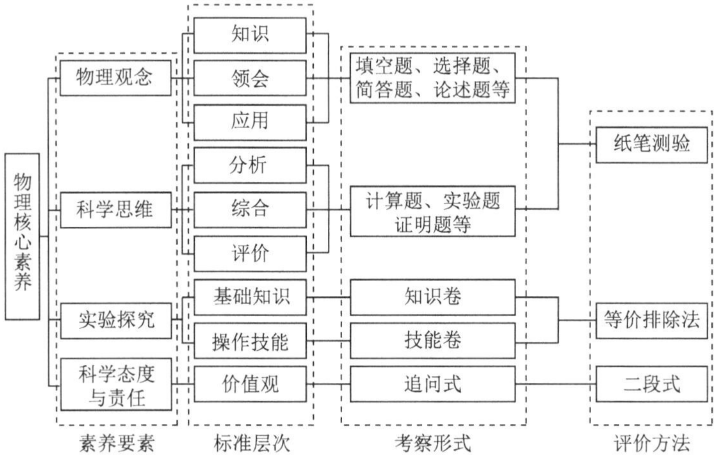

图 4-1 物理核心素养评价体系

三个层次，这样的划分利于教学实践中的操作。第二，根据物理学科的特点，将核心素养中的“实验探究”单独作为一个维度，同时考察基础知识和操作技能，采用的方法是等价排除法。等价排除法的基本思路是：首先以技能评测为单一目的，命制出技能评测卷，根据技能卷涉及物理知识的范围、内容、程度，再命制出与技能卷中所涉及知识等价的知识卷。技能卷主要呈现的是逐条列举的实验操作步骤（可以采取客观题的设计形式），另外还可包括实验反思、收获等（可以采取主观题的设计形式）；而知识卷的考查内容是与技能卷实验等价的基础知识，内容包括实验涉及的物理原理、实验设计、实验准备、操作注意事项等。这样就找到了评价实验技能的一个抓手，使操作技能的评价可以实现。第三，核心素养中的“科学态度与责任”属于价值观范畴，不好作定量评价，因而采用了二段式方法。二段式包括两部分，第一段是常规物理问题的解答；第二段是针对第一段问题中涉及的物理学家、物理学发展史或者有关的自然现象，请学生提出观点，并对当前存在的不足提出解决之道。二段式评价方式是一种追问，通过进一步追问促进学生思考，通过追问考察学生的态度。显然，这一个评价框架值得其他学科借鉴。

任子朝等从高考角度对核心素养的评价作了研究，提出高考中数学核心素养的评价策略（任子朝等，2018）。①研究确定核心素养的考核目标，实现从能力立意到核心素养立意的转变。根据高考是基于课程标准的统一考试的性质和核心素养综合性的特点，在进行考试设计时要建立整体性的设计观，对考查的知识内容、能力目标、认知技能以及试题的分值、题型、题量、评分等进行统筹考虑，实现多方位、多层次目标的综合考查效应。②以数学知识为基础，在知识的学习和运用中考查素养的发展水平。数学科考试中在考查数学核心素养时要求有一定的数学知识基础，要以学科知识为思维材料和操作对象，考查考生对材料的组织、存储、提取的能力，对知识的抽象、记忆、理解、运用、分析与综合的能力，考查一般性的可在不同学科领域、不同的生活和工作领域中进行迁移的核心素养。③以数学思想方法为引领，在思想方法的灵活应用中体现个体差异性。数学思想方法体现了数学思维的特点，在考查过程中要从学科的整体意义、思想含义上设计问题，从知识网络的交会点上设计题目。在数学思想方法的应用过程中，反映数学抽象性、结论确定性和应用广泛性等特点，在数学素养的组合、融合中考查核心素养的本质。④以数学情境为载体，整体实现核心素养综合性的要求。对核心素养的考查要以知识为基础、以情境为载体。情境是多样的、多层次的，可以包括现实情境、数学情境、科学情境，要根据考核的数学核心素养选择不同的情境。

这个研究主要讨论的是在高考中如何考查学生的核心素养，更具体地说，是如何在高考命题中设计考察数学核心素养题目的，从考试的角度切入，没有涉及如何考量学生的必备品格与价值观的发展。

这些研究从不同视角研究了核心素养的评价问题，其观点、结论、做法对于我们建构数学核心素养的学习评价体系有很好的参考意义和借鉴价值。

第二节 发展学科核心素养的学习评价理论建构

学习质量的评价，是实施新课程要解决的一个重要问题，如果学习评价不进行改革，那么课程改革就不能真正落地。

一、学科核心素养评价的前提思考

（一）以知识为重的评价转向以能力为重的评价

长期以来，对学生学业质量的评估遵循的是“教知识考知识”的逻辑，这种逻辑以知识的教学作为起点和归宿，其实是有一定问题的。设想一下，学生从小学一年级入学到高中三年级毕业，他们要学多少学科？每个学科有多少知识点？与每个知识点相关的问题解决涉及多少技能技巧？为了应付考试，学生不得不记忆大量的知识和技能，通过数量庞大的练习使习得的基础知识和基本技能巩固下来，形成做题是主要的学习方式、“题海”训练是常规行为的局面。更重要的是，这种学习方式培养出来的人，在学习结果上偏重模仿、记忆和机械练习，缺乏理解、思考和知识建构，在认识信念上遵从接受而排斥辩解，相信结论的证实性而无视结论的证伪性，以“旁观者”的姿态介入学习，个人的观点和见解被长期的囚禁而日益消解，日积月累，学生的创造性意识和创新能力被磨灭得无影无踪。

培养目标是学业评价的依据也是学业评价的归宿。《普通高中课程方案（2017年版）》在培养目标中明确指出，学生要具有科学文化素养和终身学习能力，“掌握适应时代发展需要的基础知识和基本技能，丰富人文积淀，发展理性思维，不断提升人文素养和科学素养。敢于批判质疑，探索解决问题，勤于动手，善于反思，具有一定的创新精神和实践能力”（中华人民共和国教育部，2018a）。显然，这个培养目标的描述突破了“教知识考知识”的逻辑，学习评价不能只对知识理解情况的考察，还应当考查学生的能力，这种能力主要是指蕴含在学科核心素养中的关键能力。

从知识导向到能力为重的评价转型，可以淡化学生对知识点的死记硬背，强化对知识的综合运用；可以减少学生大量的机械练习，着重提升反思意识和创新能力。这种学业评价的转型，也可望在一定程度消除当下“题海战术”盛行的教育局面。

（二）对学科核心素养的正确认识

核心素养的三个基本要素是学生应具备正确价值观、必备品格和关键能力，因此，评价应当围绕这三个方面展开，需要建立一个完整的评价体系。从测量角度来看，由于“品格”与“价值观”很难用测量的方法作出全面的评价，还必须介入定性的方法对过程进行评价，因此，对学科核心素养的评价，应当分为两个方面来考虑，即对关键能力的评价和对品格与价值观的评价。

各个学科关于学科核心素养的提法各异，有的学科将关键能力与品格价值观分别列出，例如，物理学科的 4 个核心素养——物理观念、科学思维、科学探究、科学态度与责任；化学学科的 5 个核心素养——宏观辨识与微观探析、变化观念与平衡思想、论据推理与模型认知、科学探究与创新意识、科学态度与社会责任，这两个学科最后一个素养指的就是品格与价值观。英语学科的 4 个核心素养——语言能力、文化意识、思维品质、学习能力，明确列出了语言能力和学习能力，属于关键能力，文化意识与思维品质更多的是品格与价值观因素，但也包含关键能力因素。有的学科将关键能力、品格与价值观整合为一体，例如，语文学科的 4 个核心素养——语言建构与应用、思维发展与提升、审美鉴赏与创造、文化传承与理解；地理学科的 4 个核心素养：人地协调观、综合思维、区域认知、地理实践力，都属于这种类型。

数学学科有些例外，6 个核心素养：数学抽象、逻辑推理、数学建模、数学运算、直观想象、数据分析，并没有对关键能力作出具体描述。在对数学核心素养的定义中，是把这 6 个核心素养作为名词来描述的，例如，“数学抽象是指通过对数量关系与空间形式的抽象，得到数学研究对象的素养”，数学抽象是素养，显然是名词。但另一方面，“数学抽象表现为获得数学概念和规则，提出数学命题和模型，形成数学思想方法，认识数学结构与体系”，这种描述显然又将数学抽象看成是一个过程，即数学的抽象过程。既然是过程就必须有活动，就有活动效率的高低（对核心素养的三级水平划分就是活动效率高低的表现形式），因而数学抽象就表现出了能力的特质。对其他 5 个数学核心素养可以作同样的分析，可以看出，6 个数学核心素养本质上蕴含了 6 种关键能力，从能力角度理解，检测学习质量就应当从这 6 个关键能力来开展。

（三）学科关键能力的测试不能脱离学科内容

学科关键能力的生成源于知识，脱离知识谈关键能力是空中楼阁。例如，在 6 个数学关键能力中，除逻辑推理和直观想象具有一般思维能力的特征外，其余的关键能力完全不能脱离数学知识。另一方面，学科关键能力的测验是对学业成绩的测验。与一般的智力测验不同，学科关键能力的测验用于日常教学评价和升学考试评价，是一种学业质量检测而不是纯粹的智商测验。因此，学科关键能力测验与教学内容密切相关，形式上与以前的考试大同小异，内容上却是淡化单纯对知识点理解和掌握情况的考察而应增加对能力因素的考量。

（四）关于学科核心素养的水平划分

每个学科都对核心素养作了水平划分，作为学习质量评价的依据。各学科对本学科核心素养的水平划分也是风格各异，出现了 3 级水平或 4 级水平或 5 级水平的不同分法。

语文学科把核心素养划为 5 级水平。水平 1 和水平 2 是必修课程学习的要求，水平 3 和水平 4 是选择性必修课程学习的要求，水平 5 是选修课程学习的要求。水平 2 是语文学科高中学业水平考试的依据，水平 4 是高校考试招生录取的依据，水平 5 则是为对语文课程更有兴趣的学生所设的较高要求，修习情况可供高校或用人单位参考。

语文学科关于核心素养的水平划分，5 个水平中每个水平的描述都分为 4 个部分，分别对应于 4 个学科核心素养。这种水平划分，表现出比较好的操作性特征，便于教师在教学中对学习质量评价的操作。表 4-9 给出了 1 级水平的描述（中华人民共和国教育部，2018f）。

表 4-9　语文学科核心素养 1 级水平的描述

水平	质量描述	与核心素养对应
1	1-1 有主动积累的意识，不断扩充自己的语文积累，能对学过的各类语文材料进行归类，留心观察生活，记录对生活的观察和感受；能主动将自己的积累用于语言理解和表达。能注意语境和交流的关系，能根据具体的语言环境理解语言，能凭借语感和积累及时调整自己的语言表达，力求使语言表达准确清晰。有反思和总结自己语文学习经验的意识，关注语文学习方法的学习	语言建构与应用
	1-2 在理解语言时，能提取和概括主要信息，能区分事实和观点，分析各部分内容之间的关系，发现观点和材料之间的联系；能利用获得的信息解决具体的实际问题，在表达时，能做到观点明确、内容完整、结构清楚	思维发展与提升
	1-3 有欣赏文学作品的兴趣，能整体感受作品中的形象，把握作品的思想观点和情感倾向；能运用口头语言和书面语言传达自己对作品的感受和理解。在文学鉴赏中，有正确的价值观	审美鉴赏与创造
	1-4 有通过语文学习理解文化的意愿，能通过阅读文学作品，扩展自己的视野，丰富自己的人生体验，感受和理解不同时代和地区的文化。能主动梳理语文课程中涉及的文化现象，了解其中包含的中国传统文化内容，重视优秀传统文化的继承	文化传承与理解

数学学科与语文学科关于学业质量水平划分的思路不完全相同，将评价分为 3 个维度：第一个维度是反映数学学科核心素养的 4 个方面，它们分别为情境与问题、知识与技能、思维与表达、交流与反思。第二个维度是四条内容主线，它们分别为函数、几何与代数、概率与统计、数学建模活动与数学探究活动。第三个维度是数学学科核心素养的 3 个水平（中华人民共和国教育部，2018f）。对每一个学科核心素养，每一级水平都从第一维度的 4 个方面来描述，表 4-10 给出了数学抽象 1 级水平的描述。

表 4-10　数学抽象 1 级水平描述

水平	数学抽象	与 4 个方面对应
1	能够在熟悉的情境中直接抽象出数学概念和规则，能够在特殊的基础上归纳并形成简单的数学命题，能够模仿学过的数学方法解决简单问题	情境与问题
	能够解释数学概念和规则的含义，了解数学命题的条件和结论，能够在熟悉的情境中抽象出数学命题	知识与技能
	能够了解用数学语言表达的推理和论证；能够在解决相似的问题中感悟数学的通性通法，体会其中的数学思想	思维与表达
	在交流的过程中，能够结合实际情境解释相关的抽象概念	交流与反思

数学学科的学业评价框架，可以用表 4-11 来表示。

表 4-11　《数学课程标准》考试评价框架

核心素养	核心素养的 4 个方面	水平 1	水平 2	水平 3	函数	几何与代数	概率与统计	建模与探究
数学抽象	情境与问题							
	知识与技能							
	思维与表达							
	交流与反思							
	……							

《普通高中数学课程标准（2017 年版）》对 6 个核心素养的 3 个水平作了详细描述，并指出水平 1 是高中毕业应当达到的要求，也是高中毕业的数学学业水平考试的命题依据；水平 2 是高考的要求，也是高考命题的依据；水平 3 是必修、选择性必修和选修课程的某些内容对数学学科核心素养达成提出的要求，可以作为大学自主招生的参考。

英语学科把学业质量分为 3 级水平，将 4 个学科核心素养的每一个都在 3 级水平了作了描述，其做法与数学核心素养的水平划分类似，但显得更加简洁。

物理学科把学业质量分为 5 个水平，每个水平分为 4 个要点进行描述，分别对应 4 个物理学科核心素养，表 4-12 给出水平 1 的表述（中华人民共和国教育部，2018d）。

表 4-12　物理学科学业质量 1 级水平描述

水平	质量描述	与核心素养对应
1	（1）初步了解所学的物理概念和规律，能将其与自然现象和问题解决联系起来	物理观念
	（2）能说出一些所学的简单的物理模型；知道得出结论需要科学推理；能区别观点和证据；知道质疑和创新的重要性	科学思维
	（3）具有问题意识，能在他人指导下使用所学的简单的器材收集数据；能对数据进行初步整理；具有与他人交流成果、讨论问题的意识	科学探究
	（4）认识到物理学是对自然现象的描述和解释；对自然界有好奇心，知道学习物理学需要实事求是；有与他人合作的意愿；知道科学、技术、社会、环境存在相互联系	科学态度与责任

物理学科学业质量水平的划分及描述方式与语文学科基本相同，本质上是对学科核心素养的水平划分。

上面列举了 4 个学科，其核心素养的水平划分基本上是相同的，都是对学科核心素养进行水平划分，不同的是水平划分数上存在差异（表 4-13）。其实，所有学科对核心素养的水平描述基本相同，只是数学学科描述得更细。

表 4-13 各学科核心素养水平划分数 单位：个

语文	数学	英语	物理	化学	生物	历史	思想政治	体育与健康	信息技术
5	3	3	5	4	4	4	4	5	4
艺术	美术	音乐	德语	日语	俄语	法语	西班牙语	通用技术	地理
3	3	3	5	3	3	6	5	5	4

基于上面的讨论，我们提出建构学科核心素养的评价体系构想。

第一，从统一的角度看，构建针对中小学所有学科，即适合各学科学业质量评价的模型。布卢姆和安德森提出的目标分类就是这样一种评价模式，但他们主要是针对知识学习的评价来设计的，我们构建的是以评价素养为主要目标的学业质量模型，突出的是关键能力、品格、价值观，而非以知识掌握为主要目标。

第二，评价框架分为两个板块：学科关键能力的评价框架、品格与价值观评价框架。这种分离建构的框架可能对文科学习评价不会有太大的优势，因为文科的知识中本身与品格、价值观的联系就十分紧密，在评价关键能力时就会涉及品格与价值观的考量。但对理科而言，知识中的科学性比文化性的比重更大，因而关键能力与品格、价值观融合程度不如文科的融合程度高。在这种情况下，单独建构一套评价品格与价值观的体系显得十分必要。

第三，关键能力的水平划分作统一化处理，即所有学科都以 3 级水平来划分，如果各学科要作细化，可以考虑在 3 级水平中分割。

二、学科关键能力评价的理论框架

能力是完成一项目标或者任务所体现出来的直接影响活动效率，并使活动顺利完成的个性心理特征。能力总是和人完成一定的实践联系在一起，离开了具体实践既不能表现人的能力，也不能发展人的能力。

英国心理学家斯皮尔曼（Spearman）将智力（能力）分解为两种因素：一般因素（g 因素）和特殊因素（s 因素）。一般因素所代表的能力渗透到一切智力测验课题中，特殊因素所代表的能力仅表现于个别特殊课题中。斯皮尔曼认为，一切智力测验都以一般因素为中心，因而智力研究的主要对象应当是一般因素。可以看到，学科关键能力恰好是斯皮尔曼所说的特殊因素，这种能力不是不重要，而是非常重要。

在学科核心素养的三个基本要素中，“品格与价值观”与一般核心素养体系的关联性较大，“关键能力”则与学科的联系更加紧密。下面围绕学科关键能力的生成展开讨论（喻平，2018）。

（一）学科关键能力生成的本源

提到能力，不可回避地要回到能力与知识关系讨论的传统话题上。

1. 对知识与能力认识的历史纷争

形式教育与实质教育是对教育目的认识的两种相对立的教育理论，前者认为教育旨在使学生的官能或能力得到发展；后者认为教育的目的在于使学生获得知识和生活的必备技能。两种理论的本质是对知识与能力孰轻孰重的考量。

形式教育思想可以追溯到古希腊，苏格拉底强调知识的普遍有效性和道德价值，注重形式和方法而不是内容；柏拉图认为学习即某些理念（能力、观念）由里向外的发展，以几何学习为例，“通过纯粹思维，理解数目本质，不用考虑其有用性”；在亚里士多德看来，教育的目的在于发展心灵的最高方面——理智，理智教育是教育的最高任务。作为形式教育的心理学基础，官能心理学认为人的心智这个实体生来就有，由注意、意志、记忆、知觉、想象、判断等官能组成，这些官能是各自分开的实体，分别从事不同的活动。各种官能可以像训练肌肉一样通过练习增加力量，由此产生了迁移学说的最早理论——形式训练说。教育的主要目标不是掌握知识或技能，而是发展和增强心灵的能力，这就是形式教育的基本要义。

18 世纪末 19 世纪初，一方面，由于资本主义经济的迅猛发展，机器生产和工业社会要求学校教育培养具有一定实用知识的人，形式教育已经不能满足当时社会的需求；另一方面，形式教育的理论遭到理论界的许多质疑，如詹姆斯和桑代克先后用实验证实了形式训练说的缺陷。在这种背景下，教育家力图为教育目的建构新的理论体系，于是催生了实质教育思想的发端。例如，赫尔巴特摒弃了官能心理学思想，认为教育的目的不在于官能训练，而在于提供适当的观念来充实心智，因此赫尔巴特主张在教材中注重知识的系统性和整体性。斯宾塞认为最有价值的知识有利于完满的生活，是为将来生活做好准备的知识。

形式教育与实质教育各执己见虽有历史时代的原因，但是这种割裂了知识与能力的做法毕竟存在很大缺陷。知识与能力有不可分割的内在联系，它们不是相互独立或相互排斥的。事实上，作为实质教育的推崇者，斯宾塞本人也看到了知识的价值和训练的价值，他说，“我们可以肯定，在获得那些调节行为最有用的各类知识中就包含了最适宜于增强能力的心智练习。”（瞿葆奎，1993）20 世纪初，许多教育家对形式教育和实质教育的极端观点作了批判。杜威在批判洛克的形式教育论和赫尔巴特的实质教育论基础上，提出以经验来解决形式教育与实质教育的对立，把能力和知识结合起来。“一盎司经验所以胜过一吨理论，只是因为只有在经验中，任何理论才具有充满活力和可以证实的意义。”（约翰·杜威，

1990）克拉夫基认为，学生不掌握内容如何促使能力发展呢？事实上，掌握内容本身也是一种能力（瞿葆奎等，1988）。

关于知识与能力的关系，信息加工心理学给出了一种新的描述。把知识分为陈述性知识和程序性知识，前者指“是什么”的知识，后者指“怎么做”的知识。按照这种对知识的广义分类，传统意义上的知识对应陈述性知识，技能对应程序性知识。将技能进一步分解为两个亚类：一类用于对外办事（通过练习可以达到相对自动化），一类用于对内调控（受个体意识控制）。这种分法就与加涅把学习结果分为言语信息、智慧技能、认知策略产生了对应：言语信息对应陈述性知识，智慧技能对应能相对自动化的程序性知识，认知策略对应受意识控制的程序性知识（邵瑞珍，1997）。显然，如果智慧技能的成分对应技能，那么认知策略的成分则表现为能力。于是，认知心理学把能力作为知识的一种形式，使知识与能力得到统一。

2. 知识是学科关键能力生成的本源

能力的发展寓知识掌握之中，这是当代理论界基本共识的命题，由于学科核心素养的主要关注点是学科核心能力，那么得到简单的推论：知识是学科关键能力生成的本源。为了对此有更细致的分析，有必要对知识作出进一步的透析。

休谟提出了“两种知识”的理论。他认为，人类理性的一切对象可以自然分为两种，就是观念的关系和实际的事实（休谟，1972）。第一种知识是指几何、代数、三角等科学，这种知识奠基于直觉的确定性和论证的确定性，它们是不依赖于经验的，因而是普遍必然的、明晰的。第二种知识关系到人们周围的，它们是依赖于经验的，因而是偶然的、不确定的。康德也把人类的知识概括为以下两种：一种是“经验知识”，仅仅后天即通过经验才可能得到的知识；另一种是“纯粹知识”，这种知识不应该被理解为“不依赖于这个或者那个经验而发生的知识，而是理解为绝对不依赖于一切经验而发生的知识……先天知识中根本不掺杂任何经验性因素的知识叫作纯粹的”（俞吾金，2012）。我们把休谟的第一种知识和康德的“纯粹知识”称为客观知识，这类知识包括自然科学、社会科学、人文科学在内的知识体系，相对于个人来说是外在的客观存在的理智产品。休谟的第二种知识和康德的经验知识，本质上是属于个体内部的知识，它是个人获得的客观知识与经验的总和，我们把这类知识称为个体知识。

波兰尼的知识理论就是“个体知识”（personal knowledge）的理论。一方面，人们已经习惯于将知识概念理解为普遍的、客观的、非个人的理智产品；另一方面则是因为个体知识本身从称谓上说也极容易引起误解，产生歧义。例如人们乍一看容易将个体知识误以为是科学知识的对应物。实际上，个体知识并不是一种相对独立的知识形式，而只是对科学知识性质的一种新表述（石中英，2001）。

波兰尼以科学家探究科学问题的过程佐证了“个体知识”的存在性，并提出缄默知识概念，为个体知识理论奠定了基础。

学习的过程就是个体将客观知识转化为个体知识的过程，对这个过程，认知主义的解释是知识的复制，建构主义的解释是适应外部世界。欧内斯特（Ernest）对客观知识转化为主观知识（个体知识）作了细致描述：“通过输入的感觉信息和直接作用，人类在与客观世界的相互作用下就获得了主观知识。……像科学的发展一样，主观知识是通过假设–演绎发展起来的。”（Ernest，1998）无论怎样解释，学习的结果终究是形成个体知识。客观知识如果不能转化为个体知识，学习就是无效的，也就无所谓个人能力的发展；客观知识能有效地转化为个体知识，才可能生成个人的能力，因此，从这个意义上说，个体知识是学科核心素养生成的发端。

个体知识的成分是知识与经验，从哲学意义上看，经验是指个体在同客观事物直接接触的过程中通过感觉器官获得的关于客观事物的现象和外部联系的认识，并通过理性分析获得的知识。通俗地说，经验就是个体从已发生的事件中获取的知识。杜威认为：“经验包含一个主动的因素和一个被动的因素，这两个因素以特有的形式结合着。只有注意到这一点，才能了解经验的性质。在主动的方面，经验就是尝试——这个意义，用实验这个术语来表达就清楚了。在被动的方面，经验就是承受结果。”（约翰·杜威，1990）杜威从过程和结果两个维度对经验作了描述，个体要形成经验，对事物必须要有主动尝试的过程，缺乏主动性不会获得经验；另一方面，单纯的活动并不构成经验，要与活动所产生的结果联系起来才能形成经验。因此可以说，经验是核心素养生成的关键元素。

如果说客观知识是学科关键能力形成的外部资源，那么个体知识就是学科关键能力形成的内部资源。作为中小学生而言，经验主要有两类：一类是从日常生活中获得的经验，一类是在学习中获得的经验。后者其实就是个体把客观知识内化为个体知识形成的经验，从这个意义上说，客观知识作为一种外源变量通过个体知识这个内源变量去实现学科关键能力的生成。

（二）学科关键能力生成的实现

在明确知识是学科关键能力的本源之后，进一步讨论如何通过知识学习去实现学科关键能力的生成，即学生形成学科关键能力的机制。我们提出如图 4-2 所示的一个基本框架，反映了学科关键能力的生成来源、生成机制和生成结果。

学习者将客观知识的学习分为 3 个水平，由低到高依次是知识理解、知识迁移、知识创新，每一种学习水平对应生成学科关键能力的一级水平、二级水平、三级水平。每一种学习水平都与个体知识相互作用，例如，通过知识理解，形成新的认知结构和经验系统，这些经验又会对知识理解产生反作用，促进知识理解水平的实现。

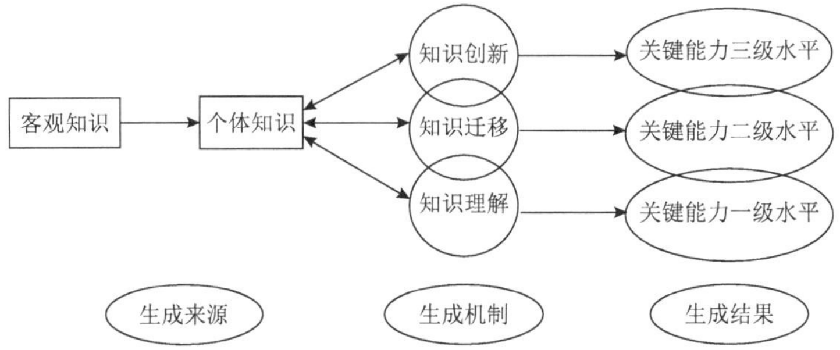

图 4-2 学科核心素养的生成过程

1. 知识理解

1）知识理解的含义

知识的理解的第一层含义，是指学习者对知识的本质、类属以及与其他知识之间的种种联系的理解。知识的理解既是一个过程，即学习者利用已有经验和已学过的知识去同化或顺应新知识的过程；知识理解又是一种结果，即对新知识的把握和领悟。

认知心理学对知识的理解有深入的研究，研究从三个视角切入。第一，知识分类的视角。知识的理解就是学习者把客观知识转化为主观知识，形成内部表征的过程，不同的知识类型有不同的表征形式，即不同的知识类型有不同的理解形式。陈述性知识的理解就是学习者头脑形成了由命题网络、表象表征和线性序列组成的图式；程序性知识的理解是指学习者头脑中积累了大量的产生式。第二，认知结构视角。知识的理解是指将新知识纳入认知结构，通过同化与顺应对原来结构进行改造从而形成新的认知结构的过程。第三，信息加工视角。认知心理学认为知识理解的实质是学习者以信息的传输、编码为基础，根据已有信息建构内部的心理表征，并进而获得心理意义的过程。梅耶（Mayer）给出了学习者的理解过程模式，个体的理解分为三个阶段：第一阶段，各种信息经过注意的“过滤”，部分信息经过感觉登记进入短时记忆。第二阶段是编码阶段，进入短时记忆的信息没有得到复述和加工的部分很快消退，得到及时复述和进一步加工的信息进入长时记忆。第三阶段是表征的重新建构和整合阶段。当信息进入长时记忆后，一方面，已有图式的一些节点和相应的区域被激活，从而使已经得到编码的信息获得了心理意义；另一方面，新信息的纳入又使已有的图式发生相应的变化，形成新的知识网络和认知结构。

认知心理学对知识理解的描述回答了两个问题，即这个对象是什么？为什么这个对象是这样的？个体头脑中对事物的准确表征，是对认识对象“是什么”的刻画；新知识的输入对原有认知结构的改组形成新的认知结构，明确知识之间的内在联系，这是解读“为什么”的问题。“是什么”和“为什么”本质上是知识理解的两个层面，前者是基本层面，后者是深化层面。基本层面包括对知识意义的理解，能从不同角度去认识知识的性质、知识的类属以及知识的背景；深化层面是对知识之间逻辑关系的理解，即理解知识与其他知识的联系、知识之间的因果关系。

知识理解的第二层含义，是指基本技能的形成和发展。一方面，知识的理解不能脱离知识的应用，应用是理解的必要环节。从知识的认知到知识的应用再到知识的认知，只有通过不断循环的过程，才能达到对知识的真正理解。知识应用的本质，是解释与知识相关的现象，解决与知识相关的问题，个体的学科基本技能就是在知识应用过程中生成和发展的。另一方面，无论是陈述性知识还是程序性知识，知识本身就蕴含了方法。在自然科学领域，作为陈述性知识呈现的概念，就具有“过程”与“对象”二重性。所谓过程，就是具备了可操作性的法则、原理和程序，而对象是指概念的结构和结果。显然，“过程”蕴含了方法。对于程序性知识来说，它本身就是一种操作程序的规定，这种操作程序由若干条产生式叠加而成，本质就是方法。技能是指掌握和应用专门技术的能力，学科基本技能就是掌握和应用学科专门知识的能力。应用与方法密不可分，因而，知识理解的本意涵盖了基本技能的形成和发展。

2）学科关键能力一级水平的表现

知识理解是学科关键能力生成的基础，它反映了最基础的学科能力水平。具体地说，知识理解奠定了学科关键能力生成的资源，埋下了学科关键能力生成的种子，提供了种子生长的肥沃土壤。知识理解的直接结果是促进基本技能的发展，技能是一种最基本的能力，是能力发展的初级阶段。通俗地说，技能主要指个体在一个熟悉的情境中，选择熟悉的方法去做一件事，而能力则是指个体在一个不熟悉的情境中，能够选择恰当的方法去做一件事。学会使用一种方法是技能，该在什么情况下使用这种方法是能力。显然，前者是基础，后者是提升。因此，知识理解是学科关键能力的最基本表现，我们称其为学科关键能力的一级水平。

学习者学科核心素养一级水平的具体表现为：

（1）了解知识产生的缘由。知道知识从何而来，明白知识产生的理由。有对知识产生和发展的经历，形成了一定的活动经验。

（2）理解知识形成的结果。能够把握知识的过程与对象二重性，掌握基本的事实和结论；明确概念的内涵、外延，形成概念体系；理解规则与法则的结构、使用的条件，形成命题体系；掌握蕴含在知识中的基本方法。

（3）解决学科的基本问题。能够辨析概念，在知觉水平和思维水平上应用概念；能使用简单知识、基本规则和基本方法解决简单的学科问题。

2. 知识迁移

1）知识迁移的含义

知识迁移是指学习者把理解的知识、形成的基本技能迁移到不同的情境中去，促进新知识的学习或解决不同情境中的问题。

知识迁移是知识在新情境中的应用。所谓新情境是指不同于学习这个知识时的情境，因此，知识迁移不是知识的简单应用，不是知识的模仿应用。一般说来，面临新知识的学习情境或一个不熟悉的问题时，学习者会在原有认知结构中激活相关知识，将其调动来同化新知识或者选择恰当的知识、策略来解决当前问题。因此，知识迁移不是某个知识主动地迁移到其他情境，而是被动地迁移，即学习者根据需要去调动相关知识。正因为这样，能否辨认当前情境中问题的类属而对原有知识进行准确地激活？能否判断知识迁移的有效性？当发现所选的知识或方法不能解决当前问题时能否灵活转向激活其他知识？这些因素本身就反映了学习者的能力，是个人学科核心素养的一种体现。

知识迁移是知识的综合应用。解决一个问题时，用到的知识或方法可能不是唯一的，往往涉及多个知识或多种方法，这就需在学习者有丰富的知识资源，并能选择有用的资源在新的情境中进行组合，因此，知识迁移是多个知识或多种方法向一个目标的迁移，是多个旧情境中的知识向同一个新情境迁移的过程。迁移理论中有各种学说：相同要素说、概括说、认知结构迁移说、产生式说、实用图式理论、结构映射理论等，这些关于迁移实现的条件的理论对知识迁移的实现有重要指导意义。如何判断新情境与旧情境的共同要素？如何概括新情境与旧情境的共同原理？如何形成更多的重叠产生式？如何实现旧情境与新情境的结构映射？如何发挥样例在知识迁移中的作用？如何完善认知结构更利于知识的迁移等，均是影响知识迁移实现的重要因素。知识迁移要求学习者具有识别、判断、筛选、决策等多种能力。

例如，在学习了圆的面积公式 $S=\pi r^2$ 之后，要学生求一个给出已知半径的圆的面积或者已知圆的面积，求圆的直径，这是知识的理解水平（学科核心素养一级水平）。如果给出一个问题：两个厚度相同的圆饼，一个半径为 10 厘米，售价为 3 元，另一个半径为 15 厘米，售价为 4 元，问买哪一种饼更划算？这个问题就不是直接考查学生对圆面积公式的理解情况，而是面对情境要分别计算出单位面积的价格进行比较方能解决问题，学习者需要把圆面积公式、单位面积概念、价格以及生活经验等知识，迁移到这个情境中进行综合分析，此时表现出来的就是考量知识的迁移水平（学科关键能力二级水平）。

2）学科关键能力二级水平的表现

知识迁移是跨情境的、多种知识综合的应用。

情境主要包括：①现实生活情境。个人生活相关的情境，如与学习、休闲娱乐、学校活动等相关的问题；职业相关情境，如与学生熟悉的教师、医生、会计师、建筑设计师等职业相关的问题；社会相关情境，如与商品出售、体育比赛、金融等相关的问题。②学科内部问题情境。知识在进一步生长的过程中产生的问题情境；学科内部不同知识体系中的问题情境。③跨学科知识的情境。不属于本学科范畴，但与本学科知识相关的其他学科情境。

学习者学科关键能力二级水平的具体表现为：

（1）能够将知识迁移到不同情境中去，解决与知识相关的现实情境问题、本学科内部不同情境问题、不同学科情境问题。

（2）能够理解知识之间的逻辑关系，掌握与知识相关的思想方法，能够判断知识迁移的准确性和有效性。

（3）能够解决需要多种知识介入、多种方法运用的常规性复杂问题。

3. 知识创新

1）知识创新的内涵

知识创新是指学习者能够生成超越教材规定内容的知识，或者对问题进行推广与变式得到一个新的问题。“创新”是相对学习者而言的，对于他们来说是新知识、新方法。能提出问题，以自我的“发现”得到的知识，就是知识创新。

知识创新是学习者对教学内容的拓展与延伸。知识之间会存在依存关系或逻辑关系，新知识的产生总是与某些旧知识有内在的联系，因此，一个知识总会有自身生长与发展的空间。教材中往往只是介绍知识的结果，对于这个知识的发展不作交代。在教学中，如果教师能够设置合适的情境，引导学生通过猜想、直觉、证伪等方法去发现知识发展的走向和进一步生成的结果，这些结果可能是后面的教材内容要涉及的，也可能是教材中没有涉及的，无论何种情况，对于学生而言这一探究过程和获得的结果都是知识的创新。

知识创新是学习者对问题的推广与变式。创新元素往往隐藏在问题解决之后，因为问题被解决并不意味着对问题探究的结束。许多问题都有可能通过变式、改变条件、类比推理等手段而产生出新的问题，当把变式推广的问题解决之后，就能得到一个新的知识。此外，知识创新的另一种显示是学习者在解决问题过程中实现了方法的突破，在解决问题中突破常规的方法就是知识创新。

知识创新表明学习者形成了学科思维。学科思维“表现为学科特有的理解问题和分析问题的思维方式，这是学习者能够像学科专家一样深入思考问题时所需要的一种能力”。学习者形成学科思维，表明他们能够领悟学科思想方法，体会学科价值观，有批判和反思的意识，并用学科思维方式看待和处理学科及非学科的问题。形成学科思维应当是学习者学科核心素养发展的最高表现。

例如，在前面的例子中，增加一个问题：由上面问题的启示，请你提出一个新的问题并解决它。这是一个开放性问题，学生可以从多方位思考，例如，把问题作一般化处理，提出问题：两个厚度相同的圆饼，第一种饼的半径为 R 厘米，售价为 x 元，第二种饼半径为 r 厘米，售价为 y 元，在什么条件下买第一种饼划算，什么条件下买第二种饼划算？又如，把圆饼问题改为正方形的饼、正多边形的饼，或者买回不同形状、不同价格的饼将其比较等，这些都是创新型问题。这种用数学思维去思考现实生活中的问题并能有效地解决问题，就是数学关键能力的具体表现。

2）学科关键能力三级水平的表现

（1）能够灵活运用知识和方法解决探究性、开放性等非常规性问题。

（2）能生成超越教材规定内容的学科知识；能够对问题进行变式、拓展和推广，提出富有见解的猜想，并能证伪和证实猜想。

（3）能够用学科的思维方式去观察和分析事物，形成严谨的科学思维。

（三）学科关键能力评价的一个框架

上面讨论了学科关键能力的生成源于知识的理解、知识的迁移和知识的创新，由此形成三个水平的学科核心素养，这种对知识学习水平的划分事实上就找到了评价学生学科关键能力的抓手，为学科关键能力的评价提供了一个理论框架。

目前，每一个学科都提出了自己学科的关键能力，如何评价学生在学习中形成了这些学科关键能力？学科关键能力的发展水平如何？这是必须直面的问题。更直接地说，我们通过怎样的测试就能够测量出学生学科关键能力的水平。

表 4-14 给出了一个学科关键能力评价的框架。

表 4-14　学科核心素养评价框架

核心素养	知识理解（学科关键能力一级水平）	知识迁移（学科关键能力二级水平）	知识创新（学科关键能力三级水平）
核心素养 1			
核心素养 2			
……			
核心素养 n			

把学科关键能力的评价框架与当下课程标准中三维教学目标作一个对比。两种评价体系有相通之处，三维目标体系中的“知识与技能”和“过程与方法”可以分别近似地对应学科关键能力体系中的“知识理解”和“知识迁移”，但是“情感态度与价值观”不能对应“知识创新”。事实上，当下的三维目标体系存在一

定的问题，将三个目标平行排列，体现不出层次关系，而三个目标依托的理论基础又是不同的，以不同理论为基础的三维目标给课程实施带来了难以操作的尴尬局面。在学科关键能力评价体系中，三个水平是递进关系，后者的实现必须建立在前者基础之上，这样的目标递进关系会消除各自理论基础的不和谐性。学科关键能力评价体系并没有抛弃对“知识与技能”的考察，而且增加了“知识创新”这个三维目标无法考量的关键能力因素，因此是三维目标体系的一种发展。

根据知识理解、知识迁移、知识创新的描述，一级水平考查学生的基础知识与基本技能掌握情况，二级水平考查学生问题解决的能力，三级水平考查学生的学科思维水平，转变传统意义上“教知识考知识”的模式为“教知识考能力”模式，是教育理念的转型。同时，这个框架给测试题目编制提供了可操作性依据，能够比较容易地实现对学科关键能力的评价目标。对这个框架的应用作几点说明：

（1）这个评价框架是针对测量学科关键能力设计的，不适合用于核心素养中“必备品格”的评价。例如，不适合测量物理核心素养中的“科学态度与责任”。对于学习中的情感因素，可以设计另外的评价体系，考虑用质性的、过程性的方式进行评价。

（2）一般说来，一道题目旨在测量某种或多种学科核心素养，题目最好分为三个小题，由低到高分别测量学科核心素养的三种水平，国际上通行的 PISA 试题的编制方法就是这种思路。

三、品格与价值观评价的理论框架

对于价值观与品格的评价，不能通过考试来完成，必须建立一套可操作的评价指标体系。这个指标体系具有各个学科皆有的共性，但更主要的属性必定与学科的性质相关，即通过具体学科知识的学习来培养学生的品格和价值观。

本节聚焦数学学科核心素养中价值观与品格的评价指标体系建构。采用实证研究方法，基本路径是：第一，在理论分析的基础上提出与数学核心素养中品格与价值观可能相关的若干要素，形成一个大概的框架；第二，设计问卷，选取数学教育领域各个层面群体的样本进行调查，收集从事数学教育工作群体对品格与价值观认识的信息；第三，对数据作因子分析，提取数学教育品格与价值观的基本因素，从而建构品格与价值观的评价体系。

（一）通过数学教育培养学生必备品格与正确价值观的蕴义

品格教育是世界各国关注的共同问题。20 世纪 90 年代以来，美国掀起了一场品格教育的复兴运动，在 1999～2004 年间，美国有 23 个州通过或修正了相关法案，其中 12 个州明确要求进行品格教育，11 个州鼓励进行品格教育。多数的州规定了价值单，包含尊重、诚实、信赖、整洁、愉悦、守纪、守时、学校荣誉感等品格教育的关键词（Glanzer et al.，2006）。因此，品格教育也就成为学界关注的一个研究热点。

对品格的内涵和外延的界定有不完全相同的观点。里克纳（Lickona）认为，好品格就是知善、向善和行善，包括道德知识、道德情感和道德行为三个方面，好品格包括审慎、公正、坚韧、节制（丁道勇，2008）。威尼（Wynne）认为好品格包括知礼、求真、守纪、勤奋、清洁、利他（Wynne，1988）。里弗斯（Rivers）强调品格教育应该包括智力美德，包括学术诚实、智力勇气、责任、谦卑等（Rivers，2004）。比亚利克（Bialik）等提出，品格包括 6 个要素：正念（相近的词有智慧、自我意识、观察、反思、意识、关心、想象力、倾听等），好奇心（相近的词有探索、激情、动机、主动性、自发性等），勇气（相近的词有勇敢、决心、坚韧、自信、冒险等），修复力（相近的词有毅力、坚毅、足智多谋、自律等），德行（相近的词有仁爱、正直、尊重、正义、平等、善良、接纳、诚信、宽容、美德等），领导力（相近的词有责任、克制、义务、人际交往技能、组织等）（玛雅·比亚利克等，2018）。可以看到，有的把品格教育与道德教育等同看待，有的把品格和美德这两个术语作相互替换，有的将品格与价值观交融论述，因而，品格是一个比较宽泛的概念。

相对而言，对价值观的认识比较同一。简单地说，价值观是人们关于什么是价值、怎样评判价值、如何创造价值等问题的根本观点。价值观是基于人的一定的思维感官之上而作出的认知、理解、判断或抉择，也就是人认定事物、辨别是非的一种思维或价值取向。价值观是对行为提供普遍指导和作为制定决策，或是对信念、行动进行评价的参照点，是使人据此而采取行动的一些原则、基本信念、理想、标准或生活态度（莫尼卡·泰勒，2003）。价值观的内容，一方面表现为价值取向、价值追求，凝结为一定的价值目标；另一方面表现为价值尺度和准则，成为人们判断事物有无价值及价值大小、是光荣还是可耻的评价标准。思考价值问题并形成一定的价值观，是人们使自己的认识和实践活动达到自觉的重要标志。

（二）学科教育要培养学生什么品格与价值观

通过学科教育，能培养学生什么品格与价值观？这是建构品格与价值观评价指标要思考的前提。从两个方面来思考：第一，由学科的特质与学科教育的价值来确定学科核心素养中的品格及价值观要素；第二，根据中国学生核心素养体系来遴选与学科核心素养相关的品格与价值观因素。

1. 人文学科的教育价值

广义地理解，人文学科指的是关于人与社会的知识，包括哲学、语言学、文学艺术、历史学文化学、政治学、伦理学等学科。人文学科研究的是人生的、世界的、民族的等问题，是关于人的精神世界的学科。在中小学，人文学科主要指语文、外语、政治、历史、音乐、美术、艺术等学科。

人文学科的教育价值可以概括为三个方面。

第一，人文学科教育是塑造价值观的教育。人文学科研究的对象是精神世界和文化世界，提供的是一种价值体系和意义体系。也就是说，人文学科既是一个知识体系，又是一个价值体系。因此，人文教育不仅仅是知识教育，更是社会价值观念的教育。识文断字，只是掌握了一种工具，每一篇文章都有自己的主题，有作者思想的表达，有作者情感的流露，有作者价值观的导向，显然，每读一个作品无疑都会对读者带来一次洗礼。人文学科的教育，对个人而言会直接影响到自身对世界和人生的看法，形成个人的世界观和人生观；对国家而言，则关系一个民族的生命力、凝聚力和创造力。所谓家国情怀，更多与人文教育息息相关。

第二，人文学科教育是培育人文精神的教育。人文精神是人类追求真善美的精神，它贯穿于全部人类文明史。我国传统文化的人文精神特别重视人的道德修养，主张人们通过自身的修养和学习成为高尚的人、有理想的人。人文学科中所蕴含的道德、哲学、艺术、宗教等文化资源，可以极大地弘扬爱国、守法、明理、诚信、团结、友善、勤俭、自强、敬业、奉献等观念，培养人的主体意识和人格精神。也就是说，人文学科的教育，可以陶冶人的情操，升华人的境界，塑造具有健全人格的社会人。

第三，人文学科教育是提升综合素养的教育。一个人的人文素养直接影响到他的思维方式，要明辨是非、分析善恶、辨别美丑都与个人有人文素养密切相关。一个人的人文素养如何，直接影响到他的思维方式、人生态度以及自身价值的实现。实践表明，只有具备雄厚的人文学科基础，才会具备优良的思维品质，才可能在了解政治、经济、文学、历史、哲学、艺术、法律和各种社会文化的基础上，敏锐地揭示事物的本质，高瞻远瞩地预见社会的发展。

袁振国认为，文科教育的过程是精神享受的过程，是提高生命质量的过程；文科教育的过程是体验和提升生命价值的过程；文科教育的过程是感悟自由精神的过程；文科教育是标准的、统一的教育，更是多样的、个性化的教育；文科教育是技能的教授，更是生命的对话（袁振国，2001）。

2. 科学学科的教育价值

科学教育不仅有工具性价值，而且具有人文价值，这种人文价值主要表现为理性精神和规范意识、批判精神和创新意识、公平精神与平等意识、开放精神与独立意识。

从具体的学科来看。马亚鹏认为，物理学科独特的育人价值可概括为认知价值、发展价值、精神价值和审美价值四个方面（马亚鹏，2021）。认知价值表现为：认识物理世界，破除迷信教条。发展价值表现为：掌握科学方法，训练科学思维。精神价值表现为：培育科学精神，激励创新创造。审美价值表现为：增进审美情趣，陶冶美好心灵。

邓阳建立了一套分析化学知识的教育价值的思维框架。将其划分为一般教育价值和特殊教育价值两部分进行分析。一般教育价值，即化学作为科学学科来讲所具备的科学知识都具备的一般性教育价值；特殊教育价值则是指化学学科由于自身特殊性而具备的只有化学知识才具有的教育价值。①化学知识的一般教育价值。从认识层面看，培养学生形成科学的思维方式；从实践层面看，使学生获得探究的能力和模式；从意义层面看，培养学生的科学品质和精神。②化学知识的特殊教育价值。从认识层面看，丰富学生的化学认识，形成化学思想；从实践层面看，培养学生解决实践中与化学相关的问题；从意义层面看，让学生感受化学文化，陶冶化学情操（邓阳，2013）。

科学教育的价值，概括地说分为科学价值和人文价值，其中人文价值与品格、价值观的联系更加紧密。从一些学者的观点可以看到，在科学教育中，与品格、价值观相关的关键词有科学精神、科学思维、科学审美、科学品质、科学文化、科学方法等。这些关键词是建构品格与价值观评价体系的参考依据。

3. 数学学科的教育价值（喻平等，2020）

对数学本质的描述，历代数学家有诸多诊断，对这些观点做进一步梳理，宏观上可以把数学的本质概括为两个大的方面，即数学的科学特质和文化特质。数学的科学特质表现为除了有科学的本性外还具有数学本身的特性，数学本身特性可以用几个关键词刻画：抽象、逻辑、结构、模式、数据、直觉。事实上，从历史上几个重要的数学哲学流派的各自追求，可以看到都是围绕这些关键词开展的。逻辑主义，把数学与逻辑等价看待，认为数学可以归结为逻辑；直觉主义否认超经验的数学对象存在，强调数学对象的可构造性，而这种构造源于非逻辑思维占主要成分的数学直觉；形式主义追求形式化的数学；布尔巴基学派认为结构化是数学的归宿。数学的文化特质指数学的文化元素表现出来的特别性质。数学既是科学又是一种文化，数学文化包括数学知识、数学思想方法、数学精神、数学信念、数学价值观和数学审美等多种要素。

关于数学教育的价值，欧内斯特从教育观念层面将数学教育分为 5 种类型：严格训导派、技术实用主义、旧人文主义、进步教育派、大众教育派（Ernest，1998）。

这些派别在认识论、课程观、教学观、教育目标等方面都有各自的价值取向。概括各家观点，对数学教育的价值采用并集方式列出：掌握数学知识，形成基本数学技能，发展数学能力，训练数学思维，掌握数学工具，领悟数学精神，传承数学文化。

从数学学科特质、文化特质、数学教育的价值三个方面梳理，可以看到在数学学科领域与品格与价值观高度相关的概念有抽象、直觉、数学思想、数学方法、数学精神、数学信念、数学价值观和数学审美。这些概念是构建品格与价值观评价指标的依据之一。

4. 中国学生发展核心素养体系

以林崇德教授为首的中国学生核心素养课题研究团队，提出了中国学生核心素养的一个框架（林崇德，2017）。林崇德先生对这 18 个素养的内涵及主要表现作了描述，下面我们选择与数学核心素养联系比较紧密的要素看看其中的描述。

（1）审美情趣：具有艺术知识、技能与方法的积累；能理解和尊重文化艺术的多样性，具有发现、感知、欣赏、评价美的意识和基本能力；具有健康的审美价值取向；具有艺术表达和创意表现的兴趣和意识，能在生活中拓展和升华美等。

（2）理性思维：崇尚真知，能理解和掌握基本的科学原理和方法；尊重事实和证据，有实证意识和严谨的求知态度；逻辑清晰，能运用科学的思维方式认识事物、解决问题、指导行为等。

（3）批判质疑：具有问题意识；能独立思考、独立判断；思维缜密，能多角度、辩证地分析问题，做出选择和决定等。

（4）勇于探究：具有好奇心和想象力；能不畏困难，有坚持不懈的探索精神；能大胆尝试，积极寻求有效的问题解决方法等。

（5）乐学善学：能正确认识和理解学习的价值，具有积极的学习态度和浓厚的学习兴趣；能养成良好的学习习惯，掌握适合自身的学习方法；能自主学习，具有终身学习的意识和能力等。

（6）勤于反思：具有对自己的学习状态进行审视的意识和习惯，善于总结经验；能够根据不同情境和自身实际，选择或调整学习策略和方法等。

（7）健全人格：具有积极的心理品质，自信自爱，坚韧乐观；有自制力，能调节和管理自己的情绪，具有抗挫折能力等。

以上这些素养，也是我们设计品格与价值观评价指标的依据。

（三）品格与价值观评价指标建构

1. 评价指标的建构

采用自上而下的研究思路，经过对相关研究的梳理，通过对与品格与价值观密切联系的关键词进行分析，得到一个品格与价值观评价指标的理论模型。

综合上述各家对品格和价值观的观点，列出一组关键词：求真、勤奋、探索、激情、动机、坚韧、自信、毅力、自律、学科思维、科学精神、科学信念、学科的科学价值、学科的人文价值、学科审美、知识应用、态度、批判、信奉、严谨、求实、理性、乐学、善学、反思、抽象、直觉、交流、主动、自我概念。核心素养中品格和价值观的含义，是指通过学习后要培养学生的什么品格和形成什么价值观。因为上述列出的这30个词语都属于品格和价值观范畴。

对这30个关键词进行分类，拟定初步的评价指标框架。包括5个一级指标和若干个二级指标。在征求教育学专家、学科教育专家意见基础上，最后将品格与价值观评价分为4个一级指标：学科价值观念、学科思维品格、学习态度、学会学习。学科价值观念的二级指标为：知识价值、文化价值、育人价值。学科思维品格的二级指标为：理性思维、批判质疑、勇于探究。学习态度的二级指标为：乐于学习、主动学习、坚毅执着。学会学习的二级指标为合作交流、善于学习。建构的指标体系及各指标的具体含义见表4-15。

表4-15　品格与价值观的评价指标体系

领域	一级指标	二级指标及基本要点
品格与价值观	学科价值观念	①知识价值：能够认识学科是其他学科的关系，认识知识的广泛应用性，知识在科技、社会发展中的作用，形成热爱学习，积极向上的学习态度 ②文化价值：能够理解学科的思想方法，体会科学精神、理性思维、科学审美，并能将其转化在自己的学习行动和树立个人发展的理想信念中 ③育人价值：能够理解学科对人的思维发展的作用，形成刻苦训练、不畏艰难、积极向上的优良品格
	学科思维品格	①理性思维：具有崇尚真理信念和求实精神，形成严谨的思维品质，能够理性地分析和解决问题 ②批判质疑：能够进行独立思考、独立判断、敢于质疑，能够用辩证的观点分析问题，做出正确的抉择 ③勇于探究：具有好奇心和想象力，有探究问题的意识，有不畏困难、坚持不懈的探索精神
	学习态度	①乐于学习：具有积极的学习动机、兴趣、自信，能够对学习结果作出正确归因，能够体会到学习的乐趣 ②主动学习：在学习中主动意识强，有积极的自主学习心态和主动学习行为 ③坚毅执着：具有坚持不懈的学习毅力，克服学习困难与挫折的勇气，并能转化为一种稳定的个人品格
	学会学习	①合作交流：养成良好的学习态度和学习习惯，形成与他人主动合作与交流的意识和行为 ②善于学习：具有反思习惯，善于总结经验、形成有效的学习策略，了解自己的学习风格，能有效地选择适合自己的学习方法

2. 对指标体系的进一步说明

“学科价值观念”的三个因素学科价值、文化价值和育人价值，是围绕价值观来命名的。它并不是单纯地指学生对学科价值的认识，更重要的是通过对学科价值的认识而转化为个人的价值观，即通过学科学习来形成正确的价值观。因此，正确价值观的形成由“认识”和“行为”两个环节组成，这也就是知与行的关系。对此，杜威有描述“如果观念的价值是以独立存在于观念之外的东西来加以判断的（纵使能有这样的检验而这种检验看起来是不可能的），那么形成这样一种观念，既不是在自然界以内的功能，也不能对这个自然界有任何影响。……除非把观念变为行动，以某种方式或多或少整理和改造我们所生活的这个世界，否则，从理智上讲来（那就是说，除了观念提供美感上赏玩，当然是一种真正的价值以外），观念是没有什么价值的”（约翰·杜威，2004）。只知道理而不能接受更不能内化为个人行为，谈不上价值观的形成。例如，只是知道知识具有广泛的应用性，但是并不能由此形成努力学习将来为社会作出贡献的信念和追求，那么知识应用广泛性的价值观并没有得到树立。又如，对数学学科而言，学生只是知道数学具有简洁美、对称美等特征，但并不能用数学美的特征去观察和辨别日常生活中的美，那么数学审美的价值观并没有真正形成。因此，在上述评价指标中，学科价值观念维度包括知识价值、文化价值和育人价值，首先要使学生认识这些学科特有的价值，然后把这些价值内化为学生自我的观念并作为个人发展的一种追求。评价应当主要依据学生的行为表现来判定。

“学科思维品格”的三个因素包括理性思维、批判质疑和勇于探究，命名时参考了林崇德先生关于“科学精神”三个要点的提法。这里要说明的是，评价体系中没有用“思维品质”一词。因为，把“思维品质”用以替代“品格”有点弱化“品格”的含义。因为在心理学领域，思维品质已是一个专有词汇，其表现的外在形式是思维的敏捷性、灵活性、深刻性、批判性和独创性。因此，为了避免混淆，我们采用思维品格而不用思维品质。

“学习态度”的三个因素命名为乐于学习、主动学习和坚毅执着。这个命名参考了《普通高中课程方案（2017 年版）》的提法。事实上，“态度”是各种学习评价共同关注的因素。布卢姆和威尔逊目标分类中在情意部分都有关于“态度”的指标。在布卢姆体系中，A_2 愿意接受；B_2 愿意的反应；C_1 价值的接受；C_2 对某一价值的偏好；C_3 信奉；D_2 价值体系的组织。这些要素与品格、价值观都有关系。在威尔逊体系中，在指标“E 兴趣和态度”下面的三级指标就是品格与价值观的内容：E_1 态度。对待学习数学的态度，包括对数学学科重要性的认识。E_2 兴趣。对待数学学习的情感指向与热衷的态度。E_3 动机。对待数学学习的个体的内驱力。E_4 自我概念。学习者自称对待与数学学习活动关系方面的想法（威尔逊，

1989）。我们在考虑二级指标时，作了一些调整，主要考虑首先是喜欢学习，才可能产生主动学习，进而才可能做到坚持不懈地学习，三个维度有一种递进关系。史宁中教授指出，三维目标中所说的情感态度价值观属于核心素养所说的必备品格，重要性不言而喻。但是，三维目标中所说的"过程方法"在课程标准中并没有成为目标，这是因为在描述"过程方法"时使用的行为动词是"经历""体验""探索"，并没有说明通过这些"过程"让学生获得什么（史宁中，2018）。因此，为了克服评价用词的模糊性，改用结果形态的词汇描述。

"学会学习"包括两个因素：合作交流、善于学习，反映的是会不会学习。合作、交流既是一种意识，也是一种行为，当然也是一种学习策略。将合作交流放到学会学习中，与林崇德先生的"乐学善学"解读是一致的。

3. 评价体系的实践操作

所建构的评价体系没有对这个一级指标和二级指标作权重处理，因为考虑到在品格与价值观领域所列出的指标不存在孰轻孰重，这些指标对学生的发展都有相同比重的意义。

在教学过程中具体操作时，该体系的评价宜用等级量表而不宜用等距量表，即对学生的表现进行分级评价。采用给学生建立综合素质档案、指导学生客观记录成长过程、记录学生在学习和实践过程中的具体表现、考查学生的作品质量、保留和分析学生在不同时期的表现行为等过程性评价方式进行评价。评价形式多样化，如课堂观察、口头测验、完成作品、实践活动等方式。表 4-16 是一个参考评价量表。

表 4-16　品格与价值观评价量表

领域	一级指标	二级指标	等级				评语
			优秀	良好	中等	较差	
品格与价值观	学科价值观念	知识价值					
		文化价值					
		育人价值					
	学科思维品格	理性思维					
		批判质疑					
		勇于探究					
	学习态度	乐于学习					
		主动学习					
		坚毅执着					
	学会学习	合作交流					
		善于学习					

第三节　品格与价值观评价的两个实证研究

一、数学学科品格与价值观的评价指标体系建构的实证研究

我们作了数学学科品格与价值观的评价指标体系建构的实证研究（喻平等，2020）。

1. 研究目的

通过实证研究，析取数学学科品格与价值观的基本因素。

2. 研究设计

研究的基本思路是，聚焦数学学科核心素养中价值观与品格的评价指标体系建构。采用实证研究方法，基本路径是：第一，在理论分析的基础上提出与数学核心素养中品格与价值观可能相关的若干要素，形成一个大概的框架；第二，设计问卷，选取数学教育领域各个层面群体的样本进行调查，收集从事数学教育工作群体对品格与价值观认识的信息；第三，对数据作因子分析，提取数学教育品格与价值观的基本因素，从而建构品格与价值观的评价体系。

第一项工作是对表 4-15 的评价指标作适当修改。因为表 4-15 的指标是针对所有学科来设计的，具体到每个学科，就要进行适当修正，要体现学科学习之间的差异性。本书针对数学学科，因此，将“学科”改为“数学学科”，4 个一级指标（二级指标）分别修订为：数学价值观念（数学价值、文化价值、育人价值）；数学思维品格（理性思维、批判质疑、勇于探究）；数学学习态度（乐于学习、主动学习、坚毅执着）；学会数学学习（合作交流、关于学习）。

3. 编制问卷

综合上述各家对品格和价值观的观点，列出一组关键词：求真、勤奋、探索、激情、动机、坚韧、自信、毅力、自律、数学思维、数学精神、数学信念、数学的科学价值、数学的人文价值、数学审美、数学应用、态度、批判、信奉、严谨、求实、理性、乐学、善学、反思、抽象、直觉、交流、主动、自我概念。根据这 30 个词汇编制问题（题项），采用利克特量表，每个问题有 5 个选项，依次为：非常认同、多半认同、一半认同、多半不认同、非常不认同，分别记 5、4、3、2、1 分。由于是一种态度的倾向性测量，因此没有必要设反向问题，问卷中全部是正向题。问卷只是分为品格和价值观两个大的分量表，并没有划分更小的维度，这样可以通过因子分析来公正地提取主要因子。

核心素养中品格和价值观的含义，是指通过学习后要培养学生的什么品格和形成什么价值观。因为上述列出的这 30 个词汇都属于品格和价值观范畴，因此，问卷中的问题不是要被试判断某某要素是不是数学品格或数学价值观，而是要被试判断通过数学学习能够培养学生某种品格的程度，如果某个题项的平均得分高，说明大家对某个要素的认可度高。

问卷开始设计了 43 个题项，征求了一些教育学、心理学、数学教育专家和中学数学教研员的意见后，删除其中 5 个问题，得到一份有 38 个题项的问卷。最低分数 38 分，最高分数 190 分。问卷设计见附录 1。

选择被试。选取中小学数学教师、数学教研员、数学教育专业博士与硕士研究生作为被试，范围涉及江苏、山东、湖北、广西、重庆、陕西、吉林、河南共 8 个省区市。收回有效问卷 582 份，其中高中 278 份、初中 109 份、小学 83 份、中学教研员 32 份、小学教研员 17 份、研究生 63 份。

问卷的项目分析。第一步，将全体被试的测量分数由高到低排序，前 27%的作为高分组，后 27%的作为低分组。对高低两组被试在每一个题项上作平均数差异检验。结果发现 38 个题项中只有第 34 题没有达到显著性差异，故删除此题。第二步，计算每一道题得分与总量表分数的相关系数，删除相关不显著或相关系数低于 0.4 的项目共两题，第 4 题和第 9 题。这样，就对剩下的 35 个题项作因子分析。此问卷的最低分数是 35 分，最高分数是 175 分。在变量名称编码上，题项变量名称依次用原来的题号表示，只是第 4、9、34 三题不纳入作因子分析。

4. 研究结果

第一步，对一级指标作因子分析。

对 35 个变量作因子分析，提取公共因素，这些公共因素就是数学核心素养中品格与价值观评价体系中的一级指标。下面的做法是普通的因子分析，目的是析取公共因素而不是作量表的结构分析，因此不做探索性因素分析。

首先，作 KMO 与巴特利特球形检验。结果得到 KMO 值为 0.824，显著性 0.000，表示变量之间具有共同因素存在，变量适合进行因素分析。

其次，采用主成分分析法抽取主成分的结果，转轴方法为直交转轴的最大变异法，结果见表 4-17。

表 4-17 总量表解释总变异量

成分	初始特征值			平方和负荷量萃取			转轴平方和负荷量		
	总和	方差/%	累积/%	总和	方差/%	累积/%	总和	方差/%	累积/%
1	5.563	15.894	15.894	5.563	15.894	15.894	4.937	14.105	14.105
2	4.992	14.263	30.157	4.992	14.263	30.157	4.682	13.377	27.482

续表

成分	初始特征值			平方和负荷量萃取			转轴平方和负荷量		
	总和	方差/%	累积/%	总和	方差/%	累积/%	总和	方差/%	累积/%
3	4.076	11.646	41.803	4.076	11.646	41.803	4.238	12.108	39.590
4	1.504	4.297	46.100	1.504	4.297	46.100	2.278	6.510	46.100
5	0.821	2.346	48.446						
6	0.738	2.108	50.554						
		……							

在35个变量中特征值大于1的有4个，因此选取4个共同因素。这4个共同因素可以解释总变异量为46.1%。列出转轴后的成分矩阵如表4-18。

表4-18 总量表转轴后的成分矩阵

题项	成分			
	1	2	3	4
13	**0.942**	0.171	0.213	0.018
16	**0.933**	0.154	0.315	0.024
11	**0.911**	0.310	0.168	0.031
14	**0.879**	0.227	0.127	0.056
20	**0.865**	0.108	0.279	0.103
15	**0.856**	0.176	0.036	0.117
12	**0.827**	0.375	0.298	0.095
21	**0.728**	0.415	0.346	0.227
29	**0.692**	0.164	0.284	0.342
30	**0.578**	0.382	0.331	0.369
1	0.345	**0.927**	0.297	0.109
37	0.168	**0.916**	0.319	0.087
3	0.121	**0.872**	0.208	0.215
19	0.146	**0.816**	0.286	0.315
28	0.052	**0.814**	0.176	0.227
18	0.079	**0.725**	0.082	0.197
10	0.317	**0.713**	0.226	0.296
23	0.305	**0.675**	0.097	0.153
27	0.116	**0.623**	–0.012	0.322
32	0.227	**0.581**	–0.036	–0.127

续表

题项	成分			
	1	2	3	4
24	0.338	0.341	**0.921**	0.356
5	0.124	0.201	**0.915**	0.295
2	0.235	0.152	**0.906**	0.257
17	0.307	0.127	**0.892**	0.168
6	0.106	0.335	**0.826**	0.306
31	0.017	0.102	**0.819**	0.286
8	0.191	0.089	**0.775**	0.177
33	0.086	0.115	**0.723**	0.401
7	−0.019	−0.008	**0.638**	0.236
26	0.312	0.409	0.116	**0.876**
22	0.356	0.216	0.208	**0.845**
25	0.142	0.323	0.185	**0.814**
36	0.117	0.168	0.316	**0.781**
35	−0.019	−0.009	0.018	**0.632**
38	−0.023	−0.017	0.179	**0.597**

因素 1 包含的 10 个题项，都是围绕数学的价值观念展开的。因此命名共同因素 1 为数学价值观念；因素 2 的 10 个题项在理性、严谨、探究、好奇心、批判等词上负荷较高，因此命名数学思维品格；因素 3 的 9 个题项中，在兴趣、态度、乐学、主动、坚毅等词上负荷较高，因此该因素命名为数学学习态度；因素 4 的 6 个题项中，负荷高的变量体现在方法、勤学、善于学习、学习策略等方面，因此该因素命名为学会数学学习。这样，就以 4 个主因素分别组成 4 个分量表：分量表 1（数学价值观念主因素）、分量表 2（数学思维品格主因素）、分量表 3（数学学习态度主因素）、分量表 4（学会数学学习主因素）。

对分量表和总量表的信度进行计算，结果见表 4-19。数据表明量表有比较高的信度。

表 4-19　量表的信度

项目	分量表 1	分量表 2	分量表 3	分量表 4	总量表
克龙巴赫 α 系数值	0.837	0.912	0.841	0.779	0.843
题项个数	10	10	9	6	35

通过因子分析，我们提取了数学核心素养中品格与价值观的 4 个一级指标：数学价值观念、数学思维品格、数学学习态度、学会数学学习。接下来，分别对这 4 个一级指标再作因子分析，提取评价体系中的二级指标。

第二步，对二级指标作因子分析。

对数学价值观念的 10 个题项（分量表 1）作因子分析，进一步析取公共因素，以确定数学价值观念的维度，作为评价指标体系中的二级指标。

首先，作 KMO 与巴特利特球形检验。结果得到 KMO 值为 0.799，显著性 0.001，表示变量之间具有共同因素存在，变量适合进行因素分析。

其次，采用主成分分析法抽取主成分的结果，转轴方法为直交转轴的最大变异法，结果见表 4-20。

表 4-20　分量表 1 解释总变异量

成分	初始特征值			平方和负荷量萃取			转轴平方和负荷量		
	总和	方差/%	累积/%	总和	方差/%	累积/%	总和	方差/%	累积/%
1	4.264	42.640	42.640	4.264	42.640	42.640	3.958	39.580	39.580
2	1.782	17.820	60.460	1.782	17.820	60.460	2.029	20.290	59.870
3	0.931	9.310	69.770	0.931	9.310	69.770	0.990	9.900	69.770
4	0.784	7.840	77.610						
5	0.562	5.620	83.230						
	……								

在 10 个变量中特征值大于 1 的有 2 个，第 3 个变量的特征值为 0.931，将其作为一个主因素，因此选取 3 个共同因素。这 3 个共同因素可以解释总变异量为 69.77%。列出转轴后的成分矩阵见表 4-21。

表 4-21　分量表 1 转轴后的成分矩阵

题项	成分		
	1	2	3
16	**0.802**	0.356	0.079
13	**0.715**	0.245	–0.012
20	**0.679**	0.410	–0.068
14	0.246	**0.765**	0.397
11	0.267	**0.723**	0.402
15	–0.056	**0.671**	0.386
12	0.325	**0.534**	0.374
29	0.254	0.412	**0.665**
30	0.368	0.259	**0.608**
21	0.228	0.376	**0.512**

因子 1 上在科学基础、应用、社会发展等关键词上的负荷较高，因此将其命名为数学的科学价值（简称科学价值）；因素 2 的题项在文化、审美、理性、真理等词汇有高负荷，因此命名为数学的文化价值（简称文化价值）；因素 3 涉及思维训练、思维品格、思维发展，因此命名为数学的育人价值（简称育人价值）。

用同样的方法，对分量表 2 和分量表 3 分别进行因子分析（数据省略）。抽取分量表 2 的 3 个因素：理性思维、批判质疑、勇于探究；抽取分量表 3 的 3 个因素为乐于学习、主动学习、坚毅执着。由于分量表 4 只有 6 个题项，因此没有作因子分析，直接作质性分析，得到 2 个因素：合作交流、善于学习。

5. 数学品格与价值观评价指标体系

根据上面的因子分析的结果和讨论，得到数学核心素养中品格与价值观的评价指标体系见表 4-22。

表 4-22　数学核心素养中品格与价值观的指标体系

领域	一级指标	二级指标及基本要点
品格与价值观	数学价值观念	①科学价值：能够认识数学是其他学科的基础，数学的广泛应用性，数学在科技、社会发展中的巨大作用，形成热爱数学，积极向上的学习态度
		②文化价值：能够理解数学思想方法，体会数学精神、理性思维、数学审美，并能将其转化在自己的学习行动和树立个人发展的理想信念中
		③育人价值：能够理解数学对人的思维发展的作用，形成刻苦训练、不畏艰难、积极向上的优良品格
	数学思维品格	①理性思维：具有崇尚真理信念和求实精神，形成严谨的思维品质，能够理性地分析和解决问题
		②批判质疑：能够进行独立思考、独立判断、敢于质疑，能够用辩证的观点分析问题，做出正确的抉择
		③勇于探究：具有好奇心和想象力，有探究问题的意识，有不畏困难、坚持不懈的探索精神
	数学学习态度	①乐于学习：具有积极的学习数学动机、兴趣、自信，能够对学习结果作出正确归因，能够体会到学习的乐趣
		②主动学习：在数学学习中主动意识强，有积极的自主学习心态和主动学习行为
		③坚毅执着：具有坚持不懈学习数学的毅力，克服学习困难与挫折的勇气，并能转化为一种稳定的个人品格
	学会数学学习	①合作交流：养成良好的学习态度和学习习惯，形成与他人主动合作与交流的意识和行为
		②善于学习：具有反思习惯，善于总结经验、形成有效的学习策略，了解自己的学习风格，能有效地选择适合自己的学习方法

二、中学生数学品格与价值观的问卷设计

在已经建构的关于品格与价值观评价指标体系的基础上，我们设计了数学品格价值观的问卷（喻平等，2021）。

1. 研究目的

在上面给出的评价指标体系基础上，编制适合中学生数学学科品格与价值观的问卷，作为品格与价值观评价的一个辅助工具，同时，也可作为研究学生品格与价值观课题的测量工具。

2. 研究方法

1）问卷设计

在表 4-22 的基础上，编制的是针对中学生的问卷，有的因素可能会在原来的指标体系中产生一定变异。为了解决这个问题，我们保留原指标体系的一级指标，不考虑二级指标，即依据一级指标编制题项，再对 4 个一级指标的问卷数据作因素分析，析取各一级指标下的二级指标。

4 个一级指标设计的题项编号及题项数见表 4-23。

表 4-23　一级指标的题项编号

一级指标	数学价值观念	数学思维品格	数学学习态度	学会数学学习
题项编号	1～12	13～23	24～35	36～45

一共 45 个题项，问卷采用利克特量表。题目设计以第一人称表述，如“我认为学习数学能够训练人的逻辑思维和钻研精神”“我觉得与老师交流不是一种有效的学习方式”。被试站在自己的立场上回答问题会显得真实和贴切。

问卷的指示语“请根据你的实际情况，回答下面每一个表述在多大程度上符合你的想法”，被试在“非常符合、多半符合、一半符合、多半不符合、非常不符合”5 个选项选择一个。其中 2，4，6，9，12，13，14，16，18，21，23，25，26，29，33，36 是反向问题。赋分方式：正向题目 5，4，3，2，1；反向题目 1，2，3，4，5。

2）选择被试

在江苏省普通初中选择被试，其中南京市 297 人，连云港 360 人，共计 657 人。所选学校有城市学校和农村学校，有重点中学和普通中学，其中农村学校主要分布在连云港。被试具有较好的代表性。

3）数据处理

采用 SPSS 17.0 软件作项目分析和因素分析。

3. 研究结果

1）项目分析

首先，依据被试在问卷的得分进行分组，得分在前 33%的为高分组，得分在后 33%的为低分组。对高分组和低分组在每一个题项的得分作 t 检验。结果显示，在 45 个题项上高分组和低分组均存在显著性差异。其次，计算每一道题得分与总量表分数的相关系数，删除相关不显著或相关系数低于 0.4 的 2、5、7、10、15、18、19 题。这样，就对剩下的 38 个题项作因子分析。在变量名称编码上，题项变量名称依次用原来的题号表示，只是被淘汰的 7 个题目不纳入作因素分析。

2）因素分析

第一步，对第一个指标对应的分量表 1 作因素分析（表 4-24、表 4-25）。

表 4-24　KMO 和巴特利特球形检验

KMO 取样适切性量数		0.858
巴特利特球形检验	近似卡方	1528.393
	自由度	28
	显著性	0.000

表 4-25　描述统计

题项	平均值	标准偏差	样本个数/个
D1	4.8006	0.55061	657
D3	4.0883	1.36198	657
D4	4.7002	0.66251	657
D6	4.7519	0.67009	657
D8	4.7154	0.65539	657
D9	4.8904	0.39838	657
D11	4.0928	1.33168	657
D12	4.7900	0.56984	657

根据 KMO 和巴特利特球形检验可知，KMO 抽样适当性参数值为 0.858，巴特利特球形检验 χ^2 值显著，说明题项变量间的关系良好，可以进行因子分析。

从表 4-26 可以看出，其特征值只有 2 个大于 1，故只提取 2 个因子，这 2 个因子在碎石图的坡上（图 4-3），这 2 个共同因素可以解释总变异量为 58.953%。

列出旋转后的成分矩阵见表 4-27。

表 4-26　总方差解释

成分	初始特征值			提取载荷平方和			旋转载荷平方和		
	总计	方差/%	累积/%	总计	方差/%	累积/%	总计	方差/%	累积/%
1	3.509	43.864	43.864	3.509	43.864	43.864	3.282	41.026	41.026
2	1.207	15.090	58.953	1.207	15.090	58.953	1.434	17.927	58.953
3	0.697	8.708	67.661						
4	0.662	8.270	75.931						
5	0.639	7.986	83.917						
6	0.504	6.305	90.221						
7	0.406	5.080	95.301						
8	0.376	4.699	100.000						

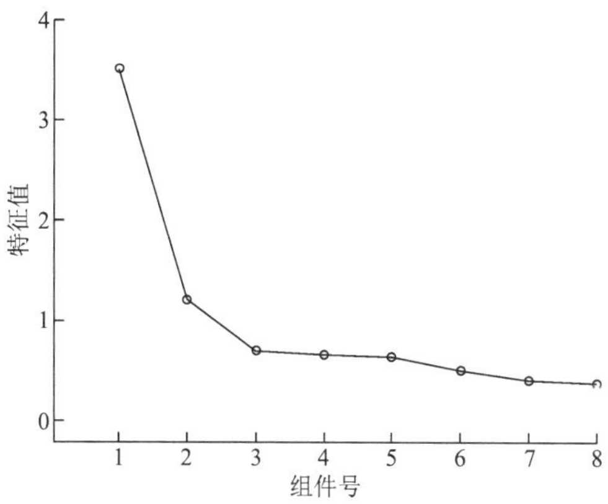

图 4-3　因素分析碎石图

表 4-27　旋转后的成分矩阵 [a]

题项	成分	
	1	2
D6	0.816	0.048
D1	0.785	0.188
D12	0.756	0.111
D4	0.727	0.089
D9	0.680	0.216
D8	0.642	0.029
D11	0.120	0.815
D3	0.106	0.815

根据表 4-27，所有题项在不同主要成分上的载荷值都仅有 1 个大于 0.4，故均可以保留。6、1、12、4、9、8 这 6 个题项，涉及能够认识数学是其他学科的基础，数学的广泛应用性，数学在科技、社会发展中的巨大作用，能够理解数学思想方法，体会数学精神、理性思维、数学审美，并能将其转化在自己的学习行动和树立个人发展的理想信念中，所以将其命名为科学与文化价值。11、3 这两个题项，涉及能够理解数学对人的思维发展的作用，形成刻苦训练、不畏艰难、积极向上的优良品格，故命名为育人价值。

第二步，对第二个指标对应的分量表 2 作因素分析。作 KMO 与巴特利特球形检验。结果得到 KMO 值为 0.804，显著性为 0.000，表示变量之间具有共同因素存在，变量适合进行因素分析。采用主成分分析法抽取主成分的结果，转轴方法为直交转轴的最大变异法，结果见表 4-28。

表 4-28　总方差解释

成分	初始特征值			提取载荷平方和			旋转载荷平方和		
	总计	方差/%	累积/%	总计	方差/%	累积/%	总计	方差/%	累积/%
1	3.236	40.451	40.451	3.236	40.451	40.451	2.793	34.911	34.911
2	1.890	23.628	64.079	1.890	23.628	64.079	2.333	29.167	64.079
3	0.697	8.717	72.796						
4	0.580	7.255	80.051						
5	0.495	6.187	86.237						
6	0.470	5.881	92.118						
7	0.346	4.329	96.448						
8	0.284	3.552	100.000						

在 8 个变量中特征值大于 1 的有 2 个，因此选取 2 个共同因素。这 2 个共同因素可以解释总变异量为 64.079%。列出转轴后的成分矩阵见表 4-29。

表 4-29　旋转后的成分矩阵 [a]

题项	成分	
	1	2
D16	0.865	0.003
D17	0.862	0.066
D23	0.827	0.191
D21	0.754	0.175

续表

题项	成分	
	1	2
D22	0.027	0.808
D13	0.064	0.772
D20	0.172	0.760
D14	0.124	0.660

根据表 4-29，所有题项在不同主成分上的载荷值都仅有 1 个大于 0.4，故均可以保留。D16、D17、D23、D21 这 4 个题项，涉及具有崇尚真理信念和求实精神，形成严谨的思维品质，能够理性地分析和解决问题；故将其命名为理性思维。22、13、20、14 这 4 个题项涉及能够进行独立思考、独立判断、敢于质疑，有探究问题的意识，有不畏困难、坚持不懈的探索精神，故命名为探究思维。

第三步，对第三个指标对应的分量表 3 作因素分析。首先，作 KMO 与巴特利特球形检验。结果得到 KMO 值为 0.873，显著性为 0.000，表示变量之间具有共同因素存在，变量适合进行因素分析。其次，采用主成分分析法抽取主成分的结果，转轴方法为直交转轴的最大变异法，结果见表 4-30。

表 4-30　总方差解释

成分	初始特征值			提取载荷平方和			旋转载荷平方和		
	总计	方差/%	累积/%	总计	方差/%	累积/%	总计	方差/%	累积/%
1	4.868	40.564	40.564	4.868	40.564	40.564	3.931	32.755	32.755
2	1.678	13.984	54.548	1.678	13.984	54.548	2.075	17.290	50.046
3	1.004	8.370	62.919	1.004	8.370	62.919	1.545	12.873	62.919
4	0.835	6.957	69.876						
5	0.632	5.263	75.139						
6	0.561	4.678	79.817						
7	0.535	4.457	84.273						
8	0.496	4.130	88.403						
9	0.421	3.511	91.914						
10	0.343	2.854	94.769						
11	0.334	2.786	97.554						
12	0.293	2.446	100.000						

在 12 个变量中特征值大于 1 的有 3 个，因此选取 3 个共同因素。这 3 个共同因素可以解释总变异量为 62.919%。列出旋转后的成分矩阵如表 4-31 所示。

表 4-31 旋转后的成分矩阵[a]

题项	成分		
	1	2	3
D35	**0.784**	0.179	0.172
D33	**0.771**	0.075	0.220
D32	**0.758**	0.125	0.240
D25	**0.747**	0.082	0.000
D24	**0.720**	0.137	–0.043
D28	**0.697**	0.250	–0.091
D29	**0.647**	0.250	0.089
D30	0.213	**0.804**	0.163
D31	0.284	**0.766**	0.187
D34	0.089	**0.748**	0.119
D27	0.014	0.144	**0.868**
D26	0.177	0.242	**0.749**

根据表 4-31，所有题项在不同主成分上的载荷值都仅有 1 个大于 0.4，故均可以保留。D35、D33、D32、D25、D24、D28、D29 这 7 个题项，涉及具有积极的学习数学动机、兴趣、自信，能够对学习结果作出正确归因，能够体会到学习的乐趣，将其命名为乐于学习。D30、D31、D34 这 3 个题项，涉及在数学学习中主动意识强，有积极的自主学习心态和主动学习行为，命名为主动学习。D27、D26 这 2 个题项，反映出具有坚持不懈学习数学的毅力，克服学习困难与挫折的勇气，命名为坚毅执着。

第四步，对第四个指标对应的分量表 4 作因素分析。首先，作 KMO 与巴特利特球形检验。结果得到 KMO 值为 0.880，显著性为 0.000，表示变量之间具有共同因素存在，变量适合进行因素分析。其次，采用主成分分析法抽取主成分的结果，转轴方法为直交转轴的最大法，结果见表 4-32。

表 4-32 总方差解释

成分	初始特征值			提取载荷平方和			旋转载荷平方和		
	总计	方差/%	累积/%	总计	方差/%	累积/%	总计	方差/%	累积/%
1	4.620	46.203	46.203	4.620	46.203	46.203	4.429	44.294	44.294
2	1.451	14.508	60.711	1.451	14.508	60.711	1.642	16.417	60.711

续表

成分	初始特征值			提取载荷平方和			旋转载荷平方和		
	总计	方差/%	累积/%	总计	方差/%	累积/%	总计	方差/%	累积/%
3	0.908	9.076	69.787						
4	0.598	5.977	75.765						
5	0.541	5.414	81.178						
6	0.482	4.817	85.995						
7	0.463	4.626	90.622						
8	0.393	3.927	94.549						
9	0.303	3.034	97.583						
10	0.242	2.417	100.000						

在 10 个变量中特征值大于 1 的有 2 个，因此选取 2 个共同因素。这 2 个共同因素可以解释总变异量为 60.711%。列出旋转轴后的成分矩阵如表 4-33 所示。

表 4-33　旋转后的成分矩阵[a]

题项	成分	
	1	2
D45	**0.853**	0.230
D41	**0.804**	0.342
D43	**0.800**	0.091
D44	**0.688**	0.322
D40	**0.621**	0.534
D39	0.126	**0.822**
D36	0.324	**0.751**
D37	0.390	**0.646**
D42	0.067	**0.641**
D38	0.079	**0.617**

根据表 4-33，所有题项在不同主成分上的载荷值都仅有 1 个大于 0.4，故均可以保留。D45、D41、D43、D44、D40 这 5 个题项，涉及养成良好的学习态度和学习习惯，形成与他人主动合作与交流的意识和行为，将其命名为合作交流。D39、D36、D37、D42、D38 这 5 个题项，涉及具有反思习惯，善于总结经验、形成有效的学习策略，命名为善于学习。

第五步，将按照上述各分量表的题项顺序，从1到38重新编号，得到初中学生数学品格与价值观的问卷（见附录2）。

3）信度与效度分析

对分量表和总量表的信度进行计算，结果见表4-34。数据表明量表有比较高的信度。

表4-34 量表的信度

项目	分量表1	分量表2	分量表3	分量表4	总量表
克龙巴赫 α 系数值	0.707	0.783	0.837	0.840	0.930
题项个数	8	8	12	10	38

因素分析的结果，保证了问卷的结构效度。进一步验证，见表4-35，各分量表之间的相关均小于各分量表与总量表之间的相关，因而问卷有很好的结构效度。

表4-35 各维度与总分的相关系数矩阵

量表	分量表1	分量表2	分量表3	分量表4	总量表
分量表1	1				
分量表2	0.640**	1			
分量表3	0.490**	0.660**	1		
分量表4	0.498**	0.588**	0.761**	1	
总量表	0.713**	0.842**	0.904**	0.878**	1

**表示0.01水平上显著相关。

4. 结论

中学生数学品格与价值观问卷包括4个一级指标数学价值观念、数学思维品格、数学学习态度、学会数学学习，分别组成4个分量表，分量表1包括科学与文化价值、育人价值两个维度；分量表2包括理性思维、探究思维两个维度；分量表3包括乐于学习、主动学习、坚毅执着三个维度；分量表4包括合作交流、善于学习两个维度。问卷有较好的结构效度和信度。

第四节 测量关键能力的试题编制

学业水平的评价，基本上都是通过考试来实现的。当下，我们所面临的现实是，考试成了一个指挥棒，甚至出现了一些有什么样的考试就有什么样的教学这种本末倒置的奇怪现象。不是教学目标指挥教学而是考试评价指挥教学，这种现象不改变，何谈发展学生核心素养的理念落地。

如何通过考试来考查学生的关键能力发展，这是一个迫切需要研究的问题。

一、学科关键能力测验编制策略

与偏重知识理解的测试不同，要测量学生的能力水平发展，应当有一些新的思路和策略。

（一）知识的理解与能力的发展相结合

知识理解与能力发展相结合，是指在设计考试命题时，既要考查学生对基础知识、基本技能的理解和掌握情况，又要考查学生通过知识学习之后在某个方面的关键能力的发展水平状况。

要处理好两者的关系，真正做到知识理解和能力发展相结合，就应当思考下面一些问题。

第一个问题：什么样的题目是考查知识理解水平的题目？什么样的题目是考查能力发展水平的题目？即这两类题目的样态、难度有什么特点？

首先，这两类题目并不是独立的，它们之间有很大的交集。因为知识与能力不能截然分开，离开知识谈学科能力恐怕只是天方夜谭。传统的考试，基本上是以考查学生对知识的掌握和理解情况、知识点的覆盖面成为命题的一项主要指标，要求考试内容要占所学知识的百分之多少。这样的命题，显然会在题量上出现过大的情形，因为题量小就难以覆盖太多的知识点。即使在这种情况下，考题中有许多题目也涉及了对能力的考查。例如，语文考试题目中的作文，既能考查学生分析问题、理解题意的能力，又能考查学生使用文字的写作能力。学生在不偏离主题的前提下，要充分发挥自由想象，是一种创作的过程，当然，考查的就是能力而非完全是学生对知识的掌握情况。再如，如果数学题目涉及的知识是多样的，需要经过知识之间的横向迁移，需要应用多种方法，并经过比较长的推理步骤来完成解答，这样的题目当然涉及逻辑推理、数学运算、直观想象等多种数学关键能力。比如，每年高考数学试题的压轴题均属于这类题目。

其次，这两类题目又有各自独立的部分。一些简单的题目解答只与知识理解和掌握技能有关，诸如采用固定的方法就能解决的问题，运用单个规则就能够解决的问题，模仿样例就能解决的问题等，这样的问题与考查能力无关。另一种情形是，题目的内容不在教科书范围内，而以一种新概念形式出现，学生必须利用已经学习过的知识去理解这个新概念，才能解决与这个概念相关的问题。这类问题显然是考查学生能力水平的，一个学生如果不具备相关的关键能力，那么他必然在理解新概念方面存在困难。

用图 4-4 来表示两类题目的关系，反映它们之间既有交集也有独立成分。

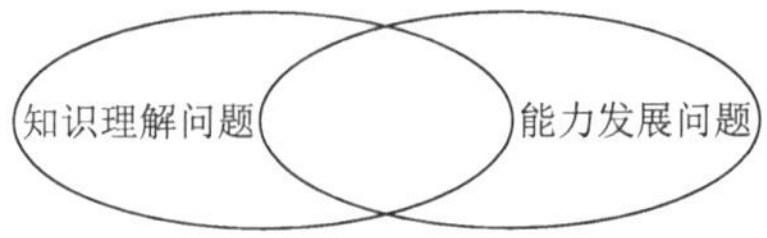

图 4-4　两类题目的关系

第二个问题：如何编制测查能力的题目？

长期以来，由于考试多是以考查知识理解和技能形成的题目为主，其试题的编制对于广大教师来说是熟悉的。新课程改革将关键能力作为一项重要的评价内容，试题的编制就成为一个新的课题。对于这类试题的编制，要依靠一线教师依据教学实践去探索，寻求一些好的方法和策略。这里只是提出几点建议供老师们参考。

考查能力的题目，应当是下列几种类型的题目之一。

（1）知识迁移的问题。所谓知识迁移，是指将本学科学习的知识用于解决现实生活中的问题，或者解决其他学科的问题。当然，也包括本学科内不同知识体系之间的问题解决，即用一个体系的知识去解决另一知识体系中的问题。

（2）综合应用的问题。解答一个问题需要用到多个概念、多条规则或多种方法，需要经历比较复杂的推理过程。这类问题需要解题者合理选择概念、规则或方法，设计解题程序或算法，涉及综合分析问题和解决问题的能力。

（3）知识创新的问题。知识创新不是让学生去创造知识，而是提供一种对学生而言他们不熟悉的知识，由这样的知识组成问题。学生在解答这种问题时需要自己先学习这个新知识，在完全理解这个知识的含义后再去解决问题。例如，近年来在数学考试题目中出现的所谓“新定义问题”就属于这类题型。

第三个问题：一套试题如何把握知识理解类型和能力考查类型题目的比例？

一般说来，考试是要分类型的。平时的学业质量评估考试与选拔性考试是有区别的。我们认为，在单元测验中，偏重知识理解类型的考查，即考查知识和技能的题目占比重较大；学校的期中考试或期末考试，高考或中考试题，则偏重能力水平测试，即考查能力水平的题目占比重较大。

（二）封闭型问题与开放型问题相结合

封闭型问题，指条件是完备的、目标是明确的、结论是唯一的问题。传统的教科书中的习题以及学业质量考试的试题，基本上属于这种题型。开放型问题，指条件可能不充分，或者条件可能冗余，或者结论可能不唯一的问题。

从思维角度看，解答封闭型问题是聚合思维。由于问题的条件是充分的，目标明确，解决问题就是找到从条件到目标的通路。对于数学计算题目，虽然没有给出明确的结果，但计算结果是唯一的，只要遵循一定的法则，计算正确，就能达到目标。整个过程，思维受到条件的约束，思维方向定向，因而思维过程表现出的就是聚合思维。另外，解答封闭型问题主要训练学生的演绎推理即逻辑思维。在解题过程中，解题者依据已有的概念、命题、法则并严格按照形式逻辑规则来进行推理，表现出典型的逻辑推理特征。与此不同，解答开放性问题是发散思维。如果问题的条件不充分，就需要解题者寻求恰当的条件进行补充；如果问题的结论不唯一，则需要解题者沿不同的路径进行推理，分别找到不同的结论。无论是哪种情况，都需要解题者有发散性的思维。与解答封闭型问题的思维训练功能相同，解答开放型问题也主要是训练学生的演绎推理能力，所不同的是，需要解题者经过多种途径寻找多种结果，涉及的知识和方法可能会更多，推理步骤更长。

需要强调的是，解答开放型问题需要解题者有丰富的知识储备，否则，发散就会成为无源之水，没有资源可以调用，何来发散？

例 1　把一块边长分别为 a 和 b 的矩形分为面积相等的两部分，其中一部分用于建造花园，请你作出设计。

这是一个开放型问题，答案不唯一，同时不同的答案也有优劣之分。下面给出几个方案（图 4-5）。

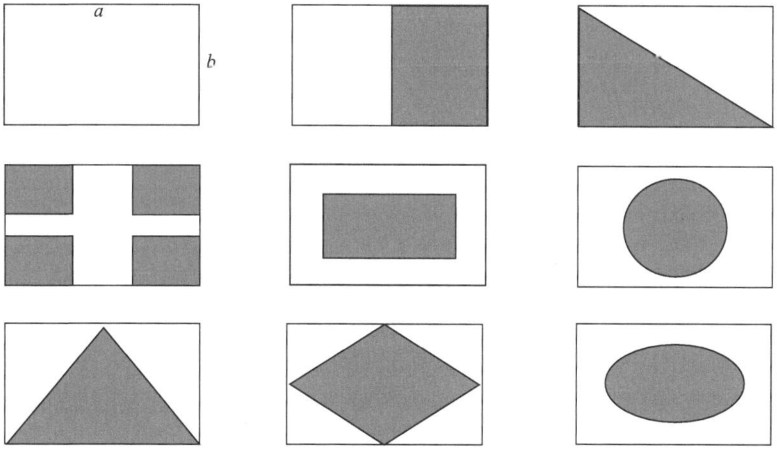

图 4-5　开放型问题的一些答案

解答这个问题，需要用到矩形、菱形、三角形、圆、椭圆等方面的知识。显然，如果解题者的知识储备不足，那么就不可能得到形式多样的答案。

事实上，解答开放型问题也体现出解题者个人的创造力。从上面的例子看，既然要用一块地作为一个花园，当然就要考虑花园的形状，什么样的形状显得美观、大方、适切？这是超出数学本身的问题，涉及审美，因而需要解题者有丰富的想象力和一定的创造力。

PISA 是对初中学生进行阅读素养、科学素养和数学素养的考试，其试题的设计包含大量的开放型问题。例如，PISA 2000 侧重考察阅读，在 141 道阅读试题中，有 43 道是开放题，占到了近 1/3。开放题是指，解答这些试题要求学生建构较长的回答，允许有范围广的、多样的、个性化的回答和不同观点。这些试题通常要求学生将刺激文本中的信息和观点与他们自己的经验和观点相结合，其答案的接受程度不在于学生所处的立场，而在于他们在判断和解释这些立场时利用阅读材料的能力。

例 2 流行感冒（夏雪梅，2009）。

问题 2.2 我们可以讨论一篇文章的内容（它说些什么）。我们可以讨论一篇文章的风格（它的表达手法）。麦思妮想将这篇通告的风格写成较亲切和有鼓励性。你认为她成功吗？请仔细地根据版面编排、写作风格、图画或其他图象来解释答案。

问题 2.4 在通告上有一句这样写：谁应该接受注射？任何有兴趣受到保护以对抗病毒的人。通告发出后，一位同事建议麦思妮应该删去“任何有兴趣受到保护以对抗病毒的人”这句话，因为它有误导成分。你同意这句话有误导成分，并且应该删除吗？请解释答案。

传统的考试题型以考查知识水平为主旨，已经不适合当下向考查素养的目标转型，开放型问题应当而且必须进入考试，这是时代的应然诉求。当然，一套题目中，开放型题目的比重不宜太大，做到适当介入、适量控制。

（三）理论型问题与实践型问题相结合

理论型问题是指依据教科书上的知识和理论体系在学科内部编制的问题。实践性问题指与现实生产生活密切相关的、需要用到学科的理论知识去解决的问题。

传统的教科书中，例题和习题大多是理论型问题，即使有一些实践型问题也是人工制造痕迹清晰，模拟而非真实的情境比比皆是。如何将实践型问题纳入学科教学范畴，应当思考几个问题。

第一个问题：为什么要将实践型问题放到教学内容中去？

《普通高中课程方案（2017 年版）》中在培养目标中指出，“……学会获取、判断和处理信息，具备信息化时代的学习与发展能力。”当今，全球进入信息化时代，但是，中小教学的内容特别是理科的内容，仍然主要是 19 世纪以前的理论，现当代的科学技术难以在中小学教材中体现，社会的巨大进步也难以反映到中小学教材中，形成学习的内容与时代发展的进步脱节，这是一个事实。那么，信息化时代到底需要学习哪些知识？这是一个必须着重开展系统研究的问题，需要各个领域、各个阶层的专家和学者来共同讨论。我们的想法是，除了教学内容的恰当更新之外，适当地增加实践性知识是一种有效的弥补方式。一方面，即使教材是充实了一些现代科技知识，传统的理论知识也不可能废弃，因为传统的理论知识是现代科技知识的基础，一些基本的、重要的内容必须保留；另一方面，在中小学阶段，许多传统理论也能解决信息化时代的问题，将实践型问题引入教学内容，就能搭建一座传统理论与现代社会之间的桥梁。

第二个问题：怎样将实践型问题放到教学内容中去？

国际上流行的 PISA，是一个编制实践型问题很好的参照。题目的形式几乎都是实践型问题。

1. 注重情境设计

情境应当尽量真实，情境应当具有情节，情境应当丰富多彩。PISA 2009 阅读素养测评的试题情境见表 4-36。

表 4-36　PISA 2009 阅读素养试题的情境分布

情境类别	阅读材料列举	框架中所占比例/%
个人	书信、电子邮件、小说、传记、书籍或杂志、地图、博客	30
公共	通告、规则、计划、小册子、报纸、表格	30
工作	说明书、手册、时间表、备忘录、报告、数据表、图表	15
教育	文章、地图、图表、数据表	25

PISA 题目的设计十分注重情境，下面给出两道 2009 年的测试题目（谭铁斌，2012）。

例 3　地铁交通（属公共情境）。

（1）在地铁交通的哪一站，既可以转乘城际公共汽车，又可以转乘城际火车？

（2）如果你在动物园站，想去石桥站，那么你必须在哪个站换乘？

（A.市政府　B.河岸　C.湾岸　D.老码头）

（3）西门、动物园和南门等站名的周围有灰色的阴影。阴影显示这些车站有什么特征？

（4）请你在莫扎特站与少年宫站之间找到最短的地铁线路。在地图上画出你选择的线路。

（5）除了这张地铁交通图上的信息，你怎样才能找到关于地铁系统更多的信息？

（6）根据地图，当前地铁交通系统中有多少条线路在运行？（A.3 B.4 C.5 D.6）

题目中除第 3 题测评反思与评价（反思与评价文章的形式——分辨出地图中一个图形特征的目的）外，其余 5 题，无论是选择题（第 2、6 题）、简答题（第 1、4 题）还是开放式问答题（第 5 题）都是测评访问与检索能力，只是略有区别。第 1 题要求通过在地图上建立联系后找出信息；第 4 题重在把平面图中的多个信息结合起来，确定两个指定的点之间的最短线路；第 5 题重在找出地图中明确呈现的信息。

从这个题目可以看到，文本属于公共情境的非连续文本，学生从未在教材上接触过，但他们在日常生活中经常会遇到此类需要解决的问题。这就是典型的实践型问题，需要用到多种知识来解决问题。

例 4 马康道镇（属个人情境）。

测试的文章选取自一本小说。在这段中，马康道这个虚构小镇，刚刚引入了铁路和电力以及第一家电影院。现根据这一段来回答下列问题。

（1）电影中哪些情节使马康道镇居民感到愤怒？

（2）在故事结尾，马康道镇的居民为什么决定不再去看电影？

A. 因为他们需要的是娱乐和消遣，但影片却太写实，又令人沮丧

B. 他们买不起票

C. 他们要把感情留给真实生活中发生的事情

D. 他们在寻找感情寄托，但却发现电影太枯燥无味，缺乏说服力，而质量又差

（3）故事最后一句所指的“虚构人物”是什么？

A. 鬼魅

B. 露天市场上出售的新发明

C. 电影中的角色

D. 演员

（4）你同意马康道镇居民最后对电影价值的评价吗？试比较你自己和他们对电影的看法，回答这个问题。

该文本在正式题目前，先有一段简短说明，之后才是具体题目。4 道题目中，前 3 题都是对整合与解释能力的测评，第 4 题是对反思与评价能力的测评，重在反思文本的内容，要求学生就个人的知识和经验比较人物看法与自己看法的不同。

2. 体现知识的应用

实践型问题当然是问题，要解决必然会用到某些知识或方法。但是，实践型问题解决并不追求像解决学科问题那样需要较高的技能技巧，重点考察知识在现实生活中或其他学科中的迁移应用，解答过程要依赖于个人的生活经验。试题可以紧密联系生活中的学科问题、社会热点问题来创设问题情境，考查学生灵活运用知识，解决实际问题的能力。如目前社会关注的能源问题、“三农”问题、自然灾害问题、可持续发展等。

例 5　杀虫剂（PISA 2006）。

一个农夫在一个农业实验站养乳牛。乳牛生活的牛棚里有很多苍蝇，以至于影响到乳牛的健康。农夫就在牛棚和牛身上喷洒了杀虫剂 A，结果苍蝇几乎死光了。过了一段时间，苍蝇又多起来了，农夫又喷洒了杀虫剂，效果和第 1 次差不多。大多数，但不是全部的苍蝇都死了。没过多久，苍蝇又多起来，农夫又喷洒杀虫剂如此反复进行了 5 次。但农夫发现，杀虫剂 A 的效果一次比一次差。农夫注意到，这些杀虫剂是一次性大批量配制的，每次喷洒的都是这些杀虫剂。这样农夫就猜测，可能是时间过久了，杀虫剂慢慢地遭到分解失效了。

问题 1：农夫猜测，时间久了，杀虫剂慢慢地遭到分解失效了。请你简要解释如何验证农夫的这个猜测。

问题 2：农夫猜测，时间久了，杀虫剂慢慢地遭到分解失效了。请你给出 2 个和农夫不同的解释，用来解释杀虫剂 A 的效果一次比一次差。

这个问题有现实背景，对学生而言这又是一个使他们感兴趣的问题。解决这个问题所需的知识并不复杂，但可能用到化学知识和生物学知识。

3. 试题中可渗透对品格与价值观的考察

在 PISA 试题中，加入了对学生“态度”的测试题目，这是一种测量情感的比较有效的方式。PISA 2006 中的一个关于态度方面的调查问卷（表 4-37）。

表 4-37　态度调查问卷

你对下列哪种任务感兴趣？　每行中只能勾上一个选项。				
题目	兴趣最高	兴趣较高	兴趣较低	没有兴趣
a）在解决犯罪问题时多了解 DNA 的用途	□	□	□	□
b）多学习 DNA 数据工作原理	□	□	□	□
c）更好地理解应用科学来解决犯罪问题的方式	□	□	□	□

例 6 女像柱雕塑（PISA 2006）。

图 4-6 是一张 2500 年以前建立于雅典卫城的女像柱雕塑的照片。雕塑由大理石制造，而大理石是由碳酸钙组成的。1980 年，由于原来的雕塑被酸雨腐蚀了，所以她们被移到雅典卫城博物馆内，转为由复制品代替。

图 4-6 女像柱雕塑照片

（1）正常的雨水由于吸收了空气中的二氧化碳常显酸性，而酸雨是由于吸收了硫和氮的氧化物而酸性更强，请推测空气中产生硫和氮的氧化物可能的污染源。

答案：汽车尾气，工厂废气，燃料燃烧（例如石油和煤），火山爆发产生的气体以及其他类似回答。

（2）由于醋和酸雨的酸度差不多，因此酸雨对大理石的作用可以通过大理石碎片放在醋中来模拟。当把 2.0g 大理石碎片放到醋中一整夜后，取出并干燥称量其质量可能是（A）。

A.少于 2.0g　　B.正好 2.0g　　C.在 2.0g 和 2.4g 之间　　D.超过 2.4g

（3）这组学生还做了另一个实验，即将大理石碎片放到蒸馏水中过夜，其目的是：对比实验，说明反应需要酸（醋）。

答案必须清晰地说明比较的目的是说明酸对这个反应是必需的。

（4）你支持下面的说法吗？请在表 4-38 对应的选项中打“√”。

表 4-38 答题表

题项	非常支持	支持	不支持	非常不支持
保存古迹需要基于对有关损坏因素的科学研究	□	□	□	□
有关酸雨形成的原因需要科学研究	□	□	□	□

类似这样的题目上，将一个问卷放入其中，虽然不能完全测量出学生的品格与价值观，但可以在一定程度上反映出个人的看法和主张，从而间接地显示出个人的价值观和品格。

（四）再现型问题与创新型问题相结合

再现型问题指在教材上出现，或者对教材中问题的简单变式的问题。创新型问题是指需要对已学过知识的问题进行变式、推广，或者是由教材上没有出现的知识来设计的问题。

再现型问题对于广大教师而言是熟悉的，因为传统考试中的问题大多属于这类问题，目的是检验学生对某些知识点的理解或对某种方法掌握的情况。再现型问题的命题也比较简单，或者直接用现成的问题或者对现成问题作适当改造，命题的难度不大。

创新型问题设计，可以从如下几个方面来思考。

1. 推广型问题

推广型问题，指在解决的基础上可以把这个问题进行推广，将特殊情形推广为一般情形而得到的问题。

推广型问题在科学研究中是常见的，因为科学家总是希望得到的结果更具有一般性。如果一个结果仅限于在一种特殊的情形中成立，那么这样的结果意义不大。将这种方法用于关键能力的测试，对于解题者来说，因为得到的是一个新的结论，是一个更具一般意义的结论，因而就是一种知识的创新。

例 7　江苏省 2016 年高考题第 17 题。

现需要设计一个仓库，它由上下两部分组成，上部的形状是正四棱锥 $P\text{-}A_1B_1C_1D_1$，下部的形状是正四棱柱 $ABCD\text{-}A_1B_1C_1D_1$（图 4-7），并要求正四棱柱的高 OO_1 是正四棱锥的高 PO_1 的 4 倍。

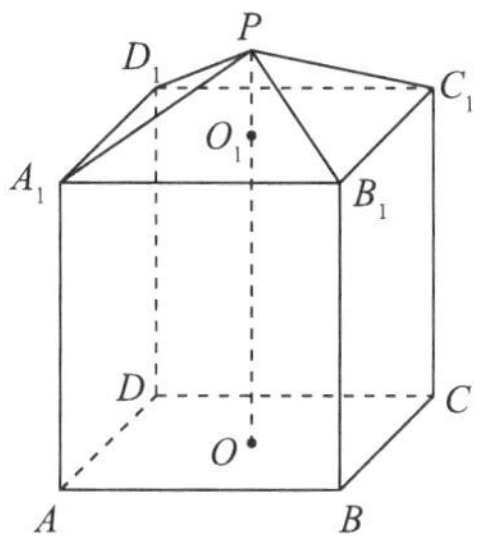

图 4-7

（1）若 AB=6m，PO_1=2m，则仓库的容积是多少？

（2）若正四棱锥的侧棱长为 6m，当 PO 为多少时，仓库的容积最大？

从考查关键能力角度看，这道题目涉及的能力水平偏低。如果增加一个问题，考查的关键能力会更加全面，水平分布更加合理。

增加问题（3）-1：由这个问题，你能构造一个类似的问题并解决它吗？

或者问题（3）-2：你能否把这个问题作一般化处理？请给出解答。

问题（3）-1 是开放型问题，例如，学生可能会想到把求体积问题变化为求表面积问题；可能会把正四棱柱、正四棱锥改为圆台、圆锥等等。问题（3）-2 是推广型问题，可以设正四棱柱的高 O_1O 与正四棱锥的高 PO_1 之比为 a，设正四棱锥的侧棱长为 bm，从而将问题一般化。

2. 变式型问题

变式型问题，指改变问题的条件或者对问题的情境进行变化而产生出来的问题。

例 8 如图 4-8（a），我们知道，以 Rt△ABC 的三边为边长的三个正方形的面积之间有关系：两个小正方形面积之和等于大正方形。请你回答下面的问题。

（1）如图 4-8（b），以 Rt△ABC 的三边为边长的三个等边三角形的面积之间有什么关系？请给出证明。

（2）根据上面两个问题的启示，你还能发现哪些结论？请你写出发现的一个结论，并给出证明。

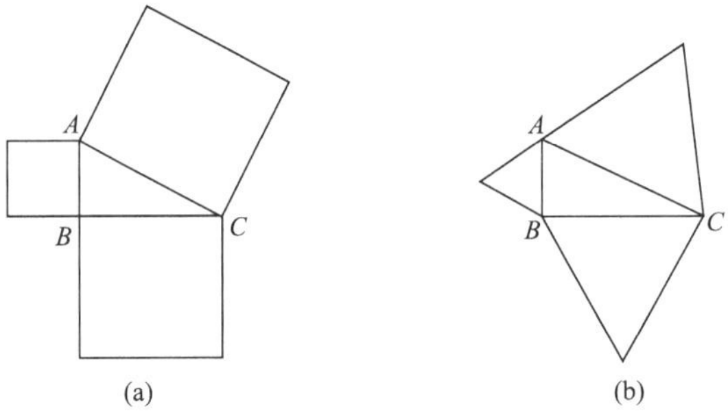

图 4-8

3. 新定义问题

新定义问题是指题目中以定义形式给出了一个新的概念，这个概念是在教材中没有出现过的。在这个概念基础上给出一个问题，需要用到这个新概念去解决问题。

例 9 2021 年八省联考数学卷第 20 题。

北京大兴国际机场（图 4-9）的显著特点之一是各种弯曲空间的运用.刻画空间的弯曲性是几何研究的重要内容。用曲率刻画空间弯曲性，规定：多面体顶点的曲率等于 2π 与多面体在该点的面角之和的差（多面体的面的内角叫作多面体的面角，角度用弧度制），多面体面上非顶点的曲率均为零，多面体的总曲率等于该多面体各顶点的曲率之和。例如正四面体在每个顶点有 3 个面角，每个面角是 $\pi/3$，所以正四面体在各顶点的曲率为 $2\pi-3\times\pi/3=\pi$，故其总曲率为 4π。

（1）求四棱锥的总曲率。

（2）若多面体满足：顶点数－棱数＋面数＝2，

证明：这类多面体的总曲率是常数。

图 4-9　北京大兴机场照片

其一，这道题目加入了情境。其二，这是一个新定义问题。需要学生读懂一个新概念的定义，考查数学抽象的能力。如果学生能够抽象出：总曲率=$2\pi\times$顶点数－所有内角和，那么就能很快算出结果。四棱锥有 5 个顶点、5 个面，其中 4 个三角形、1 个四边形，故总曲率=$2\pi\times5-(2\pi+4\pi)=4\pi$。

（五）解答型问题与提问型问题相结合

解答型问题指给出明确的问题，解题者的任务是解答这个问题。提问型问题是指由解题者自己提出问题并解决所提出的问题。

解答型问题是大家非常熟悉的问题，因为所有的考试题目几乎都是这样的题型。提问型问题则不然，传统的考试中很少出现，平时的教学中教师也很少对学生进行这方面的训练。如果我们对学生的测验是指向能力，那么提出问题就应当成为一个必须考查的内容。如果一个学生不会提出问题，能说他的学科核心素养水平高吗？显然不能。

提问型问题可以作适当的分类。第Ⅰ类提问型问题指问题的条件是充分的，但缺少结论，需要解题者根据条件推测结论，形成一个完整的问题。显然，这种问题属于开放型问题中的一种情形，均带有探究的因素，根据问题的条件探究出一个或多个结论。第Ⅱ类提问型问题指只给解题者提供一种情境，需要解题者根据情境提出问题。上面的例 8 的第（1）题，属于第Ⅰ类提问型问题；第（2）题属于第Ⅱ类提问型问题。

传统的教学模式，一般都是由教师提出问题让学生解答，或者由教材提出问题让学生解答。这样的课程或教学模式显然不利于培养学生的创新思维。爱因斯坦说过，提出一个问题比解决一个问题更难。其实，只关注解决问题的教育不考虑提出问题的教育其弊端已为当今教育工作者所认识，翻开各学科课程标准，可以看到，几乎所有的学科核心素养都把学生的创新思维作为一个重要的培养目标，这是时代发展的必然追求。

在考试命题中，要逐步地、适量地将提出问题放入其中，这不仅是推动考试评价的有序改革，甚至可以说是对教育生态的一种改良。

二、学科关键能力测验编制方案

（一）学科关键能力测验编制框架

综合分析布卢姆认知领域的评价理论、PISA 评价模型和 SOLO 评价的水平划分，参考李艺等提出的学科核心素养水平划分理论，并结合学科核心素养的特殊性质，我们提出了一种评价学科关键能力的框架。

具体地说，将学科关键能力分为 3 级水平，1 级水平对应知识理解，2 级水平对应知识迁移，3 级水平对应知识创新。知识理解指的是原课程标准中三维目标的第一维目标，即知识与技能。理解基础知识、掌握基本技能是学科关键能力形成的基础，将其作为学科关键能力表现的 1 级水平。知识迁移指将学科知识迁移到情境中去解决问题，情境包括现实情境、其他学科情境、学科内部情境。由于需要面临情境采用多种规则或多种方法解决问题，所以将其作为学科关键能力表现的 2 级水平。知识创新指学习者能够对问题进行推广、变式，能够提出合理的猜想并证伪或证实；能够解决开放性、探究性问题；能够适度生成超越教材范围的新的知识，形成优良的学科思维品格。显然，这是学科关键能力的高级表现，因此界定为学科关键能力的 3 级水平。

这个评价模型的基本思路是，将学科的各种关键能力均按知识理解、知识迁移、知识创新三个水平划分，以知识理解、知识迁移、知识创新为“经”，以学科关键能力为“纬”，建立一个二维评价结构，在经纬交汇处给出具体的内涵描述，即为某种关键能力在某个水平上的具体表现，这就是考试命题的依据。学科关键能力评价模型由三个维度组成，能力维度（学科关键能力）、水平维度（3 级水平）、内容维度。

考查学科关键能力的命题框架见表 4-39。

表 4-39　考查学科关键能力的命题双向细目表

题目编号	学科关键能力考查维度							知识内容考查维度			
	关键能力 1			……	关键能力 n			知识板块 1	知识板块 2	……	知识板块 k
	水平 1	水平 2	水平 3	……	水平 1	水平 2	水平 3				
1 题											
2 题											
……											
m 题											
次数											
分值											

几点说明：

（1）利用这个表，可以分析某道题目考查的是哪些关键能力，分别是什么水平，在相应的关键能力下面的三级水平适当位置画一个钩，同时在考查内容的对应位置画一个钩。最后统计出每个关键能力、各个水平以及考查内容的各自次数，从而可以精准地分析题目分布的合理性。

（2）每一道题目不一定只测量某一种能力，而往往是测量多种能力。例如，数学问题的解决总是存在逻辑推理和数学运算，因此这两种能力几乎渗透到所有的问题解决中。但是，每一道题应当有一种作为主要考查的关键能力。

（二）题目分值的确定

关于每道题目的分值确定。可以采用如下方案：由各水平的分值确定题目的总分值。将题目中 1 级、2 级、3 级水平分别计 x 分、x+1 分、x+2 分，x 可以取一个恰当的值从而确定各水平的分值。例如，假如有两道题目分别考查了数学抽象、逻辑推理、数学运算、直观想象，其分布如表 4-40 所示。

表 4-40　两道题目考查的关键能力及水平分布示例

	数学抽象			逻辑推理			数学运算			直观想象		
	水平 1	水平 2	水平 3	水平 1	水平 2	水平 3	水平 1	水平 2	水平 3	水平 1	水平 2	水平 3
题 1	√				√		√					
题 2		√		√			√					√
次数	1	1		1	1		2					1
分值	2	3		2	3		4					4

从表 4-40 可以看到，知识理解水平考查了 4 次，知识迁移水平考查了 2 次，知识创新水平考查了 1 次。取 x=2，则知识理解水平分数 8 分，知识迁移水平分数 6 分，知识创新水平分数 4 分，分布是基本合理的。由此可以确定题 1 的总分是 2+3+2=7 分，题 2 的总分是 3+2+2+4=11 分。

例 10 影子问题（《普通高中数学课程标准（2017 年版）》案例 30）。

如图 4-10，广场上有一盏路灯挂在高 10m 的电线杆顶上，记电线杆底部为 A。把路灯看作一个点光源，身高 1.5 米的女孩站在离 A 点 5m 的点 B 处。回答下面问题：

图 4-10 路灯下的女孩

（1）如果女孩以 5m 为半径绕着电线杆走一个圆圈，人影扫过的是什么图形？求这个图形的面积。

（2）若女孩向点 A 前行 4m 到达点 D，然后从 D 出发，沿着以 BD 为对角线的正方形走一圈，画出女孩走一圈时头顶影子的轨迹，说明轨迹的形状。

《普通高中数学课程标准（2017 年版）》对题目的解读是，如果学生能够在问题（1）中回答出人影扫过的图形是环形，或者在问题（2）的解答中提到了棱锥，可以认为达到直观想象素养水平 2 的要求。如果学生能够准确地解答这两个问题，可以认为达到直观想象水平 3 的要求。

（1）如图 4-10，S 为路灯位置，C 为女孩头顶部，女孩的影子为线段 BP。女孩绕着电线杆走了一个圆圈，人影扫过的是一个环形。

已知 SA=10m，AB=5m，BC=1.5m，高 $BP=x$，则由 $BC//SA$，得 $\dfrac{BP}{AP}=\dfrac{BC}{SA}$，即 $\dfrac{x}{x+5}=0.15$，解得 $x=\dfrac{15}{17}$。因此环形面积为

$$\pi(AP^2-AB^2)=\pi((x+5)^2-5^2)=\frac{2775}{289}\pi\approx 30.166\ (\mathrm{m}^2)$$

（2）如图 4-11，女孩头顶运动的轨迹是以 CE 为对角线的正方形（CE 与 BD 平行且相等），且该正方形平行于地面，则在点光源 S 的投影下。投影应与原图形相似，因此女孩头顶影子的轨迹也是正方形。

其实，这个问题不仅仅是考查了直观想象，也涉及数学运算和逻辑推理。要计算圆环的面积，需要用到相似三角形的性质和圆面积公式，数学运算应当达到水平 2。同时回答这两个问题的过程都伴随着简单的逻辑推理（水平 1）。

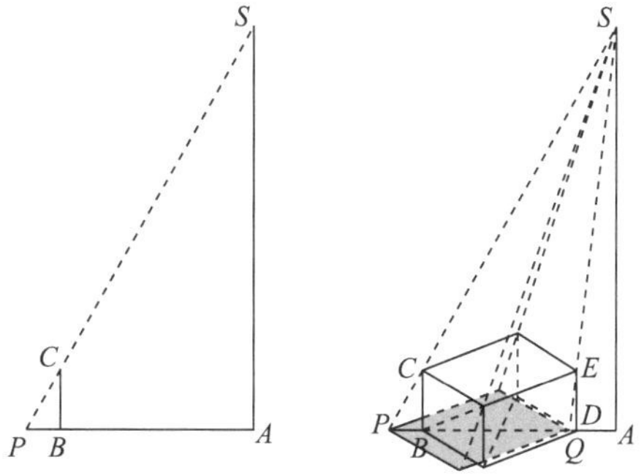

图 4-11

取 x=2，第（1）题分数为 8 分，第（2）题分数为 6 分，本题共 14 分。涉及三种关键能力，分别考查了三种水平（表 4-41）。

表 4-41　影子问题关键能力及水平分布

关键能力	直观想象			逻辑推理			数学运算		
水平	1	2	3	1	2	3	1	2	3
题目（1）		√		√				√	
题目（2）			√	√					
次数合计		1	1	2				1	
分值合计		3	4	4				3	

第五章

指向学科核心素养的教学评价

教学评价是对教师教学质量和检查，即考查教师的教学是否忠实地执行了课程理念，是否按照课程标准的要求进行教学，是否取得了好的教学效果。

第一节　教学评价理论概述

自从20世纪30年代美国学者泰勒（Tyler）提出第一个教育评价模式（即泰勒模式）以来，教育评价发展已有90年左右的历史了，其间产生了许多各种各样的评价模式。对历史上一些学习评价理论进行回溯，可以从中汲取对基于核心素养的教学评价有价值的成分。

一、教学评价的传统研究

（一）行为目标评价模式

泰勒在《课程与教学的基本原理》一书中，系统地阐述了课程编制的四个步骤：确定教育目标、选择学习经验、组织学习经验、评价教学结果。他第一次把评价引入课程编制领域，提出了行为目标评价模式。

泰勒指出，评价是一个确定实际发生的行为变化的程度的过程。评价过程实质上是一个确定课程与教学计划实际达到教育目标程度的过程（拉尔夫·泰勒，1994）。在他看来，教育目标是课程评价的出发点和依据，是进行课程评价的决定因素。他将评价分为7个步骤。

（1）确定教育目标或课程目标。确定课程推进过程最后要实现的目标是什么，包括总目标和具体目标。课程的具体目标在总体目标的指导下提出来，是能够进行实际教学操作的目标。

（2）以具体行为和具体内容的方式阐述每一个目标。在教学和课程实施过程中，要想使每一个目标都具有可操作性，就要提出具体的行为目标，在评价过程中依据这些目标实施评价活动。

（3）确定评价的情景。目标只有在具体的情景中才能够体现出它的具体内容、指向和特点，所以要确定目标使用的情景、在什么情况下实现某目标、实现这一目标需要什么样的条件、有什么样的人参加，等等。

（4）设计情景呈现的方式。在具体的教学和课程实施中，要明确目标情景用什么方式呈现。

（5）确定获取信息的手段。确定收集、提取和分析信息，以及在提取过程中使用什么样的方法和手段。

（6）确定如何赋分。确定评价所使用的计分方法、计分单位和计分形式，还要考虑在赋分过程中的权重问题。

（7）确定获取样本的手段。在评价过程中，只有提取样本和证据才能进行有效的评价。获取样本需要一定的手段，这些手段可以是实施的措施，可以是收集信息的工具。

在泰勒看来，系统地、理智地研究课程计划，首先就是确定所要达到的目标，以便了解实际达到目标的程度。其次就是要确定评价的情境，以便使学生有机会呈现教育目标所指的行为。在完成了这两步之后，再考察现有的各种评价手段，以便获取有关证据的适当途径。在此阶段，泰勒强调要确保评价手段的客观性、信度、效度。总之，泰勒评价的实质，就是旨在确定预期课程目标与实际结果相吻合的程度。

泰勒提出的行为目标评价模式具有许多优点：首先，整个程序结果紧凑、逻辑脉络简洁清晰，具有鲜明的计划性。其次，它以行为目标为中心，用行为术语表述目标，具有很强的针对性与可操作性。最后，从目标出发指导实施，以目标为依据，测定学生的成绩并将其与目标相对照，容易发现实际活动偏离目标的程度，进而根据反馈信息修改目标，简单易行，效率较高。另外，这个模式也存在一定局限性。主要表现在，其一，对目标没有自身的评价，即对目标的合理性没有加以评价。评价主要依靠目标进行，那么目标的合理性与否如何判断？泰勒对此没有做出解释。其二，泰勒的评价原理以及基于此建立的目标评价模式只注重观察预期目标有无达到，对非预期性效果没有评价。其三，所定目标在大多数情况下是教育管理者提出的，很少考虑到学生的兴趣与需要。其四，该评价原理用统一的目标来评价自由发展的人，忽视了个人发展的独特性与差异性，显然是不合适的（王帅，2008）。

（二）目标游离评价模式

目标游离（goal free）评价模式是斯克里文（Scriven）针对行为目标评价模式的弊病而提出来的。他认为，评价者应当注意的是课程计划的实际效应，而不是预期效应，即原先确定的目标。在他看来，行为目标评价模式只考虑到预期效应，忽视了非预期效应（施良方，1996）。因此，斯克里文提出目的游离评价，主张评价重点从“课程计划预期的结果”转向“课程计划实际结果”上来。他主张，为了降低评价活动中方案、计划制定者主观意图的影响，不能把他们的活动目的告诉评价者，这种不受预定活动目标影响的评价模式被称为“目标游离评价模式”或“无目标评价模式”。

目标游离评价模式是一种不完善的评价模式，它没有正式的定义，没有组织结构的详细说明，没有数据采集与发布体制，没有进行的程序，等等（许建钺等，1992）。其实，它是一种指导评价的思想原则。在多数情况下，目标游离评价者必须使用他们最熟练的专业技能去发现和证实方案的效果。然而，怎样才能确定哪一些观察到的效果是由所研究的方案引起的？斯克里文提出了一些补充意见，他把目标游离评价比作对犯人的调查，调查者试图确立某种因果联系。这一方法包括对观察到的结果的一切可能原因作认真审查并建立有根据的联系，要对原来方案的作用和相互矛盾的影响一环扣一环地加以研究。

目标游离评价的基本特点是：

（1）突破了目标的限制，转向以消费者的需要为导向的评价。目标游离评价模式根据活动参与者的需要来决定方案，将评价的注意力由方案制订者的意图转向消费者的意图，是一种更具民主性的评价模式。

（2）将形成性与总结性评价有机结合。斯克里文认为，在一个评价期间，评价步骤应该循环执行好几次，早期的循环是形成性的，而最后的循环则是总结性的，从而，目标游离评价模式将形成性与总结性评价有机结合起来。

（3）重视对评价的再评价。在斯克里文所列的评价步骤中，其中的一个步骤就是“后设评价”，即对评价工作的评价。它可以是用以协助评价者设计并执行一项评价活动的形成性评价，也可以是肯定评价之妥善性的总结性评价。“后设评价”有助于提高评价的信度和效度，有助于各方人员认识相关的被评价活动。

目标游离评价模式的不足在于：其一，由于“消费者”的需要是多层次、多角度和多样的，评价者往往难以确定哪些是真实的、主要的需要，难免会用想象出的需要来代替某些实际的需要，从而作出不合适的判断；其二，以消费者的需要来代替管理者的目标，有时并不利于一个组织机构的发展，而且管理者往往会积极反对这种模式，得不到管理者的支持，自然也就难以调动评价者的积极性。

（三）CIPP 评价模式

斯塔弗尔比姆（Stufflebeam）提出的 CIPP 评价模式又称决策导向评价模式。该模式认为，教育评价应为决策服务，即教育评价是为决策提供有用信息的过程。因此，要对评价对象从教育目标、教育设计、教育活动实施以及教育活动的影响四个层面进行评估。这四个层面分别由背景(context)、输入(input)、过程(process)、结果（ product ）组成，简称 CIPP 评价模式。

（1）背景评价主要是描述教育目标。明确对象及其需要，诊断需要的基本问题，判断目标是否已反映了这种需要，评价对象的需要与课程目标本身是否一致。

（2）输入评价。主要是对实现目标所需要的条件及可能获得的条件的评价。这一步骤要回答：考虑过哪些计划？为什么选择这个计划而不选择其他计划？这个计划的合理性程度如何？等等。

（3）过程评价。将方案的实施过程和预定过程相比较，探索实施中的潜在问题，并寻求解决方法，以修改方案。

（4）结果评价。是测量、判断、解释教育方案的成效，并决定是否终止、修改或继续实施此方案，为再循环决策服务。

CIPP 评价模式考虑到了影响课程计划的种种因素，重视对目标本身的评价，同时，将诊断性、形成性和终结性评价有机地统一在四个层次的评价中，使目标更加科学。但是，该模式步骤复杂，其运用受到很大制约，且评价的主要目的是为决策者提供信息，忽视了决策之外的功用，从而降低了评价的实用性。

二、教学评价的现代研究

（一）管理层面的教学评价

从管理层面看，许多国家对教学评价做了详细的规定，体现在课程标准或教师评价标准中。美国“全国专业教学标准委员会”制定了教师教学标准，作为对教师的教学进行评价的依据，内容主要涉及以下五个方面（莫景祺等，2001）。

（1）教师应对学生的学习负有责任，并能全身心致力于每一位学生的学习。教师对所有学生都要一律平等，并相信所有学生都能学习；必须意识到教育对象的差异性，要因材施教；必须对自己学生的发展方向有一个充分的了解，并帮助学生设计好未来；必须全面发展学生的综合素质。

（2）教师应当熟知教什么（内容）和为什么教（目的）以及怎么样教（方法）。教师应该明确所教知识的纵深发展过程，具备精深的专业知识，整合相关学科知识；必须明确教学的目的性与方向性；知道有效传授知识的方法；必须拓展知识获取的渠道，以丰富知识面。

（3）教师有组织管理学生学习的责任，并具备相应的组织管理能力。教师应确定好学生发展的目标并设计好教学目标；必须有效组织和培养班组学习活动；必须在学生“所知”、“能作”和“能学”之间激发他们的学习动机；必须随时评价并认同学生的进步，鼓励学生的发展。

（4）教师必须善于反省自己的教学实践，并从中获取教学经验。教师在教学实践中应具备灵敏的判断力，去明智地分析和判断较难解决的现实问题；应当在教学实践中有意识进行教育科学研究；必须经常有意识地反省自己的教学实践，从中总结经验教训；应当有意识地虚心听取他人对自己教学工作的评价。

（5）教师必须是学习共同体的成员，在成就学生的同时，也必须成就自己。教师要加强与同事的协作学习；加强与学生家长的合作互助；应当充分利用学习资源，拓展学习领域与视野。

这个标准是从教师应当具备的知识、能力、责任和教师自身发展等方面来阐述的，有很好的针对性和可操作性特征。

美国国家科学基金会（National Science Foundation，NSF）于1995年出台了美国历史上第一部《国家科学教育标准》。该文件不仅对具有科学素养的人作出了十分具体的构想，而且对把这种构想变成现实所应采取的“科学教育的评价”等6个方面的具体行动路线进行了规划（李高峰，2012）。课堂教学评价的类型有教学之前进行的诊断性评价、教学过程中进行的形成性评价和教学以后进行的终结性评价3种。

诊断性评价的目的，是明确学生的需要，了解学生原有的知识、兴趣、能力和爱好。明确形成性评价必须成为日常教学活动的必要组成部分。形成性评价的一般模式包括 3 个步骤，每一个步骤可以用一个问题来表达——学生要达到什么目标？学生现在处于什么位置？如何能够达到那个目标？教师要做的工作见表5-1（国家研究理事会行为、社会科学及教育中心《课堂评价与国家科学教育标准》编委会，2006）。

表 5-1　评价标准

教师要做的工作
（1）要使用多种方法，要系统地收集关于学生的理解与其他能力的数据
（2）要分析评价数据，指导教学
（3）要指导学生自我评价
（4）要利用学生的数据、有关人对教学工作的评议，以及与同事间进行的交流，总结和改进教学实践
（5）要利用学生的数据、有关人对教学工作的评议，以及与同事间进行的交流，向学生、教师、家长、决策人员，以及方方面面公众报告学生的成绩及其学习的机会

（二）发展性课堂教学评价研究

“发展性课堂教学评价”是20世纪80年代以后发展起来的一种关于教学评价的新理念。它是指在课堂教学的整个过程中，以学生发展的基础为评价起点，以学生的发展为评价内容，旨在促进课堂教学中学生不断地进步（王红艳等，2012）。发展性课堂教学评价，就是依据新课程改革的“发展性”理念，提出一定的发展性目标和发展性的评价技术、方法，对课堂教学过程中教师的教与学生的学的状态和进程进行的价值判断。因此，课堂教学评价既重视教师教的质量，也重视学生学的效果和质量，二者缺一不可。也就是说，发展性课堂教学评价是基于学生是否得到发展为前提的，教师教学质量的高低不是以教师在课堂上的自我表现行为来判断，要考虑教师这样做之后学生是否得到了发展。因此，许多研究都是围绕发展性课堂评价的指标来展开的。

汪杰锋等从三个维度建构发展性课程课堂教学评价指标体系（汪杰锋等，2007）。维度一：发展性教学目标与内容。包括：①科学性。教学内容科学、合理；教学过程逻辑性强。②教育性。教学内容有利于培养学生思想品德素养、发展学生个性。③实践性。教学内容有一定的实践性。④趣味性。教学内容具有一定趣味性。维度二：发展性教学过程与方法。包括：①自主创造性。在教学过程中培养学生的创造性思维。②实践性。为学生参与实践提供时间和空间。③开放性。教学过程开放。④整体性。使全体学生在认知、情感上得到发展。维度三：发展性教学结构与结果。包括：①集体进步效果。②学生个体发展效果。③学生发展的外显性效果。④学生成长的内隐性效果。

杨学良等认为，发展性课程课堂教学评价指标体系如表 5-2 所示（杨学良等，2006）。

表 5-2 发展性课程课堂教学评价的一个指标体系建构

一级指标	二级指标	具体含义
教师主导方面	教学目标制定	教学目标明确、具体；教学任务适当、确切
	教学过程设计	教学环节紧凑，节奏适度；抓住关键，突出重点，突破难点
	教学内容安排	符合教学大纲和教材体系的要求以及学生的实际需求；体现新旧知识之间的联系，保证教学内容的科学性和思想性
	教学方法使用	教学形式、方法、手段的运用符合内容需要、学科特点、学生实际；因材施教，面向全体，启发诱导，指导学法
	教师基本素质	教师的教态亲切自然，语言准确、简洁、生动；演示操作熟练、正确、恰当；板书设计合理、工整、简明
学生主体方面	学生参与	参与面广，探究意识强烈，兴趣浓厚
	学习状态	学生情感投入多，分析与解决问题的能力强，求知欲强
教学效果方面	目标达成	教学目标能否实现
	学生发展	学生自我效能感是否显著
	师生认可	师生是否满意

可以看到，上面两项研究所提出的课堂教学评价指标，本质上还是比较传统的提法，在考虑学生的发展方面显得不够。相比之下，苏哲斌提出的指标体系（表 5-3）（苏哲斌，2011）显得更合理一些。

表 5-3 课堂教学评价指标的一个指标体系

评价目标	一级指标	二级指标	指标说明
课堂教学质量	教学策略	教学理念	对课程标准和教学目标的理解以及课堂教学改革与教学创新的认识
		教学设计	教学内容的安排，问题与习题的设计和对教学重点和教学难点的处理
		组织方式	有效组织学生开展自主学习、合作学习和探究学习的状况
	教学能力	资源整合	对课程资源、教学手段的整合能力
		环境创设	情境创设和为学生创造良好的教育平台
		学习管理	教师的教学调控能力和学法指导状况
		专业技能	教师的教学基本功，包括语言表达、板书和实验演示等方面
	学习状态	参与程度	包括学生参与教学活动的广度和对问题探究的深度两个方面
		交往状态	师生双向信息交流及学生合作交往状态
		思维状态	学生思维的积极性、深刻性和广阔性
	学习效果	目标达成	知识与技能、能力与方法、情感态度价值观三个基本目标的达成度
		流畅度	教学及学生学习活动各个环节的流畅性以及教学实施的理想化程度
		个性发展	因材施教，学生个性自主发展的状况

（三）在课程改革中的教学评价研究

当代的课程改革间隔的时间日趋缩短，这是信息化时代的一个特征。知识更新速度加快，科学技术发展日新月异，如果中小学课程不进行课程改革，就很难适应社会发展对人才培养规格的要求。

伴随着不同理念的课程改革，教学评价的改革当然也就持续不断。事实上，自 1949 年中华人民共和国成立以来，从教学大纲到课程标准的改革已经经历了 10 余次。在这个过程中，教育界一直在思考教学评价如何适应新的课程改革要求，形成了一些成果。有的是从教学评价的理论层面思考，有的研究教学评价的指标体系，有的研究教学评价的方法，有的研究教学评价模型。

北京教育科学研究院基础教育教学研究中心课堂教学评价研制小组提出，课堂教学评价应该“建立促进学生全面发展的评价体系，评价不仅要关注学生的学业成绩，而且要发现和发展学生多方面的潜能，了解学生在原有水平上的发展。”“建立促进教师不断提高的评价体系。强调教师对自己教学行为的分析和反思，建立以教师自评为主，校长、教师、学生、家长共同参与的评价制度，使教师多渠道获得信息，不断提高教学水平”。课题组结合实证研究，研制出《中小学课堂教学评价方案》。该方案中课堂教学评价指标共设置6个评价项目和14个评价要点（表5-4）（北京教科院基础教育教学研究中心课堂教学评价研制小组，2003）。

表5-4　中小学课堂教学评价指标

评价项目	评价要点	标准	基本符合	基本不符合
教学目标	符合课程标准和学生实际程度	符合课程标准的要求，包括知识、能力、情感态度与价值观		
	可操作性的程度	教学目标明确、具体		
学习条件	学习环境创设	有利于学生身心健康 有利于教学目标实现		
	学习资源处理	学习内容的选择和处理科学 学习活动所需要的相关材料充足 选择恰当的教学手段		
学习活动指导与调控	学习指导的范围和有效程度	为每个学生提供平等参与的机会 对学生的学习活动进行有针对性的指导 根据学习方式创设恰当的问题情景 及时采用积极、多样的评价方式 教师的语言准确，有激励性和启发性		
	学习过程调控的有效程度	能够根据反馈信息对教学进程、难度进行适当调整 合理处理临时出现的各种情况		
学生活动	学生参与活动的态度	对问题情景的关注 参与活动积极主动		
	学生参与活动的广度	学生参与学习活动的人数较多 学生参与学习活动的方式多样 学生参与学习活动的时间充分		
	学生参与活动的深度	能提出有意义的问题或能发表个人见解 能按要求正确操作 能够倾听、协作、分享		
课堂气氛	课堂气氛的宽松程度	学生的人格受到尊重 学生的讨论和回答问题得到鼓励 学生的质疑问难得到鼓励 学习进程张弛有度		
	课堂气氛的融洽程度	课堂气氛活跃、有序 师生、生生交流平等、积极		

续表

评价项目	评价要点	标准	基本符合	基本不符合
教学目标	目标的达成度	基本实现教学目标 多数学生能完成学习任务 每个学生都有不同程度的收获		
	解决问题的灵活性	有些学生能灵活解决教学任务中的问题		
	教师和学生的精神状态	教师情绪饱满、热情 学生体验到学习和成功的愉悦 学生有进一步学习的愿望		
其他				
教学特色				
评价等级	A□　B□　C□　D□			
评语				

这项研究对课堂教学评价作了很好的探索，建构的这一套评价体系对课堂教学评价有很好的实用性。

邢红军等基于立德树人、教学设计、教学技能三维指标，建构了一个课堂教学评价模型（图 5-1）（邢红军等，2020）。在此基础上，确定了课堂教学的十项具体评价指标与评分标准。

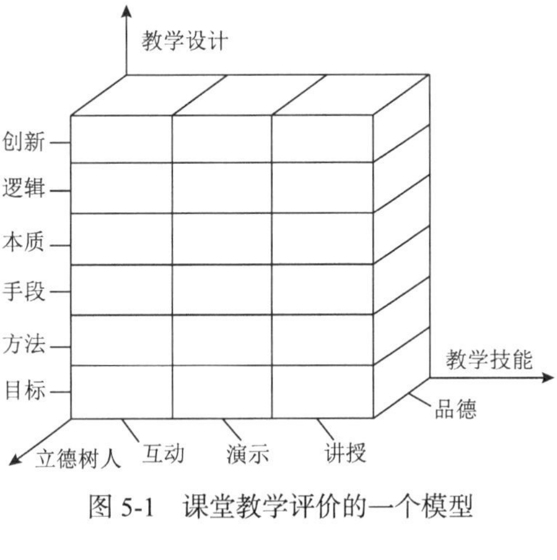

图 5-1　课堂教学评价的一个模型

立德树人的评价指标是塑造品德。教学设计的评价主要应依据教学目标是否明确、教学方法是否得当、教学手段是否多样、教学本质是否清晰、教学逻辑是否顺畅以及教学创新是否显著 6 个指标来展开。教学技能包括讲授清楚、演示规范、互动充分三个亚维度。

这个框架体现出超越课堂教学评价的经验局限、重视课堂教学评价的理论研究、建构课堂教学评价的本土化理论等特点。

陈佑清等认为，在课堂教学评价指标体系的建构上，应确立新的“以学评教”的教学评价取向。“以学评教”的评价指标体系设计的基本思路是，以教师教导所引起和促成的学生学习行为的表现、状态来评价教师教导的质量和效果。“以学评教”的评价体系主要从学生在课堂教学中所实际表现出来的学习行为状态，如学习行为的针对性、能动性、多样性和选择性，来设计课堂教学的评价指标。他们提出了一个评价指标体系（表 5-5）（陈佑清等，2016）。

表 5-5　“以学评教”的教学评价指标体系

<table>
<tr><th>一级指标</th><th>二级指标</th><th>三级指标（观察点）</th><th>学习行为表现评价</th></tr>
<tr><td rowspan="4">1.学习行为的针对性</td><td>（1）满足学习目标实现的需要</td><td>1）学习目标定位准确、全面
2）学习行为与目标实现的匹配程度</td><td></td></tr>
<tr><td>（2）符合学习内容的特性</td><td>1）把握学科特性
2）内容解读准确（合理确定教学的重难点）
3）学习行为符合学科特性及对具体内容的解读</td><td></td></tr>
<tr><td>（3）切合学生的学情</td><td>1）学习行为与学生的经验基础相适应
2）学习行为与学生的知识基础相匹配
3）学习行为与学生的思维能力相适应
4）学习行为符合学生的学习需求</td><td></td></tr>
<tr><td>（4）基于教学条件的可能</td><td>1）学习行为与教学的时间相适应
2）学习行为与教学的空间相适应
3）学习行为与教学的设备条件相适应</td><td></td></tr>
<tr><td rowspan="3">2.学习行为的能动性</td><td>（1）参与学习活动的积极性</td><td>1）学生参与学习活动是否主动热情
2）学生在学习过程中是否专注投入</td><td></td></tr>
<tr><td>（2）内部思维过程的能动性</td><td>1）学生在学习过程中是否积极思考
2）学生在学习过程中是否主动质疑
3）学生在学习过程中有无内化理解
4）学生在学习过程中是否主动建构</td><td></td></tr>
<tr><td>（3）能动参与学习的学生面</td><td>1）能动参与学习的学生的比例</td><td></td></tr>
</table>

续表

一级指标	二级指标	三级指标（观察点）	学习行为表现评价
3.学习行为的多样性	（1）满足多种学习目标实现的需要	1）准确把握本堂课应实现的多种目标 2）设计与多种目标对应的多种学习行为	
	（2）符合多种学习内容的特性	1）全面把握本堂课内容的类型或板块 2）设计与不同内容匹配的多种学习行为	
	（3）适应教学条件的可能	1）本堂课设计的多种学习行为是否都有相应的时间、空间及物质条件保障	
4.学习行为的选择性	（1）学习行为切合不同学生的学情	1）有无分层设计目标、内容、进度、作业要求 2）不同层次或特点的学生是否可以选择不同的学习行为	

更多的研究是对评价改革的理论思考。有学者认为，教学质量评价对象应当由侧重学生转向侧重教师，教学质量评价重点应当由侧重结果转向侧重过程（何玉海等，2010）。张瑞和朱德全提出情境适应性课堂教学评价概念（张瑞等，2011）。情境适应性课堂教学评价就是以教学情境为参照，通过评价捕捉教学过程中发生的一切变动因素、把握情境中教师和学生的某些特定行为，以此而展开的一种促进教学发展的真实评价。情境适应性课堂教学评价的特质就是消除教学与评价的简单对立二分法，使教学评价表现出情景性、动态性、即时性，其主要目的是改进教学策略，改善学习方式，促进教学发展、师生成长。根据教学目标、教学内容和迁移类型的不同，教学情境可分为全开放性、半开放性和非开放性教学情境，而不同的教学情境需要不同的评价方式，因此，课堂教学评价也相应地可以分为非开放性、半开放性和全开放性情境适应性评价。

刘志军把课堂教学质量作为一个整体来分析，将现代课堂教学质量评价的标准分为三个层次或者说三种水平（刘志军，2002）。

（1）基础层次：激发学习兴趣，使学生对知识能够理解、掌握、会用。这一层次重在学生思维的活跃和达到内在的掌握，促进学生知识结构的形成和能力的发展。这就要求教师在课堂上有明确的教学目标，在教学过程中重视学习兴趣的激发，强调学法指导，通过让学生掌握知识结构，把教学内容内化于学生自身的结构之中，促使学生知识的掌握和能力的发展。

（2）提高层次：主动参与教学，充分、有效地交往。这一层次重在交往，特别是师生和生生充分的交往以及情感的交流。通过知情交融的活动方式，促使学生自主性、主动性的发挥和社会性的形成。这就要求教师加强课堂交流，激发学生参与学习的积极性，及时捕捉学生的各种信息，特别是非理性信息，主动有效地调整课堂教学。

（3）体验层次：感受生活乐趣，体验创造的成功。教师和学生都能感受到课堂生活的乐趣，让教师和各个层次的学生都能获得创造或成功，包括个体与群体的成功的心理体验。这就要求教师在课堂教学中有创新意识，或者事先设计或者根据课堂活动的发展实施创新措施，要努力保护学生的好奇心，鼓励其提出问题，表达自己的观点，进行课堂质疑，使学生能够体验创造和成功的喜悦。同时还要求教师在教学中具有生活意识，认识到课堂教学不仅仅是知识的学习和能力的发展，也是师生共度的生活，课堂上应使参与教学活动的每一个人获得多方面的满足，特别是精神上的满足，在课堂上形成一种活跃、民主、和谐的氛围。

教育大数据的应用在推动教育深刻变革的同时呼吁理论创新。然而，主客二分的传统思维对技术的教育应用持批判态度，大数据应用容易招致“忽视人的发展”的质疑。对此，毛刚等在阐明大数据背景下教学评价在场形态的基础上，从方法与价值两个方面为教育大数据支持的评价进行合理性辩护，并指明理论发展的路向。一是从评价融于教学活动过程、数据整合教学评价系统、人机协同成就智慧评价三个维度阐述基于教育大数据的评价方法与原则；二是围绕教育大数据评价的价值认识问题，描绘评价驱动教学生态进化、培育主体自觉并推动学习价值持续生成的图景，从而论证教育大数据背景下智慧评价在促进人的发展中的意蕴（毛刚等，2020）。

综上所述，教学评价的研究呈现出多视角、多层面，方法多样化的格局，反映出不同年代教学评价的走向，时代特征鲜明。但是，这些研究的主导思想主要是持以知识为本的信念，围绕知识教学效果的评价思考得多，虽然也考虑到了发展性评价，但涉及素养特别是核心素养发展的论题很少或研究不深入。目前，又到了新一轮课程改革之际，在指向发展学生核心素养的大背景下，应当对教学评价作出反思，思考发展学生核心素养的教学评价应当在以往研究的基础上如何改造和发展。

第二节　发展学科核心素养的课堂教学评价框架设计

国内外关于教学评价的研究非常多，以上的综述并不全面，但也看到学者们关注的研究问题和研究逻辑。下面的论述首先作出几点思考，在此基础上，力图构建适应新课程改革背景的课堂教学评价框架和指标体系。

一、评价框架设计的前提思考

1. 教学评价研究具有时代的继承性

教育改革在持续不断地进行，每一次改革都可能在教育理念、教育目标、课程设计、教学模式等方面生成与先前教育不同的样态，当然，教学评价就不可能不变革，这是一个显而易见的事实。综观这些研究，这些带有厚重历史印迹的成果确实对当时的教育教学产生过积极的推动作用，我们应当尊重这些思想和方法。不能说由一种新的教育理念所滋生的教学评价理论就一定比先前的要好，事实上，诸如泰勒的行为目标评价模式、布卢姆的教育目标分类学说等，仍然对当今的教学与学习评价产生持续的影响。要辩证地看待每一个时代的产物，应当在继承的基础上发展，在借鉴的基础上重构。这是我们建构基于核心素养的课堂教学评价体系的一个基本立场。

2. 教学评价的质量应当以学习质量为标准

无论是知识导向还是能力导向，学生学习质量的高低都是评判教师教学水平高低的唯一标准。当下有一些教学评价，只是关注教师的课堂行为，热衷于对教师的课堂教学表演的水平进行评价，完全无视课堂上学生的收获与学习的效果，这样的评价无疑是片面的。提升学习质量，促进教师发展，这是教学评价的目的，也是归宿。教学评价指标体系建构要考虑学习因素，评价指标应围绕是否促进了学生对学科知识的理解，是否助力了学生的学科技能增长，是否提升了学生的学科核心素养，是否渗透了品格与价值观的教育等问题来设计，同时还必须收集到学生的学习效果数据，方能作出最终的评价。这是我们建构基于核心素养的课堂教学评价体系的又一个基本立场。

3. 教学评价应注入对学生素养发展的元素

从已有的研究来看，评价指标体系的建构偏重知识导向，即对教师的课堂教学评价，更多强调的是教师在促进学生对知识理解方面的行为表现。虽然也有很多关于发展性评价的研究，但鲜见指向发展学生核心素养的教学评价研究。要思考的问题是，如果在教学中以培养学生的学科核心素养为目标，那么应当用什么标准来评判其教学过程？也就是说，教师与学生在课堂上应当有什么样的行为表现才是在实施素养的培养？这就是下面要研究的主题。毫无疑问，这是一个困难的问题，只能尝试着去探索而非圆满地解决。

4. 教学评价不能囿于外显的教学行为

一般说来，教学评价主要是针对教师的教学行为做判断，关注的是两个问题：他是怎么做的？他做得怎么样？前者的评价指标是事先圈定的，后者的效果由评价的成绩来认定。我们认为，教学评价还应当加上一条：他为什么会这样做？即对他这样做的原因作出判断和分析。

为什么要增加这一条？因为教学评价的目的不只是对一个教师的教学行为表现作出评判，而是要通过评价来改进不足，提升教学质量，促进教师的专业成长。

要达到这个目的，分析产生结果的原因是十分必要的。一种情况是，一个教师的教学行为不当，教学效果不好，那么通过原因分析去提醒他，使他在教学设计和教学实施方面有所改进；另一种情况是，一个教师教学行为相当规范，教学效果良好，那么通过产生这种效果的原因分析，展示出来共享，为大家提供有借鉴价值的经验。

影响教师课堂教学行为的原因是多方面的，难以面面俱到地作出分析。但是，其中有两个因素是非常重要的，就是教师拥有的知识和教师的教学认识信念。其中教师拥有的知识包括理论性知识和情境性知识。理论性知识包括学科知识、教育学知识、心理学知识、其他学科知识。情境性知识主要指教师整合知识应对教学的能力（PCK）以及根据情况灵活组织教学的能力。所谓教学认识信念，是指教师对教学本质与过程、对知识本质特征、对学生获得知识过程基本特征等三方面的认识所形成的一个相对稳定的、带有一定意动成分的基本观点、态度和心理倾向。

我们的一项实证得到的结果见图 5-2（喻平，2016）。

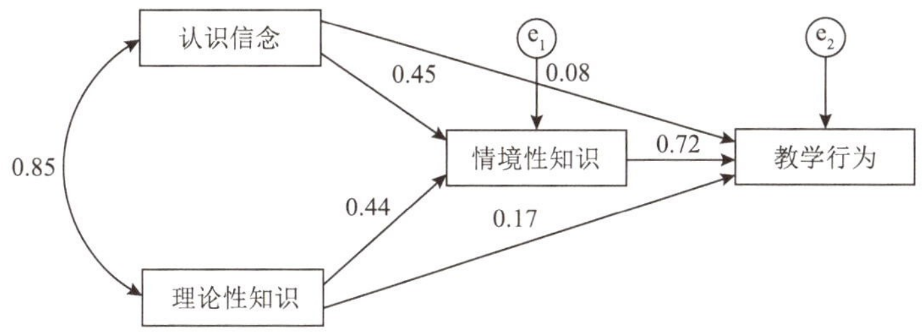

图 5-2　教学认识信念、理论性知识、情境性知识与教学行为的路径图

教学认识信念对教学行为的直接效果是 0.08，理论性知识对教学行为的直接效果为 0.17，这两个效果都是比较小的。教学认识信念对教学行为的间接效果为 $0.45\times0.72=0.324$，理论性知识对教学行为的间接效果为 $0.44\times0.72=0.317$。教学认识信念对情境性知识的影响效果为 0.45，理论性知识对情境性知识的影响效果为 0.44，两者对情境性知识的影响是明显的。情境性知识对教学行为的直接效果为 0.72，因此，情境性知识对教学行为的影响是最大的，它是教学认识信念与教师的理论性知识共同作用的结果。

因此，在构建教学评价指标时，我们考虑将教师的知识和教学认识信念纳入评价体系。即教学评价包括考量教师做了什么、做得怎样、为什么要这样做。

5. 如何体现对核心素养的评价

教学目标从知识导向到素养导向的转移，教学评价无疑会随之变化，因而在构建评价指标体系时必须考虑围绕教师的行为是否在培养学生的素养来设计。

首先，体现在教学目标的设计上。考察一个教师所作的课堂教学设计，要评判该课是否突出了核心素养的三个要素：关键能力、必备品格、正确价值观。这是与过去教学目标分析相比有显著差异的方面。要充分挖掘各种课程资源，要设计多层次、多维度的目标体系。其次，体现在教学过程的设计上。发展学生学科核心素养的教学过程，要设置利于知识建构的问题情境，要对知识的来龙去脉有交代，要体现建构性学习的特征，要突出学科的思想方法，要将品格与价值教育贯穿于整个教学过程。最后，体现在学生的能动性方面。课堂上要营造恰当的师生互动环境；要充分激发学生的学习动机，要启发学生主动提出问题，要提倡合作交流的学习方式。

基于上面五点思考，下面在设计教学评价框架方面分为两个层面，一是课堂教学中师生的外显行为评价；二是课堂教学中与教师外显行为相关的内在因素分析。分别将这两个层面称为教学评价的外显维度和教学评价的内因维度。

在讨论之前，对研究的问题作一个界定。课堂教学评价是指对一堂课的教学过程中教师和学生的行为表现作出评判，同时对支持教师外显行为背后的原因作出分析。其中，这堂课的教学目标指向发展学生的学科核心素养。

二、课堂教学外显行为评价维度设计

应当从哪些角度切入去观察一堂课？即评价一堂课应当从哪些维度分析？这是建立评价指标体系的前提。

从前面的文献综述可以看到，学者们对教学评价的维度划分不尽相同，有的从教学过程来考察，有的从教学的基本元素来设计，有的偏重从教师的教来考量，有的侧重从学生的学习活动来设定指标。各成一体，自圆其说。

结合教育评价的经典理论，综合分析已有的相关研究，将课堂上教师是否围绕发展学生的学科核心素养为主线，我们认为教学评价应分为两个层面，分别对应两个评价体系。一个体系是教师的课堂行为表现，另一个体系是行为表现的成因分析。

课堂行为表现分为 5 个维度，即 5 个一级指标，每个一级指标下设计若干个二级指标。

一级指标：教学目标，课程资源，教学策略，教学实施，学生学习状态。下面对各一级指标作分析，确定其二级指标。

（一）教学目标

教学目标是教学的航标，其设计的合理性、科学性必将影响到整堂课的走向及效果。

（1）教学目标设计受到教师教育理念或教学观念的影响。对于学科的教师来说，其学科教学观其实是两种观念的整合。一种是对其所教学科的本质认识，即对知识本质的认识，这是知识观；另一种是对教学本质的认识，即教学观。无论是知识观还是教学观，二者都会对自身的教学行为产生影响，这个结论有大量的实证研究作为支持。例如，一个教理科的教师，如果他只是将自己所教的学科视为科学而忽视其人文性，那么他的教学可能就以严格的客观主义作为支撑，教学就可能以知识的准确传递为主要形式。反之，如果他关注到了科学的人文性，那么他的教学就会不仅仅是科学知识的教学，还会渗透人文精神于教学之中。因而，“学科教学观”应当作为教学目标设计的一个二级指标。

（2）教学目标设计必须与课程标准提出的课程目标保持高度的一致性。各科的课程标准，都有课程目标的规定，这些规定是教学设计的准绳，任何偏离课程目标的教学设计都是不合理的。因而“目标的一致性”要作为教学目标设计的一个二级指标。

（3）教学目标必须围绕发展学生学科核心素养精准度来设计。具体地说，要突出几个关键因素。其一，就本堂课的教学内容来看，应当明确培养学生什么关键能力。当然，一节课涉及的关键能力因素可能不止一个，需要找出这些关键能力，确定其主次关系，将主要的关键能力作为课堂教学的主要目标，其他的作为次要目标。其二，明确关键能力要达到什么水平。依据知识理解、知识迁移和知识创新三个水平作出分析，确定水平定位。其三，品格与价值观的教育贯穿于整个课堂之中。因此，“核心素养精准度”应当作为教学目标设计的一个二级指标，包括核心素养是否找准，核心素养水平确定是否准确，品格与价值观培养的目标是否明晰。

（4）教学目标设计要考虑生成性目标。教学目标设定是一种预设性构想，在教学实施的过程中可能会出现生成性目标，即在教学过程中出现的一种事先并没有预料到的情形，由这个情形生成出来的新的教学目标。生成性目标如何处理，既能反映出一个教师的教学智慧，更能左右一堂课的发展走向，从而对教学效果产生影响。要强调的是，生成性目标的妥善处理，对于发展学生的学科核心素养至关重要。事实上，课堂上学生总是有许多想法的，有的想法甚至超出教师的设计，如果教师沿着学生具有独创性的想法挖下去，并将这个过程展示，让全班同学共享，那么这种隐性的课程资源就能得到充分利用，同时也可以训练学生的探究意识。显然，“生成性目标的处理”应当作为教学目标设定的一个二级指标。

（5）教学目标的设计要具有可操作性。目标的设计要考虑操作性问题。对于知识理解和关键能力，要考虑可以测量，如果不能测量，目标就形同虚设。“目标的操作性”要作为一个二级指标。

于是，一级指标——教学目标，包括 5 个二级指标：教学观定位、目标一致性、核心素养精准度、生成性目标处理、目标的操作性。

（二）课程资源

课程资源是指用于教与学的各种资源。我们将课程资源分为 4 种：外显素材性资源、外显条件性资源、内隐素材性资源、内隐条件性资源（喻平，2019）。

（1）外显素材性资源。外显素材性课程资源指以文字、符号、图形等在教材及媒体上展示的数学基础知识，这是静态的、结果型知识。教材、教辅资料等凡是用文字写出来的内容，即可视化的材料都属于这种资源。

（2）外显条件性资源。外显条件性资源指课程实施的人力、物力和财力资源，主要涉及设施、媒介和环境，例如图书馆、博物馆、大众传播系统、网络、校内外教师资源等均属于外显条件性资源。

（3）内隐素材性资源。内隐素材性资源是指潜藏于知识深层的隐性知识。包括学生的一些错误认识、学科文化元素、知识的过程元素、知识的背景元素、知识的逻辑元素、知识的引申与推广等。

（4）内隐条件性资源。内隐条件性资源主要指教师根据对素材性课程资源的理解，结合外显条件性资源去构建一种非常适宜学生学习的环境。

对于外显素材性资源，主要考察教师对教材及教辅资料使用的合理性问题，包括教学内容组织与呈现、内容的科学性、内容展示的逻辑性、内容的系统性等。对于外显条件性资源，课堂教学中主要涉及多媒体的设计和使用，即主要考察教师对这些资源使用的合理性和有效性问题。

需要强调的是，外显性资源的主要功能是知识教育，内隐性资源的主要功能则是素质教育。下面对内隐性资源作分析。

学生的一些错误认识。老师们应充分认识到，学生的错误认知是一种宝贵的资源。学生犯错总是难免的，也是有原因的，如果能够把犯错误的根源挖掘出来，同时展示给全班同学辨析，然后共同进行调整和纠正，那么这种资源就得到了充分的利用，可以使学生对知识有更深层次的理解，同时又能使学生避免再犯类似的错误。

知识的背景元素。一般来说，教科书上都会提供一些知识的背景材料，即学习新知识的时候往往会提供一种情境。但是老师在备课的时候要思考：教材上的情境是否是最好的情境？这个情境是否符合我班上学生的生活经验？这个情境对学生理解知识的作用有多大？我能否根据具体的教学内容设计一个更好的问题情境？基于这些思考，设计出更适合学生学习的情境，就是在挖掘这种隐性的课程资源。应当强调的是，情境应该是真实的情境，尽量不用一些虚假的、模拟的情境。

学科文化元素。学科文化很丰富，但教材中一般不会用明了的文字表述出现，需要教师去梳理和揭示。例如，数学文化包括数学知识、数学思想方法、数学精神、数学信念、数学价值观和数学审美，这些重要的元素是教学中必须开发和利用的。

知识的逻辑元素。在许多学科中，逻辑是伴随知识出现的，其实逻辑学本身就是一门学科，但是逻辑学知识并不专门地给学生讲授，学生的逻辑推理是在知识的学习中形成和发展的。教师在备课时要思考的问题是，今天的教学内容蕴含了什么逻辑知识？学生可能在哪个逻辑点上存在理解的困难？应当采用什么方式解决这个问题？从而找到相应的教学对策，帮助学生理清知识的逻辑，培养学生正确的推理行为。

知识的引申与推广。知识的引申与推广指对问题进行适当变化，或由一个特殊情形的问题变为一般情形的问题。这种隐性资源在中学教学中应当作深入开发，在小学教学中不一定要作较高的要求。例如，在学生解答完一个题目之后，教师可以让学生把这个问题的重要条件或结论稍微变一变，看看能否得到一个新的问题，甚至可以突破教科书内容和难度的制约。这种教学方式，旨在使学生形成一种结构性思维，发展他们的学科核心素养。

过程性知识。学生的活动经验从何而来？其实是来自个人的活动经历。知识产生和发展的过程不会写在教科书上，需要教师自己提炼和阐释。教师的任务不仅是要使学生掌握结果性知识，更重要的是让学生经历知识产生、知识发展、知识结果和知识应用这 4 个阶段的体验。学生经历一遍过程，就会有体验，有体验就会形成经验，而经验就是一种个人的知识。

对于内隐条件性资源这类课程资源可以开发也可以不开发，但开发与不开发其教学效果可能大相径庭，在中小学教学中，内隐条件性资源非常重要，因为孩子的心理特征决定了他们的学习需要在一种生动活泼、积极参与的环境中开展，而这样的环境需要教师来营造。

综上所述，一级指标课程资源，包含 4 个二级指标：外显素材性资源、外显条件性资源、内隐素材性资源、内隐条件性资源。

（三）教学策略

所谓教学策略，就是为达到特定的教学目的、增大教学效益，教师依据教学规律、教学原则以及学生学习心理规律而制订的教学行为计划（喻平，2000）。从发展学生学科核心素养的角度思考，将教学策略与目标指向有机结合，提出几条偏宏观而非具体的教学策略（喻平，2017）。

（1）知识与文化结合。文化教育是知识教育的拓展，将教育内容从知识扩大到整个文化，强调的不仅仅是让学生学习静态的知识，而且要使学生受到学科文化的全面熏陶，包括对创造知识的源泉、动态的历史过程的认识，形成科学的理想、信念、精神、价值观和人生观。教师不仅是知识的传授者，更是文化的传播者，其职责不仅是教书，更是育人。学生受益的不仅是知识的增长，更是文化的熏陶，不仅要学会读书，更要学会做人。

知识教学与文化教学相结合，第一，要正确认识知识与文化的关系。知识是部分，文化是整体，文化教育涵盖了知识教育，两者本身是没有矛盾的。第二，教育是以知识教育为核心的文化教育。知识本身兼有科学与人文二重性，作为科学，知识揭示自然界的规律，这些规律不以人的意志为转移，是客观的；知识作为人类思维的产物，离不开社会环境的孕育，离不开社会共同体的协商、交流和共识，离不开语言的传媒和历史的传承，这就使知识凸显出独有的人文价值和科学文化。科学文化蕴含精神、理念、信念、价值观等，是一种形而上的东西，它必须建立在知识体系这种形而下的东西之上。因此，教育应该是以知识教育为核心的文化教育，相应地，教学就应当围绕基础知识的教学去展示知识的文化内核。强调创造科学知识的人的作用，正视知识发展的历史烙印和真理的相对性，突出知识的文化性、精神性，注重培养学生的怀疑精神、批判意识和创新能力。知识教学与文化教学相结合，是实现知识迁移和知识创新的必备前提。

（2）结果与过程结合。强调知识结果的教学其基本前提是学习即接受，学习就是无条件地接受前人创造的知识，学习者只是一种旁观者角色，把知识作为不可更改和逾越的客观存在来认识，不了解知识产生的缘由，不清楚知识的发展走向，只知其然而不知其所以然，本质上学习者不是参与者。人们发现和创造知识的过程是复杂而曲折的，知识创造者的精神和智慧都浸透在知识的形成阶段，作为写在教材中的知识已经抹去了这些故事而只是一种冰冷的知识结果的呈现，单纯直面这些知识当然无法领略产生它们时火热的思考，学习者会失去对研究者创新过程的体验。

指向核心素养发展的教学，就是要摒弃单纯的知识结果教学模式，将知识的产生和发展过程嵌入教学的过程之中，过程与结果相互整合、相得益彰。教学中可采用“由因导果”或“执果索因”的思路，即从原因出发推出结果或从结果出发寻找产生结果的原因。产生一个结果的原因可能不是唯一的，寻求一个结果的多种原因需要探究，这就是创新性的体验过程。概念、规则往往是在解决问题的过程中产生的，创设恰当的问题情境、提出观察的问题是教师进行教学设计的前提，也是实现知识结果教学与知识形成教学相结合的途径。结果性知识与过程性知识相结合，是实现知识迁移和知识创新的必需方略。

（3）学科与实践结合。把某一学科内部的知识称为学科性知识，与该学科知识相关的其他学科知识或与该学科相关的现实生产生活知识称为实践性知识。知识理解的教学主要是针对学科性知识展开的，很少涉足甚至完全抛弃实践性知识。

根据逻辑实证主义的观点，学习的内容主要依据学科体系完整性、逻辑性、实证性来拟定，教学就应当围绕学科知识体系开展，把学科以外的知识排斥在外。显然，这种单纯的学科性知识教学具有片面性。将实践性知识纳入教学，是发展学生学科核心素养的必然诉求。

指向核心素养发展的教学，就是要走出学科性知识教学的围栏，将实践性知识融入教学的过程之中，学科性知识与实践性知识相互渗透、共同作用。在教学中，教师一方面要揭示知识的现实背景或与该知识相关的其他学科知识的背景，另一方面要强调知识的应用，构建知识应用的真实场景，要建立学习共同体，营造相互合作、交流、协商的学习环境。学科性知识与实践性知识相结合，是实现知识迁移和知识创新的必经途径。

（4）讲授与探究结合。关于接受性学习与探究性学习的关系，在第二章第二节已经作了充分讨论，明晰了两者的互补关系，这里不再阐述。

（5）解答与提问结合。解答问题指对一个结构良好的问题作解答，无论什么学科，解答问题都是一个重要的教学环节。相对而言，提出问题的训练则显得非常稀少。

将提出问题分为三种类型，类型Ⅰ：问题的条件充分，结论未知，通过演绎推理得出结论，得到一个完整的命题。类型Ⅱ：由一个已知的问题，通过变式或推广得到一个新问题。类型Ⅲ：依据某种情境提出一个数学问题。与此对照，条件充分结论不唯一的开放题对应类型Ⅰ；条件不充分，结论未知的开放题属于类型Ⅱ，当然类型Ⅱ的外延比这类开放题的外延更大；条件与结论都完全开放的问题与类型Ⅲ对应。

提出问题的思维过程包括想象、直觉、推理，当然也受到元认知的调控。想象可以是形象思维，即依靠形象材料的思维形式，也可以是表象思维，即依托于头脑中的图象来思维。直觉是利用已有知识对当前问题进行敏锐的分析，能够迅速发现解决问题方向或途径的思维形式，是对数学对象的某种直接领悟或洞察。如果说直觉表现为能够凭灵感将两个对象迅速地联系起来提出问题，那么推理则是通过归纳或演绎来提出问题。提出问题类型Ⅰ，更多地依赖于想象和推理，提出问题类型Ⅱ，更多地依赖于想象和直觉。提出问题的思维形式包括发散思维、逆向思维。发散思维是以一点为起点沿多个方向思考问题，逆向思维则是沿原来思考问题方向的相反方向思考问题。例如，开放性问题的答案可能不是唯一的，因而要采用发散思维方式寻求多个答案。当学习了一个命题之后，想到它的逆命题是否成立，这是一种逆向思维。其实，提出问题包含有重要的创造性思维成分，因为提出一个新问题，本身就是创新。

长期以来，教科书的编制、教师的课堂教学都不关注提出问题。教科书呈现的是一套完备的、准确无误的知识体系，定理、公式、例题、习题都是现成的问题，新课程标准发布后，出版的部分新教材中出现了一些开放性问题，有了训练学生提出问题的苗头，但数量和质量上都有待提高。

（6）独立与合作结合。激进建构主义主张个人建构知识，社会建构主义强调集体建构知识，与此对应的就是独立学习与合作学习。学习是一种特殊的认识过程，逻辑思维与非逻辑思维相互交织，抽象、概括、化归、推理等思维活动贯穿于学习活动的始末，一方面，学习者必须独立地、自主地从事这种活动，将客观知识内化于主观知识；另一方面，个体又必须将自己的主观知识拿到实践共同体中去检验，以判断是否与客观知识趋于一致。从建构主义的观点看，前者是一种个人建构活动，后者则是一种社会建构活动；从学习过程看，前者是个体的独立学习，后者是个体间的合作学习。

情境认知理论认为，"从属于和参与实践共同体的角度去看学习。学习被看作是与他人、工具和物质世界互动的辩证过程。" "知识存在于个人和群体的行动中。随着个人参与到新的情境中并在新情境中进行协商，知识产生了。知识和能力的发展,就像语言的发展,发生于真实情境中不断进行的利用知识的活动中。"（戴维·H. 乔纳森，2002）事实上，知识的载体是语言，语言又是交流的工具，语言不能脱离交流，从这个意义上说，交流、协商、对话就是知识获取和认知发展的一个平台。传统的教学忽视合作学习，多是由教师讲授、学生接受的独立数学思维活动行为，造成认知环境的缺失。依据当代教育理念，应强化合作学习的意识，使独立学习和合作学习达到和谐的融合。

基于上面的分析，将一级指标拟定为教学策略，其二级指标拟定为：知识与文化结合、结果与过程结合、学科与实践结合、讲授与探究结合、解答与提问结合、独立与合作结合。

（四）教学实施

教学实施过程涉及教学方法、课堂管理、教学技能、教学艺术等要素。

1）教学方法

教学方法名目繁多，总体上可以分为讲授类和探索类。对一堂课的评价，要思考的一个问题是其教学方法的选择和定位是否恰当。

教学方法的选择应当考虑下面的因素：第一，根据教学目标选择教学方法。教学目标不同，所采用的教学方法也应不同，要选择那些有利于更好地完成教学目标的教学模式。例如，着眼于培养学生形成技能、掌握基础知识，就可以采用范例—模仿教学方法；着眼于培养学生的合情推理能力，就宜采用探究—发现教学方法。第二，根据教学内容的性质选择教学方法。从一定意义上说，一种教学方法可用于不同的教学内容，但是从教学目标的达成来看，对同一内容采用不同的教学方法处理其教学效果可能是不同的。第三，根据学生的认知水平选择教学方法。不同的教学方法对学生的知识、认知水平等要求不同，应当选择适合学生认知水平的教学方法。例如，自学辅导法和探究学习法要求学生有一定的知识基础，掌握初步的自学方法，有较好的阅读和思维能力，学生不具备一定的条件就很难使这些教学方法实现应有的功能。第四，根据教师自身的特点选择教学方法。教学方法的应用要通过具体的教师来实现，每个教师在选择教学方法时都要考虑自己的学识、能力、特长等因素，尽量扬长避短，选择那种最能表现自己才华、展示自己聪明才智的教学模式。

教学方法运用是否恰当的一个外显性标志是课堂上是否产生互动的局面，表现为学生在教师的启发下积极思考问题，投入智力因素和非智力因素参与学习，实现知识的自我建构与师生协同建构的整合。如果课堂上气氛沉闷、缺乏活力，教师启而学生不发，教师动而学生不动，那么就有可能是教学方法不当所致。教学方法运用是否恰当的另一个外显性标志是学生的学习效果是否显著。学习效果的评价主要通过学生在课堂上回答问题、讨论问题的质量以及学生的作业质量来反映，如果质量太差，其中一个重要原因也可能是教学方法选择不当。

2）课堂管理

课堂管理是教师在课堂系统内创造各种有利条件，促使学生充分发挥各自的智慧潜力和创造才能，引导学生协调一致地完成教学任务、实现教学目标的教学活动。

课堂管理主要包括：第一，对学生课堂行为的管理。学生的课堂行为可分为积极性行为和问题行为。对积极性行为，教师应采取不同的奖励形式给予强化；对于问题行为，教师应针对不同情况采用不同的方式给予调控和纠正。譬如，采用改变活动、提供帮助、改变组织、运用幽默、信号暗示、行动干预、榜样示范等策略。第二，优化课堂人际环境。建立良好的师生关系、生生关系，培养有效的学习集体。第三，调节课堂心理气氛。课堂心理气氛是指班集体在课堂上的情绪、情感状态。许多研究表明，课堂心理气氛是影响课堂教学过程的一个重要因素。在教学中，教师可从促进合作性交流、采取民主的领导方式、讲究教学的艺术、注重师生的心态调整、保持愉快和振奋的心理、合理解决冲突等方面去调节课堂心理气氛。第四，课堂时间管理。有两层含义，一是指要争取尽可能多的课堂时间用于教学活动，提高课堂教学效率；二是指教学活动各阶段时间分配的把握。课堂时间管理策略：①教师要有良好的时间感，在备课时要考虑教学各阶段时间分配的合理性，考虑到突发事件可能会占用的时间；②教师要加强自身修养，不断提高专业素质和教学艺术水平；③授课时要根据教学内容的重点和难点合理分配教学时间；④提高学生的参与度，增加学生投入学习的时间效益。

3）教学技能

教学技能包括语言表达、板书、提问设计、应答与评价、多媒体使用技术、实验演示等方面。

教学技能指教师的教学基本功，也是教师的基本素质。这种素质的发展，与教师的教学经验积累密切相关。当然，这并不意味着随着一个教师教龄的增加，他的教学技能就会自然提升，如果一个教师不善于总结教学经验，不虚心向他人学习，不对自己的教学行为作出反思，不积极学习一些新的教育理论，不下功夫学习新的教育技术，不刻意训练自己的语言表达能力，不求板书艺术的上进，那么他的基本功就难以得到提升。

为了做到对教学技能的精细考量，在教学评价活动中还得设计相关的辅助量表。例如，关于课堂提问，可以考虑设计如下量表。

首先，对提问进行分类。

（1）识记性提问。问题是学生已经学习过的知识，提问是让学生回忆这些知识，为讲授新知识作准备。

（2）应答性提问。问题的答案比较明显，学生不需要太长的思考时间就可以回答。

（3）推理性提问。问题没有直接的答案，需要学生经过一定推理才能得到答案的提问。推理性提问又可分为收敛性推理和发散性推理两类，前者指目标是既定的、唯一的收敛性问题；后者指目标是不明确的、多向的开放性问题。

（4）启发性提问。教师用一系列启发性语言提出引导学生思维走向的问题，或者为从这一步走向下一步提供一种暗示性语言，为学生思考问题指出一个大概的方向。

例如：

同学们想一想，要解决这个问题可能会用到哪些知识？
要对一个函数作研究，应当从哪些方面展开？
要研究这个概念的性质，应当从什么角度切入？
我们能不能把这个问题的条件改变一下从而产生一个新的问题？
……

（5）反思性提问。教师针对学生的思考过程或思考结果提出问题，挖掘学生深层次的思维过程。

例如：

读完题目后，你首先想到了什么？
读完题目后，你联想到了哪些知识？
你是怎么思考这个问题的？
你的解法真妙，你怎么会想到用这个方法解决问题？
你还能用其他方法解决这个问题吗？

你知道你产生错误的原因是什么吗?

……

然后，设计如下量表（表 5-6），听课时将教师的课堂提问行为记录下来，课后对表中信息作出分析。

表 5-6　教师提问量表

项目	识记性提问	应答性提问	推理性提问	启发性提问	反思性提问
次数					
总计					
百分比					
典型提问记录					
识记性提问					
应答性提问					
推理性提问					
启发性提问					
反思性提问					

4）教学艺术

教学艺术是一种特殊的实践艺术、过程艺术，它是建立在教学科学性基础上的以美的法则为基本准则的追求教学个性自由的艺术形态。教学艺术行为包括课堂气氛营造、口头语言、板书语言、体态语言、教学风格、教学智慧等要素。

教学艺术的特点表现为：①形象性。在教学过程中，教师要对教材进行加工，把抽象的理论形象化，变为学生易于接受的知识，就要借助于语言、表情、动作、直观实物、绘画及音响等手段，对所讲授的内容进行形象描述，表现出形象性。②情感性。教学不单纯是传授知识性质的认知活动，而且包含着人与人之间的情感交流，教学的艺术性能有效地促进情感交流。③审美性。教学中要充分揭示学科美，将学科美、思想美和行为美融于一体形成教学美，使师生都获得愉悦和欣慰，丰富审美情感，增强审美判断能力，形成崇高的审美情操。

在课堂教学中，教学艺术主要表现为以下几方面。

其一，在教学设计方面，有创新性的教学设计。教师在备课时对教学内容作了深入分析，充分挖掘了课程的素材性资源和条件性资源，课题引入新颖别致，课题展开深入浅出，课题小结画龙点睛。

其二，在课堂调控方面，教师能对课堂进行有效调控。善于捕捉反馈信息，有效调节教学进程和教学内容；能迅速洞察学生心理的细微变化，并对此做出积极反应；能有效调节课堂心理气氛，创设和谐、愉悦的教学氛围；能艺术和有效地处理突发事件。

其三，在教学方法方面，能有效地选择教学方法、手段，灵活运用。启发学生思维的时机把握准确，能充分激发学生的求知欲和成就动机。

其四，在语言方面，教师要充分发挥语言功能。课堂教学语言是教师在课堂这个特定环境中，使用规定教材，针对特定的学习对象，达到预定的教学目标的活动中使用的语言。包括口头语言、板书语言和体态语言。口头语言的艺术性表现为：①准确性：用词准确、言必有据、语言严谨、表达清楚；②启发性：对学生的思维有诱导作用；③直观性：通俗、形象；④生动性：富有情感、生动有趣、抑扬顿挫、充满感染力。板书语言的艺术性表现为：①正确性：板书的文字、语句、字母、符号、图形必须是正确的；②启发性：易于启发思维；③条理性：有层次、有结构；④直观形象：图文并茂、文字工整、粉笔色彩搭配合理。体态语言的艺术性表现为：充满激情、以目传神、表情丰富、仪态大方，善于配以简练、自然、协调的手势。

其五，在教学风格方面。教学风格是教师在长期教学实践中逐步形成的、富有成效的一贯的教学观点、教学技巧和教学作风的独特结合与表现，是教学工作个性化的稳定状态的标志。教学风格的本质特点在于它的独特性，这种独特性表现在教学方法、教学语言、教学风度和教学机制等方面。教学风格就是教学艺术的个性化，观摩一堂课，主要是看执教者是否形成个性鲜明的教学风格。

根据上面的讨论，一级指标教学实施，其二级指标包括：教学方法、课堂管理、教学技能、教学艺术。

（五）学生学习状态

学生的学习状态，是指在课堂上学生的学习表现以及课后作业的完成效果。包括学生在课堂教学过程中的参与度、师生双向信息交流及学生合作交往状态、思维状态、课堂练习质量及课后作业质量。

教学质量最终是以学生的收获质量来检验的。一个教师在课堂上讲解生动、声情并茂，与学生的互动也有声有色，单从教师的教这个维度看，似乎是一堂好课。但是，如果最后发现学生的作业质量很差，反映出学生对知识的理解并不深入，那么这堂课还应该算得上是好课吗?

1）课堂行为

要从诸多方面进行考察：上课开始时，学生是否有积极心理准备和学习心向？学生在课堂上的注意力集中情况如何？学生是否积极思考教师提出的问题？学生是否积极、主动地回答教师提出的问题？学生是否能提出一些有意义的问题？小组合作学习活动情况如何？师生之间是否产生了实质性的互动？

学生在课堂上情感投入情况如何？等等。

2）课后作业

包括课堂练习的质量和课后作业的情况，反映出学生对知识理解的情况。教师还可以布置一点测量关键能力的题目，检测学生关键能力的发展情况。

一级指标学生活动，其二级指标为：课堂行为、课后作业。

通过上面的讨论，可以得到教师课堂教学外显行为评价的一个指标体系，见表 5-7。

表 5-7　教师课堂教学外显行为评价指标

一级指标	二级指标	要点及标准
教学目标	教学观定位	教学设计有恰当的理论基础，教学观念与课程理念高度一致
	目标一致性	教学目标与课程标准的课程目标高度一致，教学目标是多维而非单一
	核心素养精准度	关键能力明确，确定关键能力水平准确，能够将品格与价值观融入教学
	生成性目标处理	恰当处理生成性目标
	目标的操作性	教学目标可以测量或评价
课程资源	外显素材性资源	内容组织合理，讲授内容体现出准确性、逻辑性、系统性，重难点突出
	外显条件性资源	教具、多媒体使用合理
	内隐素材性资源	能够设置恰当问题情境，揭示学科思想方法，突出学科文化，注重问题变式推广，强调过程性体验
	内隐条件性资源	能创设优良的教学环境，营造融洽的课堂气氛
教学策略	知识与文化结合	既能体现知识的科学性，也能体现知识的文化性
	结果与过程结合	既能体现对知识结果的理解，也能体现对知识过程的体验
	学科与实践结合	既重视教材上的学科知识教学，也注重生活中实践性知识在教学中的渗透
	讲授与探究结合	既重视教师的讲授，也关注引导学生的探究
	解答与提问结合	既体现解答现成问题，也注意对学生进行提出问题的训练
	独立与合作结合	既重视独立学习也关注合作学习，做到独立思考前提下的合作学习
教学实施	教学方法	教学方法与学情匹配，教学方法与内容匹配
	课堂管理	学生课堂行为管理得当，能调节课堂气氛，合理分配教学时间
	教学技能	语言表达清晰、板书工整、提问设计合理、反馈准确、实验演示规范
	教学艺术	教学设计有创意，讲授有感情，口头与形体语言和谐，教学风格独特
学生活动	课堂行为	学生有积极学习心向，认知与情感高投入，教学互动活跃，积极思考，敢于提问，课堂练习质量高
	课后作业	课后作业效果良好，关键能力有所提升

在评价指标的具体运用时，可以将其作分解，列出小细目，再分别给予等级评价。例如，以教学目标这个一级指标为例，可以做成表 5-8，听课时拿上这张表，对教师的教学作出评价。

表 5-8 教学目标评价表

观察要点	评价等级			
	优	良	中	差
教学设计选择教学理论的恰当性				
教学观念与课程理念的高度一致性				
关键能力的明确性				
确定关键能力水平的准确性				
将品格与价值观融入教学的情况				
课堂中处理生成性目标的情况				
教学目标可评价性				

三、课堂教学内在原因评价维度设计

假如利用上面的评价表，对一个教师的一堂课作出了评价，发现该教师在某些观察点上评价等级偏低，或者相反，他在某些观察点上评价等级很高，那么就有必要对出现的这些情况作出教师素质层面上的评价，然后分析产生这些现象的原因。教学评价不能只是对教师“怎么做”的行为作出评价，还应当分析他“为什么要这么做”，这样评价才能起到通过评价促进教师的专业成长的作用。

显然，由现象到原因有追根溯源，考量的就是教师的基本素养。教师的素养是一个复杂系统，我们将要在第六章讨论，这里析取影响教师教学行为的主要因素进行分析。要强调的是，影响教师教学行为的外部因素有很多。例如，有学者分析了新课程理念难以转化为教学行为的外部因素，主要有：①教师培训不力。近年来的教师培训存在针对性不强、形式单一的倾向。②校外支持不足。主要是校外专家学者的支持不足。③评价改革滞后。在注重考试成绩的大环境下，教师没有兴趣和精力去琢磨教学行为的转变。④教师压力过大。⑤文化氛围的影响。历次课程改革实践表明，教师的教学行为受其教师习惯影响，部分教师日复一日地重复相同的劳作，缺乏改革意识、批判精神和反思行为（段作章等，2012）。

把影响教师教学行为的外在因素，按照其分布范围划分为社会文化、学校文化、班级文化、课堂文化四类（喻平，2016）。为避免过于复杂，我们讨论影响教师教学行为的因素时，不考虑外部因素，仅限于对教师个人内在因素的分析。

由图 5-2 知道，教师拥有的知识以及教师的教学认识信念与自身的教学行为密切相关，因此，下面的讨论主要围绕知识与信念来展开。

（一）教师的知识

学界关于教师知识的研究非常多，得到许多有意义的结果。

舒尔曼认为，教师知识包括：①内容知识，主要指学科知识，也就是该学科的主要事实、概念以及它们之间的关系；②学科教学知识，指对将所教的学科内容和教育学原理有机融合而成的对具体课题、问题或论点如何组织、表达和调整以适应学习者的不同兴趣和能力以及进行教学的理解；③课程知识，指对作为教师的“职业工具”的教材和教学计划的掌握；④一般教学法知识(general pedagogical knowledge)，指超越各具体学科之上的关于课堂管理和组织的一般原理和策略；⑤学习者知识；⑥教育环境知识，包括从班组或课堂的情况、学区的管理和经费分配，到社区和文化的特征；⑦关于教育的目标、目的等知识（Shulman，1987）。格罗斯曼将教师知识分为：内容知识，包括学科内容知识和学科教学法知识；学习者与学习的知识；一般教学法知识，包括课堂管理与组织知识和教学的一般方法；课程知识，包括学科知识之间的联系与发展，各年级课程发展的知识；教育环境知识，包括学生、班级、家庭及社区和知识。（Grossman，1990）。

杨翠蓉等（2005）对国外关于教师知识研究的一些观点作了梳理，见表 5-9（杨翠蓉等，2005）（表 5-9 没有列出舒尔曼和格罗斯曼的观点）。其实，不同学者对知识分类的标准和对知识分类的表述虽有不同，但大多包含了学科内容知识、一般教学法知识、学科教学法知识等。

表 5-9　不同研究者的教师知识分类表

伯利纳	学科专长(subject matter expertise)，包括特定的学科内容和学科知识结构；课堂管理专长(classroom management expertise)；教学专长(instructional expertise)，包括教学策略与教学方法的内隐知识和外显知识；诊断专长(diagnostic expertise)，包括全部学生和个别学生的知识
普特南和博克	一般教学法知识，包括课堂管理策略、一般教学策略、学生及学生学习的知识；学科知识(subject matter knowledge)，包括学科内容知识、学科的内容结构、学科的句法结构、关于学科知识讨论方式和学科知识发展的知识；学科教学法知识(pedagogical content knowledge)，包括学科教学目的的知识、有关学生学科学习的知识、课程和课程材料的知识、特定学科知识的呈现和教学策略的知识
艾尔贝兹	学科知识，包括学科内容知识、与学习相关的理论；课程知识，指如何组织学习经验和课程内容等的知识；教学法知识，指课堂组织和管理的知识；关于自我的知识；关于学校背景的知识

叶澜教授认为，未来教师的教师素养在知识结构上也不同于今日教师。它不再局限于“学科知识+教育学知识”的传统模式，而是强调多层次复合的结构特征。处于最基础层面的是有关当代科学和人文两方面的基本知识，以及工具性学科的扎实基础和熟练运用的技能和技巧；具备1～2门学科的专门性知识与技能是教师专业知识结构的第二个层面；而教师专业知识结构的第三个层面属教育学科类，它主要由帮助教师认识教育对象、教育教学活动和开展教育研究的专门知识构成。教师专业知识结构的多层复合性，还体现在三层面知识的相互支撑、渗透与有机整合上（叶澜，1998）。

陈向明教授将教师的知识分成两类：实践性知识和理论性知识，认为两者都是教师专业发展不可缺少的充分必要条件，而且两者密不可分、相互补充、相互影响；但前者比后者更重要，发挥的作用更大。陈向明进一步对教师的实践性知识进行了分类，认为教师实践性知识包括如下五个方面的内容：①教师的教育信念。②教师的自我知识，包括自我概念、自我评估、自我教学效能感、对自我调节的认识等。③教师的人际知识。教师的人际知识反映在课堂管理中，包括对学生群体动力的把握、班级管理惯例、体态语、教室的布置等。④教师的情境知识，主要透过教师的教学智慧反映出来。⑤教师的策略性知识，主要指教师在教学活动中表现出来的对理论性知识的理解和把握，主要基于教师个人的经验和思考。此类知识包括：教师对学科内容、学科教学法、教育学理论的理解，对整合了上述领域的教学学科知识的把握，将原理知识运用到教学中的具体策略（如比喻和类推），对所教科目及其目标的了解和理解，对课程内容和教学方式的选择和安排，对教学活动的规划和实施，对教学方法和技术的采用，对特殊案例的处理，选择学生评估的标准和手段等（陈向明，2003）。

对相关研究作综合分析，笔者提出：把教师知识分为理论性知识和情境性知识两类（喻平，2016）。理论性知识的主要因素：学科知识、教育学知识、心理学知识、其他学科知识。情境性知识的主要因素：学科教学知识（PCK）、教学情境知识。

1. 理论性知识

（1）学科知识。学科知识是教师从事所教学科的知识，这些知识既包括要教给学生的知识在内的本学科系统的理论知识体系，同时还包括对学科知识本质的认识、对学科蕴含的思想方法的体悟、对学科发展史的认识等。

（2）教育学知识。分为两个层面：一是一般教育学的知识，包含教育知识、教育管理知识、教育技术知识等要素；二是学科教育知识，这是体现学科自身特殊性和学科教学自身特殊性的知识，涉及学科课程知识、学科教学知识。

（3）心理学知识。涉及教师心理和学生学习的心理。教师心理因素主要是与教学相关的心理成分，包括：自我认识的知识、人际交往的知识、教学监控的知识、教学风格的知识。学生学习心理的知识是指与学习相关的认知因素和非认知因素知识，同时还有学生心理发展的知识。学生学习的心理知识包括：学生认知的知识、学生学习的元认知知识、学生学习的非认知因素知识、学生学习风格知识、学生心理发展知识。

（4）其他学科知识。指不是所教学科的知识，泛指文化知识。

这些知识要素之间是有联系的，而且有的要素相互影响、相互作用。一方面，学科知识、教育学知识、心理学知识三者在教育与教学意义下相互关联，学科的教学与学习有自身的特点。例如，数学强调思维，科学注重实验，语言偏重阅读等。因此，作为学科的教学，就不能只满足一般的教学论原理或一般学习论原理，要有自身的学科学习和学科教学理论，这样的理论是教学论与学科的交叉、心理学与学科的交叉，三者之间有相互渗透的密切联系。另一方面，也是更重要的，在于学科知识、教育学知识、心理学知识以及其他学科知识在教师的教学实践中，会自然地相互融合，这些陈述性知识向程序性知识转化，智慧技能会向认知策略转化，共同支撑情境性知识。

2. 情境性知识

（1）学科教学知识。所谓 PCK，是指教师将专业学科知识与教育学知识进行整合，去理解特定主题的教学是如何组织、如何呈现，以适应学生不同兴趣和能力的知识。学科教学知识是教师在面对特定的主题、问题、议题时，针对学生的不同兴趣与能力，将学科知识进行组织、调整，以恰当的方式呈现展开教学的动态性知识。这是一种教师与学科专家有所区别的专门知识，是有别于学科与教学知识领域的一种知识体系（Shulman，1987）。其实，PCK 的本意是教师的一种能力。

（2）教学情境知识。教师根据教学的情境，灵活运用方法、修改教学设计、构建学习情境、调整教学组织形式的能力，也包括教学智慧、直觉、灵感、顿悟、想象力的即兴发挥，以及对突发事件的处理能力。

情境性知识主要指教师整合知识应对教学的能力以及根据情况灵活组织教学的能力。情境性知识是一种应对新情境的动态知识，这种知识建立在教师教学经验的积累之上，结合具体的教学情境，由个体的学科知识、教育学知识、心理学知识及其他学科知识的融合而产生，它直面教学，与教学的场景最贴近。因而，我们设想这种知识对教学效果的影响最大。此外，其他因素对教学影响的程度，顺次为学科知识、教育学知识、心理学知识。值得强调的是，如果要对一个教师就这三类知识进行度量，就不能单纯从他学习过多少门课程的数量上去考察，而应从质上去把握。比如，他是否真正弄懂了一门课程的基本理论问题？

是否厘清了知识发生发展的来龙去脉？是否体会了蕴含在知识深层的学科思想方法？等等。

（二）教师的教学认识信念

教学认识信念包括三个主要因素：知识信念、教学信念、学习信念（喻平，2016）。

1. 知识信念

（1）知识范畴。知识范畴的信念有两层含义，其一，指人们怎么认识知识的本体，即知识的本质是什么。在知识论中产生了主观主义和客观主义两种观点的对峙。客观主义知识论把知识作为认知的客体，强调知识应该是客观的、普遍的、真实的。主观主义是以主体为核心的知识论，它将知识论的重点放在认知的主体上，强调主体在认知过程中的主动建构性，认为知识是人对客观对象意义建构的产物。其二，如何看待知识的来源，即知识从何而来。理性主义认为一切真知都是由简单自明的观念演绎出来的；经验主义者认为全部知识是建立在经验上面，知识归根到底都是源于经验的；逻辑实证主义者认为，知识是通过客观中立的观察，按照严格的逻辑程序从经验数据得到的规则，并且能够被经验数据所证实。

（2）知识性质。知识性质的信念指人们对知识真理性的判断。存在知识的绝对真理观和知识的相对真理观两种观点。

（3）知识价值。知识价值的信念指人们对知识价值的判断。知识价值的信念主要体现在两个方面，一是强调知识的价值在于为社会服务，二是关注知识的价值在于为育人服务。

（4）知识结构。知识结构的信念包括对两个问题的认识，其一，知识之间、知识与生活之间是相互联系还是相互分离的；其二，除了显性知识外是否还存在隐性知识。

2. 教学信念

教师对教学本质与过程的认识不仅能反映教师对自己在教学中的角色定位，而且还会涉及对教学目的、教学设计、教学操作、教学评价等各要素的不同认识，形成“教”的信念。

（1）教学本质。指教师对教学本质属性的看法。教师如何认识和认定事实上就会形成自己对教学本质的认识信念。例如，教学是教师向学生传递信息的过程还是教师与学生的互动过程？教学应当以学生为主体还是以教师为主体？等等。不同的认识在教学过程中就会表现出不同的教学行为。

（2）教学目的信念。教学目的信念指教师对教学目的的认识。教学目的是教学的起点也是教学的归宿，不同的教学信念会对教师的教学目标定位产生直接影响。例如，教学目的定位在使学生掌握基础知识、形成基本技能，还是定位在发展学生的学科能力方面，两种目标导致的教学行为是肯定存在差异的。其实，教学目标设计与教学评价直接相关，即目标信念与评价信念相互影响，教学目标的确定就明示了教学评价的指标和方法。

（3）教学设计信念。教学设计信念指教师对教学设计的指导思想、设计程序的认识。教学设计认识信念，涉及对不同教学理论的认识、对教学材料组织方式的认识、对不同类型教学模式的认识、对不同教学方法功能的认识、对不同教学评价模式与功能的认识等，由此形成自己的观念和方法论。例如，教师钟爱什么教学理论、教师信奉什么类型的教学方法、教师对不同教学方法各自功能的认识深度、教师对评价教学的态度和手段的认识倾向等，都是在教学设计认识信念的具体体现。

（4）教学操作信念。教学操作信念是教师在课堂教学中的行为表现，这些行为包括课堂管理、教学组织形式、教育技术运用、课堂提问、教学反馈、教学语言、板书、对生成性问题的处理等。教学操作信念受制于教师自身的文化信念和自我意识。

（5）教学评价信念。教学评价信念指教师对教学评价的认识。人们对教育价值认识的不同取向，导致了对评价目标的不同理解，从而也就形成了不同的教育评价观。

3. 学习信念

学习信念包含四层含义。

（1）学习本质：教师对学习本质的理解和认识。例如，学习是注重理解还是注重练习，学习是学生主动建构知识的过程还是被动接受知识的过程等。

（2）学生角色：教师对学生在教学过程中的地位的认识。例如，在教学中，学生是参与者还是旁观者；教师是教学的主体还是教师是教学的主导者等。

（3）能力认识：教师对学生学习能力的认识。例如：学生能力的发展是由先天因素决定的还是依赖于后天的教育作用；学生能力是否存在发展的关键期等。

（4）个体差异：教师对影响学习的因素的认识。例如，学生数学学习成绩不良的原因是什么，应当如何消除影响学习的因素等等。

（三）教学评价的内在原因维度

根据对上面的因素分析，可以构建教学评价中对教师内部因素考察的评价指标，见表 5-10。

表 5-10 教学内在因素评价指标

一级指标	二级指标	要点与标准	原因分析
理论性知识	学科知识	有扎实的学科知识，熟知学科思想方法，熟悉学科发展史	将教师的教学外显极端行为与指标对照，判断所对应的观点，评判其合理性与不合理性
	教育学知识	具备教育学知识、学科教学知识和教育技术知识	
	心理学知识	具备认知、非认知理论知识、学生心理发展知识	
	其他学科知识	具备其他学科知识	
情境性知识	PCK	具备优良的 PCK	
	教学情境知识	具备应对教学过程中出现的突发事件的知识	
知识信念	知识范畴	根据教学内容，合理选用客观认识论或主观认识论作为教学设计的理论基础	
	知识性质	根据教学内容，合理选用绝对主义或可误主义作为教学设计的理论基础	
	知识价值	根据教学内容，合理处理知识的社会性与育人性、功利性与认知性、工具性与训练性之间的关系	
	知识结构	突出知识的联系性和内隐性	
教学信念	教学本质	教学中应当偏重知识的建构，强调过程与探究，注重知识在现实中的应用	
	教学目的	以发展核心素养为主要目标，能正确处理知识与能力的关系	
	教学设计	根据教学内容，能够正确选用教学理论、教学模式、教学策略以及教育技术	
	教学操作	根据教学内容，能够合理选用课堂管理方式、教学组织形式	
	教学评价	指向核心素养的评价	
学习信念	学习本质	注重知识建构、理解、迁移、创新	
	学生角色	突出学生是学习的主体，是教学的参与者	
	能力认识	正确认识学生的能力是后天发展的，智力发展有阶段性和关键期，能力是可以培养的	
	个体差异	正确认识学生的个体差异	

表 5-10 本质上是一个诊断表，用于诊断教师在某些方面存在缺陷或优势。如果在某方面存在缺陷，那么就有针对性地进行这方面的理论学习，提升教学设计和教学实施能力。

例如，假定一个教师的课堂教学在表 5-7 中的“外显性课程资源”指标评价等级偏低，对照表 5-10 找原因，是他的理论性知识偏弱。因为他的学科知识不扎实，就会影响到他对知识的深入理解，不能从系统的角度解析知识，难以挖掘知识中的思想方法，从而影响到教学中知识的准确性、逻辑性和系统性。如果一个教师在“教学观定位”指标的评价等级低，那么这个教师在表 5-10 中的“教学信念”维度出现了问题，就必须加强教学理论的学习。

第六章 给教师的三点建议

时代在发展，社会在进步，教育改革就成为一种持续不断的现象。在当今提倡发展学生核心素养的教育大背景下，作为教师必须转变观念，认清形势，不断学习，才能在教育改革中使自己的专业素养得到持续提高。

不能想象，一个不具备学科核心素养的教师能够培养具有学科核心素养的学生。苏霍姆林斯基说："能力只能由能力来培养，志向只能由志向来培养，才干只能由才干来培养。"（苏霍姆林斯基，1981）这段精辟的见解，道出了师生的角色与师生的关系。

本章给教师提三点建议，分三节列出，均与教师的素养有关，同时，这些建议又与教师的自我意识相关。唯有认识自我，方能认识世界；唯有提升自我，方能适应世界。

第一节　培育自身的核心素养

建议一：教师要培育自身的核心素养。

要培养学生的学科核心素养，教师当然应当具备自身的核心素养。我们不是说当下的教师就没有素养，事实上，绝大多数教师都接受过正统的师范教育训练，具备作为一个合格教师的基本素养，这一点毋庸置疑。但是，在新的教育改革背景下，教育目标发生了位移，对培养对象的目标有了更高的要求，无疑会对教师产生重大冲击，核心是教师的素养需要适应、充实和提升。

一、教师核心素养的基本要素

我们对"教师的素养"与"教师的素质"两个概念不作区分，表示同一个概念。一些学者喜欢用素养，另一些学者喜欢用素质，从内涵的描述来看并没有本质的区别。

（一）教师核心素养基本要素构想

关于教师素养概念的界定，存在一些观点。顾明远先生认为，教师的职业有其专业性，这种专业性从一个侧面反映了教师的素质要求。①教师要掌握较高的专门（所教学科）的知识和技能体系。②掌握教育学科的知识和技能，并需经过实习。③要有较高的职业道德。任何一个职业都有各自的职业道德，例如医生的职业道德是救死扶伤，教师的职业道德就是敬业爱生。④教师需要有不断增强自身的能力，即进修的意识和不断学习的能力。⑤教师有权根据教育方针和课程标准自主地处理教育教学工作，并且自主地提出教师的资格要求。⑥要有职业的专门组织，即行业组织，进行行业自律（顾明远，2004）。林崇德等提出，教师素质在结构上至少应包括以下成分：职业理想、知识水平、教育观念、教学监控能力以及教学行为与策略（林崇德，1996）。他们对此开展了实证研究。

美国全国教师教育认证委员会（NCATE）2008年发布专业标准（Professional Standards for the Accreditation of Teacher Preparation Institutions），教师的专业标准除所需学位证书的要求外，还提出了如下具体的成分框架。该框架整体上分为知识、技能和品性三个维度，每个维度分为不合格、合格和优秀三个等级。具体内容及对教师的要求包括：①学科知识。能了解所教学科的知识，能够解释重要的原则和概念。②学科教学知识和技能。针对具体教学内容，具备广泛的教学策略的知识和技能，能清晰地、有意义地表述教学内容，能通过整合技术的手段进行教学。优秀教师的表现应为，通过有挑战性的、清楚的和激发兴趣的方式呈现教学内容，并且能结合现实情境与技术进行恰当的整合。③一般教学知识和技能。在教学中考虑学校、家庭和社区环境的因素以及学生先前的学习经验，以发展学生有意义的学习经验；能对自身教学行为进行反思；了解关于学校教育、教学的一些观点；能够从事教学研究并将研究与教学实践结合。④学生学习的知识。会评价和分析学生的学习，以此对教学做出适当调整，并且监控学生的学习；了解学生的发展阶段和先前的学习经验，以帮助学生做到有意义学习。⑤专业品性。有公平和所有学生都能够学习的信念，并且教学行为与之相一致。这份文件，事实上给出了美国教师核心素养的一个外延式定义。

研究教师的核心素养，应当回到培养对象上来考虑，即教师的任务是要培养学生的核心素养，那么学生的核心素养必然与教师的核心素养发生联系。

核心素养包括关键能力、必备品格和正确价值观，围绕这三点，要思考的问题是为了达到培养学生核心素养的目标，教师应当具备哪些素养？这些素养中核心的素养又是什么？

首先，作为一个教师的必要条件是他必须拥有学科知识。一个合格的教师必须具备基本的学科知识，一个优秀的教师必须具备优良的学科知识。教师要教给学生的就是学科知识，自己都不懂这些知识又如何能够教会别人懂这些知识？人们常说教师要有一桶水才可能给学生一碗水，说的就是这个道理。正因为如此，师范院校开设的绝大多数课程是教授学生的学科知识的，完成职前教师的“一桶水”工程。

其次，教师必须拥有关于如何教学的知识。教师是一种专业人员，专业性更多地体现在他们拥有如何教学的知识。这类知识获得的一条途径是学校里面的系统学习，另一条途径则是教学实践，包括对自己教学实践的反思、与同事的交流、学术共同体的教学研究活动等。正如医生是专业人员一样，懂得人体结构、病理、药理、医疗技术等是他们必备的学科知识，但如何给病人看病的更多经验则需要在实践中去探索和积累。

再次，教师要有教学的关键能力。这种能力分为两个层面，一是个人的认知能力，二是个人的教学能力。个人的认知能力和教学能力是以学科知识和教学知识作为前提的，即两种能力的生成和发展必须建立在前者基础之上。作为一个教师，认知能力与教学能力都是不可缺失的，否则很难产出高质量的教学效果。例如，作为一个数学教师，自己的逻辑思维水平（认知能力）不高，那么他不可能培养出高逻辑思维水平的学生。另外，即使一个数学教师有很好的逻辑思维水平，但不能应对不同的教学场景，不知道该如何去训练学生的逻辑思维，那么同样不会产生好的教学效果。高中课程标准中明确了要发展学生的 6 个数学核心素养，如果一个教师自身都不具备这 6 种数学核心素养，那么他就很难适应当前的课程改革，就会形成“桶里无水”的尴尬局面。

最后，教师要有必备的品格。热爱教师职业，有奉献教育的精神，有敬业尽责的态度，理解他人、爱护学生，真诚相待、友善交往，等等，这些都是一个教师应当具备的品格。

通过上面的要素分析，我们把教师的素养描述为：教师为培养合格学生所必备的知识、能力、信念与品格。教师的核心素养就是由这 4 个维度中的核心成分构成的。

（二）教师核心要素成分解析

在教师的核心素养定义中，指出了核心素养的 4 个主要成分，还需要对每个主成分作分解，析取其组成要素才能对教师的核心素养体系有清晰的描述。

1. 知识成分

在第五章第二节，我们已经对教师的知识作了讨论，把教师知识分为理论性知识和情境性知识两类。理论性知识的主要因素：学科知识、教育学知识、心理学知识、其他学科知识。情境性知识的主要因素：学科教学知识（PCK）、教学情境知识。因此，这里不再论述这个问题。

要说明的是，在这里把情境性知识称为学科教学能力（PCA）。所谓教师的PCA，是指教师在教学过程中，根据特定的教学内容、特定的学生群体、特定的教学环境，在自身认识信念的支持下，在自我监控的作用下，从自己的基本知识结构中选取、组合、贯通相关知识，用于设计教学进程和解决教学操作中出现的问题的能力。基于这种认识，用学科教学能力替代教学操作能力更为准确，所以将这个因素放到下面的能力成分中去。

2. 能力成分

教师的能力分为学科能力、教育教学能力、自我意识能力、教育科研能力等四个部分。

学科能力。学科能力是指在学科的研究或教学活动中，直接影响活动效率、使活动得以顺利完成的个体的稳定心理特征。作为教师的学科能力，最重要的能力可以笼统地概括为解决学科问题的能力与提出学科问题的能力。一个人能有效地解决学科问题，除了具备必需的学科知识，他还要有很好的学科能力作为基础。因为，解决学科问题的能力涉及抽象概括、逻辑推理、直观想象等多种思维成分，而提出问题的能力，包含了抽象、归纳、类比、直觉、批判等多种思维成分，因此，学科能力是多种思维的复合体。

教育教学能力。教育教学能力可分为教育能力和教学能力。教育能力主要包括组织管理能力和人际沟通能力。组织管理表现在课堂组织和课外组织两个方面，能有效地组织课堂教学和课外活动就是组织管理能力的具体体现。人际沟通能力是理解他人和与他人交往的能力。教学能力主要表现为教学设计能力、教学操作能力和教学监控能力。教学设计、教学操作和教学监控这三种活动基本体现了教学的全部过程，而教学监控又贯穿于教学设计和教学操作之中，教学设计也可视为是一种教学操作行为。基于此，可以把教育教学能力的主要因素概括为教育管理能力和教学操作能力。

自我意识能力。自我意识包括自我概念、自我理解、自我评价、自我监控、自己效能感、审美意识等要素。对教师来说，自我监控与自我效能是主要因素。自我监控指个体对自己思维及行为的监视、控制、调节，是对自己认知的认知。自我效能是指个人对自己在特定情景中是否有能力去完成某个行为的期望。它包括两种成分，即结果预期和效能预期。结果预期指个体对自己的某种行为可能导致什么结果的推测；效能预期指个体对自己实施某种行为的能力的主观判断。自我监控和自我效能是与教师的工作有更加紧密联系的两种成分。

教育科研能力。一般说来，科研能力与个体的反思意识、批判性思维、创新思维相关，而且要求研究者掌握基本的教育研究方法，有较好的写作能力。对于中小学教师来说，教育科研不是主要任务，而且即使做研究也是针对教学的研究，因此教师的教育科研能力主要表现为教学研究能力。

3. 信念成分

关于信念成分，我们在第五章第二节作了详细讨论，即教学认识信念包括三个主要因素：知识的信念、教学的信念、学习的信念。这里不再讨论。

4. 品格成分

品格指向是人，即人品与人格。心理学对人格的研究比较深入，也有很多研究成果。所谓人格，是指稳定的、区别于其他人的心理倾向和行为模式。人格特征是非认知性的、表现在人际交往活动中的、稳定的心理倾向和行为模式。人品指人的品质，有优劣之分。

教师应当具备什么品格，有一些学者对这个问题作了调查研究。万云英等调查了 240 名大学生、中专生和高中生，要他们选择在自己心目中理想教师的人格特征，按其重要性程度依次降序排列，结果显示是平易近人、没有偏见、关心学生、态度认真、要求严格、颇有耐心、言行一致、朴素大方、开朗活泼、品德高尚（万云英，1990）。谢千秋等对 4415 名中学生作了调查，结果表明学生喜欢教师的前五条品质为：①热爱学生、同情学生、尊重学生；②知识广博、肯教人；③耐心温和、容易接近；④对学生实事求是；⑤教学方法好。韩进之等综合国内外研究和教学实践经验，认为作为一名优秀教师，应当具备以下优良个性品质：热忱关怀、真诚坦率、胸怀宽阔、作风民主、客观公正、自信自强、耐心自制、坚韧果断、热爱教育事业（韩进之等，1992）。刘兆吉等对 120 名优秀教师、模范班主任的优秀事迹材料进行了分析，从而归纳出他们的一些典型的心理品质：①忠诚党的教育事业；②对学生有浓厚的情感；③有克服困难的坚强意志；④善于了解学生个性的观察力；⑤进行思想政治教育的能力；⑥组织能力；⑦师生关系好、有威信；⑧有坚强的责任感；⑨教育后进生与改造乱班的能力；⑩全面掌握教材和运用教材的能力；⑪因材施教的能力；⑫引起学生学习兴趣积极性的能力；⑬启发学生思维和解决问题的能力；⑭思维的创造性和独立性（刘兆吉等，1980）。

综合各家之观点，我们提出教师的必备品格包括：①敬业品质。包括是否热爱教师职业，工作态度是否认真，是否有为教育事业奉献的精神等。②道德品质。是否能够与人真诚相待、关爱学生、言行一致、胸怀宽阔、以身作则、为学生作出垂范等。③作风品质。是否允许学生发表自己的意见，是否尊重学生，是否对学生没有偏见等。

（三）教师核心素养成分确定的实证研究

对上面提出的基本构架进行实证研究。下面介绍对教师知识的实证研究，其他因素的研究过程与此相同，故省略。

采用问卷调查的方法，从37种要素中提取教师的理论性知识要素。首先，编制一份包括37个问题的问卷（表6-1），每一个问题是关于一种知识的陈述，后面有7个选项，按照与教师学科核心素养的相关程度依据赋值1，2，3，4，5，6，7。要求被试根据自己的观点，就这些知识与教师学科核心素养的相关性程度作出判断，然后在相应位置上画上钩。其次，对所有问题的得分进行比较。选取高于平均值3.5的项目作为理论性知识的假设成分。

表6-1 教师理论性知识问卷表

序号	问题	1	2	3	4	5	6	7
1	所教学科的学科理论知识							
2	中小学教材中列出的知识							
3	学科知识中的思想方法							
4	学科知识的哲学思想							
5	学科知识的本质特征							
6	当今学科发展的最新知识							
7	学科发展的历史知识							
8	教育测量学知识							
9	教育学的基本理论知识							
10	教育哲学知识							
11	教育社会学知识							
12	教学论知识							
13	教育管理学知识							
14	教育技术学知识							
15	教育研究方法知识							
16	课程论知识							
17	学科课程知识							
18	学科教学知识							
19	学科方法论知识							
20	教师自我认识知识							
21	师德知识							

续表

序号	问题	1	2	3	4	5	6	7
22	人际交往知识							
23	教师的自我监控知识							
24	教学效能感知识							
25	教师能力的知识							
26	教师教学风格的知识							
27	学生认知的知识							
28	学生学习的元认知知识							
29	学生的自我监控知识							
30	学生心理发展知识							
31	学生学习风格知识							
32	学生的学习认识信念							
33	学生的心理健康知识							
34	学生学习的非认知因素知识							
35	文科教师应当具备一定的理科知识							
36	理科教师应当具备一定的文科知识							
37	教师应当具备一些本学科以外的其他学科知识							

利用在江苏、安徽、广西、湖北、浙江、河南、山东、山西、福建、湖南等省（自治区）的教师培训机会，分别选取高中、初中、小学教师 858 名参加调查，其中高中教师 153 名（语文教师 58 名，数学教师 55 名，外语教师 40 名），初中教师 356 名（语文教师 155 名，数学教师 141 名，外语教师 60 名），小学教师 349 名（语文教师 175 名，数学教师 174 名）。收回中学数学教师认识信念系统有效问卷 858 份，问卷回收有效率为 100%。

对数据进行描述性统计，结果见表 6-2。

表 6-2　教师理论性知识调查数据

题号		人数	极小值	极大值	平均值	标准差
1	所教学科的学科理论知识	858	6.00	7.00	6.8667	0.3405
2	中小学教材中列出的知识	858	2.00	5.00	3.2833	0.6411
3	学科知识中的思想方法	858	4.00	7.00	4.9867	0.7128
4	学科知识的哲学思想	858	1.00	4.00	1.4033	0.5552
5	学科知识的本质特征	858	2.00	5.00	3.6067	0.6496

续表

题号		人数	极小值	极大值	平均值	标准差
6	当今学科发展的最新知识	858	1.00	3.00	1.3733	0.5306
7	学科发展的历史知识	858	2.00	7.00	4.0667	0.7284
8	教育测量学知识	858	2.00	5.00	2.0632	0.6332
9	教育学的基本理论知识	858	4.00	7.00	5.3712	0.3657
10	教育哲学知识	858	1.00	3.00	1.2457	0.4181
11	教育社会学知识	858	1.00	3.00	1.5472	0.5017
12	教学论知识	858	2.00	6.00	3.2834	0.7014
13	教育管理学知识	858	2.00	6.00	4.0615	0.7134
14	教育技术学知识	858	2.00	6.00	4.2681	0.7036
15	教育研究方法知识	858	1.00	4.00	2.1623	0.5768
16	课程论知识	858	1.00	4.00	2.7851	0.4985
17	学科课程知识	858	3.00	7.00	4.1537	0.7235
18	学科教学知识	858	4.00	7.00	5.1634	0.7046
19	学科方法论知识	858	1.00	3.00	1.9801	0.4211
20	教师自我认识知识	858	2.00	5.00	3.6458	0.5563
21	师德知识	858	2.00	4.00	2.0561	0.4572
22	人际交往知识	858	2.00	5.00	3.7612	0.5662
23	教师的自我监控知识	858	2.00	5.00	3.8341	0.5876
24	教学效能感知识	858	1.00	3.00	1.6898	0.5473
25	教师能力的知识	858	2.00	4.00	3.1806	0.3858
26	教师教学风格的知识	858	2.00	5.00	3.5972	0.4973
27	学生认知的知识	858	2.00	6.00	4.5739	0.7362
28	学生学习的元认知知识	858	2.00	6.00	3.7358	0.7024
29	学生的自我监控知识	858	1.00	4.00	2.9804	0.5602
30	学生心理发展知识	858	2.00	6.00	3.6012	0.7563
31	学生学习风格知识	858	1.00	5.00	3.5902	0.7563
32	学生的学习认识信念	858	1.00	3.00	1.5061	0.4301
33	学生的心理健康知识	858	2.00	4.00	2.9830	0.4051
34	学生学习的非认知因素知识	858	2.00	6.00	4.0728	0.66201
35	文科教师应当具备一定的理科知识	858	2.00	4.00	2.9891	0.5320
36	理科教师应当具备一定的文科知识	858	2.00	4.00	3.2813	0.4761
37	教师应当具备一些本学科以外的其他学科知识	858	2.00	5.00	3.6119	0.6341

由表 6-2，得到高于平均分数的项目序号为：1，3，5，7，9，13，14，17，18，20，22，23，26，27，28，30，31，34，37。将这些项目归类，分别为：学科知识——1，3，5，7，9；教育学知识——13，14，17，18；心理学知识——20，22，23，26，27，28，30，31，34；其他学科知识——37。

由于“其他学科知识”只有题号 37，即只有一项不好做因素分析，故将其删除。保留三个维度共 18 个题项作因子分析。学科知识维度只有一个特征根大于 1，取名为学科理论知识。教育学知识维度有两个特征根大于 1，分别取名为教育原理知识和教育技术知识。心理学知识维度有两个特征根大于 1，分别取名为学科认知的知识与学生学科能力发展的知识。于是，得到教师核心素养中知识成分（表 6-3）。

表 6-3　教师应具备的核心知识

学科知识	学科理论知识
教育学知识	教育原理知识
	教育技术知识
心理学知识	学科认知的知识
	学生学科能力发展的知识

对能力、信念维度作因子分析，对品格维度作思辨分析，得到教师核心素养的成分细目表 6-4。简单地说，教师的核心素养包括学科知识、教学能力、认识信念、道德品格四个基本要素。

表 6-4　教师核心素养的成分

一级因素	二级因素	三级因素
学科知识	学科知识	学科理论知识
	教育学知识	教育原理知识
		教育技术知识
	心理学知识	学科认知的知识
		学生学科能力发展的知识
教学能力	学科能力	解决学科问题的能力
		提出学科问题的能力
	教育教学能力	教育管理能力
		学科教学能力（PCA）
	自我意识	自我监控能力
		自我效能感
	教育科研能力	教学研究能力

续表

一级因素	二级因素	三级因素
认识信念	知识信念	知识范畴信念
		知识价值信念
	教学信念	教学设计信念
		教学操作信念
	学习信念	学习本质信念
	对学生的信念	学生角色的信念
道德品格	敬业品质	热爱职业、态度、奉献精神
	道德品质	关爱学生、言行一致、以身作则
	作风品质	民主、和谐

二、如何培育自身的核心素养

表 6-4 给出了教师素养体系，可以作为一个参照。对照此表的各个要素，反思自己的长项和短项，有针对性地扬长补短。在这张表中，特别应当关注几个因素，这对提高教师的核心素养非常重要。

（一）加强教育学与心理学理论的学习

虽然教育学与心理学的有关知识，老师们在大学已经学习过一些内容，但是要明白几点：其一，在大学学习的是普通教育学、普通心理学，而教师参加工作后都在从事学科教学，一般的教育心理理论可以指导教学，但针对性不强，难以体现学科教育和学科学习的特殊性质。因此，在工作中一定要学习学科教学理论和学科学习理论，这样才能高质量地应对自己的教学工作。其二，教育学与心理学理论发展是很快的，例如，从教育心理理论来看，在不太长的时段内，行为主义、认知主义、人本主义、建构主义、情境认知理论相继出现，各种教学理论和教学模式层出不穷，各种教育思潮不断涌出，信息技术在教育中的应用日新月异，如果教师不与时俱进地学习，不能正确把握理论走向，不能掌握现代教育技术，则必然跟不上时代发展的节奏，成为落伍之人。其三，不要认为学习教育与心理理论是习得花拳绣腿。教育的含义体现在“教”与“育”两个方面，教是指教给学生知识，育是指引导学生成人。学科知识对应的更多成分是“教”，教育心理知识对应更多的成分是“育”，“教”与“育”如同飞机的两翼，缺一不可。

加强教育学、心理学的理论学习，对教师的专业成长与发展既有直接的好处，也有间接的好处。夏正江教授认为：“直接的好处主要依赖可操作教育理论（即应用技术）的发展，而应用技术的发展又取决于基础理论（包括教育科学理论和教育哲学理论）的发展。间接的好处主要有两点：一是逐渐转变教师看问题的视野与眼光，培养和提升教师的理解力与判断力，尤其是批判性反思能力。任何实践总是渗透着一定的理论，或者‘负载着理论’，根本没有什么纯粹的实践。在那些看似无可非议的信念、不证自明的真理、常识性理解的背后，可能裹挟、夹杂着各种误解、偏见与谬误。教师若要学会识别和分辨它们，就离不开理论学习。二是帮助教师摆脱狭隘的经验主义倾向，助推教师发现和建构属于自己个人的‘实践性知识’。从长期的角度看，理论学习甚至可以重塑或改造教师的直觉、习惯与无意识。”（夏正江，2019）

（二）训练自己提出学科问题的能力

传统意义上的教学，都是在学习了新知识之后，要学生利用新学知识去解决学科中的问题，这样的教学逻辑固化了教师的行为方式。然而，在提倡发展学生核心素养的大背景下，守旧于只能解决问题特别是解决结构良性的问题的单一模式显然不能适应满足教学目标的要求。

由于教师自己也是在“解决问题”的大环境中接受的教育，在自己的学习历程中就缺少提出问题的训练，因而要以“会提问题的人”身份去教别人会提问题，这个角色的转变的确存在一定的难度。如何应对？当然教师必须自己修炼。例如，考试题目尽量自己编制，命题过程就是典型的提出问题过程；对问题的推广，从特殊到一般的思维方式就是提出问题的一种必备素养；对问题进行变式，形成问题链，这是培养自己发散思维的有效手段，而发散思维也是提出问题的一种必备素养。当然，教师之间的沟通、协商、交流和讨论，在共同体是相互启发、相互推动也是训练个体提出问题能力的有效途径。

（三）发展自己的学科教学能力

PCA 产生的过程如图 6-1 所示（喻平，2016）。

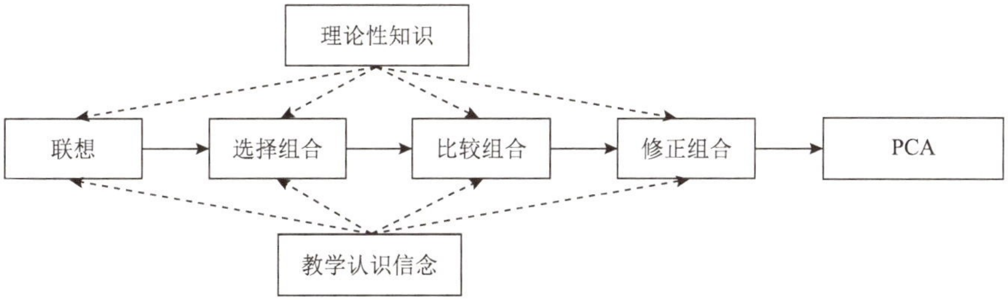

图 6-1　PCA 产生的过程

联想是指教师面对要教学的内容时，在头脑中对理论性知识、教学认识信念的搜寻，将当前课题与相关知识产生联系并将这些知识提取用于课题设计的过程。对上述各种联想进行选择，形成教学观、教学目的、知识呈现、课程资源开发、教学组织、教学评价的一种组合，但是，这种组合可能不是最好的，需要选出第二种组合与其比较和修正，由此生成 PCA。

例如，如果设计了一条以知识的静态形式开展教学的思路，那么这种设计的教学认识信念一经确定，就限定了教学目标设计、教学内容呈现方式、教学组织形式、课程资源开发、教学评价指标等诸因素。如果后来发现就这个知识点而言，静态的知识观不如动态的知识观更能体现知识的价值和教育的功能，那么改用动态形式开展教学，此时就需要对教学目的、知识呈现、课程资源开发、教学组织、教学评价等要素进行重新选择。

显然，要形成优良的 PCA，一方面，教师头脑中必须具备扎实的学科知识、教育学与心理学知识，没有知识作为基础，相当于活水失去了源泉。事实上。从事教师工作，必须具备良好的学科知识，这是一个必要条件，但是，教师具备良好的学科知识，并不意味着就能产生良好的教学效果，还必须具备包括教育学、心理学在内的理论性知识，更进一步看，一个教师即使具备了良好的理论性知识，也不一定能产生良好的教学效果，因为可能没有生成良好的 PCA。因此，提升自身的理论性知识水平，是教师的一个必然追求。理论性知识的积累和提升，依靠在大学阶段的学习，但更重要的是在从事教学工作实践中学习。提升个体的理论性知识从两个方面理解，一是新知识的添加，这是知识量的增加；二是对学科知识在深度和广度方面理解的拓展。学习，这是一个终生的概念。

另一方面，要形成全面的教学认识信念。对于教学认识信念，没有好与坏、高与低之分，只有全面的教学认识信念与残缺的教学认识信念之分。当然，如果要以“现代”和“传统”作为一种衡量尺度来区分教学认识信念的好与坏，这也只是一个相对的概念，不是绝对的标准，因为它表现的也只是一种倾向和价值观。教学认识信念与教学内容相关，以什么样的教学认识信念指导教学设计，在一定程度上应当由教学的内容确定。譬如，如果一堂习题课，目标定位在通过练习使学生形成一定的技能，那么用行为主义理论作为指导思想没有什么不妥，行为主义有一套成熟的教学操作程序，有促进学生技能发展的学习律，有技能评价的完善指标体系，这些理论用于习题课是行之有效的。但是，在一堂需要学生通过建构方式形成新概念的课中，再用行为主义理论就失之偏颇了，因为它会表现出向学生灌输知识的倾向而非建构知识的立意。

教师形成全面的教学认识信念，主要依托教师对各种教育理论、学习理论和知识本体认识有全方位的了解，其实，教师的教学认识信念的形成与理论性知识密切相关，不知道或者不理解某些理论也就失去了判断的对象，也就无所谓认识信念，只有对众多的特别经典的理论有所了解，才可能根据自己的判断和价值观来确定应该信仰的观念和应该抛弃的观念。因此，从这个意义上说，理论性知识是问题链的逻辑起点。

（四）养成良好的反思习惯

关于反思的问题，我们在下面一节中做深入讨论。

第二节　发展自我反思能力

建议二：教师要发展自我反思能力。

在新的历史阶段，教师的能力结构需要重塑和发展，其中，反思能力就是当代教师能力结构中的一个基本要素。

简单地说，反思就是事后对自己行为的重新审视。伯莱克（Berlak）认为："反思是立足于自我之外的批判地考察自己的行动及情境的能力。使用这种能力的目的是促进努力思考以职业知识而不是以习惯、传统或冲动的简单作用为基础的令人信服的行动。这样的反思性定向包括：把理论或以认识为基础的经验同实践联系起来。"（熊川武，1999）杜威认为反思"对任何信念或假定的知识形式，根据支持它的基础和它趋于达到的进一步结论而进行的积极的、坚持不懈的和仔细的考虑。它包括这样一种有意识的和自愿的努力，即在证据和理性的坚实基础上建立信念。"（罗伯特·哈钦斯，1995）杜威的阐述包含了三层意思：反思是一种思维活动，反思具有对象性，反思具有自觉性。

从元认知理论来看，反思当属元认知的范畴。元认知是指一个人所具有的关于自己思维活动和学习活动的知识及其对实施的控制，是任何调节认知过程的认知活动。包括元认知知识、元认知体验和元认知监控等三个方面。元认知监控是指个体在进行认知活动的全过程中，将自己正在进行的认知活动作为意识不断对其进行积极、自觉的监视、控制和调节。按认知活动的进度过程考察，相应的监控策略包括：①制订计划。在认知活动开始之前，根据认知任务的性质、特点，制订完成任务的实际步骤，考虑可选择的策略，并估计执行的结果。②执行控制。在认知活动过程中，及时评价、反馈认知活动中的有关信息，若与认知目标相一致，则继续下去，逐渐逼近；若与认知目标相背离，则应及时修正、调整认知策略。③检查结果。根据认知目标评价自己的认知结果，判断其是部分达到、还是根本没有达到。④采取补救措施。根据对认知结果的检查，对存在的问题采取可行的补救措施。因此，元认知监控包含了反思性思维。

一、反思性思维的品质

既然反思是一种思维，那么如同对思维品质的研究一样，我们可以对反思性思维的品质作出刻画。

思维品质，实质是人的思维的个性特征。思维品质反映了每个个体思维质量的高低。思维品质主要包括敏捷性、灵活性、深刻性、批判性、独创性 5 个方面。敏捷性是指思维活动的速度，它反映了智力的敏锐程度。有了思维敏捷性，在处理问题和解决问题的过程中，能够适应变化的情况来积极地思维，周密地考虑，正确地判断和迅速地作出结论。灵活性是指思维活动的灵活程度。它的特点包括：思维起点灵活，即从不同角度、方向、方面，能用多种方法来解决问题；概括和迁移能力强。深刻性是指思维活动的抽象程度和逻辑水平，涉及思维活动的广度、深度和难度。批判性是思维活动中独立发现和批判的程度。是循规蹈矩、人云亦云，还是独立思考、善于发问，这是思维过程中一个很重要的品质。独创性即思维活动的创造性。在实践中，除善于发现问题、思考问题外，更重要的是要创造性地提出问题和解决问题。独创性源于主体对知识经验或思维材料高度概括后集中而系统地迁移，进行新颖的组合分析，提出新观点或新方法。

借鉴思维品质的描述，我们认为，反思性思维的品质包括批判性、逆向性、悖向性、证伪性。

（1）反思性思维的批判性。反思性思维的批判性是指在对他人或对自己的作品、行为进行评价的基础上，敢于质疑、敢于批评，修正观点，提出新的见解。

当听了一个名师的课之后，许多老师都会带着膜拜心态去评价该课，甚至复制这个名师的教学设计，模仿这个名师的教学风格。这种总是带有高山仰止心态去看待所谓权威、名家的作品或行为的教师，缺少的就是反思性思维的批判性。以讲课为例，无论是什么课，无论是什么人来讲，总是会存在漏洞和瑕疵，如果听课者在汲取这堂课有营养价值的同时，能够站在批判的角度来审视该课，那么他的收获可能是全新的，可能是深刻的。一味地崇拜，只能使批判的眼睛失明。

同样，读了人家的一篇文章，学习人家的思想、方法当然无可厚非。另一方面，又应该保持一种批判的心态。分析作者的立场、观点，换一个角度来审视同样的问题，换一种方法来研究同样的问题，则可能得到一些新的观点，或者提出一些新的问题，这才可能使研究向前推进，向下深入。一般说来，有深厚学术造诣的学者和中小学专家型教师，他们总是具备反思的特质和批判的习惯。

（2）反思性思维的逆向性。逆向思维是指沿自己或别人的思维方向的相反方向思考问题的思维方式。反思性思维的逆向性则是指在反思过程中的逆向思维。显然，逆向思维可能会得出一些新的观点或结果。

作为生活在社会中的人其实都能反思也都在反思，但是，更多的人可能把反思限于一种回顾或再现，并不是真正意义上的“思”而只有“反”。还有一种情形，他的确是在反思，但他的反思是顺向地沿着人家的思维在走，而不是沿着人家思维方向相反的方向走，这就是有反思然而缺少反思的逆向性品性的表现。当听完一堂示范课或读完一篇高质量的论文之后，反思的内容是思考讲课者的教学设计如何奇妙，教学行为如何精彩，论文的观点如何新颖，作者的论据如何严谨，这是反思性思维顺向性的表现。相反，反思的内容除了顺向的表现之外，还有逆向的思考，例如，这堂课如果不这样设计，而是按照他的思维相反的方向来设计，会产生怎样的教学效果？又如，从这篇文章对立的观点来考察，能证伪这篇文章的观点还是能反证其观点的正确性？这样的思维形式，就显现了反思性思维的逆向性特征。

（3）反思性思维的悖向性。反思性思维的悖向性是指把自己或别人的观点全部否定之后来思考问题，由此可能会产生一些新的观点或结果。

体现反思性思维的悖向性最著名的例子是非欧几何的产生。

欧几里得的《几何原本》提出了 5 条公设：①由任意一点到任意一点可作直线。②一条有限直线可以继续延长。③以任意点为心及任意的距离可以画圆。④凡直角都相等。⑤同一平面内一条直线和另外两条直线相交，若在某一侧的两个内角的和小于两直角，则这两直线经无限延长后在这一侧相交。

长期以来，数学家们发现第 5 公设和前 4 个公设比较起来，显得文字叙述冗长，而且也不那么显而易见。有些数学家还注意到欧几里得在《几何原本》一书中直到第 29 个命题中才用到，而且以后再也没有使用。也就是说，在《几何原本》中可以不依靠第 5 公设而推出前 28 个命题。因此，一些数学家提出，第 5 公设可能不是公设，而是定理。能不能依靠前 4 个公设来证明第 5 公设？这就是几何发展史上最著名的，争论了长达两千多年的关于“平行线理论”的讨论。由于证明第 5 公设的问题始终得不到解决。到了 20 世纪 20 年代，俄国数学家罗巴切夫斯基（Lobachevsky）提出了一个和第 5 公设相矛盾的命题，用它来代替第 5 公设，然后与欧氏几何的前 4 个公设结合成一个公理系统，展开一系列的推理。他认为如果以这个系统为基础的推理中出现矛盾，就等于证明了第 5 公设。但是，在他极为细致深入的推理过程中，得出了一些在直观上匪夷所思，但在逻辑上毫无矛盾的命题。最后，罗巴切夫斯基得出两个重要的结论：第一，第 5 公设不能被证明。第二，在新的公理体系中展开的一连串推理，得到了一系列在逻辑上无矛盾的新的定理，并形成了新的理论。这个理论像欧氏几何一样是完善的、严密的几何学。

这个例子说明悖向思维在推动知识创新方面有独特的价值。其实，在教学活动和教学研究中，也可以尝试用悖向思维来研究问题。例如，即使是一堂大家都公认的“好课”，为什么就不能将其否定，设计一个与该课相悖的新课，说不定能产生一些意想不到的效果。

（4）反思性思维的证伪性。反思性思维的证伪性是指把别人证实性的描述改造成证伪思想来思考，用特例形式局部反驳或整体反驳的方式思考问题。

举个例子看看。关于教学本质的研究，开始有学者提出“教学是一个认识过程”，后来，有学者认为“教学是一种特殊的认识过程”，这是局部反驳。再后来，有学者又提出“教学是人际交往的活动”，这一观点就是对原来观点的整体反驳（也可理解为是悖向性思维）。一个人不能总是由证实性思维支配，什么东西都要想它是否正确，然后想证实它，这样的思维一直支配着你，那么你的创新思维将受到严重摧残。其实，更多的应当是想到它不正确，要证明它不正确，即证伪它，这样的思维方式利于创新思维的生长。

思维品质与反思性思维品质有联系也有区别。它们的联系是，都是对思维质量高低的刻画；它们的区别是，思维品质是对“向前看”思维质量的描述，反思性思维品质是对“向后看”思维质量的描述。

二、教师的反思能力结构

上面讨论的是反思性思维的品质，下面从能力角度探讨教师的反思能力结构（喻平，2004）。

（一）反思对象的二维性

反思包括自我行为的反思和外部情境的反思。从参照点看，以主体为参照的自我行为反思构成一种反思的内部指向，将其称为内部反思；以客体为参照的情境反思构成一种反思的外部指向，将其称为外部反思。内部反思与外部反思体现出反思对象的二维性。

1. 内部反思

自我行为的反思即主体对自我实践活动全过程进行回顾和反省，包括实践前的反思、实践活动中的反思和实践后的反思。主体性反思与主体的自我监控有着不同的含义，自我监控始终伴随着实践活动的过程，是对自我认知的监视、控制和调节；而反思主要是一种事后的行为，其目的不仅是回顾过去，或意识到元认知过程，而且更主要的是为了指导未来的行动。

实践前的反思。首先，要对实践活动的目标进行反思。目标制定得是否科学、合理和恰当，从活动的结果看，是否达到了预设的目标。影响目标的达成，除了活动过程的其他因素影响之外，其中一个重要的因素是目标的定位是否合理。目标定位太高，会使目标难以实现；定位太低，又会使本应实现的目标产生缺失。同时，要反思拟定目标是否涵盖了目标的全野，不完备的目标会使客体的活动功能部分地丧失。而潜在的目标又会使主体的活动功能不能得到充分发挥。所谓潜在的目标，就是一些隐性的而未被活动主体觉察的目标。其次，对活动的计划进行反思。要从事一项活动，必然要有一个行动的计划，这个计划围绕活动的目标展开，它规定了要做什么、怎么做，从而也就拟定了活动的步骤、程序。对计划的反思就是思考计划的合理性，比如为什么要制订这样的计划，按此计划实施的效果如何，如果把计划加以改动和调整会产生怎样的效果等等。另外，活动策略的选取和制定也包含在活动之中，因而，还应对策略选择的依据、策略的有效性、策略的优化性等方面进行反思。

实践活动过程的反思。包括三个基本要素：操作、状态、反馈。操作，指对活动计划实施过程进行反思，在活动计划的实施中，主体是否准确把握了目标、对象和任务；实际的实施过程是否与计划相吻合，对产生的偏差是否采取了有效的补救措施；能否在活动中有效地控制自己的行为，及时修正或选取新的策略等等。状态，则指对在活动中主体投入的情感进行反思。主体的兴趣、态度、动机、情绪等因素会直接影响活动的效果，因而对情感的反思就显得十分必要。反馈，指主体对活动中信息收集与处理情形进行反思。比如，能否从多种渠道去收集信息，是否从反馈的信息中去调节活动的方式和进程，是否排除无关信息等等。

实践活动后的反思。实践活动后的反思包括评价和总结两个要素。评价，是对活动结果状态的反思，主要是考查活动结果与既定目标的一致性程度，反思活动效果好或差的原因，同时又从活动效果反思目标设置的合理性。总结，指主体通过实践活动后对经验和教训进行反思。如活动目标的完善与重构，活动计划的进一步优化，活动策略对活动有效性的评判，调节活动的经验积累，活动方法的改进与创新等等。

2. 外部反思

外部反思蕴含两个层面，一是对客观情境的反思；二是对他人行为的反思。

对客观情境的反思。环境为主体的活动提供了外部的条件，这种外部条件与主体有密切的相关性，它会制约或促进活动的发展进程。环境因素，有的是客观存在而难以被人们所改变，有的则是人们为了使活动得以顺利进行而人为构建的，反思则主要指对后者的反思。人为构建的环境具有可变性，因此存在对环境的优化问题，对其反思旨在寻求适宜活动的最佳环境。

对他人行为的反思。有比较才有鉴别，要使自己超越自我，只是对自我行为进行反思显然是不够的。主体的进步与后退很难从自我的行为中测量，而应借助于他人作为参照物，而且这种比较既为竞争提供了契机，又为合作创设了环境。

对他人行为的反思，包括评价、对比和探究等三个要素。评价，是指对他人的活动目标、活动计划、活动策略、活动过程及活动效果的评价，这种评价是通过反思来实现的。对比，是指将他人的活动与自己的类似活动作比较，从而对两者的差异以及差异产生的原因进行反思。探究，是在评价和对比的基础上，整合他人和自己的活动经验，对要从事的新的活动进行构思和设想的反思。

（二）反思内容的二维性

从教师的职业看，教书育人、教育科研是两项基本的也是主要的工作，从而也就构成了教师对反思内容的二维性质，即教学反思和教研反思。

1. 教学反思

熊川武教授给出了反思性教学的界定，反思性教学是指“教学主体借助行动研究，不断探究与解决自身和教学目的，以及教学工具等方面的问题，将‘学会教学（learning how to teach）’与‘学会学习（learning how to learn）’结合起来，努力提升教学实践的合理性，使自己成为学者型教师的过程”（熊川武，1999）。该定义是对教学的内部反思层面的描述，我们认为，教学反思包括内部反思和外部反思两个层面。

教学的内部反思以探究和解决教学问题为基本点，反思教学目标、教学计划、教学操作、教学状态、教学反馈、教学效果和教学评价等方面出现的问题，这是追求教学实践合理性的一种动力。教学的外部反思是指对教学客观情境以及对他人教学行为的反思。在对教学客观情境的反思方面，有一项重要的内容是对教材的反思，反思教学内容的选取依据、教学内容的展示顺序是否合乎学生的认知规律等等。教材是课堂教学活动中信息传递的载体，教师不仅是课程内容的解释者和传递者，而且也是课程资源的开发者和创造者。对他人教学行为的反思，主要在教学观摩中进行，比如，对他人教学设计的反思，应思考如下一些问题。

该课的设计是以什么教学观作为指导思想的？

这一教学设计的教育学或心理学理论基础是什么？

在该课的设计和实施中，学生的学习是一种主动建构还是一种被动的接受过程？

这一设计蕴含了哪些学科的思想和方法？

这一教学设计的目标是为了培养学生的何种能力？

这一教学设计能否调动学生的非智力因素参与学习？

这一教学设计的教学效果如何？

这一教学设计还能作哪些方面的改进？

在该课的设计中，多媒体教学手段在其中究竟起了多大作用？

如果让我本人进行这堂课的教学，那么我自己可能会有哪些教学设计方案？等等。

教学反思的目的一方面在于改进教学，寻求提高教学效率的优化途径；另一方面是为了提升自我的教育教学能力，这种多重性目的的实现，依赖于内部反思与外部反思的交互作用和合力。

2. 教研反思

教育科研能力的形成，是知识传承型教师向学者型教师转变的一个必要条件。事实上，教育科研能力已成为现代教师应具备的素质中的一个基本要素。教师只有具备了科研意识和科研能力，才可能使自己的教育观念不断更新，教学水平不断提高，才可能培养学生的创新意识，发展学生的能力。教研反思是教研能力的一个关键要素，同样，它包含着内部反思和外部反思两个层面。教研的内部反思包含以下内容：第一，教师要对自己的科研选题进行反思，如选题的意义和价值，选题的难度和题目的大小，选题是否适合自己的研究特长和风格，选题究竟能解决哪些实际的教学问题，选题研究的外部环境是否具备可行性等等。第二，教师要对研究的设计进行反思，包括对设计的目标性、可行性和优化性的反思。即研究的目标能否通过本设计去实现，本设计是否具备可操作性；本设计是否为问题研究的最佳设计，能否再考虑拟定另外的研究方案，通过比较，从中选择最好的方案等等。教育科学的研究设计为整个研究的开展和实施制定蓝图，对研究的成功与否起着决定作用，因而对设计的反思是必需的、经常的。第三，对研究的实施过程进行反思，这不仅是事后的反思，而且包括在执行过程中对照目标监视、控制、调节研究进程和方向，即与自我监控相交织，共同作用。第四，对研究成果的反思。如研究是否达到了预期的目标；通过该研究积累了哪些经验，吸取了哪些教训；研究的理论价值如何，是否有在更大范围内推广的实践意义；能否对这一课题作更深层次的研究；能否以该课题为基础，开展与其相关的课题研究；等等。

教研的外部反思，主要指主体能够对他人的研究作出评价，并能吸取别人的成果和研究方法，借鉴别人的思想为自己的研究开拓思路。这种外部反思，主要是在阅读文献中进行的，因此，要求教师要养成阅读文献的自觉意识和习惯，在阅读中勤于思考和批判，对别人的研究既要学习和借鉴，又要在此基础上作进一步的创新和拓展。

（三）反思能力结构

根据上面的讨论，我们将教师的反思能力从两个视角加以描述。从反思的对象视角看，包括教师对自我的反思即内部反思能力和教师对外部情境的反思即外部反思能力。从反思的内容视角看，又分教学反思能力和教研反思能力两个层面。反思能力结构包括对象和内容两个因素，而每一个因素又存在两种水平，这样就组成一个 2×2 矩阵，如表 6-5 所示。

表 6-5　教师的反思能力结构

反思视角	教学反思	教研反思
内部反思	教学内部反思能力	教研内部反思能力
外部反思	教学外部反思能力	教研外部反思能力

其中，教学内部反思能力包括对教学目标、教学计划、教学操作、教学状态、教学反馈、教学评价、教学总结等要素的反思能力。教研内部反思能力包括对课题选题、研究设计、研究实施、研究评价等要素的反思能力。教学外部反思能力包括对教学活动情境、他人教学行为等要素的反思能力。教研外部反思能力包括对研究的客观情境、他人的研究成果及方法等要素的反思能力。

这个 2×2 反思能力结构，为研究教师的反思能力提供了一个工具。比如，给矩阵中的四个要素赋予更细的指标，就能够对教师的反思能力状况进行测试，从而可以找到优秀教师与一般教师反思能力差异的主要因素，以便寻求补救反思能力缺陷的策略。而且，通过对教学内部反思能力、教学外部反思能力、教研内部反思能力、教研外部反思能力等四个因素的考察，可以确定影响教师能力发展的反思能力的主要因素。

三、如何发展自我的反思能力

（一）习得一些反思的策略

一种行为一旦形成习惯，它就会从有意识的活动内化成无意识的活动。因而，具备反思的意识，养成反思的习惯是教师是否愿意反思的前提，唯有愿意，方能去做。当然，在具备反思意识的前提下，教师还应习得一些反思的策略。

第一，坚持写课后日记。自己上完一堂课之后，总是有经验和心得的，如果不去反思，这堂课的许多信息就会很快消失。养成写课后日记的习惯，记下这堂课的得失，反思课堂教学成功的原因、失败的教训，就为下一次再讲相同的内容提供了改良的依据。不要让你的教学成为重复昨天的故事，要让每一次上课都有新的故事出现。同样，听完别人的一堂课，也要写课后日记，在汲取别人长处的同时，给出合理的评价及改良此课的设想。取别人之长补自己所短，同时也要用自己之长补别人所短。

第二，坚持写读书笔记。一边读书一边反思，记下所想所得，养成这样的习惯，读书的意义和价值才能真正彰显。读书不光是汲取人家思想的过程，同时也是对作者思想的评价过程，这两个过程表现形式都能集中体现在读书笔记上。有时一个非常有意义的想法突然冒出，得赶快记下来，否则稍纵即逝。要知道，最浅淡的墨水也胜过最强的记忆。

苏霍姆林斯基说："我建议每位教师都来写教育日记。教育日记并不是在形式上有某些要求的正式文件，而是一种个人的随笔和札记。这种记载对日常工作颇有用处，它是进行思考和创造的源泉。记了一二十年，甚至三十年的日记，就是一笔巨大的财富。"同时，他结合自己记日记的体会，谈到"记日记还有助于集中思想，对某一件事情进行深入思考。我在日记里专门留出几页，用于记录有关知识的巩固性的想法。把这些记录加以研究、比较和分析，就能看出知识的巩固性取决于许多先决的前提和条件。记日记能教会我们思考问题"（苏霍姆林斯基，1981）。作为教育大家的苏霍姆林斯基都如此看重写日记，那么作为普通教师是否应当听听哲人的建议？写日记的确应当成为教师的日常行为，在日记作反思则应成为教师的一种习惯。

第三，坚持写教育叙事。叙事是讲故事，教育叙事是讲教育的故事。把自己的心得用文字表达出来，把自己或他人的经验用文字提炼向人们娓娓道来，这既是一种教育研究，又是提升自己反思能力的有效手段。

教育叙事研究是研究者通过描述个体教育生活，搜集和讲述个体教育故事，在解构和重构教育叙事材料过程中对个体行为和经验建构获得解释性理解的一种活动。教育叙事研究强调对故事细节进行整体性的、情境化的、动态的描述，完整再现事情发生的地点、时间、背景等，有身临其境的感觉。教育叙事研究要求"原汁原味"地呈现教育现象，强调对时间的描述越详尽、越真实，越能把读者带到现场，使其产生身临其境的感觉越好。因此，教育叙事研究是在一定的情境中开展的，强调事件的情境化阐释。所以，教育叙事研究所得出的解释性结论也是情境性的。

我们来欣赏著名语文专家李镇西的一篇教育反思：《罚站任安妮——我永久的痛》（张仁贤，2012）（文字有删减）。

安妮有迟到的习惯。我多次找安妮谈心，建议她养成雷厉风行的好习惯，但她仍然常常迟到。

那天早晨安妮又迟到了，我让她站在教室外面。大概 5 分钟后，我怕校长看见，便让她进教室。进来后她走到自己的座位想坐下，我说："谁让你坐下？再站一会。"

她流泪了，但顺从地站在自己的座位前，并拿出书和大家一起读。

直到早读结束，她总共站了15分钟。

两节课后，她来向我请假，说头昏，想回家休息。我很吃惊，问她是不是因为早晨站得久了。她说不是，平时就头昏，是老毛病了。

第二天，安妮的母亲来学校请假，说安妮病了，需要一段时间的治疗和休息。我开始感到自己做得有些过分：可能安妮当时已经病了，可我竟罚她站了那么久。

我问她母亲安妮究竟是什么病，她母亲含糊地说："也没什么大不了的病，就是……"

她不明说，可能有什么苦衷，我也就没有往深处问。

过了两个星期，安妮的母亲来学校，说安妮的病情比较重，得休学治疗。我在吃惊的同时，内心深处又暗暗庆幸总算甩掉了一个包袱！

半年之后，安妮返校复读，降到了下一个年级学习。在校园遇到我时，她总是羞怯而又礼貌地和我打招呼，喊"李老师好！"

几个月后的一天，有学生告诉我，安妮今天去世了……

我不禁一颤，手中刚收上来的一叠试卷滑落到地上。20分钟后，我和几十个学生赶到殡仪馆。安妮的母亲迎上来，用哭哑了的声音对我说："您这么忙还赶来，感谢您和同学们了。"

在殡仪馆，安妮的母亲流泪说："安妮6岁就患上了白血病，当时医生说她最多能活3年。为了她有个宁静美好的生活，我一直没有告诉她，也没有告诉任何人。在许多人的关心下，她奇迹般地活了8年。谢谢您啊！李老师。安妮在最后几天，还在说她想念李老师，想同学们。她复学后一直不喜欢新的班级，多次说她想回到原来的班级……"

安妮母亲的话让我心如刀绞。在安妮纯真的心灵中，尚不知道她所想念的"李老师"曾为她降到另外一个班而暗暗高兴！

我忍不住哭起来。这是我参加教育工作至今，第一次也是唯一的一次因愧对学生而流泪。

当天晚上，我含泪写下一篇近五千字的文章《你永远14岁——写给安妮》，表达我悲痛的哀思和沉重的负罪感。

从那以后，我发誓：决不再对迟到的学生罚站！

在这个故事中，作者是对自己行为的反思。他将自己所经历的事件用朴素的话语述说出来，但我们很明显能感受李老师痛彻心扉的忏悔。文章并没有宏大的教育理论，比如，没有关于"教师应尊重学生的情感""教师应善待学生""拒绝体罚"等议论，却能使读者感受到这些理念在文章中的流淌与渗透。

（二）优化自己的反思性思维品质

工厂里要提高产品的质量，必然要从原材料、工艺加工、机器设备、工人的技能水平等因素来思考改良，影响产品质量的因素是多元的。与此类比，一个人要提升自己的反思性思维品质，也要从自身的主观因素和环境的客观因素来思考。

对于优化个人反思性思维的批判性、逆向性、悖向性、证伪性等四种品质，首先是要具备批判、逆向、悖向、证伪的意识。如果连反思性思维批判性的意识都没有，当然就谈不上具备高品质的批判性思维。但是，要让教师具备这种意识谈何容易，因为它受到客观因素和主观因素的双重阻挠。从客观因素看，长期以来，我们的教师自己受到的教育或是教师对他的学生的教育，都一直囿于缺少批判的教育环境之中。事实上，我们的教科书内容是真理性知识的展现，教学方法往往是对真理的解读，教学逻辑往往是用证实方式说教，使受教育者相信和接受真理，批判性、逆向性、悖向性、证伪性等因素在教育背景中难以寻觅。显然，经过这样的教育环境长期熏陶，受教育者何来批判、逆向、悖向、证伪的思维意识。从主观因素看，教师们长期工作在繁重的教学活动中，缺乏促使自己反思的外在目标和内在动力，一些教师把应付工作作为第一要务。缺少目标、动力、心向是影响反思性思维形成的内在因素。

但是，对一个教师来说，如果你想把你的职业真心地视为一种神圣的工作，你想把你的学生培养成真正高素质的人，你想成为一个对自己、对他人负责的人，你想成为一个在精神上不断索取和不断充实的人，就应当养成反思意识，学会反思，同时要有高水平的反思性思维品质。优化自己的反思性思维品质，需要刻意地去做，需要有心地去做，从有意识地训练逐步过渡到无意识的行为。例如，对于反思性思维的逆向性的训练，以因果关系为例，因为有 A，所以有 B，这是一条因果链，你可以把果变成因，即倒过来推理看是否能成立，因为有 B，所以有 A。在数学上叫作探究原命题的逆命题是否成立，这应该是一种逆向性思维，不论一个命题的逆命题是否成立，这样的反向探究都是有意义的。一旦养成这样的习惯，固化成一种自然的行为，就是对反思性思维逆向性品质的优化。

需要强调的是，反思性思维品质的形成也是有约束的，有规则的。例如，反思性思维的批判性，不是说你能漫无边际、放任自流地批判。批判要有逻辑，要有章法，要有依据，要有理性。

（三）完善自己的反思能力结构

由前面的讨论知道，教师的反思能力结构由教学内部反思能力、教学外部反思能力、教研内部反思能力、教研外部反思能力等 4 个要素组成。在教学实践中，教师应当做自我诊断，找到自己反思能力结构中的缺项，有针对性地进行自我完善。

教学内部反思，是围绕教学目标、教学计划、 教学操作、教学状态、教学反馈、教学评价、教学总结等要素的反思，教学外部反思包括对教学活动情境、他人教学行为等要素的反思。这两种反思都是针对教学的，几乎贯穿于教师的整个教学工作，有学者将其称为反思性教学。麦伦（Manen）认为，“反思性教学有三个层次：第一层次主要反思课堂情境中各种技能与技术的有效性。在这个层次上，主要反思教学主体目的的适用性和教学策略使用的合理性等。第二层次主要针对课堂实践基础的假说和特定的策略以及课程的结果。也就是说，在这个层次上，教师开始把教育的理论标准运用于教育实践，以便作出关于教学内容等方面的独立决策。第三层次主要针对道德的和伦理的以及其他直接的或间接的与课堂教学有关的规范性标准”（熊川武，1999）。这个观点比较全面，如果更加细化地看，教学反思应考虑如下几个方面：

第一，对教学行为的反思。包括：教学目标的定位是否准确、关键能力是否突出、品格与价值观在教学中渗透的情况如何、课堂教学活动是否围绕教学目标来进行、教学中学生的主体性体现如何、调动学生学习的积极性的情况如何、能否根据课堂上出现的新情况及时调整自己的教学节奏和教学策略，等等。

第二，对教学技能的反思。包括：讲授技能是否能吸引学生、能否激发学生的学习兴趣、启发性策略使用效果如何、使用的教学策略是否有效果、教育技术的使用情况如何、课堂提问的效果如何、与学生的互动情况如何、课堂的教学组织形式是否有效果、板书情况如何，等等。

第三，对教学效果的反思。这堂课的教学过程是否实现了预设的目标，对生成性目标的处理是否恰当，是否突出了教学的重点、解决了教学的难点，讲授方式是否照顾到了班上的全体学生，是否充分挖掘了课程资源，隐性课程资源的使用情况如何，如果今天的教学效果不好那么原因是什么，如果今天的教学效果较好其原因又是什么，等等。

第四，对学生学习状况进行反思。学生的课堂参与情况如何、学生的智力的非智力因素调动起来了吗、学生能否很好地思考和回答老师的问题、学生能否自己提出问题、学生的课堂练习质量如何、学生的课外作业完成的效果如何，等等。

Zeichner 提出一个台阶式的反思模式（图 6-2）（Zeichner et al.，1987），反思从低层次向高层次过渡，低层次是对某个教学技巧运用效果的反思；中层次是对教学环境和条件是否对教学目标的实现和教学效果产生影响的反思；高层次是对学校的功能、教师的作用和人才培养模式的培养目标的反思。可见，反思能力有一个不断提升层次的过程，它由反思的对象和内容所决定。

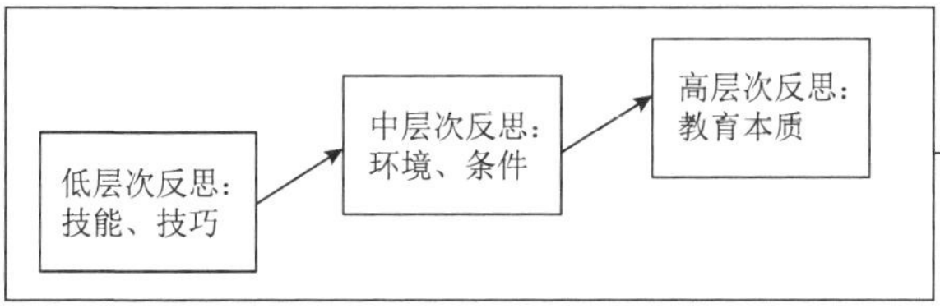

图 6-2 三层次教学反思模式

教研内部反思是对课题选题、研究设计、研究实施、研究评价等要素的反思；教研外部反思是对研究的客观情境、他人的研究成果及方法等要素的反思。

首先，要正确认识教学与教研的关系。在一些教师的观念中，教学与教研似乎是两个没有关系的领域，教学是工作，是必须要做的事，而教研是副业，可做也可以不做。我们要强调的是，两者密切相关，两者都应该是教师的工作。如果你把教学与教研割裂开来看，那么你就把教学理解为按照一定程序或工艺，按部就班地完成一件事情的过程，因为你已经形成了一种思维的定势：教学完全不需要研究，只要照章办事就行了。是的，照本宣科式的讲授的确可以上讲台，甚至你可能还会滔滔不绝、口若悬河，但是，当你发现你的讲法学生不能理解，课后的作业质量太差，难道你就不对你的讲授方法进行改造吗？会的，你一定会改革你的做法，这种改造本质上就是在做教学研究。可以说，不存在不做研究的教学。一个教了 10 年书的教师他可能仍然是一名普通教师，但是一个做了 10 年教学研究的教师则可能成为一个专家，这是不是可以算作教师教育领域的一条定理？值得老师们思考。

有许多学者认为，教学是一门科学也是一门艺术，我们认为，教学更多的成分是艺术。因为，如果把教学的科学性质看得更重，是会出现问题的。科学是真理，是规则，反映的是不以人们意志为转移的客观规律，如果单纯把教学理解为科学，那么它就存在客观的规律或法则，只要按照这些规则去做，教学就能取得好效果。显然，这是不可能的，因为教育的对象是人，人是存在个体差异的，人的智力、非智力因素是可能会在不同的教育环境中发生改变。的确，教学是存在一定的规律，但它们只能算作一种“弱规则”，不是自然科学中的定律，不是数学中的定理，没有放之四海而皆准的本性。相对而言，应当把教学中艺术的成分看得更重，教学是传递知识的艺术，教学更是育人的艺术。艺术需要创造，教学也需要创新，艺术家一定有个性化特征，教师也一定需要有个性化特征。自然会想到，不做研究，何来创新？何来个性化特征？

其次，教师要掌握必要的教育研究方法。教学研究是要有方法的，虽然经验式的总结必不可少，但是更需基于证据的研究。经验诚可贵，证据价更高。例如，做课例的研究，如果仅凭借一些经验去改进教学设计，而没有充足的证据说明改造后的教学设计会产生更好的效果，那么这样的研究是不能使人信服的，它不符合科学研究的基本逻辑。因此，建议教师要读一点教育研究方法的书，对定量研究与定性研究方法有所了解，包括调查研究、测量研究、相关性研究、实验研究、案例研究和数据的统计分析方法。教研能力的提升必然带动教学能力的提升。

只会教学不会研究的教师，最多能够成为一个优秀的教书匠；既能教学又能研究的教师，才可能成为专家型教师。

教学与研究没有矛盾，研究促进教学，教学承载研究。研究习得反思，方能设计出有创新的教学。

教学工作是教师的终生职业，研究教学是教师的终生追求。

第三节　提升自己的理论思维

建议三：教师要提升自己的理论思维（喻平，2020a）。

随着整个人类教育科学、教育哲学、实践教育学研究的日趋深入与成熟，能够为教师的工作实践提供相关指导的教育理论越来越多，这是大势所趋。舍弃那些已有的源于学术研究、具有科学性和合理性的教育知识的应用，是极不明智的。教师的“专业化”并不是“技能化”的代名词。现代的教师教育并不仅仅满足于让教师掌握某些实用的、可操作的教育方法与技术，更重要的是要让教师学会思考与探究（夏正江，2019）。

简单地说，理论思维就是透过事实表面现象而洞察事实本质的思维。一般而言，理论思维是与经验思维相对的。“经验思维主要依据人的感官所得来认识、把握事物或现象，秉承‘眼见为实’的认识标准；理论思维则是一种抽象的思维，抽象就是对事物的现象进行观察，采用概括、归纳的方式找到事物本质属性的思维方式”（李润洲，2017）。

在教学中，许多老师的教学思维往往囿于经验思维，即依据自己的教学经验或借鉴他人的教学经验来设计和实施教学。应当肯定，自己经验的积淀或对他人经验的汲取确实是教师个人的一笔财富，完全可以用于教学实践。针对具体的教学场景或教学内容，经验的作用往往能充分显现，处方式的教学策略的确能够解决许多问题。然而，经验之短在于“一事一议”“特事特办”，从而限制了它的宽泛。在讲完一堂课特别是自己满意的一堂课之后，老师是否想过：这种教学处理非常奏效，它的道理何在？我的教学设计其理论基础是什么？对这个教学内容如果换一种做法，教学效果会不会更好？同样的教学处理为什么换到另外的教学场景，教学效果会大打折扣？老师能够想这些问题，本质上就是理论思维的显现。

如果说经验思维足以应付“教书”，那么理论思维才是促进“育人”的良方。经验思维可以使教师成为一个优秀的教书匠人，但难以造就他成为一个成熟的专家型教师。

理论思维有四种表现形态，正确认识和理解理论思维形态，有利于自我理论思维水平的提升。

一、不但重果还要重因

理论思维的第一种形态：不但重“果”还要重“因”。也就是说，对于事物的认识，不但要知其然而且还要知其所以然。

“因”与“果”之间，有多种表现形态，它们所对应的思维形式也不尽相同。表 6-6 给出因果关系的不同表现形式以及它们各自的思维形式。从表 6-6 中可以看出，处理不同形式的因果关系，本质上是在训练自己的思维能力。

表 6-6 因果关系与思维形式

因果关系	思维形式
一因一果	由因索果与执果索因：线性思维
一因多果	由因索果：发散思维；执果索因：概括思维
多因一果	由因索果：聚合思维；执果索因：抽象思维
多因多果	由因索果：发散与聚合思维；执果索因：概括与抽象思维

就教学设计而言，不但重“果”还要重“因”有两层含义。其一，教师在作教学设计时要有理论意识。设计一个教学方案，完全可以凭借自己的经验一挥而就，也可以参考他人的作法，在此基础上改造出新，其实，这些做法都可能只呈现了教案作为一种“果”的样态。试想一下，如果在写教案的过程中，老是伴随着一系列的自我提问，例如，这样做似乎很好啊！但好的理由何在？追根溯源，它的教学理论依据是什么？就今天的内容而言依据这个理论来设计方案是否合理？合理之处在哪里？不合理之处又在哪里？能换一种理论作为这堂课设计的理论基础吗？换成另一种理论作为基础来设计这堂课，又可能会产生怎样的效果？……这样伴随着反思的前行，恐怕写教案就不会行云流水了。其二，教学设计要揭示知识的来龙去脉。一堂完整的课应当包括三个环节，知识从何而来？知识是什么？知识从何而去？这是一个因果链。为什么教学过程要体现这个因果链？事实上，这条链反映了知识发生和发展的全过程，在一头一尾的两个环节，可以给学生提供开阔的思维空间，他们能明了知识的来源，猜测知识的去向，而

不限于固守因果链中“知识理解”这个中间环节。其实，如果教师能够在教学设计时始终关注这个因果链，那么他就是在进行理论思维。

例 1 配方法解一元二次方程。

教学方案：按照教材中知识展开的方式设计。

（1）例题 1：解方程 $(x+1)^2=4$。

这是一个特殊的一元二次方程，左边是一个完全平方式，因此只需要等式两边平方即可得到答案。

（2）例题 2：解方程 $x^2+6x+4=0$。

提示：能将这个方程化为（$x+h$）^{2}=k 的形式吗（化归思想）？

引导学生操作，将常数项移到方程的右边，得 $x^2+6x=-4$，在方程两边都加上一次项系数 6 的一半的平方，得 $x^2+6x+3^2=3^2-4$。整理得到（$x+3$）^{2}=5。于是就把方程化为了（$x+h$）^{2}=k 形式，从而解决问题。

（3）教师举例。

（4）学生练习。

这个设计是典型的只展示“果”，即应当怎么做这件事。因为并没有交代为什么要“在方程两边都加上一次项系数 6 的一半的平方”？所以这样做的理由并不知道，不知其“因”。教师凭借经验思维，完全可以认为用这样的教法，学生能够熟练地掌握配方的方法，解决一般的一元二次方程，这种经验也确实可以被实践验证是有效的。但是，如果从以下几个方面来思考，就会看到这个教学设计存在一定的缺陷。

其一，这个设计的教学理论依据是什么？显然，教学设计的思想是把知识作为客观存在作为前提的，把知识的学习解释为是学习者对客观知识的真实复制，因而教学方法是直接将知识传递，教学过程中完全没有体现学生对知识的建构活动，更无探究可言。其二，从发展学生数学核心素养的角度看，这个教学设计能够培养学生的什么素养？当然，通过学习例题再让学生练习，可以训练他们的数学运算能力，但是这样的运算完全是模仿练习、按部就班，不是真正意义上的数学运算能力训练。至于其他核心素养，基本没有涉及。其三，过多地采用这样的教学方式，会扭曲学生对数学的认识信念，不明其理，不知道知识从何而来，只有接受结果性知识的义务，数学精神、数学文化、数学的价值荡然无存，直接影响到学生正确价值观的塑造。

对上面课例设计进行改造。首先，要解决的是揭示产生这个结果的原因问题。其实这件事情是不难的，由方程（$x+3$）^{2}=5 逆向推回去，就可以看出为什么要配上一次项系数一半的平方。在此基础上再将这个问题做一般化处理，即由方程（$x+h$）$^2=k$ 展开，采用倒推方法找到配方的依据。其次，思考这一堂课能否体现数学文化的元素。事实上，从数学史中就能找到很好的答案，它不仅解决了配方的依据问题，而且彰显了数学的文化底色。公元 9 世纪时，阿拉伯数学家花拉子米考虑解答一元二次方程 $x^2+10x-39=0$，即 $x^2+10x=39$。他构造了一个图（图 6-3），把方程的左边 x^2+10x 看作是由一个边长为 x 的正方形和边长分别为 5 和 x 的两个长方形组成的矩尺图，它的面积恰好为 $x^2+10x=39$，只要在这个图形中增加一个边长为 5 的正方形，则这个图形的面积为 $x^2+10x+5^2=39+5^2$。而此图恰好是边长为（$x+5$）的正方形，面积为（$x+5$）^{2}。也就是说，只要配 5^2，方程的左边就成为一个完全平方数。对于一般情形，配上边长为 $\frac{b}{2}$ 的正方形即可。

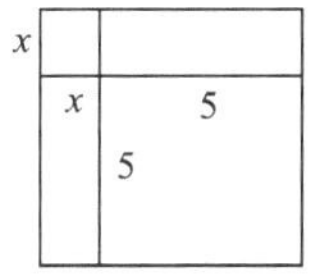

图 6-3

只重“果”不重“因”的思维，难以走出无源之水的困境去进入长流不断之江河。

二、不但重点还要重面

理论思维的第二种形态：不但重“点”还要重“面”。也就是说，既要关注个别事物，又要用宽阔的视野考量一类事物。

就教学设计而言，不但重“点”还要重“面”的基本含义是，第一，教学目标的设计应是“面”而非“点”。从三维目标到核心素养，课程标准的目标指向始终是多维的，因而，任何单一的、极端的教学目标设计思路都缺少理论思维。教学目标要涉及知识理解与掌握、关键能力的发展、必备品格与价值观的形成、数学文化的熏陶，这就是所谓的“面”，而每节课有一个主要目标，就是所谓的“点”。理论思维就是需要教师面对特定的教学内容，在对数学知识有深刻理解、对教育理论融会贯通的基础上，设计从教学单元到具体每堂课的以点带面的教学目标体系，突出重点、关照全面。第二，对教学设计的分析，除了从个案角度深入解读之外，更应当从共性层面作出剖析。一个成功的教案，成功的原因是什么？这个案例除了本身设计的特殊性之外，是否具有某种可以解释其他课例的共性基因？是否能将其理论因素抽取出来形成一类课程设计的理论基础？又如，一组成功的案例，它们是否有内在联系、相互贯穿的共同因素？能否由此提炼出一种理论模型？等等。

例 2 解答应用题。

某服装厂原有 4 条成衣生产线和 5 条童装生产线，工厂决定生产一批帐篷。若启用 1 条成衣生产线和 2 条童装生产线，一天可以生产帐篷 105 顶；若启用 2 条成衣生产线和 3 条童装生产线，一天可以生产帐篷 178 顶。问每条成衣生产线和每条童装生产线平均每天生产帐篷各多少顶？

这是一道纯数学问题的应用题，从教学目标看，主要是训练学生用数学知识解决应用问题，涉及的核心素养有数学建模。这类应用题在教材上很多，但是稍微分析一下可以看出，类似的应用问题其情境的人工构造痕迹很重，缺乏一种真实感，使人感觉不到对情境的体验。一个好的情境应该是真实的，有故事情节，有人文因素，有教育价值，当然不能“去数学化”。

能否将上面的应用题进行改造，使它的教育功能得以放大？其实，这种想法是完全可以实现的。下面作出一种改造题目的处理。

“5·12”汶川大地震后，灾区急需大量帐篷。某服装厂原有 4 条成衣生产线和 5 条童装生产线，工厂决定转产，计划用 3 天时间赶制 1000 顶帐篷支援灾区。若启用 1 条成衣生产线和 2 条童装生产线，一天可以生产帐篷 105 顶；若启用 2 条成衣生产线和 3 条童装生产线，一天可以生产帐篷 178 顶。

（1）每条成衣生产线和每条童装生产线平均每天生产帐篷各多少顶？

（2）工厂满负荷全面生产，是否可以如期完成任务？如果不能完成任务，假如你是厂长，那么你会怎样解决这个问题以体现你的社会责任感？

例如，学生可能会提出如下一些方案：

“如果我是厂长，我会动员工人加班生产，给他们多加工资，好早日完工，支援灾区人民。”

“如果我是厂长，我会想办法改进技术，提高生产效率。”

“如果我是厂长，我会想办法联系其他厂家支援。”

……

添加了几句话，情境完全不一样，教学目标不再是“点”而是“面”。一方面将数学知识的应用价值真正体现出来，反映了数学在现实生活和生产中的应用，彰显了数学的文化元素；另一方面，又培养了学生的社会责任感，体现了培养学生必备品格和正确价值观的具体做法，达到发展学生数学核心素养的目的。

只重“点”不重“面”的思维，难以跳出只见树木的围栏去登上纵览森林之高地。

三、不但重术还要重学

理论思维的第三种形态：不但重“术”还要重“学”。这里的“术”指技术，“学”指学理，或者更宽泛地说，“术”指教学实践层面的操作，“学”指教学理论层面的思辨。

教学理论来自教学实践的总结和实验基础上的提升，这个过程包含了教学理论的理性思辨成分。教学理论既是一种事实性认识，又是一种价值性认识。就其性质说，它不完全是实证的知识体系，而是带有主观的、价值的思辨成分（喻平，2019）。

教学理论具有概括性特征。教学理论是对散布在各个学科、各种教学内容中的不同教学方式共性的概括，从而形成具有一般意义的思想或模式。例如，教学原则是指教学中应当遵循的规则，诸如因材施教原则、循序渐进原则、理论联系实际原则等，不是针对某个学科或某种教学内容而定的，它们适合于所有学科的教学，这些原则是从教育规律中概括出来的，在教学实践中又被证实是有效的。显然，教学原则体现了对教学规则的一种高度概括，具有普适性。教学理论的概括性，是一种理性的思考、说理的逻辑，研究的旨趣不在实践层面的具体操作。论理，凸显了理论的个性。

与教学理论的属性不同，教学实践关注的是教学实施中的具体操作过程，着眼点是做事的“术”而非为什么这样做的“理”。如果说教学理论关心的是“面”，那么教学实践关注的则多是“点”。事实上，广大教师在实际教学情境中，习惯依据自己的经验来制订教学计划和教学策略，并不是依照某种理论来作教学设计，各个学科的教师一般只会关注本学科的教学操作而不过问其他学科的教学操作。

作为中小学教师，总是把理论视为高高在上，不接地气。客观地讲，理论与实践之间的确有隔板，“施术”与“论理”的正常关系应当是“怎么做”与“为什么应当这么做”的逻辑链。这种关系没有理顺的原因来自几个方面（容中逵，2012）：①实践功用乏力。一是解释、预测力不显，二是指导、感召力不强。作为一门以研究教学原理、方法、策略、技术为旨趣的学科，人们以为它是能为具体课堂教学提供诊断并给出相应操作举措的，但教学实践者在研习教学论后却总倍感其假、大、空、玄。②本土特质缺失。一是对本国既有教学传统不加了解地一味遗弃；二是对国外教学理论不加批判地盲目移植。③关于教学概念本身的分歧。在课程、教学内容、教学评价等各个方面，不仅旧有术语存在多种理解分歧，而且新进概念也因各自不同立基视角而歧义百出。

尽管教学理论与教学实践之间有脱节现象，但教学理论的创建毕竟是历代教育家共同追求的结果，是经验升华和理论思考融合的结晶，一线教师不能视而不见或轻言放弃。更重要的是，理论意识和理论思维来自理论学习和理论反思，实践需要理论介入，或者说在实践的土地上本身就是理论思想的播撒。

例 3 函数奇偶性概念的教学设计。

方案：（1）复习函数的概念。

（2）给出偶函数与奇函数的定义：函数 $y=f(x)$的定义域为 D，对于 D 中的任意 x，若 $f(-x)=f(x)$，则称该函数为偶函数；对于 D 中的任意 x，若 $f(-x)=-f(x)$，则称该函数为奇函数。

（3）给定一些实例，让学生辨析，判断函数的奇偶性。

（4）教师举例。

（5）学生练习。

这是一个简洁明快的教学方案，也是高中教师比较喜欢采用的方案，因为它能节约教学时间，学生可以有充裕的时间练习。但是，这种方案的短板是明显的，下面从学习理论角度对此做一分析。

教育心理学一般将概念教学分为概念形成和概念同化两类。概念形成是教师为学生提供概念的一组正例，让学生观察、归纳、概括出这组例子的共同属性从而形成概念定义的过程；概念同化是教师给出概念的定义，然后用例子去强化，使学生理解概念的过程（喻平，2015b）。概念形成是从特殊到一般的学习方式；概念同化则是从一般到特殊的学习方式。显然，两种概念学习的方式其功能是有差异的，概念形成偏重数学抽象、合情推理等素养的培养；概念同化偏重逻辑推理的培养。至于该用什么方式进行概念教学，则应当根据具体的概念来定，一般而言，应当多采用概念形成方式。为什么呢？因为对学生逻辑推理的训练其材料比比皆是，但对数学抽象的训练材料则相对稀少，作为一个重要的数学核心素养，数学抽象对于学生的能力发展举足轻重，当然，概念学习中的概念形成方式就不能轻易放弃。这就是从学理层面的分析，明理方能更有效地施术，这也是理论思维的功能之一。

基于这种分析，可以将上述教学方案作改造，采用概念形成方式设计。

（1）给出函数 $y=x^2$ 和 $y=x^3$ 的图象，让学生观察这两个图象有什么特征、性质，两个图象在 y 轴的右边有什么共同点。

（2）填下面的表。

x	…	-2	-1	0	1	2	…
$y=x^2$	…	4	1	0	1	4	
$y=x^3$	…	-8	-1	0	1	8	…

（3）引导学生概括出规律：

对于 $y=f(x)=x^2$，有 $f(-2)=f(2)$，$f(-1)=f(1)$，$f(-0)=f(0)$，…；

对于 $y=f(x)=x^3$，有 $f(-2)=-f(2)$，$f(-1)=-f(1)$，$f(-0)=-f(0)$，…；

对于函数 $y=f(x)=x^n$,若 n 为奇数,则 $f(-x)=-f(x)$;若 n 为偶数,则 $f(-x)=f(x)$。

（4）给出奇函数与偶函数的定义。

（5）正例强化，让学生举出更多两类函数的例子，说明研究这两类函数的必要性。

（6）反例强化。如函数 $f(x)=3x$，$x\in(-1, 1]$，$f(x)$是奇函数吗？

（7）例题：略。这个教学设计有几个特征，其一，概念不是老师强加给学生的，而是学生通过观察、概括、归纳自己建构的，体现了建构主义教学思想；其二，从特殊到一般地建立概念，是数学抽象过程，因而教学目标直接指向发展学生的数学核心素养；其三，从学理上阐明了教学效果的有效性。

教师应当正确地看待和理解教育理论，正如夏正江教授指出的：教师作为专业人员，不可能像普通人那样，完全听凭即兴的、模糊的、内隐的“实践感”去指引自己的行为。用内在“惯习”和外在“场域”结构去解释教师的实践行为，具有一定的合理性，但教师并不是内在惯习和外在场域的奴隶。激发教师成长的内在动力，增强教师自我教育的意识，培养教师终身学习的习惯，是打破不良惯习、重塑教育场域的重要途径。在这方面，理论学习具有不可替代的作用（夏正江，2019）。

只重“术”不重“学”的思维，难以突破作坊工匠的意识去塑造工程思维之品格。

四、不但重知还要重识

理论思维的第四种形态：不但重“知”还要重“识”。知是指对事物的了解与知晓，识是指对事物的理解与见识。

知是信息，易于复制，是通过学习得来的；识是人的思想、见解，是通过体验得来的。知是识的基础，识是知的发展，所谓见多识广，反映的就是两者的关系，知道得越多见识就越广。

“识”与“行”有关。“识”不能完全依附于知识，一个人知道得多说明他的知识广博，但如果他脱离实践，不将知识与实践相结合，就可能造成经验缺失，成为有学而无识，甚至是满腹经纶的书呆子。杜威将其称为“人的理性是一个外在旁观者”，因为“人的理性丧失了主动的和有创造性的职能，人的理性的任务只是摹写，只是从符号上再呈现，只是观望一个既有的理性结构……，实际上，这只是把人的思想当作一个固定自足的模式在认识上再现而已。这种主张是传统上把知行分隔开来的结果”（约翰·杜威，2004）。杜威非常强调知与行的结合，认知离不开行动，经验源于实践，人们常说读万卷书，行万里路，便是知与识、行与识的最佳结合。因此，知与行是“识”生长的两条来源。

“识”还指见识、胆识，表现为独到见解和开创能力。“知”是指对信息、资料、知识的了解，“识”是指对所知的东西进行分析、研究、批判、再创造，即产生精神的过程。我们把数学教学分为三个层次：基本型教学、智慧型教学、创新型教学。“创新型教学指教师在智慧型教学基础上，把握教学的宏观层面，遵循数学教育科学性与人文性并重的理念，正确处理数学教学中的基本矛盾，打破常规教学思路，设计新颖、独特、有效的教学程序，并能将教学实践与教学研究有机结合，把教学建立在教学研究的基础之上”（喻平，2012a）。显然，创新型教学依托的不只是教师的“知”，而更多地由“识”支撑。

理论思维正是要强调跨越从“知道怎么教学”到“怎样创新教学”之间的鸿沟,实现从基本型教学到智慧型教学再到创新型教学的提升。这个过程必须以“知”为基础，“识”为智慧来实现，即①教师要有相对完备的数学知识结构，有完善的 PCK。②教师要有反思意识，养成反思习惯。反思包括对自己和他人的教学基本设计、教学实施过程、学生学习效果、课程资源开发等内容的反思。③教师要有批判精神。批判是在反思基础上有依据、有理由的批判，批判的目的在于改造或重构。④教师要具备一定的教育科学研究能力。没有建立在研究基础之上的教学很难成为创新型教学。

从更高的层面上看，一个优秀的教师完全可以将自己的教学实践经验升华为有一般意义的教学思想，自成一家之说。这是借助理论思维，实现从单纯的“知”向“识”过渡产生的蜕变。这样的例子在中小学涌现出来很多。例如，李庾南老师提出“自学·议论·引导”教学模式，是她在对教学实践的反思、教学经验的总结基础上提出的。李老师说：“1978 年，我已从事教学工作 21 年。这 20 多年来尽管我起早贪黑、尽心尽职，教学效果却并不尽理想。在教学之余，我常常回顾和反思，深感要在自己的教育观念和教法上找原因。于是我加强了对所教班级学生后续发展情况的跟踪了解，发现有些考分很高的学生走出校门后的发展情况并不理想，尤其缺乏自主性和创造性，而那些成绩一般，但善于合作、善于探究、能力较强的学生却成为佼佼者。这种强烈的反差，促使我在反思中警醒，认识到我的数学教学之所以没有获得预期的效果，原因就在于：过多地在‘教’里兜圈子，而忽略了学生的‘学’；在学生个体学习中兜圈子，而忽略了学生之间的交流和互助，致使学生未能得到主动、全面、充分地发展。我的教学必须破旧立新、继往开来，走革新、实验之路。”（喻平，2012b）于是，她从 1978 年开始，研究课题“自学·议论·引导教学法的创建和实验”，经过 30 年的探索，最终形成一种成熟的教学模式，这是典型的理论思维加实践创新的教学成果。又如，华应龙老师在对教学的潜心研究和实践探索基础上提出了“化错教学”思想（华应龙，2008），应当说是别开生面、独树一帜。

只重“知”不重“识”的思维，难以超越照本宣科的尴尬去达到开拓创新的境界。

参考文献

安富海. 2014. 促进深度学习的课堂教学策略研究[J]. 课程·教材·教法,（11）: 57-62.

奥苏伯尔, 等. 1994. 教育心理学——认知观点[M]. 佘星南, 宋钧, 邵瑞珍, 等译. 北京: 人民教育出版社.

北京教科院基础教育教学研究中心课堂教学评价研制小组. 2003. 课堂教学评价体系的研究与实验[J]. 课程·教材·教法,（2）: 45-49.

布卢姆, 等. 1986. 教育目标分类学: 第1分册[M]. 罗黎辉, 等译. 上海: 华东师范大学出版社.

布鲁纳. 1982. 教育过程[M]. 邵瑞珍, 译. 北京: 文化教育出版社.

曹培英. 2015. 从学科核心素养与学科育人价值看数学基本思想[J]. 课程·教材·教法,（9）: 40-43.

陈凯, 丁小婷. 2017. 新西兰课程中核心素养解析[J]. 全球教育展望,（2）: 42-57.

陈向明. 2003. 实践性知识: 教师专业发展的知识基础[J]. 北京大学教育评论,（1）: 104-112.

陈佑清, 陶涛. 2016. "以学评教"的课堂教学评价指标设计[J]. 课程·教材·教法,（1）: 45-52.

陈则航, 王蕾, 钱小芳. 2019. 论英语学科核心素养中的思维品质及其发展途径[J]. 课程·教材·教法,（1）: 91-98.

程晓堂, 赵思奇. 2016. 英语学科核心素养的实质内涵[J]. 课程·教材·教法,（5）: 79-86.

崔允漷. 2019. 学科核心素养呼唤大单元教学设计[J]. 上海教育科研,（4）: 1.

戴尔·H. 申克. 2009. 学习理论: 教育的视角[M]. 3版. 韦小满, 等译. 南京: 江苏教育出版社.

戴维·H. 乔纳森. 2002. 学习环境的理论基础[M]. 郑太年, 任友群, 译. 上海: 华东师范大学出版社.

邓阳. 2013. 论化学知识的教育价值[J]. 中学化学教学参考,（9）: 19-22.

丁道勇. 2008. 品格教育: 观点与评论[J]. 外国教育研究,（3）: 74-78.

丁梅红. 2006. 项目导向的主题单元教学例谈[J]. 语文教学通讯,（11）: 15-16.

段作章, 卢艳春. 2012. 教学理念向教学行为转化机制研究: 进展与趋势[J]. 教育理论与实践,（7）: 57-61.

丰玉芳. 2006. 建构主义学习设计六要素在英语教学中的应用[J]. 外语与外语教学,（6）: 33-36.

付亦宁. 2017. 深度学习的教学范式[J]. 全球教育展望,（7）: 47-56.

高文. 1998. 现代教学的模式化研究[M]. 济南: 山东教育出版社.

高文. 2001. 情境学习与情境认知[J]. 教育发展研究,（8）: 30-35.

高艳, 陈丽. 2004. 合作学习的内涵、特质及教学设计[J]. 当代教育科学,（3）: 16-17.

顾明远. 1990. 教育大辞典: 第 1 卷[M]. 上海: 上海教育出版社.
顾明远. 2004. 教师的职业特点与教师专业化[J]. 教师教育研究,（6）:3-6.
郭宝仙. 2017. 核心素养评价: 国际经验与启示[J]. 教育发展研究,（4）: 48-55.
郭华. 2016. 深度学习及其意义[J]. 课程・教材・教法,（11）: 25-32.
郭思乐, 喻纬. 1997. 数学思维教育论[M]. 上海: 上海教育出版社.
国家研究理事会行为、社会科学及教育中心《课堂评价与国家科学教育标准》编委会. 2006. 课堂评价与国家科学教育标准[M]. 熊作勇, 何凌云, 译. 北京: 科学普及出版社.
韩进之, 黄白. 1992. 我国关于教师心理的研究[J]. 心理发展与教育,（4）: 36-42.
何克抗. 1998. 建构主义——革新传统教学的理论基础（二）[J]. 学科教育,（4）: 17-20.
何玲, 黎加厚. 2005. 促进学生深度学习[J]. 现代教学,（5）: 29-31.
何玉海, 夏人青. 2010. 论教学质量评价的两个根本性转变[J]. 教育发展研究,（2）: 79-83.
核心素养研究课题组. 2016. 中国学生发展核心素养[J]. 中国教育学刊,（10）: 1-3.
胡学增, 沈勉荣, 郭强. 1993. 现代教学论基础研究[M]. 西安: 陕西人民教育出版社.
华应龙. 2008. 课堂因差错而精彩——数学课堂"差错资源化"的思考与实践[J]. 江苏教育研究,（10）: 4-7.
华应龙. 2018. 我不只是数学[M]. 北京: 中国人民大学出版社.
黄四林, 左璜, 莫雷, 等 2016. 学生发展核心素养研究的国际分析[J]. 中国教育学刊,（6）: 8-14.
黄燕玲, 喻平. 2002. 对数学理解的再认识[J]. 数学教育学报,（3）: 40-43.
吉尔伯特・赖尔. 1992. 心的概念[M]. 徐大建, 译. 北京: 商务印书馆.
加涅. 1999. 学习的条件与教学论[M]. 皮连生, 王映学, 郑葳, 等译. 上海: 华东师范大学出版社.
加涅, 布里格斯, 韦杰. 1999. 教学设计原理[M]. 皮连生, 庞维国, 等译. 上海: 华东师范大学出版社.
姜英敏. 2016. 韩国"核心素养"体系的价值选择[J]. 比较教育研究,（12）: 61-72.
拉尔夫・泰勒. 1994. 课程与教学的基本原理[M]. 施良方, 译. 北京: 人民教育出版社.
莱斯利・P. 斯特弗, 等. 2002. 教育中的建构主义[M]. 高文, 等译. 上海: 华东师范大学出版社.
李定仁, 徐继存. 2001. 教学论研究二十年（1979—1999）[M]. 北京: 人民教育出版社.
李高峰. 2012. 美国《国家科学教育标准》倡导的课堂评价[J]. 河北师范大学学报（教育科学版）,（6）: 79-82.
李润洲. 2017. 理论思维: 助推研究生的知识创新[J]. 学位与研究生教育,（12）: 50-55.
李晓东. 1991. 美国中小学的"合作学习"教学方式[J]. 现代中小学教育,（5）: 28-31.
李艺, 钟柏昌. 2015. 谈"核心素养"[J]. 教育研究,（9）: 17-23.
梁砾文, 王雪梅. 2017. 学科核心素养的内涵及培养模式[J]. 外国中小学教育,（2）: 61-67.
廖伯琴. 2018. 普通高中物理课程标准（2017 年版）解读[M]. 北京: 高等教育出版社.
廖伯琴, 李洪俊, 李晓岩. 2019. 高中物理学科核心素养解读及教学建议[J]. 全球教育展望,（9）: 77-88.
林崇德. 1999. 学习与发展——中小学生心理能力发展与培养[M]. 修订版. 北京: 北京师范大学出版社.
林崇德. 2017. 中国学生核心素养研究[J]. 心理与行为研究,（2）: 145-154.
林崇德, 申继亮, 辛涛. 1996. 教师素质的构成及其培养途径[J]. 中国教育学刊,（6）: 16-22.

刘晟, 魏锐, 周平艳, 等. 2016. 21 世纪核心素养教育的课程、教学与评价[J]. 华东师范大学学报（教育科学版）, （3）: 38-45.
刘存芳, 杨凤阳, 刘民利, 等. 2019. 高中化学核心素养评价指标体系的建构[J]. 化学教与学, （7）: 2-5.
刘桂侠, 王牧华, 陈萍, 等. 2019. 地理学科核心素养评价指标体系的构建与量化研究[J]. 地理教学, （19）: 15-20.
刘儒德, 倪男奇, 周蕾. 2004. 从验证性探究学习到探索性探究学习的转变[J]. 上海教育科研, （6）: 15-19.
刘洋, 李贵安, 王力, 等. 2017. 基于教育目标分类的高中物理核心素养评价[J]. 教育测量与评价, （10）: 35-40.
刘兆吉, 黄培松. 1980. 对 120 名优秀教师和模范班主任心理特点的初步分析[J]. 心理学报, （3）: 287-297.
刘志军. 2002. 试论课堂教学质量评价标准的建立[J]. 华东师范大学学报（教育科学版）, （2）: 35-41.
卢仲衡. 1998. 三十三年自学辅导教学研究的回顾与展望[J]. 教育研究, （10）: 14-21.
罗伯特・哈钦斯. 1995. 西方名著入门: 第 9 卷 哲学[M]. 北京: 商务印书馆.
洛林・W. 安德森, 等. 2009. 布卢姆教育目标分类学: 完整版: 分类学视野下的学与教及其测评[M]. 修订本. 蒋小平, 张琴美, 罗晶晶, 译. 北京: 外语教学与研究出版社.
马红亮. 2003. 合作学习的内涵、要素和意义[J]. 外国教育研究, （5）: 16-19.
马亚鹏. 2021. 论物理学科的育人价值[J]. 物理教师, （1）: 70-73.
玛雅・比亚利克, 迈克尔・伯根, 查尔斯・菲德尔, 等. 2018. 21 世纪的品格教育：学生应该学习什么（上）[J]. 陈伦菊, 盛群力, 译. 数字教育, （5）: 78-84.
毛刚, 周跃良, 何文涛. 2020. 教育大数据背景下教学评价理论发展的路向[J]. 电化教育研究, （10）: 22-28.
孟建伟. 2013. 教育与文化——关于文化教育的哲学思考[J]. 教育研究, （3）: 4-11.
莫景祺, 朱德全. 2001. 美国基础教育教师教学评价述评[J]. 课程・教材・教法, （3）: 68-71.
莫尼卡・泰勒. 2003. 价值观教育与教育中的价值观（上）[J]. 杨韶刚, 万明, 编译. 教育研究, （5）: 35-40.
裴新宁, 刘新阳. 2013. 为 21 世纪重建教育——欧盟“核心素养”框架的确立[J]. 全球教育展望, （12）: 89-102.
彭敬慈. 2015. 香港教育之高阶思维的培养[J]. 中国教师, （13）: 74-77.
綦春霞, 周慧. 2015. 基于 PISA2012 数学素养测试分析框架的例题分析与思考[J]. 教育科学研究, （10）: 46-51.
瞿葆奎. 1993. 智育[M]. 北京: 人民教育出版社.
瞿葆奎, 施良方. 1988. “形式教育”论与“实质教育”论[J]. 华东师范大学学报, （2）: 27-41.
任子朝, 陈昂, 赵轩. 2018. 数学核心素养评价研究[J]. 课程・教材・教法, （5）: 116-121.
容中逵. 2012. 教学论学科发展的尴尬境遇及其生存之道[J]. 课程・教材・教法, （7）: 20-25.
邵朝友, 周文叶, 崔允漷. 2015. 基于核心素养的课程标准研制: 国际经验与启示[J]. 全球教育展望, （8）:14-22, 30.
邵瑞珍. 1997. 教育心理学[M]. 上海: 上海教育出版社.

沈德立. 1997. 非智力因素的理论与实践[M]. 北京：教育科学出版社.
师曼，刘晟，刘霞，等. 2016. 21 世纪核心素养的框架及要素研究[J]. 华东师范大学学报（教育科学版），（3）: 29-37.
施良方. 1994. 学习论——学习心理学的理论与原理[M]. 北京：人民教育出版社.
施良方. 1996. 课程理论——课程的基础、原理与问题[M]. 北京：教育科学出版社.
石中英. 2001. 波兰尼的知识理论及其教育意义[J]. 华东师范大学学报（教育科学版），（2）: 36-45.
史宁中. 2018. 高中数学课程标准修订中的关键问题[J]. 数学教育学报,（1）: 8-10.
斯宾塞. 1962. 教育论[M]. 胡毅，译. 北京：人民教育出版社.
宋怡，马宏佳，祁宇. 2017. STEM 教育愿景中的课程、教学与评价——基于美国《STEM2026:STEM 教育创新愿景》报告[J]. 现代教育科学,（11）: 126-131.
苏霍姆林斯基. 1981. 给教师的一百条建议[M]. 周蕖，王义高，等译. 天津：天津人民出版社.
苏哲斌. 2011. 基于发展性目标的课堂教学质量有效评价[J]. 教学与管理，（9）: 27-28.
索桂芳. 2017. 核心素养评价若干问题的探讨[J]. 课程·教材·教法,（1）: 22-27.
谭帮换. 2010. 浅析施瓦布科学探究思想及科学教师培养方法[J]. 世界教育信息，（1）: 49-52.
谭轶斌. 2012. PISA 阅读情境维度对现代文阅读测评的启示[J]. 中学语文教学，（11）: 63-67.
万云英. 1990. 教师的优良心理品质[J]. 心理科学，（3）: 41-45.
汪杰锋，苏春景. 2007. 对发展性课堂教学评价指标的探讨[J]. 教育与职业，（26）: 172-174.
王红艳，吴志华，宫红英. 2012. 国外发展性课堂教学评价实施的影响因素研究[J]. 外国教育研究,（7）: 3-11.
王宏，刘丽，马池珠. 2020. 指向深度学习的 STEM 教育[J]. 现代教育技术，（3）: 108-113.
王蕾. 2016. 学生发展核心素养的考试和评价——以 PISA 2015 创新考查领域“协作问题解决”为例[J]. 全球教育展望，（8）: 24-30.
王宁. 2000. 汉语语言学与语文教学[J]. 中国社会科学，（3）: 169-178.
王帅. 2008. 泰勒评价原理的若干解读[J]. 现代教育科学，（3）: 45-47.
威尔逊. 1989. 中学数学学习评价[M]. 杨晓青，译. 上海：华东师范大学出版社.
魏善春. 2020. 指向核心素养的学习评价：挑战与对策[J]. 江苏第二师范学院学报,（4）: 17-22.
魏雄鹰，肖广德，李伟. 2017. 面向学科核心素养的高中信息技术测评方式探析[J]. 中国电化教育，（5）: 15-18.
吴庆麟. 1999. 教育心理学[M]. 北京：人民教育出版社.
吴庆麟. 2000. 认知教学心理学[M]. 上海：上海科学技术出版社.
夏雪梅. 2009. 论 PISA 阅读素养开放题编制的技术[J]. 上海教育科研，（12）: 14-18.
夏正江. 2019. 中小学教师究竟该不该学点教育理论?[J]. 教育研究与实验，（5）: 1-10.
辛涛，姜宇，刘霞. 2013. 我国义务教育阶段学生核心素养模型的构建[J]. 北京师范大学学报（社会科学版），（1）: 5-11.
辛涛，姜宇，王烨辉. 2014. 基于学生核心素养的课程体系建构[J]. 北京师范大学学报（社会科学版），（1）: 5-11.
邢红军，田望璇. 2020. 课堂教学评价理论：反思与建构[J]. 课程·教材·教法，（6）: 53-58.
熊川武. 1999. 反思性教学[M]. 上海：华东师范大学出版社.
休谟. 1972. 人类理解研究[M]. 关文运，译. 北京：商务印书馆.

徐蓝. 2018. 基于历史学科核心素养的课程结构与内容设计——2017 版《普通高中历史课程标准》解读[J]. 人民教育，（8）:44-52.

徐文彬，李永婷，安丹诺. 2018. 单元知识结构整体教学设计模式的理论建构[J]. 江苏教育,（43）: 7-9.

许建钺，赵世诚，杜智敏，等. 1992. 简明国际教育百科全书——教育测量与评价[M]. 北京：教育科学出版社.

薛晓阳. 2001. 知识社会的知识观——关于教育如何应对知识的讨论[J]. 教育研究,（10）: 25-30.

杨翠蓉，胡谊，吴庆麟. 2005. 教师知识的研究综述[J]. 心理科学，（5）: 1167-1169.

杨启亮. 2009. 教师学科专业发展的几个层次[J]. 教育发展研究,（C2）: 45-48.

杨学良，蔡莉. 2006. 关于发展性教学评价的理论研究[J]. 教育探索,（7）: 45-47.

杨裕前，董林伟. 2004. 义务教育课程标准实验教科书 数学 九年级（下）[M]. 南京：江苏科技出版社.

叶澜. 1998. 新世纪教师专业素养初探[J]. 教育研究与实验,（1）: 41-46.

尹小霞，徐继存. 2016. 西班牙基于学生核心素养的基础教育课程体系构建[J]. 比较教育研究，（2）: 94-100.

俞吾金. 2012. 康德“三种知识”理论探析[J]. 社会科学战线,（7）: 12-18.

喻平，赵静亚. 2020. 数学核心素养中品格与价值观的评价指标体系建构[J]. 课程・教材・教法，（6）: 89-95.

喻平，董林伟，郭庆松. 2021. 中学生数学品格与价值观的问卷设计[J]. 数学教育学报,（4）: 12-18.

喻平. 2000. 论教学策略[J]. 现代教育论丛，（5）: 29-31.

喻平. 2004. 论教师的反思能力结构[J]. 教育探索，（12）: 116-117.

喻平. 2012a. 数学教学的三种水平及其理论分析[J]. 课程・教材・教法，（1）: 63-69.

喻平. 2012b. 著名特级教师教学思想录中学数学卷[M]. 南京：江苏教育出版社.

喻平. 2015a. 教学科学观与科学教学观：两种不同信念的教学追求[J]. 湖南师范大学教育科学学报，（1）: 58-64.

喻平. 2015b. 数学教育心理学[M]. 南宁：广西教育出版社.

喻平. 2016. 教学认识信念研究[M]. 北京：科学出版社.

喻平. 2017. 发展学生学科核心素养的教学目标与策略[J]. 课程・教材・教法，（1）: 48-53.

喻平. 2018. 学科关键能力的生成与评价[J]. 教育学报，（2）: 34-40.

喻平. 2019. 数学教育基本问题研究[M]. 南京：南京师范大学出版社.

喻平. 2020a. 数学教学实践中的理论思维[J]. 教育研究与评论,（1）: 10-16.

喻平. 2020b. 学科核心素养导向的教学理论嬗变[J]. 教育发展研究,（C2）: 78-85.

袁国超. 2019. 基于核心素养的深度学习实现路径[J]. 江苏教育研究,（32）: 4-8.

袁磊，郑开玲，张志. 2020. STEAM 教育：问题与思考[J]. 开放教育研究，（3）:51-57.

袁维新. 2005. 从授受到建构——论知识观的转变与科学教学范式的重建[J]. 全球教育展望,（2）: 18-24.

袁振国. 2001. 理解文科教育[J]. 山东教育，（7）: 17-19.

约翰・杜威. 1990. 民主主义与教育[M]. 王承绪，译. 北京：人民教育出版社.

约翰・杜威. 2001. 民主主义与教育[M]. 2 版. 王承绪，译. 北京：人民教育出版社.

约翰·杜威. 2004. 确定性的寻求：关于知行关系的研究[M]. 傅统先, 译. 上海: 上海人民出版社.
张建伟. 2000. 基于问题解决的知识建构[J]. 教育研究, （10）: 58-62.
张建伟, 陈琦. 1999. 简论建构性学习和教学[J]. 教育研究, （5）: 56-61.
张仁贤. 2012. 影响教师的 100 篇教育美文[M]. 北京: 中国轻工业出版社.
张瑞, 朱德全. 2011. 情境适应性课堂教学评价[J]. 教育理论与实践, （5）: 61-64.
张莹, 冯虹. 2016. 基于核心素养的教育质量评价指标体系的构建与应用[J]. 教育探索, （7）: 60-64.
张紫屏. 2016. 基于核心素养的教学变革——源自英国的经验与启示[J]. 全球教育展望, （7）: 3-13.
中华人民共和国教育部. 2012. 义务教育数学课程标准（2011 年版）[S]. 北京: 北京师范大学出版社.
中华人民共和国教育部. 2018a. 普通高中课程方案[S]. 北京: 人民教育出版社.
中华人民共和国教育部. 2018b. 普通高中历史课程标准（2017 年版）[S]. 北京: 人民教育出版社.
中华人民共和国教育部. 2018c. 普通高中数学课程标准（2017 年版）[S]. 北京: 人民教育出版社.
中华人民共和国教育部. 2018d. 普通高中物理课程标准（2017 年版）[S]. 北京: 人民教育出版社.
中华人民共和国教育部. 2018e. 普通高中英语课程标准（2017 年版）[S]. 北京: 人民教育出版社.
中华人民共和国教育部. 2018f. 普通高中语文课程标准（2017 年版）[S]. 北京: 人民教育出版社.
钟启泉. 2016. 基于核心素养的课程发展: 挑战与课题[J]. 全球教育展望, （1）: 3-25.
周文叶, 陈铭洲. 2017. 指向核心素养的表现性评价[J]. 课程·教材·教法, （9）: 36-43.
朱智贤, 林崇德. 1986. 思维发展心理学[M]. 北京: 北京师范大学出版社.
左璜. 2016. 基础教育课程改革的国际趋势: 走向核心素养为本[J]. 课程·教材·教法, （2）: 39-46.
Eric Jensen，LeAnn Nickelsen, 2010. 深度学习的 7 种有力策略[M]. 温暖, 译. 上海:华东师范大学出版社.
Paul Ernest. 1998. 数学教育哲学[M]. 齐建华, 张松枝, 译. 上海: 上海教育出版社.
Peggy A. Ertmer, Timothy J. Newby. 2004. 行为主义、认知主义和建构主义（下）——从教学设计的视角比较其关键特征[J]. 盛群力, 译. 电化教育研究, （4）: 27-31.
Biggs J B, Collis K F. 1977. Evaluating the Quality of Learning: The SOLO Taxonomy[M].New York: Academic Press.
Cochran K F, James A D & Richard A K. 1993. Pedagogical Content Knowing: An Integrative Model for Teacher Preparation[J]. Journal of Teacher Education, 44 (4): 263-272.
English L D, King D, Smeed J. 2017. Advancing integrated STEM learning through engineering design: Sixth-grade students' design and construction of earthquake resistant buildings[J]. The Journal of Educational Research, (3): 255-271.
Glanzer P L, Milson A J. 2006. Legislating the good: A survey and evaluation of character education

laws in the United States [J] . Educational Policy, 20 (3) : 525-550.
Grossman P L. 1990. The Making of A Teacher: Teacher Knowledge and Teacher Education[M]. New York: Teachers College Press.
Krulik S, Rudnick J A. 1993. Reasoning and Problem Solving: A Handbook for Elementary School Teachers[M]. Boston: Allyn and Bacon.
Laird T F N, Shoup R, Kuh G D. 2005. Measuring Deep Approaches to Learning Using the National Survey of Student Engagement[C].The Annual Forum of the Association for Institutional Research, Chicago, IL, 1-28.
Levine J M, Resnick L B, Higgins E T. 1993. Social foundations of cognition[J]. Annual Review of Psychology, 44: 585- 612.
Lickona T. Educating for character: The school's highest calling [EB/OL] . http: //www.glc.k12. ga.us/passwd/ trc/ttools/attach/chared/resources/speech_Lickona.pdf, 1997/2007- 04- 03.
Marton F, Säljö R. 1976. On Qualitative Differences in Learning: I—Outcome and Process[J]. British Journal of Educational Psychology, (46): 4-14.
OECD. 2013. PISA 2012 Assessment and Analytical Framework: Mathematics, Reading, Science, Problem Solving and Financial Literacy[M]. Paris: OECD Publishing.
OECD. 2004. The PISA 2003 Assessment Framework: Mathematics, Reading, Science and Problem Solving Knowledge[M]. Paris: OECD Publishing.
OECD. 2005. The Definition and Selection of Key Competencies: Executive Summary[R]. Paris: OECD.
Resnick L B. 1987. Education and Learning to Think[M]. Washington: National Academies.
Rivers T M. 2004. The essentials for character education[J] . The Journal of General Education, 53 (3-4) : 247-260.
Schommer M. 2004. Explaining the epistemological belief system: Introducing the embedded systemic model and coordinated research approach[J]. Educational Psychologist, 39(1): 19-29.
Schwab J. 1960. Inquiry, the Science Teacher and the Educator[J]. The School Review, 68(2): 176-195.
Schwab J. 1962. The Teaching of Science as Enquiry. In P F Brandwein(Ed.), The Teaching of Science[M]. Cambridge: Harvard University Press.
Shulman L S. 1987. Knowledge and Teaching: Foundations of the New Reform[J]. Harvard Educational Review, 57(1): 1-22.
Skemp R. 1976. Relational and Instrumental Understanding[J]. Mathematics Teaching, 77(3): 20-26.
Wynne E A. 1988. Balancing character development and academics in the elementary school [J] . Phi Delta Kappan, 69(6) : 424- 426.
Zeichner K M, Liston D P. 1987. Teaching Student Teachers to Reflect [J]. Harvard Educational Review, (57): 23-48.

附录 1

数学品格与价值观问卷

序号	题项	非常认同	多半认同	一半认同	多半不认同	非常不认同
1	通过数学学习，应当培养学生求真务实的精神	□	□	□	□	□
2	通过数学学习，应当培养学生勤奋努力的品格	□	□	□	□	□
3	通过数学学习，应当培养学生探究问题的习惯意识和积极态度	□	□	□	□	□
4	通过数学学习，应当培养学生充满激情的学习习惯	□	□	□	□	□
5	通过数学学习，应当培养学生的学习动机和学习兴趣	□	□	□	□	□
6	通过数学学习，应当培养学生坚韧不拔、持之以恒的品格	□	□	□	□	□
7	通过数学学习，应当培养学生自信、自强、自立的信念	□	□	□	□	□
8	通过数学学习，应当培养学生克服困难的勇气和毅力	□	□	□	□	□
9	通过数学学习，应当培养学生自律意识和行为	□	□	□	□	□
10	通过数学学习，应当培养学生的数学思维方式	□	□	□	□	□
11	通过数学学习，应当使学生理解数学的理性精神	□	□	□	□	□
12	通过数学学习，应当培养学生追求真理的信念	□	□	□	□	□
13	通过数学学习，应当使学生认识到数学是科学的基础	□	□	□	□	□
14	通过数学学习，应当使学生体悟数学的文化价值	□	□	□	□	□
15	通过数学学习，应当培养学生的审美意识和能力	□	□	□	□	□
16	通过数学学习，应当使学生体会到数学应用的广泛性	□	□	□	□	□
17	通过数学学习，应当培养学生热爱学习的积极态度	□	□	□	□	□
18	通过数学学习，应当培养学生的批判性思维	□	□	□	□	□
19	通过数学学习，应当培养学生敢于质疑的思维品格	□	□	□	□	□
20	通过数学学习，应当使学生认识到数学在科学进步和社会发展中的作用	□	□	□	□	□

续表

序号	题项	非常认同	多半认同	一半认同	多半不认同	非常不认同
21	通过数学学习，应当培养学生实事求是的品格	□	□	□	□	□
22	通过数学学习，应当使学生主动体悟数学的思想和方法	□	□	□	□	□
23	通过数学学习，应当培养学生理性地思考和解决问题的态度	□	□	□	□	□
24	通过数学学习，应当培养学生乐于学习的积极态度	□	□	□	□	□
25	通过数学学习，应当培养学生掌握学习的方法	□	□	□	□	□
26	通过数学学习，应当培养学生养成反思的意识和习惯	□	□	□	□	□
27	通过数学学习，应当培养学生善于对一类事物共性进行抽象的思维方式	□	□	□	□	□
28	通过数学学习，应当培养学生养成对事物属性进行猜想的意识	□	□	□	□	□
29	通过数学学习，应当使学生理解数学学习对人的思维训练有独特的作用	□	□	□	□	□
30	通过数学学习，应当使学生的数学思维在不同阶段得到不同的发展	□	□	□	□	□
31	通过数学学习，应当培养学生自主学习的意识和能力	□	□	□	□	□
32	通过数学学习，应当培养学生不迷信权威的信念	□	□	□	□	□
33	通过数学学习，应当培养学生主动学习的态度	□	□	□	□	□
34	通过数学学习，应当培养学生有对自我认识和评价的意识	□	□	□	□	□
35	通过数学学习，应当培养学生善于与他人交流和合作的意识与行为	□	□	□	□	□
36	通过数学学习，应当使学生能养成良好的学习习惯	□	□	□	□	□
37	通过数学学习，应当培养学生的好奇心和想象力	□	□	□	□	□
38	通过数学学习，应当使学生掌握适合自身的学习方法	□	□	□	□	□

注：表中第 4、9、34 题是被删除的题项。

附录 2

初中学生数学品格与价值观调查问卷

学校：__________ 姓名：__________ 性别：__________ 班级：__________

亲爱的同学：

请根据你的实际情况，回答下面每一个表述在多大程度上符合你的想法，每个问题只能选一个最适合的答案（在答案序号上画“√”）。请你认真思考后再选择答案，谢谢！

序号	表述	非常符合	多半符合	一半符合	多半不符合	非常不符合
1	数学知识与我们生活联系紧密，因此数学是很有用的学科					
2	我认为现代技术的发展与数学没有太大关系					
3	因为许多学科要用到数学知识，所以我认为一定要学好数学					
4	我认为领会数学思想方法不如理解数学知识重要					
5	有的数学公式和图形非常美，例如勾股定理、对称图形都很美					
6	我并不崇拜数学家，因为他们的经济收入不高					
7	我认为学习数学能够训练人的逻辑思维和钻研精神					
8	我认为通过数学学习，可以使人养成一种追求真理的精神					
9	我认为数学实验能够培养我们的动手和动脑能力					
10	对别人提出的想法，我要自己想明白后才会表示同意或反对					
11	当我解答问题的方法与人家不一样时，我就放弃自己的解法					
12	与同学讨论数学问题时，我不敢反驳他们的观点					
13	在数学课上，我感觉老师说的话都是正确的					
14	每当遇到新的数学知识或数学问题，我都特别想弄明白					
15	在解答问题后，我从来不去想是否还有其他解法					

续表

序号	表述	非常符合	多半符合	一半符合	多半不符合	非常不符合
16	我认为数学实验是一种探究问题的好方法					
17	当我努力做一道题目但没有解答出来时，我就会不再想它					
18	当假期快要结束时，我盼望回到学校上数学课					
19	我觉得数学不枯燥，特别是做数学实验能够激发学习兴趣					
20	我学习数学的动力完全是因为中考和高考都要考数学					
21	当考试成绩不佳时，我会检讨自己的不足和失误					
22	当考试成绩不佳时，我总是会想是不是自己的智商太低					
23	在没有老师和家长监督时，我能主动完成数学作业					
24	我不知道数学实验的目的是什么，所以对数学实验不感兴趣					
25	我不会主动预习第二天要上的数学课内容					
26	除了完成老师布置的作业之外，我还会找一些数学题目来做					
27	遇到有挑战性的数学问题，我会花很长时间去想，直到弄懂					
28	我给自己定的数学学习计划，经常坚持不下来而中途放弃					
29	通过学习数学，我养成了做一件事情坚持不懈的习惯					
30	在数学实验中，我喜欢与同学一起讨论完成					
31	解答数学问题时，在有了自己的想法后，我总想向别人表达					
32	我觉得与老师交流不是一种有效的学习方式					
33	在解决一个问题后，我会回顾解题的过程，想想有什么收获					
34	每一单元结束时，即使老师没有要求，我也会自己梳理和复习					
35	我觉得动手操作不是学习数学的一种好方法					
36	解答应用问题时，我喜欢画一个示意图帮助理解题意					
37	如果在课堂上做了数学实验，它会给我留下深刻印象					
38	我习惯把当天课堂上学习的内容先复习一遍，再做家庭作业					